Hermann von Schlagintweit-Sakünlunski

Reisen in Indien und Hochasien

Eine Darstellung der Landschaft, der Kultur und Sitten der Bewohner

Hermann von Schlagintweit-Sakünlunski

Reisen in Indien und Hochasien

Eine Darstellung der Landschaft, der Kultur und Sitten der Bewohner

ISBN/EAN: 9783741168697

Hergestellt in Europa, USA, Kanada, Australien, Japan

Cover: Foto ©Andreas Hilbeck / pixelio.de

Manufactured and distributed by brebook publishing software (www.brebook.com)

Hermann von Schlagintweit-Sakünlunski

Reisen in Indien und Hochasien

Reisen

in

Indien und Hochasien.

Zweiter Band.

Himalaya-Hochwald mit Baumfarren, bei Gainonbòng,* in Sikkim.
* Nördl. Br. 27° 5'. Oestl. L. von Gr. 88° 9'. Höhe 5,474 engl. F.

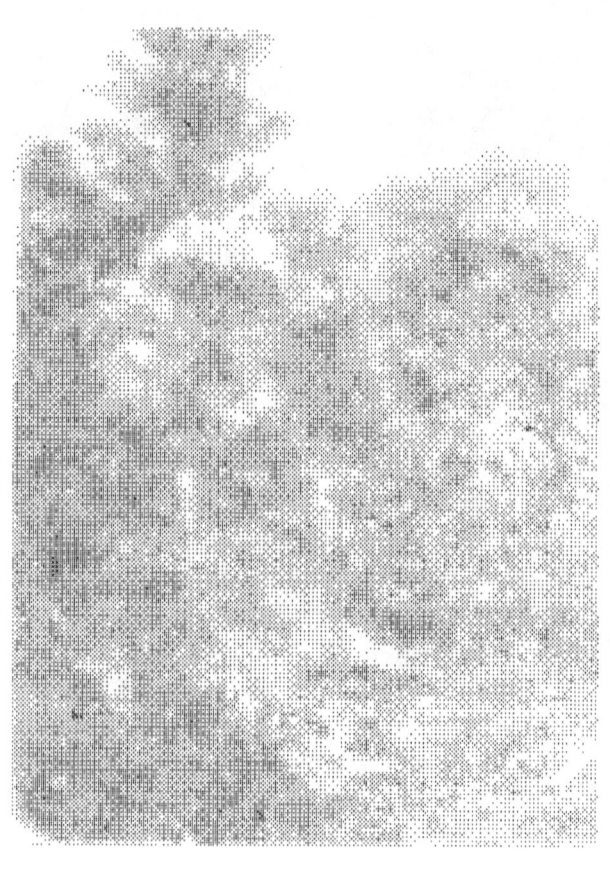

Reisen
in
Indien und Hochasien.

Eine Darstellung

der Landschaft, der Cultur und Sitten der Bewohner, in Verbindung mit klimatischen und geologischen Verhältnissen.

Basirt auf die Resultate der wissenschaftlichen Mission von
Hermann, Adolph und Robert von Schlagintweit
ausgeführt in den Jahren 1854—1858.

Von
Hermann von Schlagintweit-Sakünlünski.

Zweiter Band.

Hochasien:
1. Der Himálaya von Bhután bis Kaschmir.

Mit 7 landschaftlichen Ansichten in Tondruck und 3 Tafeln topographischer Gebirgsprofile.

Uebersetzungsrecht und Nachbildung der Illustrationen werden vorbehalten.

Jena,
Hermann Costenoble.
1871.

Vorwort.

Das Beobachten, sowie das Sammeln war uns stets in den Gebirgen lohnender, aber auch anstrengender als in den Ebenen: bei der Menge des Neuen nicht unvollständig zu bleiben, bedingt größeren Kraftaufwand. Die Ausarbeitung der Berichte, die hier vorliegen, fand ich bald in ähnlicher Weise erschwert.

Für die Gebirgsregionen Hochasiens war ein Band ungefähr von gleicher Größe wie jener für Indien beabsichtigt gewesen. Während der Bearbeitung zeigte sich aber die Mannigfaltigkeit landschaftlicher Gestaltung sowohl, als auch der wissenschaftlichen Fragen, die sich damit verbanden, viel größer, als ich es erwartet hatte. Um ein Bild von ähnlicher Ausführung zu geben, wie jenes für Indien, wurde die Schilderung Hochasiens auf 2 Bände ausgedehnt. Der erste derselben hat zum Gegenstande, nebst der allgemeinen topographischen Definition Hochasiens, den Himálaya, die südliche der 3 Hauptketten, in seiner Raumlinie und in seinen Gebieten längs der indischen, nach Süden und Südwesten sich senkenden Seite. Die Nordgehänge des Himálaya nach der tibetischen Seite und die Gebirgssysteme des Karakorúm und Kúnlún, mit den Gebieten von Tibet und Turkistán werden im folgenden Bande gegeben.

Die Vertheilung des beschreibenden Berichtes auf zwei Bände bietet nun auch Gelegenheit in den numerischen Zusammenstellungen, in Höhenangaben, Temperaturtabellen und Erläuterung der damit verbundenen Isothermen, welche den Reiseschilderungen folgen, vollständiger zu sein als sonst es möglich gewesen wäre.

Dabei schlug der Herr Verleger vor — was mir nur sehr willkommen sein konnte — nun auch die Zahl der landschaftlichen Ansichten aus Hochasien zu verdoppeln und für jeden der Bände 7 Gegenstände ausführen zu lassen. Da aber der Druck schon ziemlich vorgeschritten war, sind die Holzschnitte „Die Erosion im Sátlej-Thale bei der Wánglu-Brücke" und „Das Jhylum Thal mit der Rathdji Terrasse", die ich für diesen Band noch auswählte, vor der Herausgabe desselben nicht mehr vollendet worden. Sie folgen als Nachtrag im III. Bande, während auf den Wunsch des Verlegers die schon vorliegenden beiden Tafeln nach Ansichten aus Tibet mit diesem Baude ausgegeben werden; die Gegenstände sind: „Nordseite des Himálaya am Niti Ghat, in Gnári Khórsum", und „Brücke über den Tóri-chu, in Spiti". Die Himálaya-Ansicht von Norden ist jetzt provisorisch da eingeschaltet, wo der Ueberschreitung des Kammes von Kamáon nach Gnári Khórsum erwähnt ist. Die Ansicht aus Spiti folgt der Beschreibung des Táxi-Passes, über den der Weg in jene Provinz mich führte.

Eine andere Vermehrung des für Hochasien vorgelegten Materiales sind die „Gebirgsprofile der Schneeketten", verschieden von den Tafeln landschaftlicher Bilder in der gewöhnlichen Darstellung. Hier sind durch ungleiche Stärke der Contourlinien, sowie durch die Anwendung von Schraffirung 3 Grade der Entfernung ausgedrückt; dabei ist in den zur Firnregion gehörenden Erhebungen auch Licht- und Schatten-Seite unterschieden. Die Aufnahme der Bilder wurde, von Adolph und mir, in Farbe ausgeführt; diese sind zum Theil schon im Atlas der „Results" in Farbendruck erschienen; die größeren derselben werden als Doppeltafeln folgen.

So wie sie hier als „Gebirgsprofile" vorliegen, enthalten diese Reductionen nur Hintergrund und Mittelregion; die dem Beschauer näheren Theile würden in dieser Weise nicht wiederzugeben. Aehnlich sind diese Gegenstände auch als Erläuterungsblätter der Hochregionen im Atlas der „Results" enthalten. Dort aber sind, bei größerem Formate, noch die Winkel- und Höhen-Messungen graphisch dargestellt, Daten, durch deren Bestimmung auch Robert, wenn Adolph's oder mein Begleiter, die Arbeit eifrigst förderte.

Für die Firnregionen und Schneegipfel als solche gab ich die Erläuterung der Tafeln dieses Bandes, S. 256 bis 267 und S. 436 bis 445. Aber da auch längs der verschiedenen Routen sehr oft auf Einzelheiten aus den Hochregionen Bezug zu nehmen ist, sind die 3 Tafeln für die indischen Gebiete des Himálaya am Ende des Bandes angebracht, wo sie, wenn ausgeschlagen, am bequemsten mit Angaben in jedem Theile des Buches verglichen werden können.

Für 76 der Bergspitzen in Sicht ist Breite, Länge und Höhe auf den Tafeln zusammengestellt; für die Standpunkte sind die geographischen Coordinaten im Inhaltsverzeichnisse angegeben.

Ein „Register", als Realindex gehalten, ist für Indien im I. Bande gegeben worden; da sich der Druck desselben etwas verzögert hatte, wird es, zu meinem Bedauern, vielen Besitzern des I. Bandes erst mit diesem II. Bande zugehen können. Für Hochasien wird das entsprechende Register im III. Bande folgen, da erst dort der Gegenstand sich abschließt.

Schloß Jägersburg, August 1870.

Inhalt

Seite

Cap. I. Gebirgssysteme, Kriche und Racen Hochasiens.
Topographische Definition Hochasiens. Richtung der drei Hauptketten. — Paßhöhe der Kämme. — Die Ränder des Gebirgsstockes: Beschränkte Terrükrbildung. Mangel an niederen alpinen Seen. Subtropischer Tarái am Südrande. Der Nordrand. — Landschaftliche Formen der Hauptketten im Innern. — Massenerhebung und Flächenausdehnung. 3

Die politischen Verhältnisse. I. Die Himálaya-Staaten: Aboriginergebiete. — Bhutan. — Sikkim. — Nepál. — Kleinere Nordwest-Provinzen. — Kaschmir. II. Die tibetischen Staaten: Bodyúl, das östliche Tibet. — Gnári Khórsum. — Ladák. — Balti oder Klein-Tibet. III. Der Nordabhang der Karakorumkette mit dem Künlün. Mongolisches Gebiet. — Turkistán. . 19

Ethnographische Uebersicht. Indische Aboriginerstämme: Gegenwärtige Ausdehnung und frühere Gebiete. — Oestlicher Himálaya. Berge und Bhután-Tarái. Ábors, Dáphlas; Aniváre, Bótas, Thócars. — Sikkim und östliches Nepál. Méch; Limbus, Múrmis; Bódos, Dhimáls; Dahárîs; Dánvars, Aniváre, Thárus. — Inneres von Nepál. Chépangs, Kusúndas, Háyus. — Kúmáon. Ráwats, Domé. — Beispiele von Sprachwechsel; Körperformen. Kasten und Racen arischen Stammes: Wege des Eindringens in den Himálaya. — Hindú-Kasten. — Bráhmans und Rajpúts im westlichen Himálaya. Thákurs oder Pahári-Rajpúts. Chands und Súrya-bans; Kánjars; Dógras. — Nepál-Bráhmans und Rajpúts. Newárîs; Mischracen Nepáls, zu Hindú-Kasten sich rechnend; Gúrkhas (Gúrungs, Mágars, Khas). — Mischracen der Thal-Rajpúts im Westen. Jaulés. — Sádros und Súdras (Kóltš, Dúms, Grúsis, Thárems in Nepál). — Die Mussálmáns in Kashmír. — Die arische Race im Künlün und in Turkistán. Sprachenwechsel. Tibetische Race: Allgemeine Körperformen und Sprachen. Tibetisch-arische Mischracen in Tibet. — Südseite des Himálaya. Bhután. (Lhópas;

Bhots; Chángpós). Sikkim (Lepchas; Murmis; Limbus;
Bhots; Nepál (Sikkim-Rácen; Kirántis; Sunvárs; Häf-
lák). — Sociale Verhältnisse; Polyandrie. — Specielle
Analyse der Körperformen; Größe und Muskelentwickelung;
Schädelgestaltung; Ungewöhnliches Tiefstehen des Rasenfattels.
Erschwerung des Absormens; Schiefstehen der Augen; Stellung
der Nase; Glätte der Haut. — Prineip der Messung und
Zahlenbeispiel; Menschenrassen in buddhistischen Götterbildern;
Unterscheidung arischer und tibetischer Formen. — Wahl der-
selben nach Rang der Gottheit. Gegenwärtige ethnographische
Studien in Indien; Vorschlag zum Völkercongreß der alten
Welt. — Wichtigkeit objectiver Vergleichung. — Bedeutung eines
Congresses für Indien und Nachbarländer. — Neuere Arbeiten
und Materialzusammenstellung 25

Cap. II. Der Buddhismus. Ursprung und Ausbildung in Indien; gegenwärtige Form in Hochasien.

Der Stifter des Buddhismus 67
Die Dogmen; Zahl der Bekenner 74
Lehre und Cultus in Tibet. Neun Secten. — Die Sammel-
werke Kanjur und Tanjur. — Confessio fidei. Die acht Ge-
bote. Die Beichte. Das Verbleiben in Enthaltsamkeit. Wieder-
geburt. — Die geistlichen Gewalten und die Hierarchie. Der
Dálai Láma. Der Neupopohe. Cölibat und Klosterleben.
Religiöse Gebräuche 79

Cap. III. Bhutan; die Gebiete des Dhyung-Phala und des Deva Dhárma
Rája.

Die östliche Handelsroute zwischen Assam und Tibet.
Vorbereitungen mit Dêvang Dörje. — Bhutan-Karte. — Reise-
art. — Túrsi. Gäumen, Vegetation, Thiergrenzen. Kohlen-
lager. — Tibetische Caravane. Nomadenleben der Bhots. —
Dörfer und Thalstufen. — Wasserfälle; Seltenheit von Wasser-
fällen und Seen (in Folge von Crosten). — Aufnahme in
Karigún. Schwierigkeit der Winterreise im Thale. Oeffnungen
von benachbarten Bergrücken aus. — Stationen bis Lhaang
nach Lhâsa. — Thiere der oberen Regionen 101
Innere Verhältnisse des Dhárma-Reichs. Verkehrswege.
— Frühere Besuche. — Alpen-Region; Hügelland und Duárs.
Cultur und Jagd. — Die Bewohner. — Staatliche Verhält-
nisse. — Rohe Willkür der Verwaltung. — Kriegskunst und
Waffen. — Krieg mit den Europäern 1866. — Verlust der
Duárs 133

Cap. IV. Sikkim u. Nepál, die Region der größten Erhebungen im Himálaya.

Die Sikkim-Tárái. Route über Siliguri u. Pánkabári; Tista-
Route. — Tertiäre Ablagerungen, Bodenbeschaffenheit. — Ma-

Inhalt. XI

Seite

blöße, Bengali-Dorf; Milch-Ansiedelung. — Landschaftliche
Eigenthümlichkeiten. — Jungelbrände. — Temperatur; Erkrankung. 151

Die Route nach Darjiling. Pankabari und Umgebungen. —
Campbell's und Hodgson's Entgegensendungen. — Charakter der
Krosas. — Kursöng bis Darjiling. — Anblick der Schneeregion vom Sinchalberg 169

Die Station Darjiling. Topographische Lage als Sanitarium;
Kaffee- und Thee-Kultur, Chinarindpflanzungen. — Zeit der Gründung. Schwierigkeiten mit den Eingebornen. Angriffe auf
Campbell und Hooker. Verluste des Rája. — Name der Station. — Detaillirte Terrainaufnahme. Höhen in der Station.
— Vertheilung der Gebäude; die von mir bewohnte Ada-Villa.
Haus der Eingebornen. — Chibu Lama. — Gesundheitsverhältnisse im Allgemeinen und für verschiedene Racen . . . 177

Beobachtungen in Britisch Sikkim. Besuch der tiefen Thäler.
Veränderung des Klimas. — Thal des Großen Rángit. Blutigel
und Musquitos. Blutegel. Verbreitung des Tigers. —
Leopha-Ansiedelung im Hochwald. — Choonjóng Chétt. Feuergewinnen durch Bohren, Holzprüfungen durch Reibung. — Das
Kupferbergwerk Mahaldírám. Geologische Verhältnisse. — Thal
des Kleinen Rángit. — Magnetismus und Höhe. — Vegetationsbild (Taf. VIII. Himálaya-Hochwald mit Baumfarrn).
Konvalerie zu Silmonbóng. Haupthütte im Innern. — Verweigerung des Eintritts in das Land des Rája. Aufbruch
zum Tónglo-Gipfel 193

Die Singalilla-Kette zwischen Sikkim und Nepál.
Tónglo-Berg. Witterung und Weg. Schwierigkeiten auf
steilem Boden. Milde Stimmung; laue Lüfte. — Elephanten
oberhalb der Tarái. — Lagerplatz auf Tónglo; Ansicht der
Schneekette; Verschiedenheit des Bildes bei gleicher Höhe in den
Alpen. — Der Rhododendren-Hain. Chóbi-Lah und Jám.
Schwierigkeit des Weghauens. — Abdul's Seitenroute. —
Schieferwetel. — Wilde Hühner und hühnerartige Vögel.
Nadelhölzer, obere und untere Grenze. Fahúr-Gipfel: Aussicht.
Pony-Excursionen. — Nepalesische Sipáhis. Letzte Route
gegen Norden. Gyrga-Gipfel. Abendbeleuchtung in diesen
Breiten. — Rückkehr nach Bengalen 209

Aufenthalt in Nepál. Lange Verzögerung der Erlaubniß. —
Etablissement. — Tarái, Elephanten zum Durchreiten; wilde
Elephanten; Jagd; Elfenbeinhandel; Größe der Zähne. — Aufnahme in Káthmándu. Colonel Ramsay. Durbár; Jung
Bahádur, Stellung u. früheres Auftreten. Hunde- u. Hahnenkämpfe. — Die Gúrkhas als Eroberer des Landes. Ihr Auf-

treten gegenüber den Europäern. Sir David Ochterlony. Gegenwärtige Ausdehnung Nepáls. — Bodengestaltung. Vorherrschen gekerbter Süßwasserbecken; die Tarâ. — Ertragsfähigkeit des Landes. Ackergeräthe. Moschus; Daphnepapier; Kupfer- und Messingproduction. — Städtecharacter. Kathmandu. Patn. Bhatgáûn (Tafel IX, Tempelplatz und Grabmalpagode zu Bhatgáûn). — Messungen und Zeichnungen. Jullbéï; Kátani-Krite; Sántia; Chandragiri. — Bedeutung der Namen Gaurísankar, Chamalári, Kanchinjinga, Dhavalagiri. — Rückfehr nach Bengalen 231

Die Firnregionen und Schneegipfel der oft-westlichen Himálayakette. Aufnahme der Panoramen; Benützung der gemessenen Winkel als Basis für die Zeichnung. — Die Tafeln der „Gebirgsprofile". Ansichten aus Bhutan, Sikkim und Nepál. Material der Zeichnungen. — Die beiden Dal-la. — Girméchi. Chamalári. — Chóra. — Tónla. — Kanchinjinga. Kábru und Jánnu. — Pandim. — Gaurísankar. Gosáinthán. Jibjibia. — Dámu, Naráyani und Dhavalagiri. — Machapúcha. — Chaukhfi. — Mukinath. — Vergleich von Sikkim- und Nepál-Ansichten mit Alpenbildern. — Die Schneekämme von der Ebene aus. — Bild der Erde von den mittleren Höhen aus 266

Bewohner und Sitten in Sikkim und Nepál. Große Anzahl der Kasten und Racen. Ethnographisches Material. Tibetische Racen in Sikkim. Mischracen. — Mittlere Lebensdauer und fällt haben Alters. — Geistige Anlagen und moralische Stellung. Wittwenverbrennung in Nepál. — Architectur der Wohngebäude (Taf. X, Das goldene Thor zu Bhatgáûn). Lepcha-Häuser. Rája-Gebäude zu Támlung. — Bekleidung. Hindús in Nepál; Tibetische Racen. — Waffen. Die Kúkri und das Opferschwert in Nepál. Das Säbelmeister der Lepchas. — Hausgeräthe, Speisen und Getränke 295

Das Klima von Sikkim und von Nepál. I. Sikkim: Vorwiegen tropischer Seewinde und die Art ihrer Ablenkung durch Gebirgskämme. — A. Luftttemperatur. Darjiling „zu kalt"; Ursache: die Condensation atmosphärischer Feuchtigkeit, nicht die Nähe von Schneeregionen. — Temperaturgang. — Vergleich mit europäischen Verhältnissen. — Absolute Extreme. — Besonnung und Strahlung. — B. Feuchtigkeit der Atmosphäre. Keine Unterbrechung durch trockene Monate. — Preisleitung gegen das Innere. — C. Regenmenge. Verhältniß zur Feuchtigkeit. — Niederschlag zu Darjiling und Vergleiche. — Stürme und Gewitter; Mithessers. — Locale Verschiedenheit der Regen-

Inhalt. XIII

menge — Quantität bei künstlichem Begießen. — Hohe Quellen.
— Locale Accumulation durch Wälder. — Schneefall, Schneegrenze und Tiefstenz — Chemische Zusammensetzung der Atmosphäre. Ozon. — Sauerstoff und Stickstoff. — Kohlensäuregehalt. II. Nepâl: Bedeutend geringere Feuchtigkeit. — Regenmenge. — Temperatur. Mittel des Jahres und der Jahreszeiten. — Vergleich von Kathmându mit Neapel 290

Cap. V. Der nordwestliche Himálaya: Kámáon bis Jashuir und Mârti.
Mittel- und Hochgebirge Kámáons bis Milum. Rainisál,
„der See der Göttin Râini". Lage als Gesundheitsstation;
Umgebungen. — Marsch bis Bâgesir. Almóra, die Hauptstadt
der Provinz. — Haválbágh. — Beschaffenheit des Weges;
Pferde. — Tálmla-Tempel. Bâgesir. — Adolph's Seitenroute
über die Traill's-Pässe. — Religiöse Befangenheit der Hindus.
— Pindari-Gletscher. — Höhenrauch. — Nânda Dévi, die
Göttin dieses Gebirges. — Aufsteigen in der Firnregion (Taf. XI,
Der Kamm des Rânda Shâl-Gebirges mit den Traill's-Pässen).
— Epileptische Krämpfe bei 3 Begleitern. Ziegenopfer. Pedálpál.
Robert's Hauptroute von Bâgesir nach Milum. Wasserfälle. —
Shimpti. Patwárí Kúal. — Erstes Bhútiadorf Laipóta.
Hartólpaß. — Tiefsirne. — Die Sommerdörser (Tafel XII,
Milum, das Hauptdorf von Johâr.) 315

Das obere Johâr und die Kámáon-Pässe nach Tibet.
Umgebungen von Milum. Rânda Dévi vom Pâjuhorne. —
Der Milumgletscher. Firnwalde und oberster Felsenkamm. Resultate der Höhenmessungen. Der Firnschraub. Vergleich mit
den Alpen. — Ausbruch von Milum gegen Norden. Verkehrsweg nach Tibet. Uta-Dhúra-Paß. Jánti-Paß. Liángar-Paß.
— Straße südlich von der Wasserscheide 334

Garhvál, britisches und selbständiges Gebiet. Die Ibi-
Gámin-Gletschergruppe. Lage der Gipfel und der Gletscher. —
Größte bis jetzt erreichte Höhe. Beschwerden durch Wind ver-
mehrt. — Der Ibi-Gámin-Paß. — Landschaftlicher Character.
— Venus bei Tage gesehen. — Deutung des Namens. —
Bâdrináth und Mâna. — Die südöstlichen Räume und Thäler.
Ueber Jhósimath nach Kibarnáth. — Ueber den Thália-Paß nach
Jamnôtri; nach Mássúri. — Das nördliche und westliche Garhvál.
— Nilang-Paß. — Dombár-Paß. — Kidarkanta-Berg. — Po-
litische Verhältnisse. Lage des Raj. — Stellung zur indischen
Regierung — Landsâur und Mássúri. — Erleichterungen durch
europäische Beamte 347

XIV Inhalt.

Seite

Simla, Kotgárh, Biláspúr und Kanáur. Aufenthalt in
Simla. Bedeutung als Gesundheits-Station. — Politische
Stellung; Lord William Bay. — Die „Season." — Cha-
racter der Landschaft. Jáko-Berg. Mondeffecte. — Instrumente und Beobachtungen. Radhakishen als Assistent. — Die
Stationen Dogshái und Kussúmli. — Simla bis Bágzin-Brücke.
Fâgu. — Routentrennung in Nagkanda. — Missionär Prod-
now in Kotgárh. — Rámpur; Stadt; Hailbrücke. — Ver-
letzung durch Pferdestoß. Lager am Sutlej. (Taf. XIII. Die
Bágzin-Brücke.) — Größe des Flusses. Erosionseffect. Was-
serwenige, numerische Daten. — Eindruck der Landschaft. —
Kánaur-Thal und Tirí-Paß. Aenderung der Thalrichtung
nach Stellung und Schichtung. — Gesteinsverwitterung.
Paßhöhe. Neigung gegen Nord und Süd. — Pflanzengrenzen.
Schneegrenze. Unerreichbarer Firn. — Verkehrswege dem Sutlej-
Thal entlang. Rechte Thalseite (Chini und Umgebung. Deo-
daren. Nebencultur). Hohe Seitenschnee. — Linke Thalseite . 361

Kúlu bis Kashmír. Sutlej-Thal; Aenderung der Gefälle.
Lhanaue auf rechter Thalseite. — Kúlu. Die zwei Richtungen
des Biasflusses. — Verschiedenheit der Thalbildung im westlichen
und östlichen Himálaya. — Adolph's zweiter Besuch. — Ma-
harái Singh's meteorologische Beobachtungen. — Háger, der
Kenntiß. — Major Hay. — Geologische Verhältnisse. — Der
Rotang-Paß. — Lahúl. Thalsystem des Chináb. Chandrab-
bága und Surrabagha. — Kéilas, Kárdong, Kárdong.
Baralácha-Paß. — Shlatu La-Paß. — Gletscher Lapálo.
Kíshtvár. Súrú-Paß. — Bárdwán Thal. — Umási La-Paß.
Chímbo, Jámu und Kashárí. Adolph's Route 1857. —
Váicla Monteiro's und Erazer's 1860. — Kángra-Loca-
lität. — Die provinziellen Hauptorte 389

Die Himálaya-Provinzen von Kashmír. Pässe nach Kashmír. Dorítín-Paß zwischen Hazóra und Garís. — Itsí-Paß
zwischen Dras und dem Sind-Thale. — Uebergang aus dem
Bárdwán-Thale. — Die Panjál-Kette und ihre Pässe im Süden. — Das lacustrine Becken. Größe. — Landschaftlicher
Character. — Locale Senkungen. — Die Seen. Der Srinág-
gerser. Sumpfflächen. — Erhebenen. — Die Karéva-Ter-
rassen. — Richtung des Jhilum. — Geologische Verhältnisse. — Srinágar, die Hauptstadt. Shér Bagh, das officielle
Absteigequartier. — Lage der Stadt. — Canäle. Brückenconstruction. — Baustyl. Monumentale Ruinen. — Straßen
der Stadt. Verkehr. — Industrie und Cultur. Shawls.

Inhalt.

Bazare. Früchte. — Reich und Râja. Provinzen. Frühere Dynastien. — Gulâb Singh. Türken. Persönlicher Character. — Routen nach Indien. Sri und Kathái (Taf. XIV. Das Islamabad bei Kathái). — Pünch-Paß. — Mozafferabád ... **403**

Die Kämme und Gipfel der Gebirgsprofile. Aussicht vom Chinerberge aus. Sri. — Kuaske. — Bunch Thúl. Nanda Devi. — Nanda Kôth mit Traill's-Paß. — Oestliches Profil des Kûarnath. Kûartânta-Panorama. Westliches Profil des Kûarnath. Srikanta. — Bergototi. — Nila. Changlâcha, Chûtul. — Dantbar, Kâmbar, Rûpsa-Gruppe. Süd-Aussicht gegen die Himalayakette. Rûga und Rataug im Centrum. — Pârkûtti und südwestlich gegen Nord-Osten. — Rûga bis Tongaur im Nordwesten. Der südliche Theil der Muyerskra-Kundschu. Baltakette und Haramuk. — Panislicht mit dem Kilwar-Gipfel. — Ismiel de Devi **436**

Die Bewohner der nordwestlichen Gebiete. Vergleich mit den östlichen Reichen. — Ethnographisches Material. Sociale Verhältnisse. Hindus im Allgemeinen. — Ober-Ralphs. Beschäftigung. Cultus. Beschränkte Verbreitung. — Kaschmir. — Niedrigste Hindu-Kasten. — Muselmäns in Kaschmir. — Spuren früherer libetischer Bevölkerung. Sprachen und Dialecte. Kleidung und Ausrüstung. Bauart der Häuser. Dichtigkeit der Bevölkerung **446**

Die klimatischen Verhältnisse. I. Rámson, Girthot und Simla: Die üble Jahreszeit. Extreme Schneefälle. — Der Frühling. Die kleine Regenzeit. Frühregen im Innern. — Die Regenzeit. Menge und Vertheilung des Niederschlages in den Vorbergen und Mittelregionen. Veränderung im Gange der Jahrestemperatur in Simla. — Der Herbst. Lokale Abweichungen vom Mittel. Entfernung vom Rande; Simla und Kissault. Einfluß der Bodengestaltung; Isothwern und Milam. — Temperaturgang in der Tagesperiode. — Absolute Extreme. Hagelbildung. — Glanzperia. — Landschaftlicher Effect der ersten Schneefälle. II. Von kûlu bis Kashmir und Mûri: Veränderung im Temperaturgange. — Geringer thermischer Einfluß der Breite. — Der Frühling. — Der Sommer. Intensive Besonnung. Einwirkung auf Bäume. Herbst und Winter. Schöner Spätherbst. Kohlenbecken. — Die Stationen Mûri **466**

Verzeichniß der Tafeln.

A. Geographische und physikalische Karten.

Die „Fluß- und Gebirgskarte von Hoch-Asien" wird zugleich mit der tabellarischen Zusammenstellung der wichtigsten Höhenbestimmungen im Bande III gegeben.

B. Landschaftliche Ansichten und Architektur.

1. Reihe:

Tafeln mit Tondruck.   Seite

VIII. Himálaya-Hochwald mit Baumfarren, bei Daïmenbóng", in Sikkim.
"Nördl. Br. 27° 5'. Oestl. Länge v. Gr. 88° 9'.
Höhe 5,674 engl. Fuß.
H. v. SS. Mai 1855. (Gen. Nro. 222) 204

IX. Tempelplatz und Brahmaz-Pagoden zu Bhaigáûn, im G.G., von Káthmándu" in Nepál.
"Káthmándu: Nördl. Br. 27° 42'. Oestl. Länge v. Gr. 85° 12'.
Höhe 4,354 engl. Fuß.
H. v. SS. März 1857. (Gen. Nro. 263) 252

X. Das goldene Thor im alten Palaste zu Bhaigáûn", in Nepál.
"Bhaigáûn: Nördl. Br. 27° 37'. Oestl. Länge v. Gr. 85° 22'.
Höhe 4,281 engl. Fuß.
H. v. SS. März 1857. (Gen. Nro. 264) 278

XI Der Kamm des Nanda-Dhál-Gebirges mit den Traill's-Pässen", im westlichen Himálaya.
"Nördl. Br. 30° 31'. Oestl. Länge v. Gr. 79° 48'.
Höhe 17,770 engl. Fuß.
Hv. S. Mai 1855. (Gen. Nro. 607) 324

Verzeichniß der Tafeln.   XVII

XII. Mánè, das Bhutia-Hauptdorf in Johár, im westlichen Himálaya.
 *Nördl. Br. 30° 86'. Oestl. Länge v. Gr. 79° 65'.
 Höhe 11,265 engl. Fuß.
 Ab S. Juli 1855. (Gen. Nro. 430) 339

(XIII. Die Grotten im Káiti-Thale bei der Kángra-Brücke, in Bishähr.
 *Nördl. Br. 81° 87'. Oestl. Länge v. Gr. 77° 54'.
 Höhe 4,932 engl. Fuß.
 H. v. SS. Juni 1856. (Gen. Nro. 446) . . . . . . 378)

(XIV. Das Jhilum-Thal mit der Dalhší-Terrasse, in Kashmir.
 *Nördl. Br. 34° 12'. Oestl. Länge v. Gr. 73° 56'.
 Höhe (des Flußbettes) 3,712 engl. Fuß.
 Ab. S. November 1856. (Gen. Nro. 466) . . . . . . 432)

Da die Tafeln XIII u. XIV vor der Ausgabe dieses Bandes nicht
mehr vollendet werden konnten, während Tafel XV und XVI vorlagen
(erläutert S. VI), werden die letzteren, wie folgt, hier eingeschaltet:

XV. Nordseite des Himálaya am Piti-Thál*, in Guári Thórtum, Central-Tibet.
 *Nördl. Br. 31° 0'. Oestl. Länge v. Gr. 79° 87'.
 Höhe 16,814 engl. Fuß.
 Ab. S. Juli 1855 (Gen. Nro. 474) 346

XVI. Brücke über den Cobi-chu,*unterhalb Dorf Báši*, in Spiti, im
 westlichen Tibet.
 *Nördl. Br. 32° 12'. Oestl. Länge v. Gr. 78° 5'.
 Höhe 12,025 engl. Fuß.
 H. v. SS. Juni 1856. (Gen. Nro. 343) 354

2. Reihe:

Die Gebirgsprofile der Schneekuppen Hochasiens,
in schraffirten Contourzeichnungen.

Am Ende des
Bandes. S. 446.

1. Der Himálaya von Bhután, Sikkim und Nepál.
 1. Das Fálút*-Panorama.
 *Nördl. Br. 27° 13'. 7. Oestl. Länge von Gr. 87° 59' 8.
 Höhe 12,042 engl. Fuß.
 H. v. SS. Mai u. Juni 1855. (Gen. Nro. 354)
 2. Das Siutia*-Panorama.
 *Nördl. Br. 27°47'. Oestl. L. v Gr. 86°9'. Höhe 6,977 engl. F.
 H. v. SS. Febr. u. März 1857. (Gen. Nro. 361)

s. Schlagintweit'scher Reisen in Indien u. Hochasien. II. Bd.

XVIII   Verzeichniß der Tafeln.

II. Der Himálaya von Kúmáon und Gárhwál.
    3. Das Chíner°-Panorama.
    °Nördl. Br. 29° 24'. 3. Oestl. Länge von Gr. 79° 28'. 9.
    Höhe 8,737 engl. Fuß.
    Ab. Schl. Mai 1855. (Gen. Nro. 417)
    4. Das Alkarkáuta°-Panorama.
    °Nördl. Br. 31° 1'. 4. Oestl. Länge von Gr. 78° 9'. 4.
    Höhe 12,430 engl. Fuß.
    Ab. Schl. October 1855. (Gen. Nro 362. 3)

III. Der westliche Himálaya von Simla bis Kashmir.
    5. Das Jálso°-Panorama.
    °Nördl. Br. 31° 5'. 9. Oestl. Länge von Gr. 77° 11'. 0.
    Höhe 8,120 engl. Fuß.
    A. v. SS. Mai 1856. (Gen. Nro. 366)
    6. Das Nanevára°-Panorama.
    A. Die Kashmir-Seite.
    °Nördl. Br. 34° 33'. Oestl. Länge von Gr. 71° 41'.
    Höhe 11,961 engl. Fuß.
    Ab. Schl. October 1856. (Gen. Nro. 574)

System der Transscription und Betonung.
Erläutert in „Asien", Band I, Seite XXIII bis XXVIII.

Das angewandte Alphabet.

a (ä å g å), å; b (bh); ch (chh); d (dh); e (e ë ï); f; g (gh); h; j (i); i (ih); k (kh), ḥ; l (lh); m; n; o (o ó), p; p (ph); r (rh); s; sh; t (th); u (ü ů), û; v; y; z.

Die Aussprache.

Vocale.

1) a, e, i, o, u, wie im Deutschen.
2) ä, ö, ü, wie im Deutschen.
3) Diphthongen geben den Ton der beiden nebeneinander gestellten Vocale. Diärese tritt ein und ist auch als solche bezeichnet, wenn der Accent auf den 2. der beiden Vocale fällt.
4) ¯ über einem Vocale zeigt an, daß er lang ist. Der Vereinfachung wegen ist dies nur angebracht, wenn die Dehnung sehr markirt oder wenn Unterscheidung von sonst ähnlichen Wörtern nöthig ist. Kurze Vocale sind als solche nicht unterschieden.
5) ˘, das gewöhnliche Kürzezeichen, bedeutet unvollkommene Vocalbildung — „a" im engl. but, „e" in herd.
6) ̣ unter Vocal „a" bedeutet diesen Laut — „a" im englischen „wall".
7) ˜ über Vocalen bezeichnet nasalen Laut derselben; bei Diphthongen, obwohl für beide Vocale gemeint, ist ˜ nur auf dem letzten Vocale angebracht.

Consonanten.

1) b, d, f, g, h, k, l, m, n, p, r, s, t wie im Deutschen.
2) h nach Consonant ist hörbare Aspiration mit Ausnahme von ch, lh und sh.
Die übrigen sind dem Englischen analog geschrieben. Nach deutscher Weise gelesen ist:
3) ch — tsch.
4) j — dsch.
5) sh — sch.
6) sch — ch.
7) v — w.
8) w — j.
9) z — weiches s, wie im englischen Worte „zero".
10) Die Consonanten „m" und „n" sind hier hinter den nasal lautenden Vocalen geschrieben geblieben, nicht weil phonetisch bedingt, sondern weil häufig der nasale Laut nur als locale dialectische Verschiedenheit sich ergab. (In Bd. I, „Indien", war keine Veranlassung nasale Silben zu unterscheiden.)

Accente.

´ bezeichnet die Silbe, auf welche der Accent fällt, ob lang oder kurz.

Allgemeine Bemerkungen.

Erläutert Bd. I. S. XXIX u XXX.

Die Höhen, auf Meeresniveau bezogen, und die Entfernungen sind in englischen Fuß angegeben; 1000 engl. Fuß = 304·79 Meter = 938·29 par. F. Die Höhen in den Alpen sind auch in pariser Fuß noch beigefügt, (p. F. bezeichnet), da sie als solche dem Leser bekannter sind und rascher mit anderem Materiale aus den Alpen sich vergleichen lassen. Die Meilen sind englische; 4·60 engl. Meilen = 1 deutsche Meile oder $^1/_{15}$ Grad, 1 engl. Meile = 5280 engl. Fuß = 1609·3 Meter = 4964 par. Fuß.

Krumme Linien auf Karten, Flußläufe, Wege rc., sind beim Uebertragen der Länge in gerade Linie direct mit dem Scalenstäbchen gemessen (Angabe des Instrumentes Seite 473).

Die geographischen Breiten sind nördliche, die geographischen Längen sind östliche, auf den Meridian von Greenwich bezogen, wobei für das Madrid-Observatorium, als Ausgangspunkt der Messungen, die Länge 80° 13' 56" östl. von Greenw. zu Grunde lag.

Die Temperatur ist in Graden der hunderttheiligen Scala (°C), der Barometerstand in englischen Zoll angegeben.

I.

Gebirgsſyſteme, Reiche und Raçen Hochaſiens.

Topographiſche Definition Hochaſiens. — Die politiſchen Verhältniſſe. — Ethnographiſche Ueberſicht. — Menſchenraçen in buddhiſtiſchen Götterbildern. — Gegenwärtige ethnographiſche Studien in Indien.

Topographische Definition Hochasiens.

Richtung der drei Hauptketten. — Paßhöhe der Kämme. — Die Ränder des Gebirgsstockes; Beschränkte Terrärbildung. Mangel an niederen alpinen Seen. Subtropische Tarái am Südrande. Der Nordrand. — Landschaftliche Formen der Hauptketten im Innern. — Massenerhebung und Flächenausdehnung.

An die tiefgelegenen subtropischen Regionen Indiens schließt sich unmittelbar das mächtigste Gebirgsland der Erde an; es erstreckt sich der Länge nach von Assám bis Kabúl und der Breite nach von Bengalen, Hindostán nur dem Pánjáb über Tibet bis in die Mongolei und das östliche Turkistán.

Da diese ganze ausgedehnte Fläche zugleich als eine Gebirgsregion ohne Unterbrechung sich zeigt, sogar mit bedeutender Höhe der Thäler in den centralen Theilen, haben wir in unseren „Resultats" den Namen Hochasien für diese Region der Erde angewandt, nicht ohne Zögern, da uns bisher noch keine solche allgemein zusammenfassende Bezeichnung bekannt war; doch hat diese, da das Gebiet schärfer als die meisten anderen kleineren Gebirgsregionen sich begrenzen läßt, rasch allgemeine Annahme gefunden, und jüngst erst begegneten wir der Bezeichnung wieder auf Hunter's wichtigem geographischen Werke „Comparative Dictionary of India and High Asia"..

1*

Cap. 1. Gebirgssysteme, Reiche und Racen Hochasiens.

Seiner ganzen Länge nach lassen sich in Hochasien drei Hauptketten erkennen: der Himálaya, der Karakorúm und der Künlün. Vom Brahmapútragebiete bei 96° östl. L. von Greenw. bis nahe gegen die Mitte des Gebirgslandes sind die drei Hauptkämme von Osten nach Westen gerichtet, und sind unter sich ziemlich parallel. Von dort bis 71° östl. Länge, wo, nördlich von Peshâur, das Ende des Himálaya, nördlicher noch und etwas östlich davon, Uebergehen der Karakorúm- in die Hindukúshkette anzunehmen ist, sind die beiden südlichen Hauptkämme, Himálaya und Karakorúm, nach Nordwesten gerichtet; aber die dritte Hauptkette, der Künlün, zeigt dem ganzen Laufe entlang vorherrschend die ost-westliche Richtung, am deutlichsten da, wo diese Kette dem Karakorúm am nächsten liegt.

Gegen Süden sowohl als auch an der Nordseite ist das Gebirgssystem Hochasiens fast seiner ganzen Längenentwicklung nach scharf begrenzt; auch Turkistán im Norden zeigt, von Káshgar bis zum See Lop, eine Depression, die mit noch immer großem Höhenunterschiede schroff an die Gebirgswand sich anschließt. Oestlich vom See Lop aber verliert die Kammlinie des Künlün von ihrer bestimmten Form. Im Nordosten liegen Bergketten vor, welche, den See Khúkhu-Nur umkreisend, an die Gebirgssysteme Chinas sich anschließen.

Gegen Osten und gegen Westen läßt sich überhaupt die Begrenzung Hochasiens weniger genau bestimmen. Nordöstlich von Assám schließen sich nämlich andere Züge von ziemlicher Mächtigkeit an, doch sind diese verschieden in ihrer Richtung und wahrscheinlich auch in ihrer geologischen Gestaltung. Gegen Westen, wo ohnehin die wasserscheidende Linie Hochasiens in den Hindukúsh übergehend sich fortsetzt, könnten noch manche der kleineren Gebirgsstämme als Ausläufer der centralen Masse beigezählt werden, die jetzt, zum Theile der politischen Begrenzungen wegen, als dem Hindukúsh angehörend betrachtet werden. Eine Uebersicht der Kämme und Flußsysteme dem

Sirtaube des Himálaya bis zur Depression im Norden des Kualún ist auf Karte 3 diesem Bande beigegeben.

Die wissenschaftliche Literatur über das Gebiet von Hochasien ist sehr neuen Datums. Die topographische und nach dieser die physische und geologische Erforschung hoher Gebirgsmassen hat selbst für Europa erst in verhältnißmäßig neuer Zeit die nöthige Aufmerksamkeit auf sich gelenkt.

Einzelne Ketten und Gipfel des Himálaya und die westlichen Provinzen von Tibet waren schon bald nach der Befestigung der englischen Herrschaft im Gangesgebiet Gegenstand naturwissenschaftlicher Untersuchung gewesen, es haben sich uns aber noch unerwartete Schwierigkeiten geboten, um die Verbindung der verschiedenen Theile zu einem großen geographischen Bilde zu erkennen; den Bewohnern war dies so unbekannt, wie es das System der Alpen so lange den Europäern gewesen ist. Thäler, Fluren, Flüsse, Seen find es, für welche, nebst den bewohnten Orten, das Volk zuerst sich Begriffe schafft; auch Berge der Umgebung, wenn durch Gestalt oder Größe hervortretend, und einige der wichtigsten Pässe sind meist individuell gut bezeichnet und dann noch in ziemlich weitem Umkreise bekannt; aber für die ferne liegenden oder die unbewohnteren Theile der Ketten, wo die Hauptlinien des Systems zu suchen sind, fehlt dem Eingebornen das Bedürfniß sie zu kennen, und dem Reisenden bieten sich gerade dort die Schwierigkeiten jeder Art am zahlreichsten. Doch begünstigt durch den Umstand, daß wir gleichzeitig auf verschiedenen Routen und in den Messungen und Forschungen in gleichem Sinne uns ergänzend dieses Gebirgsland während mehrerer Jahre durchziehen konnten, war es uns möglich geworden, auch die Lage und Gestalt der mittleren Hauptkette, welche die Wasserscheide im Norden von Indien bildet, zu entdecken.

Es war bekannt, daß zahlreiche indische Flüsse ihre Quellen im Norden des Himálaya haben. Sie umströmen die Enden desselben wie der Dihóng im Osten, der Kábulfluß im Westen, oder

Cap. I. Gebirgssysteme, Reiche und Nagen Hochasiens.

sie finden ihren Weg nach Süden durch eine jener zahlreichen Depressionen der Himálayakette, von denen hier, des Beispieles wegen, nur jene des Mondsflusses in Bhután, der Kóri und Gándak in Nepál, und die bekannteren Ausflußstellen des Satlej und Indus im nordwestlichen Himálaya genannt seien. Nach Norden, glaubte man, bilde die Grenze des Stromgebietes erst die Kette des Künlün, den übrigens damals noch kein Europäer, weder von Norden, noch von Süden her, erreicht hatte. Desto mehr waren wir überrascht zu finden, daß eine andere Kette mit noch höherem Kamme als jener des Himálaya und mit einzelnen Gipfeln, die nur wenige hundert Fuß von den höchsten, bisher im östlichen Himálaya bekannten verschieden sind, südlich vom Künlün sich rodtet. Es ist dies der Karakorúm. Ueber den Karakorúmpaß, die einzige von Türki-Caravanen hier benützte Uebergangsstelle auf dem Wege nach Järkand, eine Route, die den Künlün zur Rechten läßt, muß auch der Weg des russischen Reisenden Georg Raphael Danibeg geführt haben, dessen Bericht vom Jahre 1815 Humboldt in seinem Central-Asien (Bd. II., S. 231) erwähnt. Danibeg ging von Ve (was er die „Stadt Tibet" nennt) über Järkand, Aksu und Turfán nach Semipalatinsk; die näheren topographischen Angaben über die Gebirge längs seiner Route sind mir nicht bekannt.

Erreicht hatte die Kammhöhe des Karakorúm auch Thomson, 1848, aber nicht überschritten. Er betrachtete diese Uebergangsstelle als eine Vorstufe zum Uebergange über den Künlün, der „als die wasserscheidende Kette" noch folge. Allerdings, die Aussicht vom Karakorúm-Passe ist durch die nächste Umgebung noch so beschränkt, daß erst ein Rückblick vom Künlünkamme auf die wasserscheidende Karakorúmkette, so wie das weitere Vordringen nach der Nordseite auch des Künlüngebirges, uns erlaubte, mit genügender Bestimmtheit die Lage und Gestalt des Hauptzuges zu erkennen. Der Karakorúm zeigte sich als ein mächtiges Gebirge, welches zwischen dem 95sten und 75sten Grade östl. Länge von Greenw. als die Hauptletzte Hochastens sich fortzieht. Der Eindruck, daß der Karakorúm sogleich als die höchste der drei Ketten hervortrete, wird unter Anderem auch dadurch etwas verborgen, daß die Lage der Schneegrenze, wegen des geringen Niederschlages, eine ungewöhnlich hohe ist. Der Karakorúm setzt sich nach Westen und Süden in den Hindukúsh fort, und es zeigt sich noch nach Nord-Nordwesten eine secundäre Abzweigung im Bólor Tagh. In seiner östlichen Hälfte gabelt sich der Karakorúm (bei 85° östlicher Länge von Gr.) in zwei wohl nahezu gleich hohe Zweige; diese begrenzen gegen Norden und gegen Süden eine verhältnißmäßig nicht sehr bedeutende Depression, deren Richtung der Wasserscheide des Gebirges parallel ist. Die Seen Téngri und Námur liegen in dieser Senkung, welche gegen Osten offen bleibt und als da carend betrachtet werden kann, wo der Dibóng und der eigentliche Brahmapútra, vom Norden kommend, sie begrenzen. (Der Unterschied des letzteren von dem so häufig damit verwechselten Zuflusse Tihónz aus Tibet, ist bei der Besprechung der hydrogragraphischen Verhältnisse von Assám erwähnt. Bd. I., S. 465.)

Flüsse, die vom Karakorúm nach Norden strömen, umfließen oder durchziehen den Künlün, ganz ähnlich den Verhältnissen im Stromgebiete des Himálaya. Als Beispiele für den Künlün führe ich an den Jàrkandfluß, der um das westliche Ende sich biegt, und den Karakásch, sowie den Kérkiafluß, welche durch Senkungen der Kette nach Norden austreten. Die Kamm- und Gipfelhöhe im Künlün ist bedeutend niederer als in den beiden anderen Hauptketten.

In den Alpen sind so entschiedene Hauptlinien nicht der vorherrschende Typus der Bodengestaltung; dort sind es vielmehr Centren bildende Massife, die allerdings in ihrer Juxtaposition auch zu Wasserscheiden werden, aber in Linien, die viel stärker wellenförmig gekrümmt sind. Während die in diesem Bande gegebenen „Tafeln der Gebirgsprofile aus Hochasien" der ganzen Strecke entlang so sich aneinander reihen, daß fast immer die begrenzenden Mauer von einem Bilde in das nächste übergreifen oder doch sehr nahe aneinander heranrücken, wäre seine entsprechende Combination von Ansichten der Schneeberge in den Alpen möglich.

Die Höhenverhältnisse in jenem Theile Hochasiens, wo die drei Hauptketten, der Himálaya, Karakorúm und Künlün, am meisten sich nähern, können wohl als zu den wichtigsten unserer Erde gezählt werden. Gipfel finden sich zahlreich hier, deren Höhe jene des mächtigen Kaudchinjinga erreicht oder sogar übertrifft, welcher, bis die Forschungen in jene Gegend sich ausdehnten, als nur vom Gaurisánkar an Höhe übertroffen galt. Einige der Thäler zeigen eine Höhe ihrer Thalsohlen, wie sie nirgends sich wieder findet.

Die Karakorúmkette im Allgemeinen hat die Gipfel im Mittel etwas niederer als der Himálaya, die mittlere Höhe des Kämme und Pässe ist dagegen im Karakorúm entschieden die größere. Dies Resultat hatte sich ganz deutlich ergeben, obwohl bis jetzt die einzelnen hypsometrischen Daten aus dem Karakorúm (ebenso wie aus dem Künlün) gegenüber jenen aus dem Himálaya noch nicht sehr zahlreich sind. Messungen auszuführen, selbst Angaben über topographische Lage der Pässe und die Form der Kämme zu erhalten, wird hier durch die localen, sowie die politischen Verhältnisse sehr erschwert, sowohl durch körperlich und geistig abspannende Wirkung der verdünnten Luft bei dem Aufenthalt in großen Höhen, als auch durch die Feindseligkeit, mit welcher die Eingeborenen dem Europäer sogleich entgegentreten, wenn es ihm nicht gelingt, durch die größte Sorgfalt in seiner Verkleidung und in seinem Auftreten die Aufmerksamkeit von sich abzulenken.

Tibet, mit dem Stromgebiete des Dihóng im Osten und jenem des Indus und Sátlej im Westen bildet ein großes, in der Mitte gehobenes Längenthal, das im Süden vom Himálayakamme, im Norden vom Kamme des Karakorúm begrenzt ist; der Künlün liegt schon außerhalb von Tibet; auch die Sprachen seiner ohnehin nur spärlichen Bewohner sind nicht das Tibetische oder Dialekte desselben, sondern das Mongolische im Osten, das Türkische im Westen. Ausschließlich als Plateau, das heißt mit sehr kleinen Thälern und ohne bestimmtes Vorherrschen der einen oder anderen Richtung derselben, zeigt sich vorzugsweise jener Theil Hochasiens, welcher nahe dem westlichen Ende des Künlün diese Kette mit der Hauptkette Karakorum verbindet. Selbst die Umgebungen des Tengri-Sees, obwohl bei sehr bedeutender mittlerer Höhe gelegen, haben noch weit bestimmtere Thalformen.

Aehnlich dem tibetischen Längenthale folgt gegen Norden eine zweite, aber noch bedeutend breitere Longitudinale Einsenkung, die gegen Osten im Mongolengebiete endet. Ihre südliche Wasserscheidende Grenze sind die Karakorumkette und der Hindukush, ihre nördliche der Thianchán (hier Sayanshán genannt). Die Flußsysteme sind jene des Amu (Oxus) gegen Westen und des Tárimflusses gegen Osten. Sie sind durch den von beiden Seiten nur allmählich ansteigenden Rücken des Bólor Tágh getrennt.

Von allgemeinen geographischen Namen fanden wir bei den Eingebornen folgende bekannt und gebraucht: Himálaya als „Stätte des Schnees" für die südliche der drei Hauptketten, Künlün für die nördliche; unter den Namen der größern Nebenketten ist jener der Kailásgruppe hervorzuheben, „der Sitz des Keiles", wahrscheinlich in dem Sinne, daß sie neben der Wasserscheide zwischen Ost und West sich erhebt und daß die Bewohner hier auch die Wasserscheide zwischen Süd und Nord seit alter Zeit sich dachten. Bei dem ohnehin so beschränkten Verkehre konnte, wie so häufig in ähnlichen Fällen, der Name sehr wohl sich erhalten haben, auch nachdem den Bewohnern vereinzelte etwa noch höhere Uebergangsstellen im Norden nach und nach bekannt geworden waren. Die Schwierigkeiten durch vermehrte Höhendifferenz und jene durch steile Felsen, Gletscher- oder Firnregionen u. s. w. werden ohnehin im gewöhnlichen Verkehr über Pässe nicht sehr genau unterschieden.

Das Kailāsgebirge in der indischen Mythologie gilt als der Sitz des Kuver, des indischen Plutus oder Gottes des Reichthumes, vielleicht nicht ohne Verbindung mit dem Vorkommen von Goldseifern, die auch in den letzten Jahren unerwartet wieder an Wichtigkeit gewonnen haben. Auch Shiva, der zerstörende, soll im Kailāsgebirge sehr oft seinen Aufenthalt haben.

Nach Royles „Einleitung in die Himálaya-Botanik" XI. und XXIII. wurde die Höhe des Kailāsgebirges, über das erst Moorcroft und die Gerards vor verhältnißmäßig kurzer Zeit (1819 bis 1840) nach Europa berichteten, auf 30,000 Fuß geschätzt und man glaubte auch hier Granit zu haben, da von solchen, die nicht Geologen sind, nur zu leicht chrystallinisches Gestein, wie Gneiß und Glimmerschiefer, Chloritschiefer ꝛc. für Granit angesehen wird, während es eine sehr merkwürdige, mit den Alpen gemeinschaftliche Eigenthümlichkeit Hochasiens ist, daß Granit, wie wir sehen werden, nur äußerst selten und über sehr geringe Flächen verbreitet, sich zeigt.

Gerard noch (Kanáur, S. 141) betrachtet das Kailāsgebirge, da er die darauf folgende Karakorúmkette nicht kennt, als einen Theil des Kúnlün; zugleich glaubte auch er, daß hier die größten Erhebungen über das Meer sich befinden.

Für die wasserscheidende Kette als solche lag kein allgemeiner Name vor. Mustágh, wie sie an einzelnen Stellen im Westen heißt, bedeutet, wie Himálaya (auch Alpen, Thianshán ꝛc.) „Schneegebirge" und ist nur auf eine kleine Strecke ausgedehnt. Bezeichneter (vorzüglich der hier so hohen Schneegrenze, also der großen schneefreien Flächen wegen) und den physischen Verhältnissen so wie dem landschaftlichen Eindrucke am besten entsprechend, schien uns der Name Karakorúm zu sein, Kette der „schwarzen Berge" (identisch mit der Deutung von Pyrenäen, als „dunkle Gipfel"). Bei den Eingeborenen fanden wir den Namen gegenwärtig nur auf den Paß und Umgebung bezogen, aber sie gaben sogleich zu, daß er, gerade im Gegensatze zum Himálaya, sehr wohl der ganzen Kette als solcher entspreche.

Auch in den seit unserer Rückkehr erschienenen Karten Hochasiens wurde der Name, nachdem wir seine Erklärung gegeben hatten, bald eingeführt und (so wie es auch uns am entsprechendsten schien) meist auf die ganze Hauptkette, die dem Himálaya gegen Norden folgt, bezogen.

Der allgemeine Charakter der verschiedenen hier zu vergleichenden Gebirgskämme läßt sich durch die Höhe der Pässe, welche darüber führen, definiren. Ich folge hier der Zusammenstellung, welche mein Bruder Robert in dem physicalisch-geographischen Tableau des 2ten Bandes der „Results" gegeben hat.

Von den Pässen über die Hauptketten sind bis jetzt einundzwanzig Pässe bekannt, die über den Himálaya führen, drei über den Karatorúm und drei über den Künlün. Daß im Himálaya noch viel mehr Pässe, in seiner Hauptkette gelegen, gefunden werden, hat wenig Wahrscheinlichkeit, aber im Karatorúm und Künlün werden später, wenn diese Gebirgszüge genauer untersucht sind, ganz entschieden noch mehrere Uebergangsstellen gefunden werden. In diesen beiden Ketten hatten wir auch nur für je zwei der von uns überschrittenen Pässe directe Messungen. Für den Changchénmopaß in der Karatorúmkette, den Adolph am 9. Juli 1857 überschritt, mußten wir die Höhe nach den Angaben seiner Begleiter schätzen. Der Pirdshpaß im Künlün, über den ihn seine Route einige Wochen später führte, liegt schon in dem sich senkenden Theile des Kammes, westlich vom Karakásh-Flusse; er hätte deshalb, wenn in das Mittel aufgenommen, den Werth desselben zu niedrig gemacht.

Die Werthe, die wir für die mittlere Höhe der Pässe in jeder der drei Hauptgebirgsketten Hochasiens erhielten, sind:

   Im Himálaya 17,800 engl. F.
   im Karatorúm 18,700 „ „
   im Künlün 17,000 „ „

Mit Absicht sind bei der Ableitung dieser Mittelwerthe jene

Cap. I. Gebirgssysteme, Striche und Massen Hochalpen.

Pässe unberücksichtigt geblieben, die sich in den zahlreichen Verzweigungen der Hauptketten befinden.

Zur Vergleichung führe ich die mittlere Paßhöhe in anderen Gebirgen an. Sie beträgt:

In den westlichen Andes 14,500 engl. F.
in den östlichen Andes   13,500 „ „
in den Alpen Europas   7550 „ „

Die für Hochasien gegebenen Zahlen zeigen, daß der Karakorum bei weitem die größte mittlere Paßhöhe hat; zwar liegen uns bis jetzt nur drei Pässe zur Beurtheilung vor; doch der Umstand, daß es die wenigen nach Norden führenden Verkehrswege sind, als welche wir diese Pässe kennen lernten, macht es wahrscheinlich, daß der Werth durch neue Details im Mittel eher höher als niederer werde.

Der einzelne höchste Paß, den wir bis jetzt kennen, liegt dessenungeachtet nicht im Karakorum, sondern im Himalaya, dies ist der Ibi Gamnin-Paß, der von Gartokh nach Gnarithörsum führt und den Adolph und Robert als die ersten und bis jetzt einzigen Europäer am 22. August 1855 passirten. Er erreicht die erstaunliche Höhe von 20,459 F.; der höchste Paß des Karakorum ist der 19,019 F. hohe Mustagh-Paß. Der niederste Paß, der über die Hauptkette des Himalaya führt, ist der Bára Lácha-Paß, 16,186 F. hoch; ein Ueberschreiten des Kammes erfordert also an seiner niedersten Stelle eine Erhebung bis zu mehreren Hundert Fuß über den Gipfel des Mont-Blanc. Ebenso überraschend ist es, daß der niederste Himalaya-Paß, der Bára Lácha, höher ist, als der höchste Andes-Paß; denn die höchsten Pässe der Anden, Alto de Toledo und Vauguillas, erreichen nur eine Höhe von 15,500 F. Der höchste Paß in den Alpen ist das Neue Weißthor, 12,136 engl. Fuß, im Monte-Rosa-Gebiet.

Das Ueberschreiten solch hoher Pässe, noch mehr das Besteigen von Gipfeln, welche außerhalb jener Linien liegen, denen die Eingeborenen ihres Verkehrs wegen bisweilen folgen müssen, fanden wir mit unerwarteten Schwierigkeiten verbunden. Selbst in Europa sind hohe Alpengipfel erst in verhältnißmäßig neuerer Zeit bestiegen worden, und ein Paar Jahrhunderte vor unseren Reisen war, ungeachtet des riesigen Unterschiedes in wissenschaftlicher und socialer Bildung zwischen Europa und diesen Theilen von Asien, kaum mit Sicherheit bekannt, wo die höchsten Gipfel der Alpen gelegen sind. Was die körperliche Leistungsfähigkeit der Bewohner betraf, hatten wir nicht zu klagen. Am brauchbarsten zeigten sich jene tibetischer Race, auch die Hindus der oberen Himálayagebiete waren muskelkräftig und entschlossen, aber jedesmal hing es bei neuen Richtungen von uns allein ab, den Weg, der etwa möglich war, zu bestimmen, und als die Vormänner die Bahn zwischen Firnspalten und an Felsenabhängen zu suchen, was stets mit großer Ermüdung verbunden ist; es wird dies in solchen Höhen um so unangenehmer fühlbar, weil die Verminderung des Luftdruckes jede Muskelanstrengung erschwert. Die Hindus unter unseren Begleitern hatten dabei noch das Vorurtheil zu überwinden, daß sie durch das Betreten von solchen, für unnahbar gehaltenen, ewig reinen Regionen auch gegen ihre religiösen Vorschriften zu handeln fürchteten; häufig glaubten sie mit reichlichen Opfern und Gebeten solche Schuld sühnen zu müssen. Der Zeitverlust, der unvermeidlich damit sich verband, hatte nothwendig zur Folge, das Erreichen großer Höhen noch zu erschweren.

Nicht weniger bemerkenswerth als die Verhältnisse der Kämme sind jene der niederen Regionen längs der Ränder Hochasiens.

Im Allgemeinen entbehrt der Himálaya an seiner südlichen Basis sedimentärer Gesteine von einiger Breite; damit hängt in der Terraingestaltung der Umstand zusammen, daß vom Hauptkamme des Himálaya gegen Indien die Seitenkämme („Spurs") ununterbrechen sich fortziehen, während in den Alpen häufig zwischen solchen Ausläufern und der Ebene noch Vorgebirge („Outerranges") liegen, die dann meist mit der Richtung der Seitenkämme ziemlich große Winkel bilden, und die Flüsse, die aus dem centralen Theile des Gebirges austreten, stark aus ihrem oberen Laufe ablenken.

In den östlichen Theilen jedoch fand ich solches Vorgebirge; zwar von geringer Höhe, aber topographisch deutlich hervortretend. Zugleich hat sich dort in Form und geologischer Bildung eine überraschende Aehnlichkeit mit den Alpen erkennen lassen, ein Umstand, dessen ich noch mehrmals bei der Besprechung der geologischen Verhältnisse der einzelnen Provinzen zu erwähnen haben werde. So gehören die Bhutia-Vorberge der Tertiärzeit an und doch sind sie stark gehoben: es zeigt dies, daß die letzten Hebungen der Alpen und des Himálaya geologisch gleichzeitig sind; auch in der Stellung der Schichten und in der Art der Gesteine haben sie große Aehnlichkeit; ich fand Braunkohlenlager, ganz jenen des Pelsenberges entsprechend, in der Bhután Tarái. Dagegen fehlt am südlichen Rande Hochasiens jene Seebildung, die sich in den Hochebenen der Alpen theils noch jetzt als tiefe, wassererfüllte Becken, theils in der Form von Mooren, wenn seicht und nun durch Erosion entleert, sich zeigt.

Während im Rigipanorama zum Beispiel vierzehn Seen von bedeutender Winkelgröße hervortreten, sind Seen auch im Innern des Himálaya äußerst selten und verhältnißmäßig klein, nur in Tibet gibt es deren noch sehr viele und große, und zwar mit mehr oder weniger bratischem Wasser; auf die nähere Beschreibung derselben werde ich eingehen, wenn die Routen in jene Provinzen mich führen werden.

Als allgemeine Eigenthümlichkeit, die am meisten in der so feuchtwarmen Zone längs des Südrandes von Hochasien auffällt, sei nur diese noch hervorgehoben, daß Moor- und Torfbildung fehlt, auch da, wo in den subtropischen Regionen die Bodengestaltung sie begünstigen könnte. Der Mangel erklärt sich durch die Verschiedenartigkeit des Vegetationscharakters. Die torfbildenden Moose der Alpen (Sphagnum und ähnliche) sind in den subtropischen Regionen nicht vertreten. Wo hier am Fuße des Gebirges beim ersten Austritte der Gebirgsströme in die Ebenen große Bodenfeuchtigkeit veranlaßt wird, hat sich die „Tarái" gebildet, ein Saum von wechselnder Breite, der dicht mit Rohrgewächsen, baumartigen Gräsern, zum Theil auch mit mittelhohem Holze und vereinzelten hochstämmigen Bäumen dycotyledonen Gebildes bedeckt ist. Die Vegetation in solchen Lagen, wo große Wärme mit reichlicher Feuchtigkeit fast das ganze Jahr hindurch sich verbindet, ist auch sehr raschem Wechsel ausgesetzt; die Zersetzung der ungeheuren Menge abgefallenen Pflanzenstoffes macht die Tarái überall, wo die Regenmenge reichlich ist, sehr ungesund; am gefährlichsten ist sie dem Südrande von Silhim und Nepál entlang. Bewohnt ist sie nur von vereinzelten, sehr spärlich vertheilten Aboriginerstämmen. Für Europäer sowohl als selbst für Indier ist schon die kurze Zeit, die nöthig ist, um die Tarái auf dem Wege nach dem Himálaya zu kreuzen, in vielen Theilen derselben und während der meisten Monate sehr gefährlich.

Auf der Nordseite Hochasiens, längs dem Rande des Künlün, ist nichts, was die Tarái vertreten würde. Sowohl die niederere Temperatur in Folge der Breite und der noch ziemlich bedeutenden Höhe als auch die geringere Feuchtigkeit in Folge der ganz continentalen Lage beschränken dort die Vegetation in den Hügeln; in den breiten Niederungen beginnen jene Saarwüsten, welche in so großer Ausdehnung die Flächen Turkistans in Höhen von 4000 bis 2500 Fuß bedecken.

Zur näheren Charakteristik der drei verschiedenen Systeme, des Himálaya, Karakorúm und Künlün, bliebe noch vieles zu erläutern, aber es ist zu Verschiedenartiges, um schon hier zusammengestellt zu werden, ohne der provinciellen Darstellung vorzugreifen. Eine Uebersicht der Höhenverhältnisse im Allgemeinen, die in riesiger Größe der Flächenausdehnung entsprechen, wird in dem hypsometrischen Tableau gegeben werden. Hier füge ich nur noch einige vergleichende

Angaben über die landschaftlichen Formen der Hauptketten im Innern bei.

In den Gebirgsmassen Hochasiens ist nicht nur die Erhebung über das Meeresniveau eine bedeutendere und die Ausdehnung der geographischen Basis eine größere, als in jenen anderer Erdtheile, auch die Formen, welche die Panoramen zeigen, haben viel des Eigenthümlichen. Die landschaftlich zu trennenden Regionen sind in Hochasien unter sich noch sehr verschieden. Die erste, der Südabhang des Himálaya gegen Indien, zeichnet sich aus durch üppige, subtropische Vegetation bis zu Höhen von 8000 bis 10,000 Fuß und durch ein sehr steiles Gefälle der Kämme und Thäler. Tibet zeigt breite, aber wenig bewachsene Thalformen, dann folgt die Steinwüste zwischen Karakorúm und Künlün; die Abhänge des Künlün gegen Norden nehmen sehr rasch an Höhe ab.

Aber gemeinschaftlich ist allen, daß von etwas hohen Standpunkten sehr ausgedehnte Firmamente und Schneeregionen überblickt werden können, einen weit größeren Theil des Horizontes einnehmend, als in den Alpen. Im Himálaya ist auch dies noch allgemein, wegen der steilen Abdachung gegen Süden, daß man im Mittelgrunde in Tiefen von 7 bis 8° Winkelunterschied hinabsieht, von Standpunkten, wo die fernen Berggipfel noch zu einer Höhe von 3 bis 4 Grad über den Horizont sich erheben. In Tibet allerdings ist der Mittelgrund gewöhnlich dem Beschauer weit näher gelegen, in einzelnen Fällen jedoch kamen auch hier sehr starke Depressionen mehr localer Art vor, weil auch in Tibet die Erosion der Flüsse eine sehr große ist.

Das Cubikvolumen der gehobenen Masse ist für Hochasien ein ungleich größeres, als für irgend ein anderes Gebirge der Erde. Es betheiligt sich daran in gleichem Verhältnisse die bedeutende Fläche der Basis sowohl als auch die große Erhebung der Kämme und Gipfel, in den centralen Gebieten selbst jene der Thalsohlen. In dem geologischen Theile unserer „Results" (Vol. VI.) werde ich versuchen, die numerischen Einzelnheiten dafür zu erläutern und zusammenzustellen, wie wir es früher für die Alpen im zweiten Bande der „Untersuchungen" gethan.

Hier zeigt sich als sehr wahrscheinlich, daß die geringe Entfernung von den Tropen und die im Verhältnisse zur Länge (von Ost nach West) nicht sehr bedeutende Breite (von Süd nach Nord) ebenfalls einen nicht unwesentlichen Einfluß darauf ausgeübt haben. Bekanntlich ist unsere Erde nahezu als ein elliptisches Rotationssphäroid zu betrachten, dessen Abplattung $\frac{1}{300}$, genauer $\frac{1}{289.125}$ beträgt. (Nach Bessel, dem ich auch in den übrigen Zahlenangaben hier folge.) Die halbe große Axe hat eine Länge von 20·9 Millionen engl. Fuß (nach Bessel 3,272,077·14 Toisen), und diese Entfernung vom Centrum gegen den Aequator ist um 70,000 engl. Fuß (genauer 69,841') größer als jene vom Centrum gegen die Pole. Es ist nicht ganz ohne Bedeutung, selbst im Verhältnisse zu den linearen Erddimensionen im Allgemeinen, daß hier in der subtropischen Region noch, die höchsten Räume und Gipfel gelegen sind, und daß Höhen über 28,000 Fuß mehr als ein Drittel des Unterschiedes zwischen den Hälften der großen und kleinen Axe betragen. Solche Höhen zeigen sich auch als nicht unbedeutende Dimensionen im Verhältnisse zur Dicke der ganzen festen Erdrinde. So weit sich die Zunahme der Temperatur mit der Tiefe in Bergwerken und, aus dem Vergleiche solcher Resultate mit dem Schmelzpunkte der festen Körper, die Dicke beurtheilen läßt, wird angenommen, daß bei 120,000 bis 150,000 Fuß unter der Oberfläche Metalle und die meisten eruptiven Gesteine schmelzen, wobei also die Höhe der größten Berge gegen $\frac{1}{5}$ dieser festen Schicht beträgt. Verglichen mit den Dimensionen der Erde allerdings sind diese Größen noch immer sehr gering zu nennen, denn bei 120,000 Fuß beträgt die Dicke der Schicht noch nicht $\frac{1}{500}$ der halben großen Axe, noch immer viel weniger als die relative Dicke der Schale eines Hühnereies!

(Gradmessungen, zur unmittelbaren Bestimmung der Krümmungsgestalt der Erde, sind in Indien zwei ausgeführt worden: die erste von Lambton bei 12°1/2 nördl. Breite und die zweite von Lambton und Everest bei 16¹/8° nördl. Breite. Diese ergaben beide den Breitengrad kleiner, also weniger von der vollkommenen Kugelgestalt abweichend, als jede andere der bisher vorgenommenen Messungen. Die nördlichsten bis jetzt ausgeführten Messungen sind jene von Svanberg und von Maupertuis in Schweden bei 66°1/2 nördl. Breite. Es hatte sich aus Maupertuis' Messung der Grad um 273,1 engl. Fuß, um nahe eine halbe Seemeile, größer als jener in Indien ergeben. Die Seemeile (6124·6 engl. Fuß) ist ebenso wie die deutsche geographische Meile als Theil des Aequatorialgrades definirt; 60 Seemeilen oder 15 deutsche Meilen sind gleich einem Grade oder dem 360sten Theil des Aequators. (Die „englische Meile" ist etwas kleiner als die Nautical-Mile oder Seemeile. Von englischen Meilen, jenen die auch hier bei indischen Entfernungsangaben angewandt werden, sind 69·03 gleich einem Aequatorialgrad, 4·60 gleich der deutschen Meile.)

Der Flächenraum der Basis Hochasiens beträgt, bei 25 Grad Entfernung zwischen den Enden von Ost nach West und einer mittleren Breite von etwas über 4¹/2 Graden, an 350,000 nautische Quadratmeilen, was sich zur Fläche der Alpenbasis (=24,200 nautische Quadratmeilen) wie 1:14·46 verhält. (Die Abnahme der Größe der Längengrade, wie sie der Entfernung vom Aequator entspricht, ist dabei berücksichtigt.) Auf den Weltkarten in Mercators Projection tritt der Unterschied nicht in seiner vollen Größe hervor, da auf diesen, durch das Princip der Projection, die Oberfläche in der Breite der Alpen weniger reducirt ist als in der Breite Hochasiens.

Die politischen Verhältnisse.

I. Die Himálaya-Staaten: Aboriginergebiete. — Bhutan. — Sikim. — Nepál. — Kleinere Nordwest-Provinzen. — Kaschmir.
II. Die tibetischen Staaten: Bodyúl, das östliche Tibet. — Gnarithörsum. — Ladák. — Bálti oder Klein-Tibet.
III. Der Nordabhang der Karakorúmkette mit dem Känlün. Mongolisches Gebiet. — Turkistán.

Die einzelnen Gebiete Hochasiens zeigen sehr verschiedene politische Verhältnisse. Während ein großer Theil des Nordwestens aus Provinzen oder Dependenzen des anglo-indischen Reiches besteht, finden sich in den centralen und in den östlichen Theilen noch zahlreiche unabhängige Staaten der Eingeborenen, in Tibet ist selbst ein großes hierarchisches Reich vertreten; dieses, sowie der Nordrand, sind von China abhängig.

Von Osten nach Westen und innerhalb dieser Reihe von Süden nach Norden aufgezählt, sind die zu unterscheidenden Regionen folgende:

I. Die Himálaya-Provinzen und Staaten, auf dem Südabhange der Kette, gegen Indien.

1) Das Gebiet der Abors und der mit ihnen verwandten wilden Stämme, von 96° bis 93½° östl. Länge von Greenw.

Der Bhuddhismus, im Westen und im Norden von denselben, der, wie das Christenthum, keine Menschenrace ausschließt, hat auf diese Stämme noch keinen Einfluß ausüben können; sie haben ihren rohen Fetischcultus noch nicht über jene tiefe Stufe des Heidenthums erhoben, welcher man weit seltener begegnet, als man in Europa so leicht anzunehmen geneigt ist.

2) Bhután. Dies besteht aus zwei Theilen.

Ein schmaler Saum, von Süden nach Norden über Karigún und Táuong sich hinziehend, befindet sich in einer ziemlich unabhängigen Stellung. Das Regieren des Landes mit dem Erheben der Revenuen, welche vorzüglich in Zolleinnahmen vom Verkehre bestehen, fand ich bei meinem Besuche Karigúns im Jahre 18?? zwischen mehrern unter sich unabhängige Verwaltungssitze getheilt, über welche stets ein Khánpo oder „Abt" eines buddhistischen Klosters gebot.

Die Lámas solcher Klostergebiete im östlichen Bhután handeln sehr selbstständig. In Karigún zum Beispiel, wie in Táuong, sind sie nach den Schilderungen, die ich auf meiner Route erhielt, von dem Thárma Raja, dem geistlichen Beherrscher des etwas westlicher gelegenen Reiches von Bhután ganz unabhängig. In weltlichen wie in geistlichen Dingen nur an Lása gebunden; selbst die Gewalt des Dálai ráma zu Lása ist durch seine Entfernung und die Schwierigkeit der Communikation ungemein beschränkt. Die Aebte solcher Klostergebiete treten auf als Láma-Rájas (als Priesterfürsten), ein Epitheton, das sie auch stets bei der Ansprache von meinen Begleitern erhielten. Unter sich sind sie nicht immer friedliche Nachbarn; Gewalt auszuüben wird ihnen um so leichter, da die Unterthanen, die Bhútias, mehr als die Tibeter, noch eine rohe, zu Uebergriffen gern geneigte Race sind. Die Einwohner dieses Theiles von Bhután wurden mir schon in Assám ebenso wie später in ihren Gebieten die „Khánpo-Bhóts" genannt.

Der andere, bei weitem größere Theil von Bhután bildet ein Reich unter dem geistlichen Oberhaupte Cholgyál oder „König des

„Gṛtezer"; sein in Indien mehr bekannter Sanskrit-Name, gleicher Bedeutung, ist Dhárma Rája; er hat seinen Sitz zu Taſſiſudon.

Die nördliche Grenze von Bhután, der Kamm des Himálaya, fällt so ziemlich mit dem Breitengrade von 28° N. zusammen; er steigt erst im Aborgebiete noch etwas höher gegen Norden an. Die südliche Grenze dagegen iſt weniger gleichmäßig in ihrer Richtung; im westlichen Theile ist die geradlinige Entfernung zwischen dem nördlichen und südlichen Rande etwas mehr als 100 engliſche Meilen, gegen die östliche Grenze vermindert sie sich auf 70 bis 65 Meilen.

Zum Reiche des Choigyal gehörten noch bis vor wenig Jahren bedeutende Strecken der fruchtbaren Vorländer, die außerhalb der Tarái in den Ebenen gelegen sind. Vor nahe 100 Jahren hatten die Engländer, durch die Einfälle der Bhútias von 1772 in Ruch Bahár veranlaßt, das erſte Mal Kämpfe um dieſe Gebiete geführt; 1774 kam Friedensſchluß mit etwas Gebietabtretung zu Stande. Nach verſchiedenen Erneuerungen des Streites und nach fruchtloſer diplomatischer Miſſion des Capitain Pemberton wurden, bald nach der Eroberung Aſſáms, neue Duárs oder Vorländer von den Engländern annectirt, was ſich auch in noch ausgedehnterem Maaße nach dem letzten Bhután-Kriege wiederholte.

3) **S i l l i m**, das Gebiet der Lepchas, ist der nächste Himálaya-Staat gegen Weſten. Die Tarái und der ſüdliche Theil des Gebirgslandes, mit der Geſundheitsſtation Darjiling als Centralſtelle, gehört den Engländern; das Reich der Lepchas ſtehl unter einem weltlichen Rája ihres Stammes, der ſeinen Sitz zu Tumlong hat.

4) **N e p á l**. Dieſes ausgedehnte Königreich, das größte der Himálaya-Reiche unter eingeborenem Herrſcher, iſt in ſeinen unteren und mittleren Regionen auch ziemlich gut bevölkert. Die Hauptſtadt, die ich im Winter 1857 beſuchte, iſt Kathmándu.

5) **D i e k l e i n e r e n n o r d w e ſ t l i c h e n P r o v i n z e n**, welche

mit Kamáon zu beginnen, wo die Richtung des Kammes eine sehr
stark gegen Norden ansteigende ist, sind folgende:
  In der südlichen Hälfte.   In der nördlichen Hälfte.
    Kamáon.   Jámu.
    Gúrhvál.   Chámba.
    Simla.   Lahól.
    Bissér.   Ríshtvár.
    Kanáur.   Rajdurí.
    Kúlu.   Múrri.

Von diesen Gebieten gehört ein kleiner Theil unmittelbar zum
anglo-indischen Reiche; die meisten stehen unter Beherrschung eingeborner Fürsten, die aber von der indischen Regierung ganz abhängig sind.

6) **Kashmir.** Seit dem Sturze des Sikhreiches bildet
dieses unter englischem Protektorate ein Königreich für sich (zu
dem auch noch die sogleich zu erwähnenden westlichen Theile von
Tibet gehören). Die Hauptstadt ist Srinágar. Das Gebiet reicht
nirgends bis an den Rand der indischen Ebenen herab.

II. Die tibetischen Staaten und Provinzen in dem Längenthale
zwischen den Kämmen des Himálaya und des Karakorúm.

1) **Das östliche Tibet, Bodyúl,** ist eine von China ab-
hängige Provinz, aber unter getrennter Regierung und Administration. Die Hauptgewalt befindet sich in den Händen des Dálai
Láma zu Lása, der den höchsten Rang unter den tibetischen Priestern
einnimmt, aber auch der Pánchen Rinpochí, der hohe Priester zu
Talsilhúnpo, westlich von Lása, hat eine Macht, die sich in mancher Richtung bis zu seiner Unabhängigkeit von Lása steigert.

2) **Gnári Khórsum.** Dieses Gebiet ist eine Provinz von
China. Gnári Khórsum beginnt östlich an der wasserscheidenden Linie,
welche hier das tibetische Längenthal in zwei Theile trennt. Die
Ausdehnung der Provinz gegen Westen ist etwas geringer als der
Abstand von Süden nach Norden zwischen den beiden Hauptkämmen.

3) Ladâk oder **Mittel-Tibet** mit der Hauptstadt Le. Früher ein Königreich für sich, bildet es jetzt (mit Ausnahme von Spiti) ebenso wie Klein-Tibet einen Theil des Königreiches Kaschmir. Den letzten früher unabhängigen Herrscher, der sein Reich an Gulab-Singh verloren hatte, trafen wir noch in Le, wo er seinen Aufenthalt behalten durfte.

Die einzelnen Provinzen, welche geographisch zu Mittel-Tibet gehören, sind: Spiti, Rupchu, Tsánskar, Panglóng, Ladák (als Provinz), Dras und Núbra. Spiti ist seit 1849 durch Vertrag mit dem Râja von Bissir eine Dependenz des indischen Reiches.

4) **Bálti oder Klein-Tibet**, der nördlichere Theil des westlichen Tibet. Jetzt ist es ebenfalls ein Theil des Königreiches Kaschmir; seine Hauptstadt, früher der Sitz des unabhängigen Herrschers, ist Skárdo. Provinziell wird in Bálti das eigentliche Bálti, ferner Hazóra und das nordwestlicher gelegene Gilgit unterschieden. Gilgit erstreckt sich bis zur Wasserscheide zwischen dem Kissinflusse im Osten und dem Kunêrflusse im Westen; dieser Theil von Bálti ist noch jetzt ziemlich unabhängig und unzugänglich, auch in topographischer Beziehung nur sehr wenig bekannt.

III. **Der Nordabhang der Karakorumkette mit dem Künlün.**

1) **Mongolische Gebiete.** Diese erstrecken sich zwischen den Seen Khúlhu-Nur und Nâmur noch über die nordöstlichsten Theile Hochasiens, hier von den Verzweigungen des Künlün gebildet; gegen Norden sind die bewohnten Orte durch die Wüste Gobi begrenzt. Die Bevölkerung, vorherrschend Mongolen, mit einem geringen, meist nur während der Karawanenzeit sich aufhaltenden türkischen Kaufmannsstande, ist eine sehr spärliche, auch da sehr dünn, wo die Bodenverhältnisse gut, wenigstens für Viehzucht vortheilhaft sind. Dadurch geschieht es, daß hier nicht selten, in nur etwas ungünstigen Jahren, ebenso wie in vielen Theilen von Tibet, sehr fühlbarer Mangel selbst an den unentbehrlichsten Nahrungsmitteln eintritt. Die Beherrscher dieser Region sind die Chinesen.

2) Das östliche Turkistan, von Turks bewohnt, hat in seinen größeren Städten im Süden und Osten chinesische Beamte; im Nordwesten hat ein selbstständiger muhamedanischer Herrscher seinen Sitz in Kashgar. In geringer Breite nur zieht sich vom Fuß des Gebirges den Flüssen entlang culturfähiges Land fort. Die Sandflächen der Wüste Gobi schieben sich zwischen den Flüssen keilförmig weit gegen Norden vor. Die Turks sind vorzüglich dem Handel ergeben und suchen, verschieden von den Mongolen, meist in Städten sich zu concentriren. Dessenungeachtet ist aber auch der zur Existenz nöthige Getreidebau im Lande selbst noch genügend betrieben.

Ethnographische Uebersicht.

Indische Aboriginerstämme. Gegenwärtige Ausdehnung und frühere Gebiete. — Oestlichster Himálaya, Berge und Bhután-Taraí: Ábors, Dáphlas; Aniváras, Bátas, Bhávars. — Sikkim und östliches Nepál: Léch; Limbus, Múrmis; Bódos, Dhimáls; Dabáris; Dénaras; Kusváras, Thárus. — Inneres von Nepál: Chépangs, Kusúndas, Háyus. — Kúmáon: Ráwats, Doms. — Beispiele von Sprachwechsel; Körperformen.
Kasten und Raçen arischen Stammes. Wege des Eindringens in den Himálaya. — Hindú-Kasten. — Bráhmans und Rajpúts im westlichen Himálaya. Tháture oder Pahári-Rajpúts Chands und Súrya-bans; Kánjars; Dógras. — Nepál-Bráhmans und Rajpúts. Neváris; Mischraçen Nepáls, zu Hindú-Rajpúts sich rechnend; Gúrkhas (Gúrungs, Máhars, Khas). - Mischraçen der Khet-Rajpúts im Westen. Kanéts. -- Báidyas und Súdras (Awáls, Duns, Seúnis, Cháremo in Nepál). — Die Musúlmáns in Kaßmír. — Die arische Raçe im Künlün und in Turkistán. Sprachenwechsel.
Tibetische Raçe. Allgemeine Körperformen und Sprachen. Tibetisch-arische Mischraçen in Tibet. — Südseite des Himálaya: Bhután. (Thépas; Bhots; Chángpas). Sikkim (Lépchas; Múrmis; Limbus; Bhots). Nepál (Sikkim-Raçen; Kiránits; Kusúndas; Sanváras, Yháltas). — Speciale Verhältnisse; Polyandrie. — Specielle Analyse der Körperformen: Größe und Muskelentwickelung. Schädelgestaltung. Ungewöhnliches Tiefliegen des Nasensattels. Beschaffenheit des Haarwuchses. Schiefstehen der Augen. Stellung der Nase. Glätte der Haut. — Princip der Messung und Zahlenbeispiel.

Cap. 1. Gebirgssysteme, Reiche und Racen Hochasiens.

Menschenracen in buddhistischen Götterbildern. Unterscheidung
arischer und tibetischer Formen. — Zahl derselben nach Rang der Gottheit.
Gegenwärtige ethnographische Studien in Indien. Vorschlag
zum Völkercongreß der alten Welt. — Wichtigkeit objectiver Vergleichung.
— Bedeutung eines Congresses für Indien und Nachbarländer. — Neuere
Arbeiten und Materialzusammenstellung.

In Indien waren als Elemente der Bevölkerung der
arische Stamm und Reste der indischen Aboriginer zu nennen. Die
Arier kamen als Einwanderer aus den Gebirgsländern westlich von
Hochasien in vorhistorischer Zeit (Bd. I. S. 487). Die Einführung
des Islâm hat zwar später noch ein Mal wesentlich verändernd
auf die indische Bevölkerung eingewirkt, ohne jedoch durch seine
Lehren die Trennung der Kasten und Mischracen verschwinden zu
machen. Die Zahl neuer Bewohner mongolischer Race, die
aus dem centralen Asien mit dem Islâm nach Indien eindrangen,
war sehr gering.

In Hochasien ist die tibetische Race, ein Zweig des mongolischen Stammes, über große Strecken verbreitet; in vielen Theilen
haben sich zahlreiche Grade der Mischung entwickelt, und zwar
in Formen, welche von den Racentypen, die man in Indien sieht,
sehr verschieden sind.

Da die Zahl der Racen und Kasten (die letzteren in den Him-
álaya-Distrikten, den Tibetern sind Kasten fremd) in Hochasien
eine sehr große ist, und da in manchen der Indien zunächst liegenden
Theile das Vorherrschen der einen oder andern Race in rascher
Folge local sich ändert, sende ich hier für Hochasien eine allgemeine
Uebersicht der ethnographischen Verhältnisse den Routen und Reisen
voraus.

Das Material an Messungen und an plastischen und photographischen Abbildungen in jeder Gruppe ist, in Verbindung mit
der Schilderung der socialen Verhältnisse, in den einzelnen Pro-

dingen näher erläutert; Mittel numerischer Werthe mußten schon hier vergleichend zusammengestellt werden.

Nichts hat mehr dazu beigetragen, der Ethnographie einen Sitz unter den Wissenschaften zu erringen, als die Vornahme zahlreicher Menschenmessungen; erst seit wenigen Jahren ist in der British Association eine eigene Section für Ethnographie gebildet. Ethnographische Untersuchungen müssen wie die Resultate anderer Beobachtungen mit allem Beweismaterial veröffentlicht werden; dies wird in Bd. VIII unserer „Resultts" geschehen, hier kann ich nur die Hauptunterschiede vorführen und die wichtigsten Erscheinungen besprechen.

Indische Aboriginerstämme.

Niedere, halbwilde Racen, jenen entsprechend, welche am zahlreichsten in Central-Indien und in den Gebirgen am linken Ufer des Brahmapútra vorkommen, finden sich dem Südfuße des Himálaya entlang von Assám bei Kámáon.

Auch diese, wie die ähnlichen Stämme im centralen Indien und in dem Gebirgslande im Osten von Assám, sind hier unter dem gemeinschaftlichen Namen von Aboriginern oder Urracen zusammengefaßt, zunächst um damit zu bezeichnen: „niedere Entwickelungsstufe, Mangel an Zusammenhang mit den größeren Nachbarracen und Mangel an bestimmter Ueberlieferung über frühere Wohnsitze" (Bd. I. S. 645).

Die Existenz solcher Aboriginerstämme im Himálayagebiete beschränkt sich gegenwärtig fast überall auf den unteren Racen verderblichen Saum der feuchten Niederungen und der nächsten Ausläufer; vor der Ausbreitung arischer und mongolischer Race scheinen sie sich allgemein, wie noch jetzt in den östlichsten Theilen nur, auch in den mittleren Höhen des südlichen Himálaya-Abhanges aufgehalten zu haben, wenn auch stets als Nomaden und in geringer Zahl.

Daß solche Völker, auch wenn ungestört sich selbst überlassen, es nicht dahin bringen, eine zahlreiche und doch in ihrer Existenz mit allem wohlversorgte Nation zu werden, zeigt einen wichtigen

Zusammenhang ihrer geistigen bis jetzt erreichten Entwickelung mit ihren körperlichen Unvollkommenheiten im Vergleiche zu höheren Racen, wichtig nämlich insofern dies den Beweis liefert, daß dasjenige, was für uns als die höhere Körperform gilt, auch in solchen Fällen mit den Resultaten der Entwickelung zusammenfällt, wo die localen Verhältnisse dem Fortschritte in besserer Richtung keine engen Schranken gesetzt hätten.

Im östlichsten Theile des Himálaya, bis zu 2½ Längengraden westlich von der Stelle, wo der Dihóng die jähe Senkung des Kammes umströmt, finden sich im ganzen Gebirge nur Aboriginerracen, am zahlreichsten die Abors. Sie bewohnen noch Höhen von 6000 bis 7000 Fuß. Im Allgemeinen folgen sie dabei vorzüglich den Thalsohlen und den unteren Theilen der Abhänge, da sie meist nur von Jagd leben, für welche die sehr dicht bewaldeten, inneren Thäler günstiger sind.

In gleichen Höhen, aber näher dem Rande und dann auf Bergrücken oder auf isolirten Terrainstufen, welche Befestigung der wenn auch nicht ganz permanenten Lagerplätze begünstigen, zeigen sich in diesem Gebiete die Dúphlas; diese schieben sich auch unter den östlichen Aboriginerstämmen am weitesten gegen Westen vor. Ein von Dúphlas bewohntes Gebiet durchzog ich bei meiner Rückkehr aus dem östlichen Bhután; sie reichten bis in die Ebene herab.

Andere Stämme, die dem westlichen Bhután entlang folgen, sind die Aukâs, Bâlas und Bhivars; sie bewohnen fast nur die Taráí. (Als stammverwandte Bewohner Assáms sind die Áthas, Miris und Mishmis zu nennen.)

In jenem Theile der Taráí, der am Fuße des Sikkim-Himálaya liegt, beginnen die Méch. Diese sind am zahlreichsten dem ganzen Sikkim und dem östlichen Nepál entlang. Ferner finden sich hier die Limbus und die Múrmis, sowie die östlich vom Kóstflusse verhältnißmäßig zahlreichen Bótos und Dhimáls.

Alle diese Stämme ziehen sich der unteren Grenze von Nepál entlang bis etwas westlich von Kathmándu fort, bis zu 85° östl. Länge. Von hier an finden sich vorherrschend, im Flußgebiete des Gándak, die Stämme der Dahális und Denvárs; Stämme kleinerer Ausdehnung sind die Kusvárs und die Tháurs. Ungeachtet ihrer noch sehr großen Anzahl nur einer häufig sclavseligen gegenseitigen Stellung ist hier zwischen den Stämmen der gegenseitige Unterschied nicht mehr so bedeutend als jener zwischen den Aboriginerstämmen in den Umgebungen Assáms. Auch hier reiht ihre Körperform und Sprache die Aboriginer in die große Gruppe der Indochinesen, wenn auch bis jetzt noch vieles vereinzelt und unerklärt geblieben ist.

Wenn man Sikkim und Nepál sich nähert, hört man am häufigsten wohl die Kiráts als die vorherrschenden Jängel-Bewohner nennen. Das Wort bezeichnet überhaupt einen „Waldbewohner, Wilden", die griechischen Autoren sprechen von ihnen als „Kierbaba". Keinem der Stämme, die mir vorkamen, war der Name für sich oder seine Nachbarn bekannt; die Indier gebrauchen nicht selten Achátá (von Ach, „Schmutz, Schmiere") als Namen der Jängel-Bewohner im Allgemeinen.

Völkerstämme von sehr niederer Kultur finden sich noch im Innern von Nepál, ungefähr in gleichen Längengraden, aber nördlicher gelegen als die centrale Tarái. Sie leben in dichten Hochwäldern (meist Wäldern von Salholz, „Shorea robusta"). Sie nähren sich nur von erlegtem Wilde und von Früchten; die Bereitung des Eisens, dessen sie sich in der Jetztzeit wenigstens zu ihren Pfeilspitzen bedienen, ist ihnen unbekannt; sie erhalten dasselbe im Tausche nicht ohne Schwierigkeit, da der Verkehr mit ihnen ihre Nachbarn stets auch Raub von Hausthieren befürchten macht. Diese Stämme sind die Kusúnras, die Hápus und die Chépangs. Die ersteren sind auch Horgson nur dem Namen nach bekannt geworden. Von den Chépangs, von denen ich ebenfalls Gelegenheit hatte, durch Jang Bahádur's Pollecmen ein Paar zum Abgipsen geliefert zu erhalten, die in der

Nähe von Kathmándu als Knechte, richtiger Sclaven, sich fanden, ist hervorzuheben, daß ihre Körperformen nur wenig sich unterscheiden von jenen anderer Jángel-Bewohner; aber ihre Sprache hat Hodgson als deutlich mit dem Tibetischen zusammenhängend erkannt. Man könnte zunächst einen Widerspruch in der Sache selbst vermuthen, wenn man von so bedeutender Incongruenz zwischen Körperform und Sprache hört; es läge allerdings nahe, in der Verschiedenheit der Sprache wenigstens den Beweis starken Gemischtseins und den Rest der Einwirkung eines neuen Elementes zu erblicken. Aber nach meiner Ansicht ist die Sprache für die Abstammung nicht nothwendig entscheidend; ich muß in dieser Beziehung auf den in ethnographischen Untersuchungen sehr wichtigen Umstand aufmerksam machen, daß niedere Stämme, eben weil ihre Sprache auf einer nur unvollkommenen Stufe der Ausbildung steht, um so leichter in Berührung mit höheren Racen ihre Sprache verlieren. Es bedarf dazu nur des Verkehres, etwa noch eines gewissen Grades socialer Abhängigkeit; sexuelle Mischung aber ist nicht nothwendig. Die letztere könnte bei vergleichenden Messungen nicht unbemerkt bleiben, und doch finden sich ganz bestimmte Beispiele auch im centralen Indien, daß Stämme ihre Körperformen nicht verändert haben und dennoch ihre Sprache wechselten. Auch die große Anzahl niederer, unter sich deutlich verschiedener Sudra-Kasten in vielen Theilen von Indien, die ja alle Hindostáni sprechen, wäre in anderer Weise nicht zu erklären. Viel wichtigere Beispiele noch, und zwar in der Region ziemlich hoher Kulturstufe, werde ich an den Bewohnern der nördlichen Theile Hochasiens vorzuführen haben.

Nordwestlich von Nepál, von Kamáon und Gárhvál bis zum Himálayarande längs Kashmír und Mátri, wo die Bodenverhältnisse, auch die schon weit ältere Cultur des Landes, Taráï und Jángel einschränkten, haben sich nur wenige Reste der Aboriginerstämme erhalten; und wo solche sich zeigen, sind sie mehr durch die noch vorhandenen Körperformen, als durch eine ungewöhnlich niedere Stufe der Cultur unterschieden. Nicht selten findet man Angehörige solcher Stämme in den Dörfern der Hindú-Bevölkerung, als Besitzer, ohne daß die Mitbewohner sich feindlich gegen sie benehmen, während mit den Tardistämmen des östlichen Himálaya jeder nähere Verkehr durch ihr eigenes wildes und häufig plünderndes Auftreten noch lange ausgeschlossen bleiben wird. Selbst in einem Städtchen, im Rámu, hatte Monteiro einen Méch als Bewohner getroffen (den er, um es in seinem Berichte an uns desto bestimmter begründen zu können, veranlaßte, sich messen zu lassen).

Als neue, den Aboriginern ähnliche Racen, denen wir im nordwestlichen Himálayagebiete, am Rande längs Indien, begegneten, sind die Rávats und die Doms zu nennen. Aber diese können nach ihren Körperformen nicht mehr gleich den bisher erwähnten mit den Aboriginerstämmen des Himálaya-Vorlandes zusammengefaßt werden. Die Rávats sind mit Hindúblut aus niederen Kasten gemischt; sie selbst betrachten sich als prinzlicher Abkunft (d. h. als in prähistorischer Zeit das Land beherrschend). Eine Kaste gleichen Namens findet sich, wie Wilson, der Sanskritist, nach der Rückkehr mir mittheilte, in Hindostán im Thale der Rápti, nordöstlich von Allahabád. Die Doms des Himálaya sind dieselben, die ich bei den Wasserfahrten (Bd. I. S. 253) als Musiker erwähnte. Auch in Káthmdu hatte ich viele derselben gesehen; dort waren sie meist „Sweepers" (Cloakenreiniger ic.); in Indien, wenn nicht Musiker, ist Seilerhandwerk und Korbflechten ihre häufigste Beschäftigung.

Den Aboriginerracen längs des Himálaya ist ebenso wie jenen in Indien schwächlicher Körperbau und geringe Muskelstärke gemeinschaftlich. Ferner ist bei allen die Spannweite der Arme (von der Spitze des einen Mittelfingers zu jener des anderen, bei horizontal gehaltenen Armen) bedeutend größer als die Höhe des Körpers; es ist dies vorzüglich durch die Länge des Ellenbogenbeines verursacht. Der Charakter der einzelnen Hauptgruppen zeigt sich in der Schädelbildung und in gewissen Unterschieden in den Gesichtszügen, am deutlichsten in der Gestalt der Nase und des Mundes. Niedere Stirne und etwas breite Backenknochen haben sie alle.

Menschen auf so tiefer Culturstufe wissen über die Verhältnisse zu andern Düngel- und Tarái-Bewohnern nichts Brauchbares anzugeben; das gewöhnliche Ergebniß solcher Besprechung ist, daß die Nachbarstämme als ganz getrennte, nicht verwandt, angegeben werden, weil sie sich eben feindlich gegenüberstehen; Körperformen und Sprache zeigen aber in vielen Fällen große Verwandtschaft. Den Unterscheidungen der Eingeborenen folgend, hätte ich den obenangeführten Namen der Aboriginerstämme noch manche, die mir ebenfalls, und zwar von den Düngelbewohnern selbst, genannt wurden, hinzufügen können, aber entschieden ohne physiologische, selbst ohne sprachliche Berechtigung.

Kasten und Racen arischen Stammes.

Im Himálaya ist der arische Stamm in den centralen Theilen und im Westen vertreten, wir finden seine Kasten und Racen theils als Hindús, theils als Mussulmáns. Solche bilden die dominirende Bevölkerung bis an Nepál heran; in Nepál kann das arische Element nur als spärlicher Theil in reiner Form, aber zahlreich noch in der Mischung auftretend vor; östlich davon, schon in Sikkim, fehlt es als reine Race ganz (abgesehen von den gegenüber der Gesammt-Einwohnerzahl sehr unbedeutenden europäischen Sanitarien), ebenso in Bhután.

Aehnlich wie die arische Hindúbevölkerung, vom Nordwesten kommend (Bd. I. S. 487), Indiens Aboriginer angriff und sie nach und nach aus den meisten Gebieten verschwinden machte, ist das Eindringen in den Himálaya mit einem Verdrängen, ja zum großen Theile Vernichten der wenig zahlreichen Aboriginer-Bevölkerung verbunden gewesen. Mit Ausnahme der Gebiete unmittelbar längs den Einwanderungsrouten der Arier waren aber die Angriffe auf die Aboriginerbevölkerung des Himálaya erst später, von Indien aus, erfolgt. Sie waren veranlaßt durch die Bedrückungen, welche die unreinen Kasten in Indien zu erdulden hatten, und durch welche sie gezwungen wurden, neue Wohnungen für sich selbst zu suchen.

Das Vordringen der Indier in den Himálaya richtete sich vorzüglich gegen Nordwesten. Wo sie auftraten, wurden sie bald die Besitzer und Herrscher. Von Kámáon an westlich bis Kishtwár sind die neuen Bewohner zum größten Theile Hindús geblieben, weiter gegen Nordwesten aber, in Kashmír und den benachbarten Gebieten, ist der Islám vorherrschend geworden.

Um auch hier, wie bei der Besprechung der Bevölkerung in den indischen Reichen, mit den höheren arischen Racen als dem fundamentalen Typus beginnen zu können, haben wir zuerst die nordwestlichen Theile des Himálayagebietes in's Auge zu fassen.

Von den Hindúkasten sind die Bráhmans am allgemeinsten verbreitet, wenn auch nicht in sehr großer Anzahl. Im Westen sind sie mit seltenen Ausnahmen von ganz guter Race; gemischter sind sie im Osten. Kashmír war einst einer ihrer Hauptsitze, doch hatte sie als reine Kaste der Buddhismus, noch mehr der Islám, der ihm folgte, fast ganz vertrieben. Während der Herrschaft der Sikhs hatten sie an Zahl und Einfluß wieder zugenommen; Guláb Singh, selbst Hindú, suchte direct neue Einwanderung zu fördern. Gegenwärtig gehört das Wenige, was in Kashmír von Hindús sich findet, nur der Bráhmankaste an. Bráhmans waren, als die ruhigsten, am längsten geduldet geblieben und sind, als die angesehensten, jene, die man vor allen übrigen zur Einwanderung jetzt veranlaßt.

Wo Hindús im Himálaya zahlreich sind, sind es solche, die der Kriegerkaste angehören. Die alte Bezeichnung Kshátriya ist nicht gebräuchlich; sie nennen sich Rajpúts. Ein directer Zusammenhang mit allen Kshátriyas der Ebenen besteht sicher nicht; was vorliegt, ist von mehr oder minder gemischten indischen Racen, die eben, weil Eroberer, auch als Rajpúts auftraten. Dazu kommt noch, daß ein bedeutender Theil tibetischen Einflusses sehr bald nach den Eroberungen im Himálayagebiete auf die vorgedrungenen Indier einwirkte.

Selbst jene Himálaya-Rajpúts, die als Kasten rein indischer

Race gelten, sind nicht so unverändert geblieben, als die Brāhmaṇ-
kasten. Diese Rajputs übrigens unterscheiden sich weniger in
Gesichtsbildung nur Schädelbau, als in den Körperformen. Sie
haben eine gut entwickelte Stirn ohne breite Backenknochen, eine
ziemlich weit herabstehende Nase, wodurch das Profil etwas adlernasen-
artig wirkt, obwohl der obere Theil der Nase, d. h. die Stellung
der Nasenknochen, dies noch nicht durch getrümmtes Hervorstehen
erkennen läßt. (Also auch nicht an den Schädeln.) Der Unterkiefer
ist stark. In den Körperformen zeigt sich deutlich Verschiedenheit.
Die Himálaya-Rajpūts haben die Brust breiter, die Muskelentwickelung kräftiger, und die Hände und Füße sind etwas weniger zart geformt.
Den höchsten Rang unter den Rajpūt-Kasten nehmen die Thákurs
ein, die sich am liebsten Pahári-Rajpūts, „Rajpūts des Gebirges" nennen hören. Innerhalb ihrer Gruppe, die noch vielfach sich theilt, werden die Chands als die höchsten betrachtet. Diese leiten ihren Ursprung vom Monde ab, eine Anschauung, die aus Indien stammt;
dort findet sich noch eine zweite analoge Kaste unter den Rajpūts,
die sich Súrya-Bans oder Sonnenkaste nennen und ihre Abstammung von Vaivasváta Manu, dem Sohn der Sonne, ableiten, wobei
Súrya — Sonne als Vater gemeint ist.

Eine andere Abtheilung der Pahári-Rajpūts ist jene der Kánjars; sie sind vorzüglich in Jámu zahlreich; sie haben keinen sehr
ausgeprägten Racentypus (und es wurden deshalb gerade von diesen möglichst viele, Männer und Frauen, abgeformt und gemessen)
aber zur allgemeinen Himálaya-Rajpūtkaste sind sie entschieden zu
zählen. Was in Indien als Kánjarkaste sich findet, ist eine ungleich
niedrigere. In Indien treiben sie ausschließlich kleine Seilerarbeit,
auch sollen sie Schlangen fangen und von diesen sich nähren. Jene
im Himálaya sind aber von den allgemeinen Formen der Pahári-
Rajpūts keineswegs wesentlich verschieden, obwohl, wo die Kánjars
am zahlreichsten, viele Chand-Thákurs unmittelbaren Vergleich er-

lauben. Thákurs fanden sich auch noch in Kúlu in den meisten der größeren Orte.

Eine exceptionelle Stellung nehmen längs des ganzen Hindú-rayons des westlichen Himálaya die Dógras ein; am zahlreichsten sind sie im Jámu, der Rája selbst ist dort von ihrer Race. Ihren Körperformen nach gehören sie entschieden zu den Hlndú-Rajpúts, auch haben sie Namen für Haupt- und Nebenrace im Sinne indischer Kasten beibehalten, aber sie sind Musalmáns. Während des letzten Jahrhunderts haben sie im Pánjáb und in Hindostán als mächtiger Kriegerstamm, der wiederholt auf große plündernde Züge auszzing, sich furchtbar gemacht; seit der Ausbreitung europäischer Herrschaft haben sie in der Himálayaregion mittlerer Höhe feste Wohnsitze und nicht unbedeutenden Besitz und Einfluß sich zu verschaffen gewußt. Wie Wilson schon im „Glossary" erläutert hat, betrachten sich die Dógras (oder Dógaras) als Abkömmlinge der Chauhán-Rajpúts, einer Kaste, die noch jetzt im nordwestlichen und centralen Indien sehr zahlreich und einflußreich ist. Die Chauháns selbst bezeichnen die Dógras als zu jener Jat-Kaste der Krieger gehörend, deren ich bei der Besprechung der ethnographischen Verhältnisse der Tiefebene wiederholt zu erwähnen hatte.

In Nepál kommen ebenfalls der Kastennamen von Bráhmans und Rajpúts sehr viele vor, aber dort wird der Name auch häufig auf solche übertragen, welche ihren Körperformen nach entschieden schon zu den im Folgenden zu besprechenden Bhot-Rajpúts gehören. Es finden sich zwar noch jetzt in Nepál Hindús von reiner Race und aus hohen Kasten, auch begegnet man in Cultus und Sitte über das ganze Land verbreitet Allem, was von Indien eingeführt ist und jetzt zugleich als Beweis edlen indischen Blutes für die Mehrzahl der Bevölkerung dienen soll; aber eine genauere Analyse, jene der Körperformen, weist bei der Mehrzahl der Bevölkerung auf einen überwiegenden tibetischen Antheil hin. Tibetische Race war hier die herrschende und hatte seit lange einen in seiner Art

wohlorganisirten Staat geschaffen, als das Eindringen der Hindûs
begann, die sich, obwohl als Eroberer auftretend, ihrer geringen
Menge wegen bald als gut definirte Race verloren. Was jetzt von
Hindûs dort gesehen wird, ist anderen Datums, erst später noch
eingewandert. Die Nepalesen der Jetztzeit wollen zwar in diesem
Sinne nicht belehrt sein.

Die Nepál-Hindûs, am meisten jene, die Rajpûts sich nennen,
sind, was Bezeichnung der Race betrifft, sehr anspruchsvoll; sie
pflegen ihre Stellung, Abstammung und Berechtigung stets sehr hoch
anzuschlagen. Während meines Aufenthaltes wurden mir gerade
hier, mehr als es in anderen Orten geschehen war, Mittheilungen
von den Behörden, weltlichen und priesterlichen, entgegengebracht,
die alle die hohe Stellung des Volkes im indischen Sinne der Kasten-
Auffassung beweisen sollten.

In dem östlichen Theile, an Sikkim grenzend, und noch mehr
in dem centralen Theile in den Umgebungen der alten Stadt Bhatgâun, ostsüdöstlich von Kathmándu, sind die Newárís der Zahl nach
vorherrschend; sie sind arischen Ursprungs und neigen sich noch jetzt
in ihren Körperformen den indischen Typen etwas mehr zu, als
den tibetischen.

Unsere Sammlung plastischer Racentypen (deren Nummern ich
hier citire, weil die ganze Reihe derselben jetzt in den meisten der
grösseren ethnographischen Museen aufgestellt ist) enthält aus Nepál
einen Pándit-Bráhman (Nr. 8) und einen Newári-Bráhman (Nr. 9)
mit deutlich tibetischer Modification der ursprünglichen Race, während allerdings andere, zum Beispiel die Newári-Bráhmanfrau Ram-
hári (Nr. 10), den Typus ihrer indischen Kaste ganz rein erhalten
haben. Solche deutlich arische Gesichtszüge finden sich nicht selten
auch in Familien, in denen reine Formen seit lange fehlten, aber
ohne dass reines arisches Blut eingeführt würde. Rückschlag bei
Mischungen, und zwar meist nach der etwas noch prävalirenden
Seite hin, sind nirgends ungewöhnlich. Ja, es ist grade dieser Um-

stand von großem Einflusse darauf, daß auch, wo Mischungen lange schon fortdauern, bestimmte Racen doch noch immer sich bemerkbar machen.

Die Nepál-Rajpúts zerfallen in zwei große Hauptgruppen, wobei auch innerhalb jeder der Hauptgruppen noch ziemliche Abweichungen vorkommen. Die eine Hauptgruppe bilden jene Kasten, welche ihrem Kastennamen nach als rein indische sich bezeichnen. Von diesen haben die Mehrzahl in Kopf- und Körpergestalt ganz die indischen Formen der gleichnamigen Unterabtheilung der Kaste beibehalten. (Nr. 22, 23 und 25.) Aber nicht selten fand ich auch nepalesische Rajpúts mit unverändertem indischem Kastennamen, die entschieden nicht mehr reiner Race sind. Ein Nepál-Rajpút der Sammlung, Agam Singh (Nr. 21), hat ein ganz deutlich tibetisches Gesichtsprofil; der Nevári Alul (Nr. 24) hat Stirn und Augen tibetisch, aber die Backenknochen nicht so breit, das Kinn, den Hindúracen ähnlich, nicht spitz, sondern gerundet und voll.

Aus Nepál sind die Krieger von Handwerk (wer der Kaste der Krieger sich zurechnet, treibt deswegen noch nicht kriegerische Beschäftigung — Kaste und Erwerb fällt nicht zusammen, wie schon wiederholt erläutert) in Indien meist unter dem Namen Górkhas bekannt; diese lassen sich nach Körperform, Sprache und Cultur in drei Gruppen unterscheiden, jene der Gúrungs, der Mágars und der Khas. Die Gúrungs, von denen ich ebenfalls zwei abformen konnte (Nr. 27 und 28) sind noch ziemlich reine indische Typen. Aber die Mágars und Khas gehören auf das deutlichste jener Gruppe der Hindú-Bevölkerung Nepáls an, welche sich durch Beimischung tibetischen Blutes sehr geändert hat.

Die Gúrungs bewohnen vorzüglich die oberen alpinen Regionen und beschäftigen sich mit Viehzucht. Kastenähnliche Trennungen von zahlreichen Gruppen innerhalb des Stammes sind bei den Mágars am meisten vorherrschend.

Die Sprache der verschiedenen Bewohner Nepáls ändert sich

innerhalb enger Grenzen dialectisch und wird vorzüglich dadurch complicirt, daß bald mehr des tibetischen, bald mehr des indischen Elementes in denselben sich findet; wo Indisches vorkommt, ist es, wie im Bengáli, das hier ja auch die Quelle war, den Sanskrit-formen etwas näher, als das Indo-semitische Hindostáni.

Mischracen, ähnlich den hier besprochenen Stämmen in Nepál, sind auch in Kámáon und Gárhvál noch zahlreich. Sie heißen sich den Bhot-Rajpúts.

Es tritt sogleich hervor, daß sie zwar von Hindú Abstammung, aber bedeutend mit tibetischem Blute gemischt sind. Bei vielen Familien ist sogar der tibetische Charakter der Race entschieden der vorherrschende. Was mich veranlaßt, dessenungeachtet schon hier in die zweite Hauptgruppe der Hindúkasten sie anzureihen, ist der Umstand, daß sie bei den Eingebornen allgemein als diese Stufe einnehmend betrachtet werden. Ihr Rang aber begründete sich mehr durch die Macht, die sie sich zu verschaffen gewußt hatten, als durch ihre Race.

Im westlichen Himálaya trafen meine Brüder das erste größere Gebiet von Bhot-Rajpúts zu Milum in Kámáon. Obwohl zu englischem Gebiete gehörend, hatte doch Milum ein von dem übrigen Theile der Provinz etwas verschiedene Localverwaltung, den Raceverhältnissen der Bevölkerung entsprechend.

Zwischen den reineren Bhot-Rajpúts bis zu den Bhútia-Kúlis, die auch noch als dieser Gruppe angehörend sich betrachteten, sind die Körperformen hier sehr verschieden. Alle gelten sie als klug und fleißig in Verkehr und Landwirthschaft. Auch für uns waren mehrere dieser Bhot-Rajpúts als Führer und Dolmetscher sehr wichtig. Ihre Wohnorte, wenigstens jene für den Sommeraufenthalt, liegen meist noch in großer Höhe, so Milum in Kámáon bei 11,285 F. und Niti in Gárhvál bei 11,464 F. Bei den Bhot-Rajpúts hat sich die Religion, etwas auch die Sprache, durch den Verkehr gegen Süden nach und nach viel geändert. Zwar ist noch viel Buddhistisches geblieben, aber auch Hindú-Anschauungen haben sich in reichem Maaße jetzt damit verbunden, und es überrascht, an manchen dieser Orte, die unter sich ziemlich verschieden sind, eine Form des Cultus und eine Beschränkung in der Wahl der Lebensmittel nach indischer Anschauung zu finden. In Mílum hatten sie sogar Bráhmans ganz guter Race als Priester, und mit diesen waren noch einige andere Hindúlasten vertreten, darunter Jats, die sich selbst als solche bezeichneten, nicht als Tháluks oder Chants. Westlich von Márhyúl nehmen die Bhot-Rajpúts an Zahl rasch ab.

Einen andern wichtigen Theil der allgemeinen Rajpútkaste im westlichen Himálava bilden die Kanéts. Obwohl auch diese mit Tibetern gemischt sind, sind sie doch in Körperform und Cultus weniger von der entsprechenden Stufe der Hindús, welcher sie sich zurechnen, entfernt als die Bhot-Rajpúts; wenn sie nicht höher als jene rangiren, ist dies als die Folge davon zu betrachten, daß ihnen niemals gelungen war, gleiche politische Wichtigkeit sich zu verschaffen. Sie finden sich in Chámbu Kúlu, Laból, auch in Kishtwár.

Der Gesichtsausdruck der Kanéts gehört im Allgemeinen zu jenem Typus, den ich bei den Tháluks erwähnte; etwas verschieden sind sie nur durch die meist schmalen langen Augen, wobei aber nicht wie bei den Tibetern Convergenz in der Art eintritt, daß die inneren Augenwinkel etwas niederer liegen als die äußeren. Nase und Backenknochen haben sie ebenfalls der Thálurphysiognomie ähnlich.

Die indischen Kasten der Vaisyas und Sûdras, der Gewerbe oder Ackerbau treibenden, sind im Himálaya am wenigsten in Uebereinstimmung mit der ursprünglichen indischen Anschauung zu bringen. Solche kommen nämlich überall vor, bei Bhot-Rajpúts, bei Kanéts, bei den nepalesischen hindú-tibetischen Racen, überhaupt bei jeder, die mehr oder weniger den Begriff eines Volksstammes mit der Form ihres Auftretens verbindet.

In Nepál ist ein bedeutender Theil der Ackerbau treibenden

Bewohner in ihrer Race jener der Gurus sehr ähnlich; sie führen keine eigentlichen Kastennamen nach Hindū-Art, sondern sie heißen, nur nach der Größe des Besitzes, Avāls, Dūms, Seānis und Chārems oder Männer „ersten, zweiten, dritten und vierten Ranges". Bei diesen können, wenn das Glück sie begünstigt, die Chārems zu Avāls werden, ein Vorrücken, wie es in anderen, zum Hindúcultus gehörenden Kastensystemen nicht möglich wäre. Allerdings kommt es selten genug in Wirklichkeit dazu.

Mussalmāns gibt es in den centralen Theilen nur wenige, in Nepāl und östlich davon fehlen sie gänzlich; sie sind am zahlreichsten vertreten in Kashmīr.

Kashmīr ist von Ariern in viel früherer Zeit bevölkert worden, als die Himâlayagebiete östlich davon; der arische Typus hat sich auch sehr gut erhalten, nur ist der Religionsverhältnisse wegen Kastenunterschied längst verschwunden. Tibetisches Blut ist in Kashmīr, ungeachtet des lebhaften Verkehres mit Ladāk und Bālti, von sehr geringem Einflusse auf die resultirenden Formen der gegenwärtigen Bevölkerung geblieben. Wichtig war in dieser Beziehung, daß Ladāk und Bālti, bis zur neuesten Umgestaltung des Königreiches Kashmīr unter Gulāb Singh, unabhängige Gebiete mit eigenem Herrscher gewesen sind, und daß Kashmīr seit langer Zeit eine so hohe Culturstufe eingenommen hat, daß es dort möglich war, Angriffe und Einfälle der Tibeter stets zurückzuweisen.

Nochmals begegneten wir der arischen Race im Gebirgszuge des Künlün nur in dem weiten Thalgebiete von Turkistān. Ihr Vorkommen in dieser Region war uns bis zum Tage, wo wir damit zusammentrafen, ganz unerwartet, neu. Denn sind auch die Türken in Europa ihren gegenwärtigen Körperformen nach als Arier bekannt, so hatte man doch allen Grund zu glauben, daß ihre Vorfahren und ebenso deren Stammesgenossen an den seit Jahrhunderten unveränderten Wohnsitzen zur großen Völkergruppe der Turanier, speciell der Mongolen gehörten, auf welche ja ihre Sprache auf das

Entschiedenste hinweist. Sie sind hier im Norden, Osten und Süden von Völkern tibetischer und mongolischer Race umgeben, nur nach Westen folgen ihnen Arier, allerdings sehr reiner Race, die Zweige des eranischen Stammes. Daß auch die Turks von Kashgar und Jarkand bis zum See Lop dem arischen Hauptstamme angehörten, hatten wir selbst in den angrenzenden Gebieten von Tibet nicht erfahren können, und wir hätten die bloße Angabe, nach den in Europa erhaltenen Begriffen, zunächst als unwahrscheinlich und „mißverstanden" betrachten müssen.

Die ersten Jarkandis noch, denen wir selbst begegneten, und die wir in Tibet in unsere Dienste nahmen, um wo möglich über den Künlün nach Turkistan vorzudringen, schienen uns, wie jüdische Kaufleute unter nicht semitischer Bevölkerung, Männer einer andern Race zu sein, wenigstens mit Baltistanis und Persern zusammenhängend, bis auch die Hirten und Ackerbauer in dem ersten Hochthale, in das unser Weg uns führte, als sehr bestimmte, ja ungewöhnlich rein erhaltene Arier uns entgegentraten.

Daß niedrigstehende, ebenso wie etwas gemischte Racen, ihre Sprache wechseln, war schon mehrmals zu erwähnen (Bd. II. S. 30); hier liegt der Fall in der entschiedensten Form für eine sehr wohl entwickelte arische Race vor, die ungemischt geblieben ist. Das Türkische gehört nicht zur arischen, sondern zur turanischen Sprachengruppe. Dessenungeachtet ist nirgends das Türkische reiner vertreten, als hier in der chinesischen Provinz Turkistan, wie uns von wissenschaftlichen Kennern dieser Sprache nach Vocabularen, die wir dort sammelten, bestätigt wurde; persische (und arabische) Wörter sind hier viel seltener als in den weiter westlich gesprochenen türkischen Idiomen. Nur der Koran hat solche Wörter und Begriffe eingeführt. Die Turks in Turkistan sind Mussulmans, und zwar sehr fanatische aber Suniten, wie auch die Mussulmans tibetischer und mongolischer Race, wo solche vorkommen, während ihre arischen Nachbarn in Persien der Schiiten-Secte des Islam

angehören. Als einen schon im Alterthume bekannten Sprachenwechsel einer Nation, die dessenungeachtet als solche charakteristisch
genug gekennzeichnet blieb, ist jener der Pelasger zu nennen, deren
Herodot, im ersten Buche, als „jetzt in ihrer Sprache attische Jonier
geworden" erwähnt.

Die tibetische Race.

Die tibetische Race allein unter den Zweigen des turanischen
Stammes dringt über den Nordrand Hochasiens vor; sie bevölkert
nicht nur im Süden der wasserscheidenden Karakorumkette das ganze
Gebiet von Tibet, auf der Seite des Dihong sowie auf jener des
Indus, sondern wir begegnen ihr auch in den östlichen Theilen des
Himalaya-Abhanges gegen Indien als den beinahe ausschließlichen
Bewohnern.

Die Körperformen der tibetischen Race treten deutlich als rein
mongolische entgegen, sehr verschieden von den Nachbarn arischer
Race im Himalaya sowie in Turkistan, aber noch ähnlich genug
den stammverwandten Chinesen im fernen Osten und Süden. Wo
überhaupt die physischen Formen des mongolischen Charakters
auftreten, sind sie ausgeprägter und unter sich bei den verschiedenen
Völkern mehr homogen, als dies bei manchen anderen der großen
ethnographischen Gruppen der Fall ist.

Gleiches aber gilt nicht für alle Zweige der großen
Gruppe, die sich, sprachlich vereinigt, als die turanische
resümiren läßt. Gerade diese Sprachengruppe umschließt Völker von
sehr großer physischer Verschiedenheit. Sei es, weil Mischracen sich
bildeten, oder weil Abhängigkeit und Unterjochung es veranlaßte,
finden wir turanische Sprachen von Völkern gesprochen, die von dem,
was uns in Asien als der reine mongolische Racetypus entgegentritt, weit sich entfernen.

In der turanischen Sprachengruppe können außer dem Mongolischen das Finnische, Lappländische, etwa auch noch das Chinesische,
als mit der Race congruent betrachtet werden; incongruent aber

mit der Race ist das turanische Sprachenelement bei den Türks und den Magyaren.

Die Sprache der Tibeter zeigt noch größere Unregelmäßigkeit. Hier haben wir in der gut definirten mongolischen Race den Fall von einer der Sprachenformen, welche keiner der anderen großen Sprachengruppen eingereiht werden kann. Das eigentliche Tibetische und seine Dialecte, sowie die Sprachen und Dialecte der tibetischen Himálayabewohner bilden zusammen eine wohl begrenzte Gruppe, welche aber nicht unähnlich den Sprachen von manchen Aboriginerstämmen, oder von manchen Inselbewohnern, zur Zeit keinen Anschluß erlaubt weder an die turanischen noch an die arischen Elemente der Umgebungen.

Ueberhaupt müssen in der vergleichenden Philologie mehr Sprachengruppen getrennt gehalten werden, als die Untersuchung der körperlichen Verhältnisse zunächst erwarten ließe. So wie unsere Resultate der Sprachforschung gegenwärtig sich gestaltet haben, genügt es nicht, drei bis vier Hauptgruppen anzunehmen, es sind deren wohl zehn bis zwölf nöthig, wovon einige allerdings sehr klein.

Als Analogon einer so ganz isolirten Sprache wie das Tibetische läßt sich in Europa das Baskische nennen; in Asien steht noch das Caucasische so vereinzelt, daß es weder in die arische noch in die turanische Sprachengruppe eingereiht werden kann, und doch sind die Caucasier, sowie sie noch jetzt vorliegen, wahre Muster arischer Race in ihren Körperformen.

Wohlklingend für das Ohr ist die tibetische Sprache nicht; sie kennt nicht, wie die Indo-germanischen Sprachen, Inflexion der Wurzeln, Casus und Tempora werden durch Anhängung von Partikeln gebildet, ursprünglich besondere Worte, die aber ihre selbständige Bedeutung verloren. Beim Verbum kommen wohl zwei und selbst vier Wurzelformen vor für die verschiedenen Tempora, aber es geschieht dies bei weitem nicht bei der Mehrzahl der Verba, und viele dieser Aenderungen verschwinden für das Ohr und werden deutlich erst in der Schrift. Dialektische Verschiedenheiten finden sich nach den einzelnen Provinzen im Wortschatze, sowie in der Aussprache; diese wechselt oft sehr stark. Ganz außerordentlich ist überall in Tibet der Unterschied zwischen der Art, wie die Worte geschrieben und wie sie gesprochen werden: die Consonantenhäufung ist in der Schrift sehr groß; die Schrift kennt keine unvollkommenen Vocale. Die Aussprache betont aber viele Consonanten gar nicht, anderen Consonantengruppen gibt sie einen von dem Werthe der einzelnen Bestandtheile ganz verschiedenen Laut, und Vocale werden in unbestimmte umgewandelt. Z. B.

b Kra šhis lhun po = Tašhilhunpo (Stadt).

b Kra šhis chhos hrong = Tassisudon (Stadt).

r Ta m grin rgyal po = Tamdin gyalpo (ein Dämon).

Typendruck ist den Tibetern nicht unbekannt; sie schneiden aber ganze Buchseiten in Holz und drucken damit. Die Schrift ist sehr verschieden, je nachdem sie Druck- oder Cursivschrift ist; die letztere ist sehr schwer zu lesen.

Die Sprachen in Bhután, Sikkim und in den nördlichen Theilen Nepáls sind unter sich und vom Tibetischen des Hauptgebietes jenseits des Himálaya so verschieden, wie in Europa manche der unter sich am weitesten abstehenden romanischen Sprachen. In einigen Theilen, zum Beispiel im Lepchagebiete von Sikkim, findet man auch eine eigene Schrift, deren Princip zwar dasselbe ist, deren Formen aber sehr verschieden sind.

Bewohnern des eigentlichen Tibet, durch Sprache und Costüm als solche zu erkennen, begegnet man bisweilen außerhalb Tibet als nomadisirenden Hirten in der Nähe des Himálayakammes oder, in den tieferen Theilen, als Caravanenführern; Ansiedelungen auf der Himaláyaseite gegen Indien kommen auch vor, aber diese sind selten und solche Wohnsitze sind meist sehr hoch gelegen. Sie sind etwas zahlreicher in Kamáon und Garhvál, wo die Bevölkerung ohnehin die hohe Region nicht viel benützen würde, als in Nepál und östlich davon. In Kámdon fanden wir sie als Nachbarn gern gesehen, da sie sehr friedlich sind. Sie lassen sich nicht vorwerfen, daß sie frühere Bewohner hier verdrängten; zur Zeit ihrer Einwanderung, die sehr weit zurückliegen mag, soll das hübsche Hochland, das mehr als die meisten anderen Gebiete in Formen und in Farbentönen an die Alpen Europas erinnert, unbewohnt gefunden worden sein.

Tibetisch-arische Mischraçen kommen in Tibet vor, aber sie sind meist auf kleinen Raum oder auf wenig zahlreiche, vereinzelte Individuen beschränkt. Eine zusammenhängende Bevölkerung von Mischraçe findet sich in den am nordwestlichen Ende von Tibet gelegeneren Provinzen Baltí und Gilgit. Dort sollen sie durch das Eindringen von Eroberern arischer Raçe, die von der südlichen und westlichen Seite kamen, entstanden sein; die sprachlichen Verhältnisse bestätigen dies.

Für das übrige Tibet sind als Mischraçe, und zwar als vertheilt vorkommende, nur die Argons zu nennen. Solche stammen von Handelsleuten aus Turkistán als Vätern und von tibetischen Müttern; sie zeigen ein sehr deutliches Abweichen von den reinen Formen der einen und anderen Seite. Die Zahl dieser Argons ist sehr gering; auch dadurch verschwinden sie um so rascher aus dem Bilde, welches die Bevölkerung im Allgemeinen bietet, daß nicht (wie es bei Hindukasten der Fall wäre) ihrer weiteren Verbindung mit Tibetern reiner Raçe Hindernisse entgegen stehen.

Bewohner tibetischer Raçe auf der Südseite des Himálaya finden sich theils rein, theils mit arischem und selbst etwas mit Aboriginerblut gemischt: in Bhután, Sikkim und Nepál.

Zu den Bhután-Gebieten gehören die in der provinciellen Eintheilung erwähnten Khaúpo-Bhots und das Reich des Dharma-Rája zu Tassisúdon. Im letzteren nennen sich die Bewohner, welche reinster Raçe sind, Lhopas „die südlichen Bewohner"; Bhots, der allgemeine Name, gilt auch für jene, welche durch etwas Mischung mit indisch-arischem Blute sehr deutliche Veränderungen der Körperformen erhalten haben; es zeigt sich dies in ihren Gesichtsprofilen mit höherem Nasensattel; auch ist der Schädel vom Wirbel zum Kinn verhältnismäßig länger und zwischen den Backenknochen schmäler. Außer diesen findet sich noch eine etwas dunklere, mit Lacháris, wohl auch mit Aboriginerblut gemischte Race, jene der „Chángles" oder „Schwarzen".

Die hier auch bei den Lhópas herrschende Sprache, das Bbutáni, ist vom Tibetischen ungleich mehr verschieden, als die Sprachen und Dialekte bei den Stämmen von gleicher Reinheit ihrer Racenformen in Sikkim und Nepál.

Die Bewohner Sikkim's theilen sich in mehrere große Gruppen. Die Lépchas, welche das Land beherrschen (so weit es nicht schon jetzt in Besitz der Europäer gekommen ist), sind auch der Zahl nach überwiegend. Diese sowie die Múrmis sind reine tibetische Race, nicht zu unterscheiden in Körperform.

Eine dritte Gruppe, ebenfalls tibetischer Basis, sind die Limbus. Unter diesen kommen noch sehr viele ganz reine Formen vor, zum Theil aber auch starke Abweichungen. In Sprache und Kleidung ist jede der drei Gruppen von den beiden anderen sehr verschieden. Bhots gibt es auch ziemlich viele, aber reine oder Lhópas sind selten darunter; was hier von Bhots sich findet, ist entschieden mit indischem Blute gemischt.

In Nepál finden sich von reiner tibetischer Race, ohne zu den Einwanderern der Neuzeit zu gehören (Bd. II S. 44), die Stämme des Sikkim-Gebietes, unter denen in Nepál aber die Limbus an Zahl die vorherrschenden sein mögen. Wenigstens schien es mir so in den Umgebungen des Singhalilalammes. Auch die Mischrace der Bhots ist hier zahlreich.

Ferner gibt es in Nepál noch eine große Anzahl anderer Mischracen, die in ihrer Gesammterscheinung als vorherrschend tibetischer Form sich erkennen lassen. Ja, mehr als ein Drittel derselben zeigen, so wie sie jetzt vorliegen, rein tibetischen Typus und es läßt sich zwischen denselben, wenn sie ihrer äußerlichen Ausstattung entkleidet sind (wozu auch die Art des Haartragens gehört), weder in den Formen des Kopfes noch des Körpers Unterschied erkennen. Sie sind theils Buddhisten geblieben, wie die eindringenden Tibeter es waren, theils sind sie in verhältnißmäßig neuerer Zeit zum Hinduismus übergetreten. Das letztere konnten sie nach Hindubegriffen nur insofern ausführen, als sie „zurückkehrten"; überdies ist der Hinduismus dieser Racen ohnehin in hohem Grade durch fremde, nicht bezogene Anschauungen und Cultusformen verändert.

Die wichtigeren solcher Stämme sind die Kiränis und die Kusünkras, ferner die Sunvars und die Jillas; von den Eingebornen selbst erhält man auch innerhalb solcher Hauptgruppen neue Unterscheidungen; sucht man durch zarte Berührung der allgemeinen Verhältnisse sich zu orientiren, zu welcher unter den größeren bekannteren Racen die neu aufgeführte gehöre, oder welcher sie wenigstens am nächsten stehe, so zeigen sich dabei meist Schwierigkeiten genug, dadurch vermehrt, daß keine einer höheren Race sich untergeordnet wissen will. Ich lernte bald in der Art fragen, daß ich alle „nach abwärts folgenden" etwa am nächsten stehenden Gruppen mir nennen ließ.

In socialer Beziehung ist für die Tibeter sowie für die Bewohner des Südabhanges gleicher Race die ihnen eigenthümliche Einführung der Polyandrie hervorzuheben, oder die Sitte, daß mehrere Unbemittelte zusammen eine Frau haben. Dies muß nicht weniger, als die meist geringe Ertragsfähigkeit des Landes dazu beigetragen haben, daß die tibetische Bevölkerung überall, selbst am Südabhange des Himàlaya, eine spärliche ist. Sonderbarer Weise sind die Männer, welche eine Frau gemeinschaftlich haben, meist nahe Verwandte, selbst Brüder. Von den Kindern wird der älteste Gatte der Mutter als Vater, die jüngeren werden als Onkel angeredet. Von den verheiratheten Frauen wird berichtet, daß sie, auch wenn sie nur einen Mann haben, sich nicht zur Untreue verleiten lassen; die Mädchen dagegen geben sich einem ausschweifenden Lebenswandel hin; um so auffallender ist dabei, daß sie gespaltene Fruchtkörner längs des Nasenbeines und um die Augenbrauen kleben, um häßlicher zu werden; einzelne färben sich auch das ganze Gesicht schwarz, eine Sitte, die zuerst im nördlichen Tibet vorkam.

Die specielle Analyse der Kopf- und Körperformen macht den gemeinschaftlichen Character der hier besprochenen Raçen auf das Bestimmteste hervortreten, und läßt dessenungeachtet auch manche sehr deutliche Unterschiede zwischen einzelnen Gruppen der Mischraçen erkennen.

Unter den Körperformen sind als allgemeine hervorzuheben: Größe durchaus viel geringer als jene im mittleren Europa, breite Brust, starke, durch die Bewegung in den Bergen geförderte Muskeln. Durch volle Oberarme und Unterschenkel sind sie von den Indiern aller Kasten sehr verschieden. Aber ähnlich diesen (und darin den Alpenbewohnern Europas sehr unähnlich) sind sie in den Dimensionen ihrer Hände und Füße; diese sind noch immer verhältnißmäßig sehr klein.

In ihren Kopfformen haben sie gemeinschaftlich: gute Schädelentwickelung, Stirne bisweilen nieder, aber dann breit, überhaupt Volumen des Gehirnraumes nicht ungünstig. Das Haar ist dunkel und struppig. Breite Backenknochen und schmales Kinn sind bei der reinen Raçe allgemein, bei den Mischraçen sind diese beiden Formen am meisten veränderlich.

Ferner tritt in der tibetischen Raçe und zum großen Theile auch noch in den Mischraçen das Gesichtsprofil als eigenthümlich hervor. Es ist nämlich der Nasensattel sehr flach und tief, so daß er im Profil nur sehr wenig über die Wölbung des Auges hervortritt, oder daß er gar nicht zu sehen ist, wenn das Individuum kräftig ist und seine Augen nicht eingefallen sind.

Es bilden dann, was das Gewöhnliche ist, der Nasensattel und

die beiden Augen, wenn geschlossen, eine gerade Linie. Aber auch
solche Fälle sind nicht selten, daß die Wölbung des Auges weiter
hervortritt als die tiefste Stelle der Nase. Eine Brille europäischer
Art, die auf dem Nasensattel ruht, kann einem solchen Gesichte nicht
aufgesetzt werden, ohne daß die Brille speciell dafür gekrümmt wird.
Selbst mit Einschluß der gemischten Racen, wie Bhots, Kiránüs ic.
die gegen Bálti im Nordwesten finret sich nicht selten, daß das
Auge über den Nasensattel hervorragt, wenig allerdings, aber doch
ganz deutlich. Die oben erwähnten anomalen Hindú-Individuen aus
Nepál, der Bráhman Khabálishen (Nr. 11.) und der Revári-Rajpút
Álul (Nr. 24) haben ebenfalls die Augen im Profil über den Nasensattel hervortretend.

Jedenfalls kommt diese Form auch in dem östlicher gelegenen Theile
Asiens, in China, sehr häufig vor, wenn auch nicht ganz so
allgemein und prägnant. In den Bazars von Calcutta, auch in
Ceylon, hatten wir Gelegenheit viele Chinesen reiner Race zu
untersuchen und zu vergleichen. Auch die Schädel der Skelette
zeigen das Tiefliegen der Nasensattellnochen sehr deutlich; dies bestätigt zugleich, daß das Hervortreten der Augen an lebenden Individuen noch häufiger zu beobachten wäre, wenn nicht bei alten
oder bei sehr mageren Individuen aus anderer Ursache die Augen
sehr tief in ihren Höhlen liegen würden.

Zu solchen Untersuchungen sind die plastischen Reproductionen
des Gesichtes in hohem Grade geeignet, weil man die Profilstellung
mit einem solchen Gegenstande in der eignen Hand ruhiger beurtheilt, als wenn das lebende Individuum vor uns steht. Die Be-
fürchtung, daß etwa der Gips die Augen hervortreten mache, ist an
sich ganz ohne Grund; im Gegentheile, der Gips könnte sie nur,
wenn sie sehr vorstehen, niederdrücken. In der That hat sich bei
solchen Gesichtsbildungen unerwartete Schwierigkeit des Absormens
geboten. Gewöhnlich nämlich beginnt die Last des aufgelegten Gipses,
sobald er sich erhärtet, auf eine Stelle, meist auf den Nasen-

Sattel, zu drücken; bisweilen geschieht es selbst, daß hier eine kleine Röthung der Haut entsteht, die mehrere Stunden anhält. Wenn der Nasensattel hoch ist, schadet dies nicht; aber es wäre natürlich sehr gefährlich gewesen in ähnlicher Weise Druck auf die Mitte des Gesichtes entstehen zu lassen, wenn der Nasensattel nicht hervorragt, weil der Druck dann auf den geschlossenen Augenlidern gelastet hätte. Es ließ sich dies dadurch vermeiden, daß der Kopf nicht so flach gelegt wurde als sonst. So geschah es dann, daß der Gips mehr auf dem unteren Theil der Nase ruhte, wo sie etwas höher ist.

Man könnte erwarten, daß eine so auffallende Sache wie die Höhe des Nasensattels der tibetischen Race seit lange bemerkt und erwähnt sein müsse; doch ich gestehe, daß mir diese abweichende Form der Peripherie eines Kopfes tibetischer Race (wenn die Durchschnittsebene durch die Augen und den Nasensattel gelegt gedacht ist) an den Lebenden Individuen erst dann recht bestimmt entgegentrat, als das Abformen begann; auch an den positiven Metall-Reproductionen fesselt das Gesammtbild, weil so ungewöhnlich und in so vielen Beziehungen eigenthümlich, die Aufmerksamkeit zuerst so sehr, daß diese Specialität meist unbeachtet bleibt, wenn ich nicht die Beschauer direct darauf aufmerksam mache. Es findet sich überhaupt im Allgemeinen mehr Disposition das volle Gesichtsbild als das Profilbild vergleichend zu betrachten. Dies geht so weit, daß Völker, die auf niederer Kunststufe stehen, also die Tibeter nicht nur, sondern auch die „native artists" in Indien, viel mehr Wahrscheinlichkeit haben einen Kopf nicht zu sehr zu verzeichnen, wenn sie ihn en face, als wenn sie ihn in Profil machen. Unsere Sammlung bietet zahlreiche Beispiele dafür in den indischen Deckfarbenbildern auf Glimmerschiefer, so wie in den weit feineren und weit mehr einer künstlerischen Ausführung sich nähernden Rāja-Miniaturen auf Elfenbein. Bei den tibetischen Darstellungen, die ja meist Personalien ihres Cultus zum Gegenstande haben, kommt noch ein neuer Grund zur Abweichung von ihren eigenen Raçenformen hinzu, auf den ich am Schlusse dieser ethnographischen Bemerkungen zurückzukommen Veranlassung habe.

Eine andere Eigenthümlichkeit in der Stellung der Augen, die bei den Tibetern und bei den meisten Raçen mongolischen Stammes vorkommt, ist das Schiefstehen der Augen. Die inneren Augenwinkel liegen bei vertical gestelltem Kopfe tiefer als die äusseren. Bedingt ist dies durch die Form der Weichtheile des Gesichtes, welche die Augen umgeben. Das Knochengebilde des Schädels bietet nicht die Veranlassung zum Schiefstehen der Augen; es finden sich an den Schädeln stets jene kreisförmigen Oeffnungen der Augenhöhlen, die selbst bei genauern Vergleichen der Austrittsstellen für Gefässe und Nerven nichts zeigen, was schiefer Stellung der Augenlider entspräche und eine Eigenthümlichkeit noch erkennen liesse, nachdem die Weichtheile entfernt sind.

Die relative Stellung der Nase zu den seitlichen Verhältnissen des Gesichtes ist bei den Tibetern dieselbe wie bei den übrigen Menschenraçen; es steht nämlich ihre Nase, ungeachtet des geringen Emporragens ihrer Knochenunterlage, doch etwas schief, von der Mitte der Gesichtslinie nach der rechten Seite abweichend; viel nicht (wie auch bei uns gewöhnlich), aber doch deutlich genug, um es sogleich zu erkennen, wenn einmal der Blick daran gewöhnt wurde auch hierauf seine Aufmerksamkeit zu richten. Diese Stellung der Nase ist so allgemein, dass man mit wenigen Ausnahmen behaupten kann, wenn eine verticale Linie von der Mitte der Stirne herabgezogen die Nasenspitze im stehenden Kopfe nicht zu dessen Rechten lässt, ist die Nase nicht geradlinig, sondern durch Krümmung im unteren Theile noch mehr unsymmetrisch, als sie durch die etwas schiefe Stellung allein es wäre.

Sehr gross fanden wir die Verschiedenheit in dem Grade der Glätte der Haut, und zwar zeigte sich der Unterschied weniger mit den Raçen als mit den climatischen Verhältnissen zusammenfallend, in welchen die Raçen lebten. Sogleich in Darjiling, wo ich außer den Bewohnern des Landes auch Salzhändler, aus Tibet selbst kommend, zu untersuchen Gelegenheit hatte, trat dies sehr deutlich entgegen.

Die Lépchas und Mürmis, rein tibetischer Raçe, aber Bewohner eines Landes mit warmem und feuchten Clima (im Gegensatze zu jenem in Tibet selbst), haben eine mehr glatte, spiegelnde Haut, ganz wie die Hindús und auch die Aboriginer-Raçen der Tarái sie haben, obwohl gerade diese drei Gruppen sonst so sehr sich unterscheiden. Dagegen hat die tibetische Raçe in ihrem Hauptsitze, in Tibet, wo das Clima kalt und trocken ist, eine viel rauhere Epidermis. Die Bedingung hierzu scheint jedoch nicht eine ganz allein individuelle in Verbindung mit Clima zu sein. Etwas wenigstens hat entschieden mehrere Generationen hindurch die angeerbte Disposition damit zu thun. Auch die in Indien geborenen Kinder der Europäer unterscheiden sich hierin sehr rasch bei fortschreitender Entwicklung von den Kindern der Indier, daß ihr Grain der Haut ein rauheres wird. Es würde dies noch mehr auffallen, wenn die Raçen Indiens und Hochasiens gleichmäßig gewaschen wären, während bei den letzteren meist die Reinlichkeit nicht sehr groß ist. Solcher Unterschied der Haut ließ sich am besten erkennen, wenn dieselbe vor dem Auflegen des Gipses nicht nur gewaschen, sondern auch geseifet war. Selbst einer meiner Diener, der als Hammál eine kammerdiener-ähnliche Function hatte, der mir aber auch bei dem Abgipsen gewöhnlich half, erkannte dies rasch, nachdem ich ihn einmal darauf aufmerksam machte.

Auch in den positiven Reproductionen, sorgfältig galvanoplastisch ausgeführt, läßt sich das Grain der Haut noch ganz deutlich beobachten, und es war mir sehr befriedigend, daß Professor Hebra, ein specieller Kenner der Veränderungen der Haut, als ich Gelegentheil hatte verschiedene der positiven Reproductionen ihm vorzulegen, meine Ansicht bestätigte, jene nämlich, daß in denselben Menschenracen deutliche Verschiedenheit in der Beschaffenheit der Haut zu erkennen war, je nachdem das betreffende Individuum einem Stamme angehörte, der in heißem oder in gemäßigtem, in mildem oder rauhem Clima lebt.

Um zugleich die Art der Untersuchung der verschiedenen Menschenracen in Verbindung mit den dabei vorgenommenen Messungen (an etwas über 400 Individuen aus Indien und Hochasien) durch ein Beispiel zu erläutern, folge hier noch die Zusammenstellung des indischen Aevártyypus aus Nepál und der entsprechenden Mittelwerthe für tibetische Race. Das Vergleichen solcher Zahlen ist nicht so ganz einfach. Man muß, um die individuelle Größe möglichst zu eliminiren, normal wählen und nur mittelgroße Leute messen (oder nur solche wenigstens direct vergleichen), da Exceptionelles in der Größe auch meist Abweichungen, die an Mißbildungen grenzen können, bedingt. Dann muß bei jedem Individuum mit der Höhe die ganze Reihe der übrigen gemessenen Dimensionen dividirt werden, damit sie unmittelbar vergleichbar werden. In diesem Sinne, die Höhe gleich 1 gesetzt, sind auch die hier folgenden Mittelzahlen zu verstehen.

I. Kopfdimensionen.

	Nevárie	Tibeter
Umfang des Kopfes um die Mitte der Stirne	0·322	0·357
Durchmesser an den Schläfen	0·079	0·084
Durchmesser an den Backenknochen	0·069	0·070
Höhe des Nasensattels über dem Auge	0·006	0·000
Durchmesser von der Mitte der Stirne an den ersten Halswirbel	0·103	0·115

II. Körperdimensionen.

	Newáris	Tibeter
Spannweite der Arme mit gestreckten Fingern	1·026	1·001
Breite der Brust von Schulter zu Schulter	0·176	0·228
Länge des Armes von Schulter zu Mittelfingerspitze	0·450	0·479
Umfang an den Waden	0·204	0·239
Länge des Fußes	0·152	0·151

Das Vorliegende ist nur eine Auswahl jener Objecte, welche als am meisten characteristisch für die Unterscheidung dieser beiden Typen hervortreten. Die Zahl der gemessenen Dimensionen am Kopf und an den übrigen Körpertheilen betrug gewöhnlich 28; dazu kommen noch Bestimmungen der Kraft, Wägungen u. s. w. Für eine Beurtheilung der ganzen Reihe der gemessenen Dimensionen, wie sie später im ethnographischen Bande der „Resultse" folgen wird, ist auch eine weit allgemeinere Zusammenstellung verschiedener Racen nothwendig, als die beiden hier verglichenen Typen sie bieten.

Menschenracen in buddhistischen Götterbildern.

Auffallend ist es und für den Zusammenhang mit den existirenden Racen nicht weniger wichtig als für die Auffassung religiöser Begriffe, daß in den buddhistischen Darstellungen, die ich in Sikkim zum erstenmale zu analysiren Gelegenheit hatte, verschiedene Menschenracen sich erkennen lassen. Unsere späteren Materialien bestätigten dies überall; es ließ sich sogar ein bestimmter Zusammenhang zwischen dem Range der Gottheit und der gewählten Menschenrace nachweisen; die Race wechselte zwischen arischen und tibetischen Formen des Gesichtes sowohl als der Körpertheile. Mein Bruder Emil hat 1863 in der Royal Asiatic Society zu London nach genauester Untersuchung der von uns gesammelten Materialien, so wie der Messungen en route, die wichtigsten Resultate mitgetheilt, nachdem er, was ebenfalls dabei von Bedeutung war, die Individualität der Gegenstände zugleich nach den Namen, welche ihnen gegeben wurden, und nach den Attributen in Kleidung und Geräthen geprüft hatte.

Daß ethnologische Unterscheidungen in religiösen Darstellungen vorkommen, ist wohl ein ziemlich alleinstehender Fall. Sonst werden meist innerhalb kurzer Zeit nach der Einführung einer neuen Lehre, auch wenn von einer ethnographisch sehr verschiedenen Nation ausgehend, die Darstellungen in Körperformen so gewählt, wie sie im Lande der neuen Bekenner herrschen. Das Christenthum, ob-

wohl von Palästina ausgehend, hat den Erlöser und die Apostel bei
den Völkern arischer Race sogleich in bestimmten arischen Körperformen dargestellt erhalten. Ist dagegen die neue Religion vollkommen entwickelt und zugleich der Raçenunterschied sehr groß, so
kann es auch geschehen, daß mit der neuen Lehre die fremden Gestalten eingeführt werden, wie im Christenthum gegenüber den Ne-
gern oder anderen wilden Völkern tropischer Zonen.

In Tibet sind die Verhältnisse ganz verschiedene; dort sind für
einen Theil der neuen Lehre die indischen Formen beibehalten worden, für einen anderen wurden die Gestalten von den Tibetern aus
ihrer eignen Mitte gewählt.

Bei rein historischen Gegenständen wäre solches nicht überraschend. Wir finden in ältester Zeit und selbst bei solchen Völkern,
welche die Gottheiten nur in der localen Raçe ausführten, daß sie
die Gefangenen fremder Nationen nicht nur in Stellung und Bekleidung, sondern auch in Gesichtsauedruck und Körperform deutlich
unterscheiden; nicht selten sind sie verhältnißmäßig so gut characterisirt, daß sie noch jetzt als Individuen bestimmter anderer Nationen sich erkennen lassen. Es ist dies auch deshalb sehr wichtig,
weil es zeigt, daß die Formen der Raçen sich Jahrtausende fast unverändert müssen erhalten haben. Die bekanntesten Beispiele dieser
Art geben Nott und Glidkon's Analysen der ägyptischen Sculpturen
in den „Types of Mankind" und in den „Indigenous Races".
Auch in den assyrischen Sculpturen von Niniveh fand ich ähnliche
Unterschiede zwischen den Assyrern und ihren Gefangenen; dort ist
aber die Differenz noch eine in so fern andere, daß, so weit mir
bekannt, noch nicht entschieden werden konnte, ob die Abweichung in
der Form der Assyrer von den Formen der „Fremden" nicht bis zu
einem gewissen Grade eine willkührliche sein dürfte. In den Niniveh-
Sculpturen, durch deren Entdeckung und historische Analyse Sir
Henry Rawlinson so große Verdienste sich erworben hat, fand ich
nämlich, als ich Gelegenheit hatte dieselben auf die Verhältnisse der

einzelnen Körpertheile zu untersuchen, daß die Assyrer, und zwar
diese allein — nicht die ebenfalls dargestellten unterworfenen Nationen — den Fuß bedeutend länger haben als das Ellenbogenbein
(die Ulna), während willkührliche und unregelmäßige Ausführung
als solche gewöhnlich Fehler im entgegengesetzten Sinne zeigt. Vielleicht werden Rawlinson's fortgesetzte Bemühungen um die Kenntniß
dieser Gebiete auch noch Skeletmaterial liefern, was diese Unregelmäßigkeit in der Darstellung zu beurtheilen erlaubt.

Der Budrhismus in Tibet und im östlichen Himálaya zeigt
deutlich zwei coexistirende Typen in seine Darstellungen eingeführt,
den arischen, der aus Indien kam, und den tibetischen als localen.

Ohne auf die Einzelnheiten und die Art der Untersuchung (ebenfalls nach „proportionalen Werthen", d. h. die betreffende Größe
durch die ganze Höhe getheilt) hier näher eingehen zu können, füge
ich aus Emil's Arbeit nur noch folgende seiner allgemeinen Resultate bei:

I. Dimensionen des Kopfes.

1) In beiden Bildergruppen, in jener der höheren und in
jener der niederen Gottheiten, sind im Verhältnisse zur Körpergröße
alle Dimensionen des Kopfes größer als in den entsprechenden Racen,
wenn an lebenden Individuen gemessen. Aber die Abweichungen sind
nicht dieselben in beiden Gruppen der Gottheiten. Am meisten
weicht die Gestalt des Ohres von jener an lebenden Menschen ab.
Das Ohrläppchen ist nämlich durchbohrt, zur Aufnahme von cylindrischen Ornamenten (wie ich es bei den Aboriginern Assáms beschrieben habe, Bd. I. S. 567). Dabei ist es unverhältnißmäßig
erweitert, um möglichst große Cylinder hineinstecken zu können; und,
was nicht weniger auffallend ist, in den Götterbildern des Buddhismus sind die durchbohrten Ohrläppchen meist leer dargestellt, als
Beweis der richtigen Würdigung irdischen Schmuckes. Sie hängen
dabei herab wie Bänder, die in der Mitte geschlitzt sind, und reichen

bisweilen bis an die Schultern. Auch die Augen sind in den bildlichen Darstellungen größer, als es den Verhältnissen an lebenden Individuen entspricht. Ferner haben die Augen in beiden Gruppen, in den Darstellungen höheren und zu jenen niederen Rances, einen entschieden tibetischen Typus, der jedoch nicht in jeder der beiden Gruppen gleich stark ist; sie stehen etwas schief, mit Erhöhung der äußeren Augenwinkel, und sind sehr lang; der eigenthümliche Eindruck dieser Verhältnisse wird dadurch gesteigert, daß die Augen sehr oft nur halb geöffnet sind. Der Umfang des Kopfes (um die Mitte der Stirne gemessen), der Durchmesser zwischen den Schläfen und, wie am deutlichsten sich zeigt, der Durchmesser von der Mitte der Stirne zum ersten Halswirbel sind in der höheren Göttergruppe weniger übertrieben als in der niederem Gruppe. Am wenigsten weichen die Bilder von der ihrer Gruppe ursprünglich entsprechenden Menschenrace ab in der Form des Mundes, der Backenknochen, Breite der Nase zwischen den Augen und an den Nasenflügeln; nur zeigt die Gruppe der niederen Götter im Allgemeinen auch diese Theile ein wenig zu groß. Der Nasensattel ist bei plastischen Darstellungen aus der niederen Gruppe flach, der tibetischen Race meist ziemlich deutlich, wenn auch nicht ganz genau entsprechend; bei Zeichnungen und Malereien läßt sich dies ebenfalls so beurtheilen, wenn en face gesehen, während bei Profilansichten der Nasensattel stets auch da als sehr hoch gezeichnet ist, wo alles übrige den tibetischen Typus erkennen läßt.

Vergleicht man die Kopfgestalten im Allgemeinen, so findet man in der Gruppe der Höheren die Schädel länger und das Gesicht etwas mehr oval. Die andere Gruppe dagegen hat den Kopf breiter gestaltet, in Uebereinstimmung mit der ihr analogen tibetischen Race. Auch die Details der linearen Kopfdimensionen bestätigen dies, und zwar ist die Differenz in den Reproductionen noch größer, als sie in der entsprechenden Menschengruppe selbst sich zeigt.

II. Dimensionen des Körpers.

Als allgemeine Eigenthümlichkeit tritt entgegen, daß der Oberkörper zu kurz ist; es zeigte sich dies am häufigsten bei Figuren von kleinen Dimensionen. Die Spannweite der Arme von der Spitze des einen Mittelfingers zu jener des andern zeigte sich ebenfalls an den Abbildungen beider Gruppen stets zu groß, wenn man die einzelnen Theile, Länge der Arme und Breite der Brust, zu einer gemeinsamen geraden Linie vereint. Dabei liegt die Abweichung nicht darin, daß die Länge der Arme zu groß ist, sondern daß die ohnehin breite Brust hier noch mehr hervorgehoben wird.

Die übrigen Abweichungen von den natürlichen Verhältnissen, wie zu große Länge der Hand und des Fußes, und, was am häufigsten noch vorkommt, zu geringe Länge des Vorderarms im Verhältnisse zum Oberarm sind in beiden Gruppen gleich häufig und hängen mit der mehr oder minder correcten Ausführung der einzelnen Objecte als solcher zusammen.

Gegenwärtige ethnographische Studien in Indien.

Nachdem nun für die tropischen Gebiete Indiens und die südlich und östlich vom Himalaya gelegenen Gebirgsländer im ersten Bande, für die verschiedenen ethnographischen Provinzen Hochasiens in den vorliegenden Blättern die allgemeinen Resultate zusammengestellt wurden, füge ich einige Angaben bei über den gegenwärtigen Stand der ethnographischen Studien in Indien; er läßt in nicht zu ferner Zeit wesentliche Vermehrung wissenschaftlicher Daten erwarten. Ich folge darin dem Bericht, den jüngst Emil nach den Proceedings der Asiatic Society von Bengal in Meyers „Ergänzungsblättern" gegeben hat.

Die räumlichen Entfernungen beschränken sehr die Möglichkeit, die verschiedenen Racen an ihren Wohnorten aufzusuchen und dort die nöthigen Beobachtungen und Messungen vorzunehmen. Und doch ist es anderen Theiles so störend, daß den Forschern das Material zur Vergleichung der einzelnen Gruppen sehr spärlich gegeben und schwierig zu bestimmen ist; so manches Skelett, so mancher Schädel, welche die anatomischen Museen zieren, sind nach ihrer Herkunft nicht so sicher und genau bekannt als verlangt werden muß. Dabei darf nicht übersehen werden, daß der Anblick des lebenden Individuums wieder Zweifel beseitigt, welche die Beschränkung der Untersuchung auf das Skelett hervorbringt.

Zur Beseitigung solcher Schwierigkeiten hat die asiatische Gesellschaft von Bengalen schon im December 1865 den Vorschlag gemacht, möglichst zahlreiche oder doch als mittlere Typen gut ihre Race vertretende Individuen zur Zusammenkunft eines Völker-Congresses der alten Welt zu berufen. Es sollte möglichst darauf hingewirkt werden, daß jede Gruppe, die sich als Kaste, Stamm oder Race fühlt, dort vertreten sei. Der Vorschlag fand allgemeinen Beifall; von seiner Ausführung wird die vergleichende ethnographische Forschung unzweifelhaft eine Anregung erhalten, wie sie ihr bis jetzt noch nicht zu Theil wurde.

Zur Zeit kann zwar an die Ausführung nicht in der umfassenden Weise, wie das erste Project sie vorschlug, gegangen werden. Ein solches Unternehmen setzt, ähnlich wie eine Weltindustrieausstellung, große Vorarbeiten voraus, insbesondere aber Erfahrungen, welche am besten durch Vereinigung der Racen eines kleineren Gebietes gemacht werden können. Die asiatische Gesellschaft hat deshalb ihr Project modificirt in einen Congreß der Racen Indiens. Allerdings wird es auch da noch schwierig genug bleiben einer gewissen Vollständigkeit sich zu nähern. Für Principienfragen über Unzusammengehörigkeit auch bei geringer Ortsentfernung, über Widerspruch der Körperformen mit der zur Zeit vorliegenden Sprache, wären vor allen die Aboriginerracen wichtig. Doch wird es nicht leicht sein, solchen halbwilden Völkerstämmen Vertrauen genug einzuflößen, ihre topographisch geschützten, meist Verstecke zu nennenden Aufenthaltsorte zu „wissenschaftlichen Zwecken" zu verlassen. Günstig ist dagegen, daß seit dem Einführen der Photographie in Indien selbst von solchen objective Bilder nicht mehr ganz fehlen; auch unsere Reihe plastischer Racentypen, durch mechanische Reproduction der Gestalt mittelst hohler Gypsformen und Metallunterschlages, enthalten von Aboriginerracen 26 Individuen. Die plastischen, ebenfalls ganz objectiv gehaltenen Bilder haben vor photographischen nicht nur den Vorzug natürlicher Größe, sondern sie bieten auch

Gelegenheit, je nach der Ansicht en face oder in Profil, von Winkeln einzelner Theile des Gesichtes, wie Backenknochen und Nasensattel ꝛc., selbst nach dem Grain der Haut, manches als ähnlich oder nicht ähnlich entscheidend zu beurtheilen, was bei photographischen Bildern keine weitere Untersuchung erlaubt. Ich glaubte diese an sich ganz klaren Verhältnisse hier doch erwähnen zu müssen, weil ich erst jüngst wieder aus Calcutta mit Bedauern gemeldet erhielt, daß seit der Aufstellung unserer Metalltypen keine Vermehrung dieses Theiles der indischen Museen eingetreten ist.

Um die Wichtigkeit eines Congresses der indischen Raçen, selbst wenn nicht ganz vollständig, zu würdigen, muß auf Folgendes aufmerksam gemacht werden. Die Bevölkerung Indiens beträgt nach der Zählung von 1865 193·1 Millionen; auch die Zahl der Hauptstämme, in welche sie zerfällt, ist sehr bedeutend; man zählt nicht weniger als 21 Volkssprachen mit 9 Schriftsystemen, wobei die Sprachen der Aboriginer, wie ich auch hier bei den Taraiverhältnissen wiederholt hervorzuheben hatte, noch sehr wenig untersucht sind; so weit schon jetzt darüber sich urtheilen läßt, ist bei näherer Kenntniß eine Vermehrung der zu unterscheidenden Sprachen zu erwarten. Das Kastenwesen, das als Basis der Staatsordnung schon Jahrhunderte vor Christus anerkannt worden war, hat dazu beigetragen, die arischen Einwanderer, unsere Stammesbrüder und die Hauptmenge der englisch-indischen Unterthanen, von den Aboriginern meist ferne zu halten und ebenso eine Scheidung von den tibetischen Elementen im Himálaya, sowie von den späteren muffälmánischen Eroberern, selbst eine Trennung der einzelnen Abtheilungen innerhalb des arischen Volkes herbeizuführen. Die Tibeter und die ihnen physisch so nahe stehenden Bewohner der indochinesischen Halbinsel (Hinterindiens) sind von den Hindús und den Mussälmáns in Indien in Raçe und Sprache so verschieden, daß sie von Anfang an deutlich genug als getrennt erschienen. Aber für die Aboriginer, nicht nur für jene in den Himálaya-Vorbergen und in der Tarái, sondern auch für jene in der indischen Halbinsel und in ihren verschiedenen Umgebungen, glaubte man nach Verwandtschaft mit den Tibetern suchen zu können. Die sprachlichen Berührungen konnten jedoch nicht als genügender Nachweis der Zusammengehörigkeit angenommen werden, da das Aeußere so große Verschiedenheiten zeigt. Es wird neuerdings nach einer Verbindung der Aboriginer mit den Malayen, sowie nach etwaiger Bevölkerung der Halbinsel von Osten aus, geforscht, wie ich Gelegenheit hatte bei der Besprechung der Bevölkerung des Khássia-Gebirges zu erläutern; als entscheidend in dieser Richtung kann aber das bisher Vorliegende keineswegs betrachtet werden. (Vergl. Bd. I., S. 646.)

Für einen ethnographischen Congreß der Bewohner könnte kein günstigeres Land gewählt werden als Indien; nirgend giebt es so viele schon äußerlich sich unterscheidende und dabei unter sich so verschiedene Raçen und Völker, die auf einen im Verhältniß zur ganzen Erde kleinen Raum zusammengedrängt sind. Neben den Eingebornen fehlt es auch nicht an Europäern aus allen Ländern. Je mehr die Ethnographie als ein besonderer Zweig der Naturwissenschaften ausgeschieden wurde, welcher seine Resultate nicht nur aus philologischen und kulturhistorischen Forschungen in indirecter Weise zu folgern hatte, sondern auch wesentlich anatomische Untersuchungen zu Grunde legen konnte, desto bestimmter wurde Indien und Hochasien als das wichtigste Gebiet hervorgehoben. Die British Association hat schon vor zwei Jahren bei ihrer Versammlung zu Dundee in diesem Sinne die Hülfe des indischen Ministeriums erbeten, um zunächst ausführliche Mittheilungen über Sitten und Gebräuche der Urbewohner Indiens zu erhalten. Es wird diese Studien sehr fördern, daß die Regierung und die gelehrten Gesellschaften in Indien sich für dieselben so eifrig zeigen; nicht nur die neuesten Jahrgänge der asiatischen Gesellschaft von Bengalen enthalten zahlreiche Detailberichte, auch die Localbeamten wurden von der Regierung zu Berichten über die Bewohner ihrer Bezirke beauftragt; bis jetzt sind 52 solcher Detailberichte eingekommen, welche in Verbindung mit den Mittheilungen, die in den gewöhnlichen Verwaltungsberichten, den Annual Reports, enthalten sind, ein überaus dankbares Material bieten.

Es ist mit Recht verlangt worden, daß der Kongreß der Völkerschaften Indiens erst berufen werde, wenn noch etwas größere Erfolge in den jetzt vorbereitenden Forschungen über Kastenwesen, agrarische Verhältnisse, womöglich auch über Aboriginer-Racen erreicht sind. Die Zeit der Ausführung des Congresses ist deßhalb noch nicht bestimmt, aber das Zustandekommen desselben ist schon jetzt als ganz gesichert zu betrachten und seine hohe Bedeutung ist allgemein anerkannt. Hat er auch für die große Menge nicht den Reiz, welchen eine große Industrieausstellung bietet, so würde man doch seinen Werth wieder sehr unterschätzen, wenn ein solcher Kongreß der jährlichen Wanderversammlung einer gelehrten Association gleichgestellt würde. Die Anwesenden sind das zur vergleichenden Anschauung gebotene Material und treten zugleich wieder als Beurtheiler auf. Das Forschen in dieser Richtung, nach den Gesetzen der eigenen Körperbildung, ist fern davon ein des Menschen unwürdiger Gedanke zu sein, der Mensch erhebt sich durch Selbsterkenntniß.

Die Frage des Zusammenhanges der Hauptracen in prähistorischer Zeit, der jetzt nach so verschiedenen Richtungen hin durchforscht wird, glaube ich in den hier gegebenen ethnographischen Schilderungen noch nicht besprechen zu können. Es könnten die Resultate hierüber nicht mit genügender Bestimmtheit vorgelegt werden, ohne auch in ausführliche tabellarische Zusammenstellungen über unsere Messungen an Lebenden, über Schädel und Skelette einzugehen, und große Vorsicht ist hier nöthig, um nicht Dinge, weil sie nicht unmöglich scheinen, sogleich als wahrscheinlich zu betrachten.

II.

Der Buddhismus. Ursprung und Ausbildung in Indien; gegenwärtige Form in Hochasien.

.

Der Stifter. — Die Dogmen; Zahl der Bekenner. — Lehre und Cultus in Tibet.

Der Stifter des Buddhismus.

Hochasien hat durch das Vorherrschen des Buddhismus unter seinen Religionssystemen einen neuen Gegensatz zur indischen Halbinsel geboten. Schon in Ceylon (Br. I., S. 211) hatte ich des Buddhismus zu erwähnen; zur Beobachtung kam er mir zuerst in Sikkim. Seine Verschiedenheit von den Lehren der Hindus und der Mussalmans tritt überall um so lebhafter hervor, weil er durch die neuen Anschauungen in Glauben und Moral auch die socialen und politischen Verhältnisse auf das Wesentlichste verändert hat. Als jene Orte, die uns auf unseren Reisen am günstigsten waren zur persönlichen Belehrung über die herrschenden Formen des Buddhismus, sowie auch zur Ansammlung des wichtigen Materiales von Büchern, Bildern und Cultusgegenständen, sind zu nennen Narigún in Bhutan, Darjiling in Sikkim, Mágnang und Töling im centralen Tibet, Hanle und Le im westlichen Tibet. Bei den Reiseberichten über die verschiedenen Provinzen werde ich Gelegenheit haben, auch der einzelnen Orte beschreibend zu erwähnen.

Die folgende Darstellung ist basirt auf das ausführliche Werk meines Bruders Emil „Buddhism in Tibet" (mit einem Atlas von 20 Tafeln), 1863. Auszüge daraus hatte er bald nach dem Erscheinen in verschiedenen wissenschaftlichen Zeitschriften gegeben. Das Wesentlichste davon ist hier in den Worten meines Bruders auf-

Cap. II. Der Buddhismus Ursprung und Ausbildung ꝛc.

genommen, jedoch mit solchen Zusätzen versehen, wie der Charakter des gegenwärtigen Buches als Schilderung unserer Reisen sie nothwendig macht.

Emil's neuere Arbeiten — Gottesbegriff des Buddhismus, 1864, Könige von Tibet, 1866 — Bönpa-Sekte, 1866 — sowie die eben jetzt in Arbeit genommene Uebersetzung des wichtigen Religionswerkes Lamrim oder „Wegstufen (zur Vollkommenheit)", sind hier nicht in die Darstellung aufgenommen; sie haben zwar manchen früher kurz ausgesprochenen Gedanken weiter ausgeführt, auf dies aber einzugehen, würde hier zu viel des Einzelnen in der Besprechung des Buddha-Cultus erfordern; des historischen Inhaltes dieser Arbeiten wird ohnehin später noch mehrmals zu erwähnen sein.

Der Begründer der dem Buddhismus eigenthümlichen Lehrsätze stammt aus dem königlichen Geschlechte der Sákyas, welchem zur Zeit seiner Geburt die Ebenen des Ganges bei Pátna und die Gegenden nördlich davon bis an den Himálaya unterthan waren. Die Lage, auch der Umfang des Reiches mag ungefähr dem heutigen Districte von Gorákhpur in Hindostán entsprochen haben, dessen Hauptort gleichen Namens, bei 26° 46'.1 nördl. Br., 83° 18'.7 östl. Länge von Greenw. und 340 Fuß Höhe, 130 Meilen nordwestlich von Pátna, am linken Ufer der Rápti gelegen ist. Die Einwohnerzahl wurde zur Zeit unserer Reisen auf etwas über drei Millionen angegeben, wie überhaupt die indischen Provinzdistricte, wenn näher betrachtet, durch Ausdehnung, meist auch durch Einwohnerzahl überraschen. Zur Blüthezeit des Buddha-Cultus mag die Bevölkerung noch bedeutend dichter gewesen sein; so ist jetzt die alte Hauptstadt Kapilavástu eine riesige Ruinenstätte, welche durch keinen der Orte des Districtes ersetzt ist; die Archaeological Survey unter General Cunningham hat diesen alten Königssitz in den jüngsten Jahren wiederholt durchforscht und werthvolle Erinnerungen an die alte

Größe aufgefunden. Dort wurde dem Könige Suddhôdana ein Sohn geboren. Er erhielt den Namen Siddhârtha; in den heiligen Schriften ist er jedoch gewöhnlich mit anderen Namen genannt, welche sich theils auf seine Abstammung, theils auf seine hohe Mission beziehen; am häufigsten sind die Namen Sakhamûni „der Einsiedler der Sâkyas" (so werden auch wir ihn hier nennen), Tathâgata „der in der Weise seiner Vorgänger gehende", Bhâgavat „der Glückliche", Srâmana Gautama „der Gautama-Ascete"; (die Sâkyas führten auch den Namen Gautamageschlecht).

Nach der Anschauung der Buddhisten ist Entstehung durch Zeugung nicht die einzige Art, wie ein Wesen, ein Mensch, zur Existenz komme; schon durch bloße Berührung, durch Ansehen, ebenso wie in Folge von Hitze könne sich im Leibe der Aeltern zur Hervorbringung eines Wesens bilden. Die Geburt aus dem Ei und aus dem Mutterleibe sind die thierischen Arten der Geburt; Pflanzen werden aus Wärme und Feuchtigkeit hervorgetrieben; Götterwesen entstehen durch Verwandlung der geistigen Form in menschliche Körper. Es wird angenommen, daß Sakhamûni bereits vor seiner Geburt in Indien eine große übermenschliche Weisheit und Kraft erlangt habe, und unter den Göttern des Himmels Tushitâ den Zeitpunkt erwartete, wo er unter den Menschen erscheinen würde. Er wurde deshalb von seiner Mutter nicht in der gewöhnlichen Weise empfangen und geboren; in Gestalt eines Elephanten versenkte er sich in sie durch eine Wunde, welche sich auf der rechten Seite bildete, und auf derselben Seite wurde später seine Mutter von ihm entbunden. Ungewöhnliche Erscheinungen verkündeten den Menschen und den übermenschlichen Wesen das wichtige Ereigniß der Empfängniß sowie der Geburt des Erlösers; die ganze Welt strahlte in wunderbarem Glanze, die Erde erzitterte, Blinde wurden sehend, und als Neugeborener war er im Stande, sofort nach allen Himmelsgegenden sieben Schritte zu thun, und den Wesen Erlösung zu verheißen. Der König Suddhôdana befragte 108 weise Brâhmans um das Schicksal seines Sohnes; sie sagten ihm: sein Sohn könne durch vier Erscheinungen, nämlich durch den Anblick eines Greises, eines Kranken, eines Todten und eines Asceten von der Hinfälligkeit des menschlichen Körpers überzeugt werden, und zugleich in der Beschauung das Mittel erblicken, die Ursachen und die Wege der Abhilfe zu ergründen; er werde dann das elterliche Haus verlassen und der Welt entsagen, um in einsamen Betrachtungen diese Wege zu finden und sich zum Lehramte vorzubereiten; er werde ein oberster Buddha, („Weiser") werden. Sollte er aber diese vier Erscheinungen nicht haben, so werde er ein mächtiger König werden. Surddhôdana wollte seinen Sohn lieber als großen weltlichen Fürsten sehen, und that Alles, um ihn zu zerstreuen und diese Erscheinungen unmöglich zu machen.

Doch schon als Kind zeigte Sakyamuni Neigung zur Einsamkeit, von den heitersten Spielen eilte er weg in die Schatten dichter Wälder und gab sich in unbewegter Stellung Betrachtungen hin. Um ihn in den Freuden des Daseins Befriedigung finden zu lassen, umgab ihn Surddhôdana in dem ihm errichteten Palaste mit einem Kreise blühender Frauen; eine mit allen Vorzügen ausgestattete Frau wurde ihm zum Weibe erkoren; Feste folgten auf Feste, nichts wurde versäumt, ihn zu erheitern; auch wurden alle Eingänge strengstens bewacht, damit die vier Erscheinungen vermieden würden. Doch es war umsonst. Sakyamuni kehrte immer wieder von Festlichkeiten und Genüssen an einsame Orte zurück und dachte über die Gründe des Seins und des Jammers nach, und über die Mittel, ihnen zu begegnen; auch die vier Erscheinungen fanden statt, und diese bestimmten ihn, sein Weib und seinen Palast zu verlassen, um in strenger, aller Genüsse entbehrender Lebensweise vollkommene Einsicht zu erlangen. Im Alter von 29 Jahren verließ er in der Nacht die Seinigen; die Wachen, welche ihm den Ausgang verwehren sollten, versenkte er in Schlaf, die Thore öffneten sich von selbst, und unter hellem Scheine wurde er von den Göttern aus dem Palaste geleitet. Er begab sich zu den berühmtesten Brahmans und ließ sich von ihnen unterweisen; unbefriedigt von ihrer Lehre verließ er sie und unterzog sich während sechs voller Jahre den härtesten Kasteiungen und Entsagungen. — Während dieser ganzen Zeit saß er mit untergeschlagenen Beinen unbewegt. Von Nahrung hatte er sich gewöhnt, so wenig zu sich zu nehmen, daß ein einziges Reiskorn seine Nahrung bildete. Sein Körper trocknete aus, seine Schönheit verglug, und sein Leben war dem Verlöschen nahe. Da erkannte er, daß Kasteiungen nicht zum Ziele führen, er stärkte sich durch nahrhafte Speise, seine frühere Schönheit kehrte wieder, und nun begab er sich nach dem Bôrhibaume (Ficus religiosa), um dort die vollendete Weisheit in Beschauung zu erringen. Mâra, der Böse, sucht ihn durch Sinnenreiz zu stören, er greift ihn selbst an mit der ganzen großen Schaar von Geistern, welche ihm untergeben sind, doch Sakyamuni schlägt sie siegreich in die Flucht. Nun endlich wurde ihm völlig klar, daß das Dasein das Grundübel sei; daß Begierden und die Freude an den Genüssen des Lebens die Ursache des Daseins seien; daß die Unterdrückung der Begierden oder die vollkommene Beherrschung der Leidenschaften, und selbst der gewöhnlichsten menschlichen Regungen, die Bedingungen des Daseins oder die Wiedererzeugung einer Existenz ausschließen; die Schmerzen des Daseins werden dadurch vollkommen vernichtet, und eine vollkommene Auflösung, ein Verlöschen, Verwehtwerden, wird herbeigeführt.

Sakyamuni hat lange gezaudert, seine Lehre den Menschen zu verkünden; er sagte sich: meine Lehre ist tief und ist schwer zu begreifen, denn sie verlangt Abstreifen der Individualität, und ist überhaupt Allem entgegen. Dennoch, aufgefordert von den Göttern, faßte er den Entschluß, sie zu erklären; zweimal aber schrak er noch vor den Schwierigkeiten zurück, erst beim dritten Mal entschied er sich für Verbreitung seiner „Wahrheiten"; er verhehlte sich zwar auch jetzt nicht, daß Viele sie nicht verstehen werden, doch überlegte er in seinem unbegrenzten Mitleide, daß so wenigstens diejenigen, welche die Fähigkeit haben, sie zu verstehen, und gerne die Sünde vertreiben werden, wenn sie nur wissen, was sündhaft sei, gerettet werden, während sonst, ohne seine Belehrung, alle der Wiedergeburt und dem Jammer des Daseins verfallen bleiben würden. Er begab sich jetzt nach Benares, am Ganges; dort lehrte er zum ersten Male.

So berichten die buddhistischen Lebensbeschreibungen. Am ausführlichsten ist die Biographie im Lalita vistara, übersetzt aus dem Tibetischen von Foucaux, Paris 1848; ihre Abfassung reicht wohl in das dritte oder jedenfalls in das zweite Jahrhundert vor Chr. Geb. zurück. Ein gelehrter Tibeter verfaßte im Jahre 1734 aus diesem Werke, unter Beifügung von Auszügen aus anderen, wie wir jetzt wissen, sehr umfangreichen Büchern, eine 391 Blätter starke Beschreibung, welche uns von Schiefner im Auszuge mitgetheilt ist.

Die Biographieen beschränken sich nicht auf Referiren wirklicher Thatsachen, diese füllen sogar den bei Weitem kleinsten Raum; die Gedanken Sakyamûni's, die Wunder, welche die wichtigsten Ereignisse begleitet haben, die Thaten der Götter und was sie mit dem Buddha sprachen, dieses ist es, was mit Vorliebe behandelt wird. Vieles ist so verwebt mit absolut Unmöglichem, Unhistorischem, daß öfters schon geglaubt wurde, Sakyamûni sei keine historische Persönlichkeit; doch gerade die Veröffentlichung der eben genannten Biographieen läßt erkennen, daß die Lebensgeschichte nicht vollständig erfunden sein kann.

Der Tod Sakyamûni's erfolgte in seinem achtzigsten Lebensjahre; als sein Todesjahr wird jetzt 544 v. Chr. Geb. genannt, was als festgestellt erachtet werden kann. Die Schwierigkeiten, dieses so wichtige Datum zu bestimmen, waren sehr groß; die Angaben in den einheimischen Quellen gehen mehr auseinander, als man erwarten sollte; einige Bücher setzen seinen Tod bis in das Jahr 2422 vor Chr. Geb. zurück. Die europäische Forschung basirt sich auf die singhalesischen Bücher von Ceylon und auf die brahmanische Ueberlieferung; die Anhaltspunkte, welche der Zug Alexander des Großen nach Indien gibt, und die Resultate der neueren Sanskritphilologie zeigen, daß so entfernte Perioden, wie 2422, oder 1070 vor Chr., wie die Chinesen es wollen, ganz unmöglich sind, und daß für die Mitte des fünften oder vierten Jahrhunderts vor Chr. die Zeit seines Todes zu spät angesetzt ist.

Die Dogmen; Zahl der Bekenner.

Die Religionssysteme aller Zeiten haben Veränderungen und Erweiterungen erlitten; selbst der Cultus der Naturkräfte ist in seinen Anfängen reiner und einfacher, als in einer späteren Zeit seines Bestehens, aber wohl selten sind die Grundzüge durch die späteren Zusätze in ähnlicher Weise verändert worden, wie es hinsichtlich des Burchismus der Fall ist. Erst durch die neuesten Arbeiten ist es möglich geworden, annähernd die Reihenfolge zu bestimmen, in welcher die wichtigsten Dogmen entstanden sein müssen; versuchen wir nun, die Entwickelungsgeschichte von dem ersten Auftreten Salhyamûni's an zu verfolgen.

Salhyamûni selbst lehrte etwas über vierzig Jahre. Das wichtigste seiner Dogmen ist der Glaube an vollkommene Auflösung der Existenz und zwar als Belohnung der Uebung von Tugenden und der Entsagung gegenüber den Freuden des Lebens. „Der Weg hierzu gestaltet sich aus Leiden." Durch Leiden in früheren Existenzen, sagt die heilige Geschichte (in Wirklichkeit aber wohl in Folge der Vertreibung seiner Familie vom Throne) und durch den Anblick der Leiden seiner Mitmenschen wurde der Stifter des Burchismus veranlaßt, über die Gründe des Leidens nachzudenken und über die „Wege", ihm zu entgehen. Er fand, daß an Existenz

Schmerz gebunden sei; daß Existenz durch das Verlangen nach Dasein, durch die Befriedigung in demselben erzeugt werde; daß Existenz und in Folge davon auch Schmerz, aufhöre durch Aufhören der Befriedigung an Existenz; daß Abscheu vor Dasein und seinen Genüssen Existenz und dadurch Schmerz aufhören mache. Der Schmerz, die Erzeugung des Schmerzes, das Aufhören des Schmerzes, die Mittel oder „der Weg" zum Aufhören des Schmerzes, dies sind die vier Grundwahrheiten. Die Veranlassung zur Existenz liege in schlechten Werken, sie verlangen zur Strafe Abbüßung durch die Leiden einer Existenz (der ursprüngliche Buddhismus kennt keine andere, weniger qualvolle Tilgung der Sünde, wie sie später durch die veränderte Ansicht von der Wirkung der Beichte und dem Eingreifen der Gottheiten dargeboten wurde); wer aber den Weg der Entsagung wandelt, welchen der Buddha zeigte, meidet die Veranlassung zur Sünde, er wird dieselbe Einsicht in die Gründe des Daseins und des Jammers erlangen, welche der Buddha erreicht hat, und die Befreiung von späterer Existenz, die vollkommene Vernichtung des Individuums, ist die Folge. Das Nirvâna, ein Verlöschtwerden, ein vollkommenes Ausgewehtwerden wie das Licht einer Lampe, welches keine Spur zurückläßt, tritt ein; wer Nirvâna erreicht, erlangt dadurch vollkommene Befreiung von Existenz und von der Nothwendigkeit, wiedergeboren zu werden. Die Mittel zu vollkommener Selbstbeherrschung und zur Erlangung der Befreiung von Wiedergeburt gezeigt zu haben, dieses Verdienst beansprucht der Buddha; denn er leitet an zu wahrem Streben und zu passendem Lebensberufe, welche zu wahrer Erkenntniß führen. Ursprünglich kann zwischen Nirvânavollkommenheit und Buddhavollkommenheit nicht unterschieden worden sein; wer Nirvâna erreicht hat, ist auch an Erkenntniß dem Buddha gleich geworden. Später wurde die Buddhaweisheit als etwas Höheres als das Erreichen von Nirvâna gedacht; den Buddhavollkommenen wird jetzt die erhabene Aufgabe, in Zeiten, in denen die Lehre wieder vergessen wurde — und diese Zeit lehrt in bestimmten Zwischenräumen stets wieder — den Weg zur Erlösung vom Jammer und vom Dasein zu zeigen. Die Nirvanavollkommenen dagegen gehen, nachdem das letzte Dasein vollbracht ist, in ein leeres Nichts ein, aus welchem heraus keine Manifestation irgend welcher Art mehr stattfindet; dort ist ewige, ungestörte Ruhe.

Im ersten Jahrhunderte nach dem Tode des Bůddha ist nur Weniges den Principien, die eben entwickelt wurden, hinzugefügt worden. Doch schon unmittelbar nach dem Ablaufe des ersten Säculums werden wesentlich verschiedene Meinungen und in Folge davon Spaltungen berichtet. Auf dem ersten Concile, welches im Jahre 100 nach Bůddha's Tode abgehalten wurde, war von zahlreichen Anwesenden vorgeschlagen worden, zu beschließen, „daß Alles, was der Vernunft nicht entgegen sei, als Bůddhas wahre Lehre angesehen werden müsse". Die Versammlung nahm dieses, wie es scheint, nicht an, und damals soll das erste Schisma entstanden sein, welchem die Bildung zahlreicher Secten rasch folgte. Die Worte des Bůddha wurden meist Jahrhunderte lang nur durch mündliche Tradition überliefert, wohl zum Theil veranlaßt durch die Gewohnheit, die Vèdas durch Auswendiglernen sich anzueignen; schriftliche Redaction begann auf Ceylon, in der Pâlisprache, im ersten Jahrhundert vor Christi Geb., im Himálaya wurde sie ein Jahrhundert später ganz unabhängig von der singhalesischen Aufzeichnung, von welcher man dort keine Kenntniß hatte, in der Sanskritsprache unternommen. Die Kritik hat nachgewiesen, daß dem Bůddha Vieles zugeschrieben wird, was erst von späteren Lehrern vorgetragen wurde. Die Auslegung, die Erklärung dessen, was er gesagt haben soll, führte zu Beweisen, verschieden von denen, die er selbst gebraucht hatte. Es wurde behauptet, der Bůddha habe seine Vorträge den geistigen Fähigkeiten der Zuhörer angepaßt, dieselbe Lehre habe er häufig in verschiedener Weise erklärt, dadurch sei ihr „wahrer Sinn" zweifelhaft geworden, und jede Schule nahm nun für sich das Verdienst in Anspruch, den „wahren Sinn" seiner Lehre gefunden zu haben. Diejenigen Schulen, welche nur das von Sakyamuni Gelehrte weiter ausführten, sind die Schulen „des kleinen Fahrzeuges", des Hinayâna. Der Ausdruck „des großen Fahrzeuges (Mahayâna) sich bedienen", wird für diejenigen gebraucht, welche noch höhere, durch Meditation erzeugte Kräfte annehmen. Erst im zweiten Jahrhundert vor Chr. Geb., wird berichtet, sei diese Doctrin als ein besonderes System formulirt worden.

Noch weiter als die Mahayâna-Lehre geht der „Mysticismus"; er führt noch individuelle, mit übernatürlicher Kraft begabte Wesen ein, welche ihre Hilfe gewähren, indem sie belehren, noch bestehende Zweifel entfernen, und die Schwierigkeiten beseitigen, welche der Erreichung des Zieles von bösen Dämonen drohen; ihre Hilfe wird durch Gebete, Opfer und Ceremonien erlangt. Der Buddha hatte nicht verboten, zu den alten Volksgöttern, als höheren Wesen, mit Verehrung und Vertrauen aufzublicken, aber der Mensch ist von ihrer Beihilfe nicht abhängig; er kann von ihnen lernen, und sich an ihrem Beispiele zu guten Thaten begeistern, aber es ist ihm sogar möglich, sie zu übertreffen an Einsicht und Macht, da auch sie die höchste Weisheit erst noch erringen müssen.

Ich kann auf die Begründung der Lehren dieser Systeme hier nicht eingehen, auch die Geschichte der Verbreitung des Buddhismus darf ich nicht berühren; es würde dies die ausführliche Besprechung vieler Einzelheiten bedingen, die nicht mehr Gegenstand eines Reisewerkes sein können. Es sei nur bemerkt, daß bei genauer Untersuchung der Buddhismus in Ceylon und Hinterindien als der „südliche Buddhismus" von der „nördlichen Lehre" sich strenge sondern läßt. Die nördliche Lehre ist bei Weitem die verbreitetste. Nach der Berechnung meines Bruders bekennen sich 343 Millionen Bewohner Asiens als Buddhisten; davon treffen höchstens 20 Millionen auf den südlichen Buddhismus, ebenso viel etwa auf Japan, dessen Lehre sich der südlichen zu nähern scheint, so daß über 300

Millionen der Lehre, die in Tibet gilt, sich zuwenden und den dortigen hohen Priestern ihre höchste Verehrung zollen. Zur Vergleichung sei erwähnt, daß die Zahl der Christen (alle Confessionen von Katholiken, Protestanten und Griechen zusammen) kaum jener der Buddhisten gleich kommt; wird der ganzen Berechnung die Abhandlung von Dieterici über die Bevölkerung der Erde (1859) zu Grunde gelegt, so erhält man 335 Millionen Christen gegen 343 Millionen Buddhisten.

Lehre und Cultus in Tibet.

Neun Secten. — Die Sammelwerke Kanjur und Tanjur. — Confessio fidei. Die acht Gebote. Die Beichte. Das Verbleiben in Enthaltsamkeit. Wiedergeburt. — Die geistlichen Gewalten und die Hierarchie. Der Dalai Lama. Der Ringpochi. Cölibat und Klosterleben. — Religiöse Gebräuche.

Der tibetische Buddhismus wurde von dem ursprünglich in Indien entstandenen zunächst dadurch abweichend, daß er von der Secte des Mysticismus ausging, und daß, um seine raschere Verbreitung zu fördern, Manches aus den heidnisch-rohen Anschauungen und Sitten der ursprünglichen Bewohner aufgenommen wurde. Dadurch wurden wichtige neue Zusätze gemacht, welche dem indischen Buddhismus, auch jenem noch in der Form des Mysticismus, vollkommen fremd sind.

Im Cultus gestaltete sich Manches so, daß es in Form und ursprünglich wohlgemeinter Auffassung sogleich an die christliche Kirche erinnert, obwohl die Entwickelung des tibetischen Cultus von jener des Christenthums ganz unabhängig geblieben ist.

Die Priester arischer Race, welche (im 7ten Jahrhundert) aus Indien einzogen, waren in der heiligen Literatur ihrer Religion wohl bewandert, und überdies in der vollkommenen Entwickelung ihrer Sprache, sowie in allen übrigen Kenntnissen den Tibetern überlegen. Die

Cap. II. Der Buddhismus. Ursprung und Ausbildung ꝛc.

Erklärung der Dogmen in der neuen Sprache, und das Bestreben, ihr Verständniß zu bewirken, mußte jedoch zu Verschiedenheit in der Auslegung führen, und den Sectengeist begünstigen. Viele Schulen zweigten sich ab und so Vielerlei war allmälig der aus Indien überlieferten Lehre beigemengt worden, daß der Mönch Tsonkhápa aus dem Kloster Kunbúm im vierzehnten Jahrhundert eine Revision der Lehren unternahm. Er verwarf Vieles, Anderes formulirte er neu; seine Modificationen fanden bereitwillige Annahme und noch heute ist seine Secte die orthodoxe und die zahlreichste im östlichen Tibet. Sie heißt die Gelúpa- oder Galdánpa-Secte vom Kloster Galdán, das Tsonkhápa errichtet hatte; ihre Lámas tragen gelbes Gewand.

In Bhután und Sikkim, meist auch im westlichen Tibet, sind Lámas mit rothem Gewande die vorherrschenden; neben der Gelúpa-Secte haben sich noch acht andere erhalten, von denen jede in einzelnen Districten als die orthodoxe gilt. Selbst entschiedene Anhänger des alten, vorbuddhistischen Cultus findet man noch, besonders im nördlichen Tibet.

Da aber diese doch sehr Vieles aus der buddhistischen Lehre nach und nach angenommen haben, werden auch sie in den heiligen Schriften nur als „Ketzer" besprochen, nicht als Ungläubige.

Schon früh begannen die indischen Priester die wichtigsten heiligen Bücher aus dem Sanskrit in das Tibetische zu übertragen; im elften Jahrhundert war der größte Theil der indischen Werke in's Tibetische übersetzt. Einzelnes wurde noch nachgetragen und dann wurden die Uebersetzungen in zwei große Sammelwerke vereinigt, von denen das eine Kánjur, „Uebersetzung der Worte (des Búddha)", und das andere Tánjur, „Uebertragung der Lehre" heißt. Der Kánjur enthält 1083 Werke in 100, mitunter auch in 110 Bände vertheilt; der Tánjur hat 225 Bände mit ungefähr 4000 Abhandlungen. Die gegenwärtige Ordnung der Abhandlungen in diesen beiden Sammelwerken wurde ihnen erst im Beginn des achtzehnten

Jahrhunderts gegeben; mittelst Holzblöcken werden zahlreiche Copien gedruckt, wegen der weiten Entfernung und der hohen Preise der Anschaffung finden sich jedoch in Europa vollständige Exemplare dieser beiden Sammlungen nur in St. Petersburg und London, in Paris existirt nur der Kándjur.

In jedem Religionssysteme müssen die Grundzüge in einer Form dargestellt sein, in der sie auch für den ungebildeteren Theil des Volkes verständlich sind; der Inbegriff dessen, was zu thun und zu glauben ist, wird in kurzen Sätzen formulirt, und die Recitation derselben gilt als ein Zeichen, daß man dieser Religion anhänge, und zugleich als eine dem Seelenheile günstige Handlung. Die confessio fidei des Buddhismus lautet: „Von allen Dingen, welche aus einer Ursache hervorgehen, ist durch den Tathágata (Epitheton des Buddha) die Ursache erklärt, und welches ihre Verhinderung sei, hat der große Sramana ebenfalls erklärt". Was der Mensch zu thun habe, um in seiner Person die Wiederumstiebung zu verhindern und Glückseligkeit zu erlangen, ist ebenfalls in wenige Sätze zusammengefaßt. Die Fähigkeiten und die Bildung der Menschen sind jedoch verschieden; schon im Hinayána wurde darauf in der Lehre von verschiedenen Stufen der Erkenntniß und Glückseligkeit Rücksicht genommen. Die Mahayánaschulen unterscheiden drei Stufen, eine Unterscheidung, welche von Tsonkhápa beibehalten wurde und den Priestern in Tibet ganz geläufig ist.

Für die Gesammtmenge des Volkes hatte Tsonkhápa den Inbegriff des zu Wissenden und zu Verrichtenden in acht Gebote zusammengefaßt; diese lauten: 1) der Glaube an den Buddha kann allein zu Glückseligkeit führen. 2) Jeder soll die höchste Intelligenz und Vollkommenheit anstreben (d. h. weder die Geburt unter den „guten Wegen" noch das Erreichen der beglückenden Sukhávati soll ihm genügen, sondern das Ziel soll die Vollkommenheit eines Buddha sein). 3) Man soll den Buddha anrufen. 4) Man soll ihm opfern. 5) Man soll ihn loben und preisen. 6) Man soll reumüthig seine

62   Cap. II. Der Buddhismus. Ursprung und Ausbildung ꝛc.

Sünden beichten. 7) Man soll sich freuen über tugendhafte Handlungen. 8) Man soll beten um Erleuchtung durch Unterweisung von einem Buddha.

Der Glaube an den Buddha sowie Gebete und Opfer sind darin als unumgänglich nothwendig dargestellt, als charakteristisch für einen Anhänger dieser Lehre. Es darf dieses jedoch nicht in dem Sinne aufgefaßt werden, als ob Glaube an einen einzigen Buddha verlangt werde; man soll aber glauben, daß Erlöser erscheinen werden und erschienen sind, daß die Erlöserwürde jeder Mensch erreichen könne und auch selbst darnach streben solle, daß der Buddha die höchste Intelligenz besitze. Dadurch konnte eine Vielheit von Buddhas zugelassen werden, und es brauchte nicht ausgeschlossen zu werden, auch andere Wesen, die vollkommener und mächtiger als die Menschen gedacht werden, um Beistand mit ihrer natürlichen Kraft anzurufen; es hätte ein solches Ausschließen auch zu sehr den früheren Anschauungen widersprochen. Götter und Genien, auch Heilige, werden bei jeder Gelegenheit angerufen. Jeder Gott hat seinen bestimmten Wirkungskreis, den man kennen muß, weil er zu andern Zwecken umsonst angerufen würde. Viele Götter sollen es sich zur besonderen Pflicht gemacht haben, die bösen Geister abzuwehren, um sich dafür zu rächen, daß sie durch ihre Verführungen, denen sie nicht hatten widerstehen können, in der Erlangung der Buddhaweisheit verhindert worden seien. Solche Gottheiten heißen Drigschers, „die grausamen Henker (der bösen Geister)". Die alten Götter, welche aus dem Hindu-Pantheon herübergenommen wurden, wie z. B. Brahma, Kalawtri, gehören zu dieser Klasse. Der Glaube an böse Geister, an ihren „bösen Blick" und ihr stetes Trachten zu schaden, ist ganz allgemein, und wird auch von den Lamas zu selbstsüchtigen Zwecken genährt; deswegen werden die Drigschers ganz besonders häufig angerufen.

Dem Gebete wird die Macht zugeschrieben, auf die Gottheit einen magischen Einfluß zu äußern. Ursprünglich hatte es zum Zweck, den Búddha zu preisen und im Betenden den Wunsch zu erregen, er möge selbst einst zu gleicher Vollkommenheit gelangen. Am häufigsten unter allen Gebeten wird das sechssilbige Gebet Om máni pádme hum, „O, das Kleinod im Lotus, Amen", hergesagt, eine Anrufung Padmapáni's.

In den Mitteln zur Befreiung von Wiedergeburt charakterisirt sich die Lehre des Búddha, welcher allein den Pfad gezeigt haben will, „der an das andere Ufer führt". Als eines dieser Mittel ist hier noch anzuführen die Beichte; auch dem alten indischen Buddhismus war sie nicht ganz fremd, aber erst im gegenwärtigen Buddhismus hat sie ihre große Bedeutung erhalten.

Die heiligsten gottesdienstlichen Gebräuche haben zum Zweck, den Erfolg der Beichte zu sichern. Um zum Nachdenken über die eigenen Handlungen anzuleiten, wurde schon im alten Buddhismus bei den feierlichen Zusammenkünften ein reumüthiges Bekenntniß der verschuldeten Uebertretungen der Gebote abgelegt, die Uebertretungen wurden dadurch nicht gesühnt und getilgt, blos Reue sollte erweckt werden. In den Mahayánaschulen wurde dann das Dogma aufgestellt, reumüthiges Bekenntniß erzeuge vollkommene Tilgung; nach der gegenwärtigen Ansicht aber kann es seine Kraft nur durch die Mitwirkung gewisser Gottheiten äußern, deren Beistand auf verschiedene Weise erlangt werden kann. Am wirksamsten soll die Beichte sein, wenn längere Recitationen von Gebeten damit verbunden werden und wenn Wasser, welches unter gewissen Gebeten durch Uebergoß über ein Búddhabild geweiht wurde, nach vorgängiger reumüthiger Zerknirschung geschlürft wird, um von den Sünden zu reinigen.

Einige Male des Jahres wird auch ein Nyúngne, „Verbleiben in Enthaltsamkeit", unter großer Betheiligung der Laienbevölkerung verrichtet. Während dreier Tage werden geistliche Uebungen vorgenommen; die Theilnehmer werden an ihre Sündhaftigkeit erinnert und zur Bereuung der Sünden, sowie zum Gelöbniß, sie nicht mehr zu begehen, aufgefordert; Gebete werden, mitunter mit lauter Stimme, gesagt, und schon während der ersten zwei Tage wird an Speise und Trank nur wenig gereicht. Während des dritten Tages aber wird von Morgens bis Abends gar nichts genossen, selbst der Speichel soll nicht geschluckt werden und ohne Unterbrechung soll der Tag mit religiösen Betrachtungen im Tempel zugebracht werden. Zweck dieser Kasteiung ist vollkommene Abbüßung der Sünden, um schon nach diesem Leben von Wiedergeburt befreit zu werden.

Für die Wesen, die der Wiedergeburt noch unterworfen sind, gibt es sechs Abstufungen der erneuerten Existenz. Geburt unter den Göttern, unter den Menschen — nach Andern auch noch unter den Asuras, den bösen Geistern — gilt als guter, die Geburt unter den Thieren, unter den Ungeheuern, oder in der Hölle als schlechter „Weg". Wann der Tod eintrete, und in welcher Classe die Wiedergeburt erfolgen soll, spricht, wie mir zu Karigún zuerst erläutert wurde, Shinje aus, der Richter des Todes. Eigenthümlich ist dabei, daß es vorkommen könne, daß seine Diener das unrichtige Wesen abberufen, und daß sie dieses selbst absichtlich thun, bewogen durch Gebete desjenigen, dessen Zeit eigentlich gekommen sei. Wer vor Shinje gebracht wird (wenn auch mit Unrecht), hat ein Erdenleben vollendet; wenn zu früh abberufen, verbleibt er jedoch bis zur Zeit, wo er eigentlich hätte sterben sollen, in dem „Zwischenzustande", dem Bárdo. Bei richtiger Todeszeit währt der Bárdo nur so lange, als nöthig, um dem alten Wesen einen neuen Platz anzuweisen. Der Zwischenzustand ist stets ein unvollkommener; er hat den Nachtheil, daß während desselben keine Thaten, weder gute, noch schlechte, verrichtet, also auch keine Verdienste erworben werden können; deswegen können nur böse Menschen, über welche kein Schutzgeist wacht, unrichtiger Weise ergriffen werden. Die zu frühe Abberufung heißt „vorzeitiger Tod"; die Mittel dagegen sind Anrufungen gewisser Gottheiten.

Zu den zwei Graden von Belohnung und Glückseligkeit, welche

die indischen Schulen aufstellen — Nirvâna und Aufnahme in Sukhâvati — kommt in Tibet noch als dritter und niedrigster Grad die Beschränkung der Wiedergeburt auf die „guten Wege", nämlich als Gott in den Regionen der Götter, und als Mensch auf der Erde. Diese Eintheilung entspricht den dreierlei Abstufungen in Fähigkeiten und Verständniß der Lehre. Die absolut negativen Begriffe als der Typus des Vollkommenen haben sich wohl in keinem philosophischen Systeme der Erde in gleicher Weise entwickelt. Widersprechender dem allgemeinen geistigen Gefühle des Menschen kann wohl nichts gedacht werden, als Nirvâna. Fast muß es scheinen, daß das Bewußtsein der Unfähigkeit, Ewiges, Vollkommenes sich vorzustellen, zuerst auf solche Begriffe geführt habe; aber so wie die buddhistische Litteratur uns vorliegt, läßt sie keinen Zweifel, daß Nirvâna als Gegenstand des unbedingten Glaubens in seiner wörtlichsten Bedeutung aufgefaßt werde; auch die sorgfältigste Besprechung mit gebildeteren Priestern, wobei ja so viel leichter versucht werden konnte, etwaige persönliche Deutungen und Auffassungen zu erlauschen, die in Büchern vielleicht verborgen geblieben wären, hatte mir stets ergeben, daß noch immer die absolute Zerstörung als das höchste Ideal betrachtet wird, wenn auch für den Laien und selbst für den weniger intelligenten Priester eine der niedrigeren Stufen der Vollkommenheit, jene von Sukhâvati oder jene von Geburt unter den „guten Wegen" das günstigste ist, was er zu hoffen, ja zu wünschen wagt.

Die geistlichen Gewalten und die Hierarchie. Zunächst ist hervorzuheben, daß die höchsten unter den Priestern als Verkörperungen von Gottheiten gelten, welche zum Heile der Menschheit menschliche Form annehmen und in dieser für die Ausbreitung der Lehre und ihre Befolgung wirken. Obenan unter ihnen steht der Dâlai Lâma, wörtlich „Priester-Ocean", sowohl in geistlichem Ansehen, als auch hinsichtlich seiner Macht, denn er ist das hierarchische Oberhaupt des größeren Theiles von Tibet; seine Residenz ist zu

Láſa. Der Dálai Láma gilt als Incarnation von Padmapáni, der im Tibetiſchen Chenréſi „der mit den Augen Schauende" heißt. Dieſer Gott, der Stellvertreter des zuletzt erſchienenen Búddha — in Wahrheit aber des einzig hiſtoriſchen Búddha — bis zum Erſcheinen des künftigen Búddha, wird mit zehn Köpfen und mit tauſend Händen gedacht, mit einem Auge der Weisheit auf jedem der Köpfe, um alle Regionen auf, über und unter der Erde zu durchſchauen, und in dieſelben eingreifen zu können. Auch ſoll er, aus Mitleid über die grobe Unwiſſenheit der Bewohner des Schneereiches (Tibets) gelobt haben, ſich ihrer vor Allen anzunehmen. Die berühmteſten Prieſter, ſowie auch die Herrſcher, welche dem Buddhismus eifrig anhingen, gelten als Incarnationen dieſes Gottes, welcher, zufolge der Doctrin, die ſich etwa im fünfzehnten Jahrhundert entwickelte, im Dálai Láma in einer ununterbrochenen Reihe von Succeſſionen in menſchlicher Form unter den Weſen weilt. — Nächſt dem Dálai Láma iſt der Pánchen Rinpoché der mächtigſte unter den Prieſtern. Auch er wird als eine göttliche Incarnation betrachtet — er gilt als Verkörperung des Amitábha, tibetiſch Odpagméd, „unendliches Licht", aber ſeine Ausſprüche gelten nicht als ſo göttlich, und ſeine Fähigkeiten für nicht ſo groß, wie jene des Dálai Láma. Seiner weltlichen Herrſchaft zu Táſchilhúnpo hatte ich ſchon bei der Beſprechung des tibetiſchen Reiches zu erwähnen. (Bd. II. S. 22.)

Nicht ſelten kann man leſen, daß der Dálai Láma ganz dem Pabſte entſpreche. Aber man kann nicht vorſichtig genug ſein, wenn man nicht fürchten ſoll, zufällige, in allgemein menſchlichen Verhältniſſen begründete Aehnlichkeiten mit dem Charakteriſtiſchen und Weſentlichen zu verwechſeln. Schon der Umſtand, daß der Dálai Láma als die Verkörperung Padmapáni's gilt, begründet eine weſentliche Verſchiedenheit; ferner iſt ſeine Hoheit über die Prieſter der Budrhiſten nicht eine allgemeine, d. h. über alle Regionen des Buddhismus ausgedehnte, ſondern ſie beſchränkt ſich auf Tibet allein.

In Tibet werden zwar die Vorsteher der größeren Klöster, die Khánpos, vom Dálai Láma bestätigt, in andern Ländern thun dies aber die localen Oberpriester, welche unter dem Prätexte, sie seien Incarnationen von Heiligen, aus politischen und dynastischen Interessen der weltlichen Herrscher zu einer Supremacie über die Geistlichkeit des Distrikts erhoben wurden. So ist es z. B. in Sikkim, in Nepál, in Spiti, auch bei den meisten der buddhistischen Bewohner Centralasiens.

In Bhután sind diese Verhältnisse noch complicirter. In dem größeren Reiche Bhután ist ein geistlicher Chef auch der höchste weltliche Herrscher; sein Titel ist der des Dhárma Rája oder Choigyal. Seine Gewalt ist allerdings dadurch sehr beschränkt, daß ein intriguanter Hofstaat mit vielsachen Rechten, aus den mächtigen Familien des Landes gebildet, ihn umgibt. Oestlich von diesem Reiche liegen die kleinen unabhängigen Klostergebiete, von den Aebten als Láma-Rájas beherrscht. (Bd. II. S. 20.)

Die Priester sind alle dem Cölibate unterworfen und überdies Mönche, sie leben aber nicht nothwendig in Klöstern; viele sind zur Verrichtung der gottesdienstlichen Gebräuche und um den Laien geistlichen Beistand zu verleihen, in die Ortschaften, wo keine Klöster sich befinden, vertheilt, kommen aber von Zeit zu Zeit in's Kloster. Jedem Kloster steht ein Abt vor, welcher ebenso, wie ihre übrigen Würdenträger, meist auf sechs Jahre von den Mönchen gewählt wird. Die Mönche heißen Gelóng; Getsúl sind diejenigen, welche den Lehrcursus durchgemacht haben; Genyán, „Lehrlinge", sind die Neuzugehenden. Láma bedeutet den „Oberen" eines Klosters, aus Courtoisie wird aber dieser Titel Allen gegeben, welche das Gelübde abgelegt haben. Eine besondere Classe von Mönchen beschäftigt sich mit der astrologischen Wissenschaft. Sie heißen Tsishán, auch Láma Chöichong von dem Gotte der Astrologie; sie unterscheiden sich schon im Aeußern durch einen phantastischen

Anzug mit kriegerischen Emblemen, während die anderen Lámas das einfache priesterliche Gewand tragen; die Oberen unterscheiden sich nur in der Kopfbedeckung. Die Bezahlungen der Tsthäns für ihre Function bilden einen wesentlichen Theil des Einkommens der Klöster.

Ueber die Zahl der Lámas läßt sich angeben, daß in Spiti ein Láma auf sieben Laien trifft, in Lavál 1 auf 13. In Lása allein soll es 18,000 Lámas geben; in Ceylon trifft nur ein Priester auf 800 Menschen.

Von den religiösen Gebäuden sind die wichtigsten die „Klöster", Gönpas; sie bestehen oft aus vielen sehr weitläufigen Gehöften und Häusern, und einzelne derselben sind als geistliche Städte zu betrachten. Manche gleichen Festungen, weil dominirende Punkte mit Vorliebe ausgewählt werden und eine Umfassungsmauer die Gebäude und Höfe umschließt. Oft auch ist das Wohnhaus ein langes, mehrstöckiges Haus mit zwei Flügeln, an welche sich niedrige Vorrathshäuser anschließen. Der Baustyl ist der landesübliche, in Lása und im östlichen Tibet, auch in Bhután, Sikkim und Repál herrscht der chinesische Styl vor, mit spitzen, übereinandergebauten Dächern und vielen Verzierungen, wie in einem der Gebäude auf Tafel VIII in diesem Bande, welches aber dort Brahman-Tempel ist; im westlichen Tibet sind die Tempel Gebäude ohne Schmuck, mit platten Dächern.

Der „Tempel", Lhákhang, ist entweder ein besonderes Gebäude oder eine große, dazu hergerichtete Halle in dem Erdraume des Wohnhauses. Im Hintergrunde, meistens dem Eingange gegenüber, sind zierliche Holzbänke in zwei bis drei Reihen aufeinandergestellt, terrassenförmig, nach oben die kleineren; Bücher ruhen darauf, Statuen von Gottheiten, Opfergeräthe und Gefäße sind in schöner Ordnung aufgestellt. Dies ist der Altar. Von der Decke herab hängen Zeuge mit Gottheiten bemalt, oder in großen ornamentalen Verschlingungen die sechs Silben des Om mani pádme hum zeigend; nach unten geschlitzte schmale Seitenstreifen, Khálal, auch Ihan genannt, wechseln damit ab. An den Wänden, welche häufig al fresco bemalt sind, und an den Pfeilern, welche die Decke tragen, hängen Musikinstrumente und Opfergewänder. Das Licht fällt sehr oft von oben ein, doch auch dann, wenn die Beleuchtung durch schmale Oeffnungen an den Seitenwänden stattfindet, ist der Raum nur ungenügend erhellt; dieses, verbunden mit dem Dufte von Weihrauch, ist gewählt, das Gemüth zu Andacht zu heben.

Eine ausführliche Darstellung des Innern eines solchen Tempels von Adolph, zu Mángnang in Gnarikhórsum, Tafel XII des Atlas zu den „Results", zeigt all die erwähnten Gegenstände in reicher Fülle; die Beleuchtung ist dort die von oben einfallende. Eine Ansicht der äußeren Construction im Style von Tibet, mit flachem Dache, und ungeachtet der sehr einfachen Ausführung doch von überraschender Größe, zeigt die Tafel des Klosters Hánle (von Hermann) Nr. XVI des Atlas. Hohe Lage, bei Mángnang 13,467 F., bei Hánle 12,324 F., wird für solche Tempel und Klöster mit Vorliebe gewählt. So ist das Kloster Hánle in Ladák bei 15,117 F. der höchste bekannte Punkt der Erde, wo Menschen das ganze Jahr verweilen. Hier wie am St. Bernhard widmen sich Mönche dem Schutze und der Förderung der Reisenden bei den schweren Paßübergängen.

Die monumentalen Constructionen und die im Cultus gebrauchten Geräthe sind sehr zahlreich und mannigfaltig.

Chórtens oder „Opferbehälter", Dírchols oder „Gebetflaggen", Mánis oder „Gebetmauern", Mánichos-thors (auch Khórtens) oder „Gebetcylinder", findet man in großer Menge und von unerwarteten Dimensionen in den Umgebungen der Klöster. Die Chórtens entsprechen den altindischen Stúpas oder Dhátupas. Aber die Stúpas waren nur als Reliquienbehälter gemeint, und für ihre Form war die runde Gestalt einer Wasserblase zum Muster genommen worden; die Chórtens dagegen sind Opferstöcke und haben in der Regel folgende Gestalt: Der centrale Theil hat die Form eines halben Eies oder einer Halbkugel, die mit der Fläche nach oben, verschieden von den Indischen, auf einem Fundamente von mehreren Stufen ruht und von einem Kegel überragt ist, der einen Halbmond mit einer Kugel oder einer birnförmigen Verzierung, bisweilen ein mit Gebeten beschriebenes Stück Zeug trägt. Im Innern sind Gebete und Reliquien eingeschlossen; oft ist der eiförmige Theil hohl und hat dann eine kleine Oeffnung, um Opfer hineinlegen zu können. Die Tibeter gehen nie vorüber, ohne Om mani pádme hûm herzusagen und kleine Opferkegel oder Figürchen aus Thon außen wenigstens niederzulegen, welche die Stufen oft ganz bedecken. Tárchok heißen die an Stangen befestigten Stücke Zeug, welche man an den Wegen, am häufigsten auf Paßübergängen, auch auf den Gipfeln der Berge sieht; viele sind mit Gebeten bedruckt. Um die Stangen besser gegen die in Tibet so heftigen Winde zu sichern, werden sie häufig in einen Kegel von Steinen gesteckt, welcher Lápcha heißt.

Máni, „der Edelstein", heißen die niedrigen Mauern von sechs Fuß Höhe, gegen welche auf beiden Seiten Steine mit Gebeten oder eingemeißelten Figuren gelegt sind; die Länge der Mánis ist sehr verschieden, sie dehnen sich aber zuweilen bis zu einer engl. Meile aus. Im östlichen Tibet ist die Dicke dieser Gebetmauern gewöhnlich nur zwei bis drei Fuß; im westlichen Tibet aber sind sie, wenn etwas lang, häufig auch zehn bis zwölf Fuß dick. Das a n d ä ch t i g e Vorübergehen mit Ausweichen nach rechts, um den Buchstaben zu folgen, (da die tibetische Schrift dem Sanskrit nachgebildet, so wie die unsrige von links nach rechts geht,) gilt dem „Hersagen „aller aufgestellten Gebete gleich; wenn aber diese Vorschriften nicht „beachtet werden, ist das Vorübergehen ohne Wirkung."

Chörtens in sehr großer Anzahl, zugleich in allen Stadien des Verfalles, sieht man stets in den Umgebungen großer Städte, wo sie von jeder Richtung her den Vordergrund bilden, so in der Ansicht von Le, Tafel XII der „Resulte". Die größten Dírchots oder

Gebetflaggen fanden sich längs der verschiedenen Bauten zu Kumis; es zeigen sich dort hohe Baumstämme im Hofe des Klosters aufgerichtet, mit schmalen, der Länge nach an den Stamm befestigten Zeugen; diese sind mit mehrere Zoll großen Buchstaben bemalt. Gebetflaggen, aber sehr kleine, und als Fähnchen construirte, sieht man auch auf dem Bilde von Milum, Tafel XI in diesem Bande.

Die Gebetcylinder, sind oft sehr groß; dann sind es Metallröhre, welche an einer Eisenstange, die in Pfannen ruht, vertical aufgestellt sind; die Stange ist unten ausgebogen und mittelst eines Strickes, der gezogen wird, wird der Cylinder gedreht. Um die Axe sind im Innern lange Streifen Papier gelegt, welche mit Om máni pádme hum eng beschrieben sind, und wenn der Cylinder von rechts nach links langsam und andächtig gedreht wird, so ist dieses dem Hersagen der ganzen Menge von Gebeten gleich, welche eingeschlossen sind. Auch kleine Gebetcylinder von wenig Zoll Höhe sind in häufigem Gebrauche; bei diesen sind die Papierstreifen um eine Röhre gewunden und durch einen cylindrischen Ueberzug von Metall, Holz, Leder oder Leinwand zusammengehalten; durch die Röhre geht ein Draht, der in eine hölzerne Handhabe endet und mittelst Anhängung eines kleinen Gewichts sind diese Handexemplare durch eine leichte Bewegung der Hand (von rechts nach links) in steter Rotation zu erhalten. Das mechanische Anwenden von Gebeten ist dem Buddhisten mit Recht zu großem Vorwurf gemacht worden; aber es darf dabei nicht übersehen werden, wie es gewöhnlich geschieht, daß nur bei andächtiger Stimmung dem Drehen der Gebete die gleiche Wirkung mit dem Hersagen beigelegt wird. Allerdings werden die Gebetcylinder dennoch häufig genug sehr andachtslos und mechanisch gehandhabt.

Daß auf Worte und Buchstabenzahl etwas mehr Bedeutung als nöthig gelegt wird, ist auch dem Christenthum nicht ganz fremd. Ein Missionär und Agent der Bibelgesellschaft, dem ich auf dem Wege nach Tarjiling begegnete, belehrte mich, daß die englische Bibel 3,566,480 Buchstaben habe, das englische Pater Unser 223. Bald darauf hatte ich Gelegenheit, buddhistischen Lāmas dies mitzutheilen, die nur bedauerten, daß sie mit gleicher Präcision ihre clericale Literatur mir nicht definiren konnten. Nur von den Gebetcylindern wußten sie häufig auch die Zahl der Wiederholung der Gebete, der Worte und der Buchstaben anzugeben.

Von anderen religiösen Geräthen, wie schöne Weihrauchpfannen, große musikalische Instrumente, sehr verschiedenartige Glocken, wäre ebenfalls noch Vieles hier beizufügen, was aber ohne Abbildung nicht wohl in Kürze zu definiren wäre. Im ethnographischen Band der „Results" und in den dazu gehörenden Tafeln des Atlas werden auch diese unserer Sammlungsgegenstände analysirt und besprochen werden. Die Abbildungen der Gottheiten sind schon im Atlas zum „Buddhism in Tibet" gegeben worden.

Unter den religiösen Gebräuchen findet man Vieles, was mit den christlichen Ritualhandlungen Aehnlichkeit hat: mit jenen in Rom und Byzanz, mit den nestorianischen Modificationen des Cultus, selbst mit den neuesten vereinzelten Formen überschwenglicher Begeisterung in Europa und Amerika finden wir im tibetischen Ritus überraschende, zahlreiche Aehnlichkeiten, aber zufällige, denn die tibetischen Riten haben sich aus altbuddhistischen Einrichtungen entwickelt.

Der gewöhnliche tägliche Gottesdienst besteht im Absingen von Gebeten und Hymnen; drei Mal des Tages werden Mehl, Butter, Blumen, Getreide als Opfer in den Schalen auf dem Altare vor den Gottheiten aufgehäuft; Tamarindenholz und wohlriechende Kräuter werden verbrannt und der Gesang wird durch eine laute, aber nicht unangenehm tönende Musik mit Blasinstrumenten, Trommeln und Klangteller begleitet. Monatlich drei Mal findet in den Klöstern ein feierlicher Gottesdienst statt, welcher mehrere Stunden daxert. Ueberraschend war, daß den Lamas die Anwendung der Glocke als Zusammenruf zum Gebete nicht bekannt war.

Oeffentliche Umzüge finden regelmäßig an bestimmten Tagen statt, sowie bei Todesfällen hoher Lamas. Seltener ist die Aufführung religiöser Schauspiele. Sie heißen mit einem bezeichnenden Namen „der Segen der Unterweisung", Tanblaßhi, und werden, ähnlich unseren Passionsspielen, im Freien aufgeführt. (Ich werde Gelegenheit haben, bei der Besprechung des Klosters Hemis im westlichen Tibet auch ein solches Festspiel zu beschreiben.)

Den Beistand der Gottheiten kann man sich durch verschiedene Ceremonien sichern; diese sind aber nur selten ohne Zuziehung eines Lama — der dafür bezahlt werden muß — zu verrichten, weil die besonderen Sprüche, Handstellungen, magischen Ringe, Opfer und Attribute der anzurufenden Gottheit gelehrt und berücksichtigt werden müssen. Die Beschreibung einiger solcher Ceremonien mag zeigen, was sie bewirken sollen und was dabei zu beachten ist.

1) Wenn Krankheit oder Unglück anderer Art eintritt, so müssen stets böse Geister entweder die Ursache der Entstehung oder doch der Fortdauer sein; sie zu bannen, gleichsam festzunageln in der Luft, dient der Phurbu, „der Nagel", ein mit Thordnis, „Zaubersprüchen", beschriebenes Dreieck, von Flammen eingefaßt und mit einer Handhabe in der Form eines Priesterscepters; der Lama geht um das Haus oder um die Stelle, wo der Unglückliche liegt, herum und sticht damit nach allen Himmelsgegenden unter dem Hersagen von Gebeten.

2) Der Gott Nágpo Chénpo, Mahakála im Sanskrit, verleiht Gelingen, auch Schutz gegen böse Geister, indem er durch die heiligen „Pfeile" die Richtung anzeigt, von welcher Unglück erfolgen könnte. Ein Pfeil wird von einem Lama senkrecht an den Federn über den Boden gehalten: durch eine zitternde Handbewegung bewegt sich die Spitze auf dem Boden fort, der Befragende aber glaubt, Nágpo Chénpo bewege den Pfeil und die Bewegung des Lama sei nur die Folge

der Bewegung des Pfeiles, den er halte. Auch bei Diebstählen wird Nágpo Chénpo's Pfeil um die Richtung gefragt, wohin das gestohlene Gut gebracht wurde.

3) Anrufungen des Lúngta oder „Luftpferdes". Sie bewirken Zusammenstimmung der drei Grundbedingungen menschlicher Existenz, sie stärken sie, so daß eine dem Menschen zuträgliche Vereinigung entsteht. Diese drei Grundelemente sind: Srog, „Athem", die Basis jeder Existenz; Lus, „Körper" oder die normale Entwickelung der Organe; Vang, „Kraft" oder die Energie, solche Handlungen nicht zu begehen, welche Srog und Lus beschädigen und dadurch Krankheit und Tod herbeiführen. Man fügt die Figur des Lúngta oder Sprüche, in denen dieser Name vorkommt, gern den Anrufungen anderer Gottheiten bei, indem auch diese so in ihrer Wirkung verstärkt werden sollen.

Die Feierlichkeiten bei Begräbnissen werden in der Art ausgeführt, daß die Leichname der Laien verbrannt, jene der Lámas aber begraben werden; selbst bei den Laien werden die Knochen- und Aschenreste gesammelt und vergraben. Das Aussetzen der Leichname als Fraß für wilde Thiere soll nur in höchst seltenen Fällen noch vorkommen, wenn selbst unvollkommenes Verbrennen wegen Mangels an Brennmaterial nicht mehr möglich ist. — Der Boden, in welchem der Leichnam oder die Aschenreste begraben werden, muß dem „Herrn der Erde", Sádag, abgelauft werden; der Kaufpreis hiefür, den die Lámas erhalten, ist verhältnißmäßig sehr hoch.

Mit dem Glauben an Geister bösen und an Geister wohlwollenden Charakters verbindet sich stets auch das Vertrauen, die Priester könnten anzeigen, wie die Macht der bösen befestigt und wie der Schutz der guten Geister gesichert werde. Die Priester ihrerseits benützen dieses Vertrauen zur Befestigung ihres Ansehens und zur Vermehrung ihres Einkommens; sie stellen die Beantwortung als sehr schwierig dar, sowie als das Resultat von Berechnungen und Combinationen aus den ihnen angegebenen Verhältnissen des Fragenden. Die tibetischen Lamas machen glauben, die Beantwortung erfordere große Studien und Erleuchtung vom Gotte Choichóng, dem Gotte der Astrologie; auch legen sie bei der Ertheilung der Antwort Tafeln mit Figuren und Sprüchen vor sich hin, und machen den Fragenden glauben, gerade so habe, nach den darin mitgetheilten Regeln, welche natürlich mit göttlicher Eingebung gefunden wurden, entschieden werden müssen. Ein Beispiel aus vielen mag genügen, zu zeigen, wie sehr die Möglichkeit offen gelassen ist, die Antwort nach Belieben zu wenden.

Unter den zwölf Thieren, nach denen die Jahre von je „einem Cyclus" benannt sind, kommen zahme und wilde vor. Als Paare vereint gedacht, werden sie sich als Gruppen zeigen, die einfach ihrem natürlichen Verhältnisse nach, theils aus zwei feindlich, theils aus zwei freundlich sich gegenüberstehenden Thieren bestehen. Wenn nur Brautleute in Jahren geboren wurden, deren Thiere sich feindlich gesinnt sind, so kann die Heirath eine sehr unglückliche, eine ziemlich unglückliche und eine unglückliche, oder aber eine sehr glückliche, ziemlich glückliche oder einfach glückliche werden, entsprechend den Graden der Abneigung oder Affection zwischen den Thieren, welche von tödtlichem Hasse bis zu großer Affection soll wechseln können. Um schon bei der Wahl eines Mädchens auch ohne Berathung mit einem Lama die nöthige Vorsicht beachten zu können, gibt es Tabellen, in denen die zwölf Thiere je nach dem Grade der Affection oder der Abneigung gruppirt sind. Doch die Affection sowie auch die Abneigung kann aufhören; ob dieses mit Wahrscheinlichkeit zu erwarten ist, wann es geschehen werde, was dafür oder dagegen zu geschehen hat, alle diese Fragen kann aber der Lale nicht entscheiden, sondern nur der Astrologe, und ein günstiges Urtheil soll stets ein Zeichen sein, daß die Brautleute, welche auch bei der Bhot-Race nur ungern sich wieder trennen lassen, ihn für seine Bemühung reichlich belohnt haben.

Der Buddhismus in Hochasien zeigte uns eine bedeutende Veränderung der ursprünglichen einfachen Lehren, welche auf Gestaltung des Menschen zu gerechtem, Andere nicht verletzenden Thun hinzielen. Der Stifter würde schwerlich seine Lehre in dieser Menge von abergläubischen Gebräuchen der niedersten Stufe wiedererkennen, welchen die Priester aus eigennützigem Interesse so große Bedeutung beilegen. Aber dennoch äußert der Buddhismus auch jetzt noch, in dieser entarteten Form, einen günstigen Einfluß. Ermunterung zur Tugend blieb als ein hervorragender Zug unzertrennlich von der Lehre des Buddha. Die Folgen guter und die Wirkungen böser Thaten sind in den Büchern durch zahlreiche Parabeln erläutert und dem Volke werden sie in Wort und Bild anschaulich gemacht — gewiß große Vorzüge. Allein durch Verkennen des wahren Zieles der Tugend, indem sie nicht ihrer selbst willen geübt werden soll, sondern weil sonst in Wiedergeburt die Schmerzen der Existenz erduldet werden müssen, ferner durch die Nichtzulassung eines obersten, persönlichen, Alles regierenden, und weil über den menschlichen Schwächen stehenden göttlichen Wesens und durch die Betrachtung des Daseins als eine Quelle von Schmerzen und Qual, wurde der Buddhismus verhindert, seine Anhänger einer so vollkommenen Civilisation zuzuführen, wie sie das Christenthum bewirkte. Dazu kommt noch in Tibet, daß die Priester sich genöthigt sehen, die geistige Entwickelung des Volkes zu hindern, um nicht jenes unbeschränkten Einflusses beraubt zu werden, welcher nur in Folge allgemeiner Unwissenheit und blinden Aberglaubens möglich ist; darin sind sie ganz im Gegensatze gegen den wohlthätigen Einfluß, welchen einst Mönche und Klöster in Europa äußerten.

Auch in Asien werden die christlichen Sendboten, um mit Erfolg wirken zu können, damit beginnen müssen, die Ursachen der Naturerscheinungen, das Gedeihen der Feldfrüchte und die Mißjahre zu erklären, ihre Zöglinge zu gewöhnen, Glück und Unglück nicht als Folge von guten und schlechten Handlungen in früheren Geharten zu betrachten, Mißlingen nicht dem Mangel von Mithülfe durch einen guten Geist oder der Intrigue eines bösen Dämons zuzuschreiben; kann erst werden sie genug jener Bildung verbreitet haben, die es allein möglich macht, daß auch auf die dogmatischen Unterschiede des Christenthums die Belehrung gerichtet werde. Doch dürfen wir nicht zu rasche Erfolge hoffen; die Geschichte des Mittelalters gibt zahlreiche Beispiele aus Europa, wie langsam der Glaube an böse Geister überwunden wird, und wie schwer es hält, die Naturerscheinungen von persönlichen Wesen, die als übermenschlich gedacht werden, loszutrennen. Wir dürfen nicht vergessen, daß Hexenprozesse noch in der zweiten Hälfte des vorigen Jahrhunderts vorkamen, daß die berühmtesten Bücher über Dämonologie noch nicht vor sehr langer Zeit erschienen; es gibt noch mehr als einen Ort in Europa, wo man Hellseher über die Schicksale der Zukunft befragt und wo Sympathiemittel gegen Krankheiten angewendet werden, welche von den Mitteln, die von buddhistischen Priestern empfohlen werden, nur in der Form der Gebräuche sich unterscheiden.

III.

Bhután; die Gebiete der Khánpo-Bhots und des Déva Dhárma Rája.

Die östliche Handelsroute zwischen Assám und Tibet. — Innere Verhältnisse des Dhárma-Reiches.

Die östliche Handelsroute zwischen Affam und Tibet.

Vorbereitungen mit Dewang Dörje. — Bhútia-Karte. — Reisearl. — Tarál Diamena. Begetation. Thiergruppen. Kohlenlager. — Tibetische Caravane. Nomadenleben der Bhots. — Dörfer und Thalstufen. — Wasserfälle; Seltenheit von Wasserfällen und Seen (in Folge von Erosion). — Aufnahme in Rarigún. Schwierigkeit der Winterreise im Thale. Messungen von benachbarten Bergrücken aus. — Stationen über Tinong nach Pála. — Thiere der höheren Regionen.

In ganz Phutiu, im großen Reiche des Dêva Thûrma Rája sowohl, als in den kleineren Priesterstaaten östlich davon (Br. II S. 20), ist eine Reihe von Dörfern und Städten gewöhnlich nur in der Richtung von Süden nach Norden zu zu verfolgen; sie sind durch Wege, wenn auch meist sehr einfacher Art, verbunden. Zum Theil ist dies durch die Natur des Terrains bedingt, indem die Thal- und Flußrichtung vorherrschend eine nord-südliche ist; selbst da, wo mittelhohe Gebirgsrücken im Innern überschritten werden müssen, läßt sich stets in der Anlage der bewohnten Orte eine Reihenfolge erkennen, welche so sehr als möglich die ohnehin so schwierigen Verkehrsverhältnisse zwischen Norden und Süden erleichtert. In der Richtung von Osten nach Westen dagegen ist der Verkehr ein sehr beschränkter, auch die gegenseitigen socialen Verhältnisse sind sehr lose.

Der Name Bhutân aber ist dem ganzen Gebiete gemeinschaftlich, das im Osten von Sikkim auf der indischen Seite des Himálaya Bewohner tibetischer Race hat. Seine Bedeutung weist direct auf die vor der Mischung erfolgte Einwanderung aus Tibet hin; wir finden darin einen Stamm des Wortes „Tibet" wieder. Bhutân ist eine Umwandlung des Sanskritwortes Bhot-ant, zunächst im Sinne von „Ende von Bhot" (ant = Ende, bhot für Tibet). Der tibetische Theil des Wortes, der sich eigentlich phod schreibt, bedeutet „können, vermögen, wagen". (Im Worte Tibet, wie wir sehen werden, findet eine eigenthümliche Verdoppelung des Begriffes statt, indem auch die erste Hälfte desselben, im tibetischen thub, nahezu gleiche Bedeutung hat wie phod.)

Ich wählte das Gebiet, das Narigún und Táuong einschließt, zu meinem Besuche Bhutâns, da mir hier in diesen sonst für Europäer ganz unzugänglichen Strecken durch einen einflußreichen Eingeborenen Vermittelung zu erhalten möglich wurde. Táuong Dórje, den mein Pársi-Hauptdiener in der Provinz Dárráng, in Assám, zu mir brachte, war einer der Caravanenführer, welche den Verkehr aus Tibet nach der Grenze von Assám vermitteln; es soll auch sein Vater noch, wenigstens in Lehensform, in diesem Theile von Bhutân, bei Táuong, über ausgedehnte Fluren von Getreideland und Weide geboten haben; daher sein Beiname „Dórje", eine Art fürstlichen Ehrentitels, den meine Hindubegleiter auch stets mit Rája übersetzten. Dagegen machten sie auch ohne allen weiteren Grund „Táuong" aus seinem Namen Távang, wie überhaupt fremde Wörter und Personen-Namen nirgends mehr entstellt und willkürlich bis ins Lächerliche verändert werden, als bei Hindubleuten. Auch Chángto Rája hörte ich ihn begrüßen.

Familien, den Rang alter Herrscherstämme sich vindicirend, sind in Bhutân nicht selten, und zwar thun sie dies nicht nach der Art des Kastenbegriffes der Inder, der zugleich den Umgang mit ihren Mitmenschen beschränkt, sondern sie sehen darin — mit welchem

Recht, weiß ich nicht zu beurtheilen — historisch begründete Vorrechte, ähnlich jenen, welche man von den dessenungeachtet bäuerlichen Familien auf einigen der isolirten Gehöfte Norwegens beansprucht sieht.

Das erste Zusammentreffen mit meinem neuen Führer und Dolmetscher war nicht sehr empfehlend für ihn; er fiel mir beim ersten Saldm beinahe trunken zu Füßen, als er des Abends in das Zelt geführt wurde, um die vorläufige Besprechung mit ihm vorzunehmen. Doch er wußte sich zu sammeln und unterließ nicht, vor Allem mir zu erläutern, daß Trunkenheit bei ihm nicht wie bei den Hindus und Mussulmans meiner Begleitung als lasterwidrig gelte; wichtiger war es mir, daß ich ihn versprechen machte, so lange er bei mir seinen Contract aufrecht erhalten wissen wolle, dies niemals wieder zu thun, was er auch redlich gehalten hat.

Nachdem wir über das verlangte „Ehrengeschenk" im Falle glücklicher Beendigung uns vereinigt hatten, das aber einfach in Geld und zwar in der nicht sehr bedeutenden Summe von ein paar Hundert Rupis zu bestehen hatte, begann er damit, mir eine wirklich in ihrer Art sehr originelle Routenkarte des Weges von Urelgúri in Assam, wo mein letztes Lager auf indo-britischem Gebiete war, über Táuong nach Tse Thsang (schon in Tibet, im Flußthale des Dihóng), und von hier über Dichin nach Lása vorzulegen; in Narigún fanden wir auch noch einen recht geschickten Tibeter aus Taschilhúmpo, der eigentlich erst in die verschiedenen Elemente dieser Karte eine etwas mehr systematische Ordnung brachte und sie wesentlich vervollständigte. Sie war noch immer von dem, wie europäische Karten sich zeigen, verschieden genug. Alles war in eitigio dargestellt: dies ist auch bei uns noch nicht so lange abgeschafft; hier aber folgte sich überdies alles in vertical gestellter Reihe, Flüsse und Pässe, bewohnte Orte und Schneefelder. Wenigstens waren die Schwierigkeiten der Route und die wesentlichsten Räume ebenso bestimmt zu erkennen, als die Ortschaften und die Flußübergänge mit oder ohne Brücken ꝛc. In den geographischen Karten des Atlas zu den „Resultes" habe ich sie auf die Hälfte der Größe, aber als Facsimile reducirt gegeben; die Länge derselben im Originale ist etwas über 50 engl. Zoll. Für den unteren Theil der Karte hatte mir meine eigene Reise Gelegenheit geboten, mich von der Richtigkeit der topographischen Namen und von der in ihrer Art angestrebten Sorgfalt in der Aufzählung der Einzelnheiten zu überzeugen.

Obwohl möglichst geheim gehalten, war doch unsere erste Zusammenkunft sogleich mit Argwohn beobachtet worden; in derselben Nacht noch machten sich zwei Tibeter, deren gewöhnlich einige in Udelgúri in dieser Jahreszeit sich aufhalten, auf den Weg, um — wie der Daróga, der assamesische Ortsvorstand, mir sagte — mein mögliches Vordringen gegen Narigñu zu melden, (was ich auch später bestätigt fand). Dies machte mich meine Reise beschleunigen. Am 5. Januar 1856 verließ ich Udelgúri.

Das Reisen war hier, wie überall in den Gebirgsländern Hochasiens, ungemein verschieden von jenem in indischen Gebieten. Hier war es zwar noch möglich für mich, daß ich als Europäer, nicht wie später als Mussälmán-Kaufmann verkleidet, vordrang; aber dessenungeachtet hatte die Begleitung sehr reducirt werden müssen, schon wegen der spärlichen Bevölkerung und der unvollkommenen Verkehrswege. Hier war es auch deshalb wichtig, ein kleines Gefolge zu haben, weil dann etwas weniger die Aufmerksamkeit auf unsern Zug gelenkt wurde. Lieutenant Krams mit Abdul und einem Theile der Diener verließ mich in Udelgúri (Bd. I S. 435); er besuchte auf einer von meinen Routen getrennten Linie die oberen Theile Assams und das Dihingagebiet. Monteiro mit den Sammlungsgegenständen war ein Paar Wochen früher den Brahmapútra hinab nach Calcutta geschickt worden. Obwohl ich mich auf möglichst wenig beschränkte, konnte ich mir die nöthige Zahl von Trägern und Lastpferden — die letzteren in Assäm von sehr schwacher Race — nur mit Mühe verschaffen. Günstig war es, daß wir uns in der

Mitte der kühlen Jahreszeit befahren. Es war nur wenig Schutz gegen die Sonne nöthig und dessenungeachtet kein Regen zu befürchten, im Innern des Gebirges kaum starker Thau. Dies machte es möglich, mit sehr leichten, einfachen Zelten zu reisen. Dagegen fiel gerade der Anfang der Route nahe mit Neumond (Jan. 8, 4^h 56^m a. m.) zusammen. Es machte dies große Vorsicht in den Lagern zum Schutze gegen Raubthiere mittlerer Größe nöthig; auch die Aboriginerstämme, denen man bisweilen in den Niederungen begegnet, mußten durch Feuer und Wache fern gehalten werden. Angenehm überraschte mich, daß man an Lärm und Licht so rasch sich gewöhnt, daß dies nach gutem Marsche und harter Tagesarbeit nicht mehr im Schlafe stört; ja fast wie der Müller des Tönens des Wasserwerkes zum vollen Schlafe bedarf, mag auch unwillkürlich für mich und den Butler im Hauptzelte das nächtliche Treiben in den nächsten Umgebungen eher der Ruhe förderlich gewesen sein.

Das feuchte Vorland des Himálaya, die Taráï, bot wegen der günstigen Jahreszeit weniger Gefahr als gewöhnlich. In der Regenzeit aber, am meisten gegen das Ende derselben, wird es auch hier, ungeachtet des Umstandes, daß die Regenmenge geringer ist als in Sikkim und Nepál, schon für Eingeborene Assám's, noch mehr für die Bhots, bedenklich durchzuziehen. Wer eine Taráï zum erstenmale in der kühlen oder bei dem Beginne der heißen Jahreszeit unmittelbar vor dem Eintreten der Regen sieht, wird überrascht durch die geringe Wassermenge und den trockenen Zustand der Bodenoberfläche; ja es ist ein etwa gefährlich erscheinender Modergeruch selbst in der ungünstigen Jahreszeit nirgends sehr auffallend, während Meeresufer ungleich unangenehmer riechen, ehe sie der Gesundheit nachtheilig werden. Man sollte nicht erwarten, daß jede Taráï während eines großen Theiles des Jahres dessenungeachtet durch ihre schädlichen Ausdünstungen so gefährlich wird, und daß selbst in der kühlen Jahreszeit in mancher Taráïgegend das Lagern in Zeiten den Europäern Veranlassung zu den schlimmsten, mit typhösen Erscheinungen verbundenen Fiebern werden kann, die unter dem Namen der Jungel-Fieber nur zu wohl bekannt sind.

Aber die Gefahr der Miasmen ist nur dadurch nicht so deutlich entgegentretend, weil überhaupt von schädlichen organischen Substanzen thierische fast immer viel mehr durch anwidernden Geruch (oder Geschmack) abstoßen als solche vegetabilischen Ursprunges, wie hier in der Tarai. Daß sehr viel faules Holz umherlag, war zum Theil durch die üppige Vegetation an solchen Stellen etwas weniger hervortretend; bei einiger Aufmerksamkeit ließen sich aber auch große Baumstämme, der Verwesung preisgegeben, nach jeder Richtung hin erkennen. Am fünften Tage noch fand ich, während unseres Marsches durch die niederen Vorberge einen mächtigen Salbaum, der so vollkommen morsch auf der Erde lag, daß ich den Ladestock meiner Flinte, fast ohne Widerstand zu fühlen, der ganzen Länge nach hineindrücken konnte; dessenungeachtet ließ sich die Form des Stammes, auch der Beginn der ersten großen Aeste noch erkennen; die Wurzeln und wahrscheinlich einige Fuß nach aufwärts davon auch das Holz des Stammes hatten dagegen ihre Form verloren; nach dieser Seite endete der Stamm in eine Abstufung, einem kleinen Schlamm-Delta nicht unähnlich.

Die Trockenheit des Bodens, die man während eines großen Theiles des Jahres an der Oberfläche bemerkt, ist eben nur auf die obersten Lagen allein beschränkt; fauliges Wasser steht so wenig tief, daß durch das Geröll der obersten Bodenschicht die Verdunstung und Inficirung der Luft noch immer lebhaft fortwährt. Sind auch während eines großen Theiles des Jahres die Bäche sehr gesunken und von vielen die Kanäle selbst ganz trocken gelegt, so findet sich doch das Grundwasser stets sehr nahe der Oberfläche und häufig sind es wasserreiche, thonige Ablagerungen unter der gröberen Schuttdecke, welche örtlich die Ansammlung desselben noch mehr concentriren. Am äußersten Rande findet sich das ganze Jahr hindurch etwas Wasser, das von hier nach den Indischen Ebenen hin constante, wenn auch kleine Bäche in den weiter oben leeren Rinnen der Flüsse bildet; der tieflge, überdies mit fauligen Pflanzenstoffen aller Art gemengte Boden läßt sich am besten einem stark befeuchteten Schwamme auf mehr oder weniger wasserdichter Unterlage vergleichen, aus dessen unterem und äußerem Rande etwas Feuchtigkeit beständig ausfließt, während seine Oberfläche einen Theil des Jahres hindurch sich trocken erhält. Doch es bedarf nur der ersten Regengüsse und Zuströmungen aus dem Hochgebirge, um hier das Wasser sogleich bis an die Oberfläche des Bodens überall steigen zu machen, noch ehe die Rinnen der Bäche selbst sich vollständig gefüllt haben. Aehnliche hydrographische Verhältnisse des Bodens sind überhaupt nicht ganz so selten, als man wegen der ungemeinen Mächtigkeit im Auftreten, die sich hier gerade zeigt, gewöhnlich annimmt. Die Hochebene am nördlichen Rande der Alpen und, im Süden, die den Alpen zunächst liegende lombardisch-venetianische Ebene zeigen ebenfalls in ihrer Bodenfeuchtigkeit und in der wechselnden Wassermenge vieler Quellen analoge Schwankungen, aber es wird wegen der geringeren Wärme nie in ähnlicher Weise gefährlich durch Zersetzung organischer Bestandtheile.

Hier im östlichen Theile fand ich auch die Bhután-Tarái, in der kühlen Jahreszeit wenigstens, nicht gefährlich. Ja es zeigten sich hier unerwartet große Lücken der Vegetation, überall nämlich, wo frisch angeschwemmtes grobes Geröll in der letzten Regenzeit sich abgelagert hatte; Gruppen der ersten Gesträuche waren hervorgetreten, aber lange nicht zahlreich genug, um dem Eindruck üppiger Vegetation, den man der Lage wegen von der Tarái erwarten möchte, zu entsprechen.

Selbst die gut bewachsenen Stellen bedürfen etwas näherer Beobachtung, um den ganzen Reichthum ihrer Vegetationsdecke erkennen zu lassen, da man wegen der Menge dichten Unterholzes die Höhe der mächtigen Stämme, welche darüber emporragen, nicht hinlänglich hervortreten sieht. Am besten erläutere ich dabei einige Bilder meiner Mappen (die „Vegetationsgruppen" Nr. 219, 220, sowie die eigenthümlichen „Thalformen", Nr. 382, 383 des Cataloges), da überhaupt dem berichtenden Reisenden nichts seine Eindrücke lebhafter in voller Kraft, nach meinem Gefühle wenigstens, wieder wachruft, als seine an Ort und Stelle ausgeführten Zeichnungen und Aquarelle, sei es auch, wie die drängende Zeit nur zu häufig es verlangt, nur bei raschen Skizzen geblieben. Das richtigste allgemeine Bild einer Tardigegend erhält man, wenn man einen steilen Abhang oder einen Felsen finden kann, welcher durch eine inselartige Stellung Ueberblick erlaubt; von unten fehlt die Distanz wegen des Unterholzes im Vordergrunde. Vom höheren Standpunkte aber sieht man mit Ueberraschung zahllose Stämme in Höhen von 100 bis 120 Fuß die allgemeine Holzbedeckung des Bodens, die etwa 30 bis 40 Fuß hoch zu schätzen ist, überragen; der Anblick läßt sich in Beziehung auf die relative Größe jener Theile nicht unpassend mit jenem, aber in allem Detail kleineren Bilde vergleichen, das uns in unsern deutschen Gauen etwa nach einigen Jahren eine Eichenwaldcultur bietet, in welcher man ziemlich viele der älteren Bäume als Samenstämme geschont hat. Einen sehr schönen Lorbeerbaum, von meinen Bhútiabegleitern Tömshing genannt, der 85 Fuß Höhe hatte, und dessen Verästelung ähnlich jener einer Caryota-Palme, erst in großer Höhe, aber dort in Gestalt einer gewaltigen Garbe sich entfaltete, fand ich bei meinem letzten Lager in der Tardi. Wir hatten Zeit, so weit vor ihm zu „ILten", daß ich das ganze Bild zur Aufnahme genügend übersehen und skizziren konnte; und da zeigten sich auch noch im Vordergrunde einige vorher durch die Gesträuche mittlerer Höhe versteckte Pflanzenformen von Aloen, die, obwohl an fünf bis sechs Fuß hoch, mir hier, wo ich solche des Climas wegen nicht mehr erwartete, leicht ganz entgangen wären. Baumartige Farren, die ich später in Sikkim so häufig als die zartesten Zierden mittelhohen Vordergrundes kennen lernte (vergl. Tafel IX), find hier seltener; dagegen traf ich vielfach Vertiefungen, am deutlichsten längs der etwas weichen Flußufer, groß genug um ebenfalls im Vordergrund des Bildes sich bemerkbar zu machen, die Jedem, der nur einmal solche gesehen, durch ihre Gestalt als die Fußmarken von Elephanten auffielen. Bei den Spuren einzelner Thiere in dem weichen Boden der Jungels sieht man gewöhnlich die Marken der vier Füße in einer Bahn von geringer Breite stehen; auch wo regelmäßiger „Wechsel" von Elephanten stattfindet, sind solche Waldwege verhältnißmäßig nicht breit, da die Thiere meist hintereinander gehen. Aber hier am Ufer des Flusses, an den sie zur Tränke zu kommen hatten, war zugleich eine breite Fläche mit tief eingedrückten Spuren bedeckt. Elephanten kommen überhaupt im östlichen Theile der Tarái von Bhután ziemlich zahlreich in wildem Zustande vor. Elfenbein liefern sie aber nur wenig, weil sie auch hier, wie ich es für Assám erwähnte, zu den Mäkhnas, zur Race mit ganz kleinen Stoßzähnen der Männchen, gehören. Ueberdies wären die Bewohner Bhutáns nicht zahlreich und energisch genug, Elephanten mit Erfolg zu jagen oder zu fangen.

Selbst noch weiter im Innern des Gebirges, nördlich von Narigün, kommen wilde Elephanten vor, häufiger sogar im Winter als im Sommer, weil sie im Sommer durch den lebhafteren Verkehr wieder zurückgedrängt werden. Gegen die ohnehin nicht sehr extreme Kälte des Winters in den größeren Erhebungen dieser Regionen sind Elephanten nicht sehr empfindlich; unerwarteter dürfte es erscheinen, daß auch steile Abhänge ihren Streifzügen kein wesentliches Hinderniß entgegenstellen. Aus Sikkim werde ich über ein ähnliches Vorkommen in großer Höhe zu berichten haben.

Hier in Bhután hatte ich den eigenthümlichen Anblick gehabt, daß Yaks (Bos grunniens), die sonst nur wenig von Tibet nach Süden sich entfernen, mit einer Gruppe wandernder Salzhändler aus Tibet, eine Strecke unterhalb der Stelle mir begegnet waren, an welcher ich die Elephantenfährten passirte. Es ist dies, wie mir erläutert wurde, auf die Zeit des Winters beschränkt, da die Yaks gegen Wärme, am meisten gegen feuchte Wärme, sehr empfindlich sind; bis Narigún jedoch bringt man während sechs Monate des Jahres Yaks in großer Anzahl. Oestlich von Bhután, in der Region der Ta-klus sollen Yaks auch in wildem Zustande noch vorkommen. Diese Verhältnisse zeigen, daß man bei sonst günstigen Bedingungen, die überdies ferne von der Zeit menschlichen Eingreifens größere Wahrscheinlichkeit haben, wohl erwarten kann, daß Thiere, wie hier die Elephanten und die Yaks, also auch fossile Thierreste, unter sehr ungewöhnlichen Umständen zusammen vorkommen können; man darf daraus allein, daß solche ungewöhnliche Stellen sich finden, nicht zu rasch auf etwaige anomale climatische Verhältnisse schließen. Die Species der Elephanten im Himálaya ist dieselbe wie jene in Bengalen und in Assám, Elephas indicus, während nach den neueren Untersuchungen außer dem E. africanus noch eine dritte Species, der E. sumatranus sich aufstellen läßt, sowohl durch die Skelettheile als durch die Form der Backenzähne unterschieden; zur letzteren gehören die Elephanten im indischen Archipel und im südlichen und centralen Indien.

Unter den Beobachtungen, die in den Hügelreihen am Nord-Rande der Tardi als unerwartet sich boten, ist das Auffinden von Kohle zu nennen. Es war sehr schöne Braunkohle in tertiären Schichten, die ziemlich stark gehoben sind. Dem Eingebornen ist die Kohle werthlos, da Holz im Ueberflusse die Kohlenlager umgibt; ja in geringer Entfernung von der Stelle, wo die Lager zu Tage treten, fand ich, daß selbst die Existenz des „schwarzen Steines, derauch brenne" noch nicht bekannt geworden war. Ich hatte Gelegenheit, als ich im März wieder nach Goháttí kam, dem Chef der provinziellen Verwaltung, Colonel Jenkins, Exemplare dieser Kohle und Angaben über die Lagerstellen vorzulegen; damals aber war der ganze Saum von Bhután gegen Assám der indischen Regierung so unzugänglich, daß an eine weitere Verwerthung dieser Flötze nicht gedacht werden konnte; der letzte Krieg mit Bhután, der eine nicht unbedeutende Strecke der Vorberge unter englische Herrschaft gebracht hat, wird vielleicht auch Veranlassung werden, solche Kohlenflöze zu benützen; sie hätten noch dadurch eine größere Bedeutung, daß sie, in nicht zu großer Entfernung vom Brahmapútra und dessen schiffbaren Zuflüssen gelegen, Transport über weite Strecken erlaubten. Die Kohle bildete hier, ganz zu Tage anstehend, Lager von ein bis zwei Fuß Mächtigkeit.

Die ersten Menschen trafen wir nach zweitägiger Reise in der Taräi; es war eine Handelscaravane, die durch Bhután aus den Umgebungen von Kása gekommen war; auch einige Bhots aus dem Rhánpogebiete begleiteten sie als Wegweiser und Träger. Träger brauchen sie gewöhnlich nur bei Erkrankungsfällen; denn so lange irgend möglich, bleiben die Reisenden sowie ihre Thiere schwer genug beladen. Zum eigenen Gebrauche sind diese tibetischen Handelsleute nur mit dem Unentbehrlichsten versehen; aber solches häuft sich für so lange Reise. Unter anderem können sie auch der Zelte nicht ganz entbehren, obwohl diese so einfach sind und meist so schlecht erhalten, daß jede andere Art von Unterkunft vorgezogen wird, die sonst sich bietet. Die Beladung der Thiere besteht in Salz, Wolle und getrocknetem Fleische, zum Austausch gegen Getreide und indische Gewürze. Von dem Getreide, das nach Tibet gebracht wird, ist nur ein sehr geringer Theil in Bhután erzeugt; in den westlichen Gebieten des Himálaya, am meisten in Kaschmir, ist dagegen die Cultur des Bodens so ergiebig, daß ein bedeutender Theil der Ernten in den Himálaya-Thälern nach Tibet ausgeführt werden kann.

Bei den Bewohnern dieses Theiles von Bhután hat sich, angeregt durch die stets hindurchziehenden Handelscaravanen, eine gewisse Neigung zum Wanderleben erhalten, mehr als in irgend einem anderen Gebiete des Himálaya. Am deutlichsten zeigt sich dies im Sommer durch Vorliebe für Viehzucht auf Weiden, die oft große

Strecken entlang gewechselt werden; ordentliche Handelszüge, wie jene der Tibeter, kommen aber bei den Bhots nur selten zu Stande, da ihnen die nöthigen Producte fehlen. Eine Folge ihrer Neigung zum Umherziehen in der einen oder anderen Weise ist zugleich die sehr ärmliche Aufführung ihrer Wohnstätten. Zwar findet man vereinzelt auch im Gebiet der Mhàupo Bhots ganz hübsche Steingebäude, im Stile gleich jenen in den Städten des westlichen Bhután, aber es sind dies dann Tempel, meist mit einem sehr bescheidenen hölzernen Wohnhause daneben für den Láma, wie ich z. B. in Tsing, am rechten Ufer des Ri-chu zu zeichnen Gelegenheit hatte. (Gen. Nr. 322).

Diese Ansicht habe ich bald nach unserer Rückkehr in der Illustrirten Zeitung, Novbr. 1854, gegeben. Selbst die Stadt Narigún, weiter im Innern folgend, besteht, ungeachtet einer ziemlich bedeutenden Häuserzahl, zum größten Theile aus Holzgebäuden der einfachsten Formen. (Gen. Nr. 324.)

Die Himálaya-Pässe, die vom östlichen Tibet nach Süden führen, bieten verhältnißmäßig wenig Schwierigkeiten; viele sind noch bis gegen die Mitte des Winters zu überschreiten. Es ist dies um so wichtiger, weil die Tibeter wegen des Klimas in den Ausläufern des Himálayas nur in der Tarái die kühle Jahreszeit zum Verkehre wählen.

Auch für ihre Thiere, die Yaks sowohl als die ebenfalls etwas beladenen Schafe, ist die Temperatur dieser Jahreszeit die günstigste, in den späteren wärmeren Monaten verlieren sie sehr an Leistungsfähigkeit. Nicht ohne Schwierigkeit ist es aber, für die Lastthiere stets genügend Futter zu erhalten. Selbst in diesen tieferen Theilen waren zur Zeit viele Bäume ganz entlaubt und die Grasvegetation durch die Trockenheit sehr beschränkt. Eigenthümlich war, daß ich bei meinem Zusammentreffen nicht ein einziges Zelt aufgeschlagen sah. Die Tibeter benutzen hier einige der alten großen Höhlungen, die sich in den unteren Theilen des Thales in dem nicht sehr festen Gesteine finden und die sich deutlich als Menschenarbeit erkennen ließen; sie haben früher zu Lagern solcher nomadisirender Aboriginerstämme gedient, wie sie östlich noch jetzt im Innern vorkommen. Ich erinnere mich nicht, außer längs dieser Route von solchen Höhlen in anderen Gebieten der Himálaya-Ausläufer gehört zu haben.

Für das Klima der kühlen Jahreszeit theilen die Tibeter ganz die Gefühle der Europäer. Während meine indischen Begleiter sehr über Wärmemangel zu klagen begonnen hatten, waren auch für mich die Witterungsverhältnisse der Tage, die ich hier zubrachte, die schönsten, deren ich seit meiner Abwesenheit von Europa mich erfreute. Hier hatte ich zum erstenmale wieder eine wirklich stärkende Kühle mit 10 bis 12° C. im Tagesmittel und dabei nur sehr wenig Bewölkung.

Sobald man die Taráí verlassen hat, ändert sich rasch das landschaftliche Bild durch das bedeutende Ansteigen der auslaufenden Kämme; es zeigen sich durch Hebung bedingte Thäler, ganz verschieden von den in eine Vorebene eingeschnittenen Flußbetten, ungeachtet deren Tiefe. Ja hier in Bhután, abweichend etwas von den übrigen Theilen des Himálaya, die ich theils früher, theils später zu vergleichen Gelegenheit hatte, zeigte sich in der Mittelregion, wo die großen Gipfel der Hauptkette noch nicht zu sehen waren, eine unerwartete Aehnlichkeit mit den Alpen der Heimath. Es treten nämlich auch hier solche Thalstufen auf, die unter sich durch steilere Stellen des Thales verbunden sind; im Richú-Thale ist noch jetzt im Namen von einer dieser Thalstufen ihre frühere Form als See erhalten. Obwohl die Existenz dieses Sees jenseits menschlicher Erinnerungen liegt, haben die Eingebornen mit klugem Auge für die Bedeutung der Bodengestalt und der Ablagerung feinen, fruchtbaren Schlammes, welcher die ungewöhnlich ebene Fläche bedeckt, diese Thalstufe Amartál, den „See der Unsterblichen" genannt, wobei in seiner Art unserm priesterlichen Gebrauch des Lateinischen entsprechend, ein Sanskritwort gewählt ist.

Das Dorf gleichen Namens, das sich hier im Thale fand, war der niederste bewohnte Punkt, dem ich in diesem Theile des Himálaya begegnete; seine Höhe betrug hier erst 1020 Fuß über dem Meere.

Bis Amartál hatte mit Ausnahme der Salzkarawane und zwei Tage später einer Gruppe scheuer unstäter Jángelbewohner, der Relz jeder Art von menschlicher Belebung der Landschaft im Thale gefehlt; es hatte dort noch kein Haus und während der ersten vier Tage kein Zelt, nicht einen Wanderer gegeben. Fast schien es längs dieses Weges, als ob die ganze so schön bewachsene Strecke den Menschen völlig unbekannt sei, hätten sich nicht bisweilen in Höhen von 800 bis 1000 Fuß über der Thalsohle Gruppen von Gebäuden, zunächst durch den aufsteigenden Rauch, bemerkbar gemacht; die Häuschen selbst waren klein und unscheinbar genug. Sie liegen auf den Bergabhängen, theils weil die Besonnung dort der Cultur günstiger ist, vorzüglich aber, weil während eines großen Theiles des Jahres die Luft der Thäler hier noch als „gefährlich", d. h. etwas miasmatisch gilt.

Unmittelbar nach Amartál wurde das Thal wieder sehr enge und es machte dies das Fortschaffen des Gepäckes auf den ohnehin nur kleinen und etwas schwachen Lastpferden sehr schwierig. So mußte während eines einzigen Tagmarsches achtmal die Thalseite gewechselt und über den Richú übergesetzt werden, um die zahlreichen Hindernisse, z. B. steile Wände der Ufer, Geröll und Schutthalden, und die Einmündungsstellen von Seitenbächen möglichst zu vermeiden; dessenungeachtet geschah es, daß etwa zehn Meilen oberhalb Amartál alle Pferde abgepackt werden mußten, weil sie der Tiefe des Wassers wegen nur entladen schwimmend das andere Ufer erreichen konnten. Zwar wird an solchen Stellen auch für „Brücken" gesorgt, aber diese sind theils niedrigen Stegen ähnlich für die kühle Jahreszeit nothdürftig zusammengefügt, kann bei jedem Hochwasser fortgeschwemmt, oder es sind dies Seilbrücken, welche, wenn auch im besten Falle „haltbar", sehr viel Zeit und Anstrengung für das

Uebersetzen der Lasten sowohl als der Reisenden erfordern. Rohr- und Stäbebrücken waren auch bei den verhältnißmäßig kleineren Flüssen, wie es auf dieser Route der Thansiri-Fluß, der Amarto-chu, der Bhálsma-chu sind, auf die untere Strecke beschränkt, soweit die Vegetation üppig genug ist, das bequem zu bearbeitende Material in unmittelbarer Nähe zu bieten. Andere Flüsse dagegen, wie der Monás, der Kúlang ic., würden ihrer Größe wegen ohnehin solche leichte Constructionen selbst für die Zeit des niederen Wasserstandes zu unsicher machen.

Bozogáun, das nächste große Dorf nach Amariál, liegt in einer mittleren Höhe von 2189 Fuß und ganz außerhalb des gefährlichen Rayons der Bhután-Taraí. Dessenungeachtet ist auch hier für die Lage des Dorfes eine felsige, über die Thalsohle etwas erhöhte Stelle gewählt worden, um gegen die periodischen Ueberschwemmungen und vor Allem gegen jene Wassermassen gesichert zu sein, die selbst unabhängig von der Regenzeit, bisweilen aus den innern Theilen des Himálaya hervorbrechen; für solche Fluthen ist die Veranlassung im Aufstauen seitlicher Zuflüsse durch Erdstürze, auch durch Lawinen, zu suchen. 170 Fuß unterhalb des Dorfes liegt hier ein herrlicher Alpenwiesengrund, dem aber zur Zeit wenigstens, ungeachtet des schönsten Grüns, des „Winters" wegen alle Blumen fehlten. Er wird so sehr geschätzt, daß nicht einmal Zelte der Wanderer hier aufgeschlagen werden dürfen. Der „Halteplatz", der auf solchen Wegen nicht nur den Comfort europäischer Absteigequartiere, sondern selbst die öden Dâl-bángalos der indischen Routen ersetzen muß, liegt hier zwar auch im Thale, aber weiter nach Innen, in einer engen und felsigen Schlucht, wo das Wasserniveau des Ri-chu schon an 200 Fuß höher ist, als in der Weideflur.

Die nächste Thalmulde war in einer andern unerwarteten Weise gekennzeichnet; es befand sich nämlich mitten in den Wiesen nur ein ziemlich großer Thörien, eines der buddhistischen Monumente, die ursprünglich zur Aufbewahrung von Reliquien, dann zum Opfern,

beſtimmt waren (Bd. II. S. 89). Hier hörte ich für ſolche Chorten ebenſo
häufig den Sanskritnamen Cháitya gebrauchen. Die Form kann
ſehr verſchieden ſein. Hier zeigte ſich der Chörten in der Geſtalt
eines kleinen Tempels, aber durch und durch impenetrabel, ohne
Thüre, Fenſter oder Niſche. Er ſtand ganz allein; die Häuſer des
kleinen Dorfes Biteling waren an 400 Fuß höher auf den nächſten
Stellen gelegen.

Bald folgten größere Dörfer, und jetzt auf beiden Seiten der
Abhänge ſtets zahlreicher; ich nenne hier nur Béſer, Dinge und
Shambóng.

Bei Dinge, auf der linken Thalſeite, zeigte ſich eine für dieſe
Region ungewöhnlich hohe Geröllmaſſe; ſie war zugleich wieder bis
zum feſten Geſtein in der Thalſohle erodirt; der zur Zeit
ganz kleine Fluß heißt Pangerpó; auf der rechten Thalſeite zeigte
ſich, umgeben von ſchönen, baumartigen Lorbeergebüſchen, ein Waſſer-
fall, ein unerwarteter Gegenſtand, nicht weil er ſehr groß geweſen
wäre, ſondern deswegen, weil im Himálaya überhaupt Waſſerfälle,
ſelbſt von geringen Dimenſionen, ſehr ſelten ſind. Zwar ließe ſich
etwa erwarten, daß es bei der großen Regenmenge, in der Regenzeit
wenigſtens, ſo mächtige Cataracte gäbe, wie ich ſie in den Khaſſiagebirgen
geſehen. Allein dort verbindet ſich als Urſache ihres Vorkommens
mit der großen Regenmenge auch ein ſteiler Rand des Gebirges;
hier hatte das Waſſer, wie gewöhnlich, Senkungen des Bodens zu
folgen, die ſeltener und dann nur in kleineren Höhendimenſionen,
von jenen ſteilen Stufen unterbrochen ſind, über welche Waſſerfälle
herabſtürzen können, vorausgeſetzt, daß nicht noch eine neue Urſache
der Beſchränkung derſelben gerade in der zu reichlichen Regenmenge
hinzutritt. Um von einem uns nahe liegenden und wohlbekannten
Gebiete als Vergleichungspunkt ausgehen zu können, ſei auch hier
der Alpen erwähnt. Wir ſehen dort ſehr ſchöne Waſſerfälle, aber
meiſt an Stellen, wo Seitenbäche in Hauptthäler einmünden; an
ſolchen Stellen ſind ſie deswegen am häufigſten, weil das Ein-

schnitten (die Erosion) des kleineren Baches nicht so rasch wächst, als jene des Hauptstromes, und weil so eine Niveaudifferenz entsteht, auch an Orten, wo die primitive Ursache, die in den geologischen Verhältnissen, in der Schichtenstellung sowohl als in dem Rüstungssysteme zu suchen ist, keine sehr mächtige ist. Im Ganzen sind Wasserfälle auch in den Alpen jetzt verhältnißmäßig selten. Wo die Bedingungen dazu vorhanden waren, und wo auch früher Wasserfälle eine sehr lange Zeit wohl bestanden, sind jetzt in den größeren Thälern meist Abflachungen eingetreten, die nur Stromschnellen gelassen haben. Uebrigens kommen in den Alpen und in den Nachbarländern wenigstens noch einzelne Wasserfälle auch in den Hauptströmen vor; ich habe nur den Rheinfall bei Schaffhausen zu nennen! Im Himálaya dagegen gibt es in den Hauptthälern gar keine, und wo sie in den Nebenthälern vorkommen, sind sie unbedeutend. Die Ursache liegt darin, daß hier die Regenmenge so groß ist, und daß sich, in die verhältnißmäßig kurze Zeit von wenigen Monaten zusammengedrängt, die mechanische Kraft des Wassers mit entsprechend vermehrter Gewalt entwickelt.

Auch durch die chemische Zersetzung des Gesteines, die nicht ohne Einfluß ist, wird die Wirkung der Erosion hier bei der höheren Temperatur des Wassers und der Gesteine etwas beschleunigt. Für Indien hatte ich Aehnliches zu erwähnen (Bd. L S. 107, 532). Das Resultat ist, daß mit wenigen, kleinlichen Ausnahmen, wie die hier erörterte, nicht nur alle Wasserfälle fehlen, indem sie in Stromschnellen verwandelt worden sind, sondern daß im Himálaya ebenso die Seen fehlen. Auch in Tibet sanken wir sehr zahlreiche Becken von früheren Seen, aber jetzt entleert, und die verhältnißmäßig wenigen, die übrig geblieben sind, befinden sich jetzt in einer wasserarmen Gegend, so daß dem Verdunsten derselben von dem athmosphärischen Niederschlage nicht mehr das Gleichgewicht gehalten wird; dort haben sie nun bedeutend durch allmähliches Eintrocknen an Wasser verloren, sind salzig geworden und fahren fort, noch immer mehr dem totalen Eintrocknen sich zu nähern. Die Untersuchungen über die tibetischen Salzseen werden in West-Tibet zur Sprache kommen. Für den Himálaya, der uns hier zunächst vorliegt, sei nur erwähnt, daß ungeachtet seiner großen Ausdehnung außer dem See Ralnitál in Kámáon, Höhe 6565 Fuß und, weit entfernt davon, dem Púllar-See und dem Shalimár-See in Kashmir, 5126 Fuß und 5146 Fuß Höhe, keine Seen irgend von Bedeutung vorkommen. Unter jenen, deren Höhen wir im hypsometrischen Bande angeben konnten, sind als Seen secundärer Größe zu nennen: der Katsupétri in Sikkim, 6038 Fuß, der Bim Tal in Kámáon, 4343, der Rissár-la Tal in Gárhvál, 11,787. Die übrigen des Höheverzeichnisses, wie die Pángma-Seen, bei 15,186 und 16,038 Fuß in Nepál, der Dío Tal in Gárhvál, 17,745, der Altarnath-Gletschersee in Gárhvál, 13,349, der Ram Tso in Pahól, 15,570, der Tso Kor oder Káhin Tal in Lishtadr, 10,867, der Padche-Paß See, 16,076 Fuß — sind theils kleine Wasseraufstauungen durch Gletscher, wie sie auch in den Alpen unbedeutend an Größe und Tiefe vorkommen, oder sie sind solche kleine Wassermulden in der Nähe der Pässe, die ebenfalls in den Alpen zahlreiche Analoga haben. Aehnliche allerdings werden noch an manchen Stellen sich auffinden lassen, aber zu den in erster und zweiter Reihe angeführten dürften nur wenige hinzukommen. Desto zahlreicher findet man deutliche Spuren von Seebecken, oft von bedeutender Tiefe, welche durch die Erosion des Flusses nach und nach trocken gelegt worden sind; zugleich hat sich aus der Vergleichung der topographischen und geologischen Verhältnisse derselben ergeben, daß die Erosion allein es ist, welche das Vorhandensein der Seen jetzt auf ein Minimum reducirt hat.

Wo in den Alpen und ihren Vorebenen Seebecken durch Erosion entleert sind, macht sich in den meisten Boden Moor- und Torfbildung bemerkbar. Diese fehlt in den subtropischen Regionen gänzlich, und der Mangel erklärt sich durch die Verschiedenartigkeit des Vegetationscharakters. Die torfbildenden Moose der Alpen (Sphagnum und ähnliche) sind in den subtropischen Regionen gar nicht vertreten. Daß man den Mangel der Seen, auch jenen der Wasserfälle nicht früher hervorgehoben und zu deuten versucht hat, hängt wesentlich damit zusammen, daß es an der Möglichkeit allgemeiner Vergleichung bisher gefehlt hat, und daß unter den gewöhnlichen Umständen derjenige, der nur die eine oder andere Provinz des Himálaya zu untersuchen Gelegenheit hatte, den Mangel als einen localen auffaßte, und keine besonderen Schlüsse damit verbinden konnte. Dadurch, daß wir schon bei dem Beginne unserer Beobachtungen im Himálaya verschiedenen Routen folgten, und daß nun längs jeder derselben die unter sich gleichen, aber von anderen Gebirgen abweichenden Effecte der Erosion entgegen traten, waren wir in der Lage, schon in unsern officiellen „Reports on the Magnetic Survey", auch aufgenommen in das Journal der As. Soc. von Bengalen 1855 bis 1858 allgemeine Beobachtungen und die Erläuterung derselben zu geben. (Die Wirkung der Erosion in Tiefländern, wo die Strombette mehr an Breite als an Tiefe dadurch zunehmen, ist Br. I. S. 278 zusammengestellt.)

Die Thalstufen mit flachen lacustrinen Ablagerungen als Bodendecke wiederholten sich mehrmals auf dem Wege bis Narigún und Táuong. Das Gestein änderte sich bald ober Amartál, und zwar zeigte sich hier in ausnahmsweiser Aufeinanderfolge Granit als das Gestein, das unmittelbar nach den tertiären Schichten folgte, während nirgend im übrigen Himálaya, auch nicht in den von uns bereisten Theilen des Karakorúm und Künlún, Granit als größere Felsenmasse anstehend vorkommt; höchstens zeigen sich im Gneiß oberartig dem Granit etwas ähnliche Stellen. Crystallinische Gesteine treten sonst im Himálaya erst in größerer Entfernung vom Rande auf, und dann als Gneiß und Glimmerschiefer, Hornblendegesteine ic. — darin den Alpen ganz ähnlich. Ich hatte damals schon hinreichend vom Himálaya gesehen und aus der Ferne durch meine Brüder, mitgetheilt erhalten, um das Ueberraschende als solches richtig zu erkennen; auch hatte ich nicht vergessen, als etwas für sie werthvolles ein Handstück dieses Gesteines wegzupacken, obwohl ich damals nicht beurtheilen konnte, wie lange ich es mit mir zu führen haben würde. Wir sahen uns in der That erst mehrere Monate später, als wir nach einer Trennung von mehr als einem Jahre (März 1855 bis April 1856) auf ein Paar Wochen in Simla wieder zusammenkamen.

Für die Route war das neue Gestein nicht günstig zu nennen; es bot manchmal so glatte sphärische Ablösungsflächen, daß man Pferde, selbst nach gänzlichem Abladen, nur mit Mühe hinüberführen konnte. An anderen Stellen dagegen, wo Felsbrüche abgestürzt waren, waren die Blöcke von kantiger, durch ihre wohl erhaltenen Bruchflächen gefährlicher Gestalt; für Bauten ist der Granit dieser Thäler schwer zu bearbeiten, aber wo er angewandt wird, so bei Tempeln, Klöstern und religiösen Monumenten, von mehr als gewöhnlicher Schönheit und Dauer. So schlecht meist die Privatgebäude sind, so zeigte sich doch in Bhután weit mehr, als ich es später im westlichen Tibet zu sehen Gelegenheit hatte, architectonischer Sinn für äußere Formen, die bisweilen selbst monumentalen Charakter erreichten. Es scheint, wie auch die Form der Architecturen es bestätigt, daß die Veranlassung dazu auf Lása's Einfluß zu beziehen ist.

Sechs Meilen unterhalb Narigún schlug ich noch mein letztes Lager vor dem Einzuge auf, um den folgenden Tag sogleich nach Ankunft zu weitern Vorbereitungen und Unterhandlungen benützen zu können.

Kurz vor dem Kloster fand ich am Wege, oder vielmehr inselartig zwischen einer Theilung des Weges, eine schöne Gebetmauer mit den normalen Appendices von Dîrchole und Lápchas aufgerichtet. (Bd. II. S. 90). Sie war 244 Fuß lang, an 7 Fuß hoch und 5 Fuß breit und hatte am Anfange und in der Mitte je einen kleinen,

rechtwinkligen, vierseitigen Thurm, die als Chāditpa oder Chörten
dienten.

Die vorliegende Gebetmauer, von der ich ungestört, wie stets
bei buddhistischen Bauten und Bildern, eine Zeichnung machen
konnte (Gen. Nr. 261), war eine ungewöhnlich gut erhaltene; auch
waren sehr schöne Dartchols oder Gebetflaggen aufgestellt, aber nur
an jenem thalabwärts gerichteten Ende, das überhaupt deutlich auch
durch die Wahl schöner Steine als der „Anfang" der Mauer zu
erkennen war.

Die Gebetflaggen waren von der einfachsten Form, wie sie auch
in jedem Hause vorkommen; es ist dabei an einem Stabe
eine Anzahl von Zeugstreifen angebunden, theils mit dem sym-
bolischen Spruche Om máni pádme hum bedruckt oder beschrieben,
theils auch ganz leer. Ihr Flattern schon soll ein Beitrag zum
Schutze des Hauses sein.

Gegen zwei Uhr erreichte ich Narigün. Mein Lagerplatz war
außerhalb des Ortes mir angewiesen worden, wie mir sogleich nach
Ankunft durch einige Mönche gemeldet wurde, die meinem Zug etwas
entgegen gegangen waren und ihn anhielten. Der Platz, wie das
Kloster auf der linken Seite des Ri-chu und diesem nahe gelegen,
war ein Vorort unmittelbar zum Kloster gehörend; zugleich weilten
stets zwei buddhistische Klostermönche niederer Ordnung in nächster
Nähe meines Zeltes, „um zu besorgen, was ich und meine Leute
brauchten"; aber hauptsächlich wohl, um zu sehen, was etwa Unerwartetes oder gar Gefährliches bei uns vorkommen könnte. Es war
dies ähnlich den Ehrenwachen, die wir später zur Begleitung in
Kubra und in Nepál erhielten, nur waren die Beobachter in Narigün weniger zahlreich und weniger zudringlich.

Sobald ich meine Zelte und Gepäckstücke etwas in Ordnung
hatte, ließ ich mich zum officiellen Besuche im Kloster melden, der
mir auch sogleich gestattet wurde. Mein Empfang war, wie zu erwarten, zum wenigsten kalt, denn ich war gegen den Willen der

Lámas angekommen, rascher, als sie es nach vorläufigen Mittheilungen ihrer Landschafter erwartet hatten. Doch was andern Theils die Schwierigkeit meines Auftretens etwas verminderte, war der Umstand, wie mir später von meinem Dolmetscher anvertraut wurde, daß die Mönche Narigúns noch nie einen Europäer gesehen hatten, und daß sie auch in meinen gewöhnlichsten Ausrüstungsgegenständen so viel des Neuen zu finden hatten. Das Klostergebäude zeigte sich kleiner und unansehnlicher, als ich es nach den Beschreibungen meiner Träger aus dieser Gegend erwartet hatte; aber nachdem ich noch vieles andere ähnliche gesehen hatte, hatte ich auch gelernt, in meiner Erinnerung an Narigún weniger anspruchsvoll zu sein. Hervorzuheben ist das solide Mauerwerk und eine regelrechte symmetrische Verbindung der einzelnen Theile des Gebäudes. In Tibet sah ich später nicht selten solche Klöster von weit größerer Ausdehnung, aber dessenungeachtet in kunstloser Weise und aus sehr leicht zerstörbarem Materiale aufgeführt. Allerdings fand sich hier schönes Holz und festes Gestein in unmittelbarer Nähe und die zu Frohndiensten so leicht zu nöthigende Bevölkerung war ziemlich zahlreich.

Meine Geschenke, die hier, wie stets bei ähnlichen Gelegenheiten, bereit gehalten werden mußten, bestanden in Schießpulver, Thee aus Assâm und Aquarellfarben; die letzteren, von denen ich jedoch selbst nicht viel entbehren konnte, waren den Lámas für ihre religiösen Bilder und ihre mit farbigen und ornamentalen Lettern versehenen Manuscripte sehr willkommen. Vorzüglich wußten sie eine Blechkapsel mit flüssigem „Chinese white" zu schätzen, da sie ohnehin alles mit Deckfarben ausführen, nicht unähnlich der Gouachemalerei, aber zugleich mit häufigerer Anwendung von Metall in Gold- und Silberfarben, und von grellem Lack. Ungeachtet dieser Principienverschiedenheit wußte der Chef der klösterlichen Schreib- und Malerstube auch meine Art, die landschaftlichen Ansichten in Bleistiftzeichnung und Aquarell auszuführen, gut zu würdigen. Er besuchte mich nämlich des andern Tages ebenfalls, im Zelte, und ich legte ihm das Blatt mit der obenerwähnten Gebetmauer vor, eine leichte Farbenskizze, auf der zugleich die Gebetmauer wegen ihrer bedeutenden Länge gegen das Ende perspectivisch sich sehr verjüngte; das Letztere war ihm unerwartet, doch verstand er rasch das wirkliche Verhältniß, als ich ihn an andern Gegenständen, die uns umgaben, die Verjüngung demonstrirte.

Den Thee von Assám fanden die Mönche sehr vortrefflich, aber selbst die billigen dort producirten Sorten wären ihnen noch für ihren Gebrauch „zu theuer". Derjenige, dessen sie sich bedienten, ist der Ziegelthee, der aus ganz ordinärem, aber dabei doch sehr dunklem und kräftig bitter schmeckenden Materiale bereitet wird und seine Gestalt, die Form und Größe von Backsteinen, durch Zusammenpressen erhält. Er wird wohl noch lange Zeit keine Concurrenz zu gleichem Preise in der indischen Theeproduction erhalten, obwohl dort die Sorten, wie sie für den Transport nach Europa nöthig sind, die allerfeinsten ausgenommen, trefflich hergestellt werden.

Die Räume des Klosters, der Tempel, auch die Objecte des buddhistischen Cultus, wurden mir bereitwillig zu sehen gestattet; sie hatten hier für mich um so mehr Interesse, weil ich sie hier zum erstenmale recht vollständig vereinigt sah. Auch das Benutzen meiner Instrumente war mir zur genauen Bestimmung der magnetischen Elemente und der geographischen Positionen möglich. Die Höhe, die ich für die Basis der Gebetmauer erhielt, war 3642 Fuß; sie liegt 52 Fuß über dem Wasserspiegel des Ri-chu. Das Niveau meiner Instrumente, 3615 Fuß, kann zugleich als die mittlere Höhe des großen Dorfes betrachtet werden, das hier ausnahmsweise nicht auf den Abhängen, sondern ebenso wie das Klostergebäude in dem weiten Thalbeden liegt.

Die magnetischen Beobachtungen ergaben für die Declination unerwartet eine „zu große Abweichung nach Osten", wahrscheinlich mit dem Vorhandensein des Granites zusammenhängend, der in den übrigen Theilen des Himálaya fehlt; auch die magnetische

Kraft, die totale Intensität, zeigte sich, mit den Resultaten in größerer Entfernung verglichen, anomal; sie ist hier schwächer, als man nach den allgemeinen Verhältnissen, ohne die unmittelbaren Beobachtungen vorliegen zu haben, berechnen würde. Die Abschwächung der magnetischen Kraft ist aber weniger local auf Bhután beschränkt, als die Unregelmäßigkeit in der Declination. Die Intensität wird in ähnlicher Weise — durch große Bodenfeuchtigkeit, verbunden mit starker Bewölkung, wie sich als nächste Ursache ergeben hat und in dem ersten Bande der „Results" speciell erläutert ist — dem ganzen indischen Saume des Himálaya entlang verändert.

So wichtig mir in dieser Beziehung die Ausführung der magnetischen Beobachtungen geworden war, so habe ich doch wohl dem Umstande, daß gerade diese nicht unbemerkt bleiben konnten, einen großen Theil der Schwierigkeit zuzuschreiben, die topographischen und geologischen Untersuchungen weiter auszudehnen. Das Vordringen auf der Route nach Táuong und Ľása ward mir unbedingt verweigert. Auch waren einige meiner kundigsten Begleiter „verschwunden", ohne selbst noch den Lohn für ihre bisherige Mühe von mir erhalten zu haben, und hätte mir nicht Dórang Dörje klugerweise schon am ersten Abende die Correcturen für den Routenplan über Táuong nach Ľása zu verschaffen gewußt, so hätte ich diese einige Tage später wohl schwerlich mehr erhalten. Zunächst schlug ich vor, Erkundigung in Táuong einholen zu lassen, um wenigstens noch etwas Verlängerung meiner Zeit zum Untersuchen der Schneegipfel zu erhalten. Gelang es mir auch nicht, in der Richtung nach Ľása weiter vorzudringen, so waren mir doch seitliche Excursionen, auch Bergbesteigungen möglich, und zwar diese mit Theodolit und Zeichnungsmaterial. Mein Aufenthalt in Bhután währte bis 23. Januar. Ich werde versuchen, in der folgenden Zusammenstellung die wesentlichsten Terrainverhältnisse in Kürze zu schildern.

Von den Höhenpunkten, die bisher für Bhután und seine Gebirgszweige bekannt geworden sind, konnte ich für die complete Zusammenstellung in dem hypsometrischen Bande der „Results" an 40 sammeln, die wichtigsten derselben sind auch für diese Ausgabe in die „hypsometrische Tabelle" aufgenommen. Es ist zu bedauern, daß die früheren schönen Routen von Turner, veröffentlicht allerdings 1783, dazu keine Beiträge boten, dagegen hat Pemberton, der überhaupt sehr viel positive Beobachtungen machte, auch zu den Höhenmessungen aus diesem Theile des Himálaya wichtige Daten geliefert; sein „Report über Bhután" erschien zu Calcutta, 1839. Für die höchsten in Indien, Assám und in den benachbarten Theilen Bengalens noch sichtbaren Gipfel erhielt ich von den englischen Officieren des indischen Vermessungscorps (Great trigonometrical Survey) und an den Militärstationen in Assám einige sorgfältige Bestimmungen mitgetheilt.

Den ersten Anblick der Bhután-Schneegipfel hatte ich, wie früher erwähnt, aus dem Khássiagebirge bei Málrong und Nankláu (Bd. I, S. 520). Ganz nahe Orte, wie Udalgúri, die Dáphlahügel, Dibrughár, wo ich ebenfalls Ansichten des Himálaya aufgenommen habe, ließen nur die Vorberge und etwas Mittelregion überblicken: ziemlich parallele Kämme, weniger steil gegen Norden ansteigend, als ich sie in den etwas westlicheren Theilen des Himálaya, in Sikkim und Nepál, werde zu schildern haben.

In größerer Entfernung vom Fuße dagegen, so in den Panoramen, die ich in Goháti im November 1855, und in Tézpur im Mai 1850 ausführte, zeigten sich auch im Thale die Details einiger der bedeutendsten Schneegipfel. Da ich zu Goháti nicht mit Bestimmtheit darüber urtheilen konnte, ob es mir gelingen würde, durch Vordringen nach Bhután denselben noch näher zu kommen, war mir die Klarheit der Herbsttage im Brahmapútrathale sehr werthvoll gewesen.

Im östlichsten Theile des Himálayakammes erheben sich mehrere große Gebirgsstöcke zu Höhen über 20,000 Fuß: die Gruppe der

Dal la-Gipfel, das Massif des Thíme-ri und jenes des Cám-la. Die erstere hat zwei hervorragende Gipfel, von denen ich für den westlichen 22,425 Fuß erhielt, für den östlichen 21,435 Fuß. Von den Engländern in Assam wurden sie mir wegen ihrer Aehnlichkeit in Gestalt und ihrer geringen gegenseitigen Entfernung die „Gemini" genannt, häufiger noch hörte ich für den höheren der beiden Gipfel den Namen „Giants peak". Als ich nach Bhután kam, fand ich dort den Namen Dal-la; auch auf der tibetischen Karte von Assam nach Lása über Táuong war diese Bezeichnung zu lesen.

Der Thíme-ri-Gipfel, der gegen Westen folgt, ist 20,430 Fuß hoch und hebt sich überdies nur wenig über seine nächsten Umgebungen empor. Der Cám-la-Gipfel dagegen zeigt sich als eine mächtige, breite Gruppe, deren höchster Kamm zwei Erhebungen hat, die nur wenig in Höhe sich unterscheiden.

Von diesem Gipfel an bis zum Chamalhári im Westen, eine Strecke von ungefähr 150 engl. Meilen dem Kamm entlang, konnte ich keine Gipfel finden, deren Messung die Höhe von 20,000 Fuß erreichte; doch wäre es wohl möglich, da wegen des etwas flachen Ansteigens gegen die tibetische Grenze manche Theile des Kammes verborgen blieben, daß einzelne etwas höhere Gipfel noch sich finden werden; jedenfalls ist der Chamalhári der hervorragendste, durch seine Höhe sowohl als auch durch seine isolirte Stellung; er ist nämlich einer der verhältnißmäßig nicht sehr zahlreichen Berge der Erde, deren oberster Gipfel nicht als relativ kleine Emporragung über einen Kamm oder wenigstens über eine breite hohe Basis hervortritt, sondern er gehört zu jenen, die sich in Gestalt eines ziemlich Isolirten und dessenungeachtet an Masse und Höhe gewaltigen Hornes über die Umgebung emporheben.

Selbst von den Gebirgsketten in Sikkim waren noch an günstigen Stellen die hier erwähnten Gebirgsgruppen von Bhután zu erkennen (vergl. „Gebirgsprofile" Nr. 1), dagegen verschwand das Charakteristische der Flußsysteme, mit welchen hier, in der Nähe gesehen, die einzelnen Gebirgsgruppen um so deutlicher sich verbinden, da mehrere sehr bedeutende Flüsse vom Norden kommend, jene Kette durchbrechen, welche ihrer dominirenden Gipfel wegen scheinbar als die Hauptlinie hervortritt, während die etwas weiter zurückliegende Wasserscheide weniger markirt in ihrer Form ist, eine Eigenthümlichkeit, die dem Kamm des Himálaya entlang, wie wir sehen werden, an vielen Stellen sich wiederholt.

Unter den von Norden kommenden Flüssen, welche hinter den Hochgipfeln des Himálaya von Bhután ihre Quellen haben, sind die zwei wichtigsten der Subansiri- und der Monas-Fluß.

Der Subansiri-Fluß, der bei der östlichen Länge von 94° aus dem Hauptkamme hervortritt, kann als Grenze zwischen den Däphlas im Westen und den Abors im Osten betrachtet werden; südöstlich von Láshímpúr mündet er in jenen Theil des Brahmapútrabettes, der hier als Bóri Lohit, als „alter Lohit", dem gegenwärtigen Hauptstrome parallel liegt.

Noch wasserreicher ist der Monasfluß, der in Unter-Assam, gegenüber von Goalpara, in den Brahmapútra sich ergießt. Seine nördlichen Zuflüsse scheinen mit dem tibetischen See Jámrokiso oder jedenfalls mit den nächsten Umgebungen desselben zusammenzuhängen. Von hier bis an die Grenze von Sikkim sah ich keine merkliche Senkung des Kammes sich wiederholen.

Die Bewaldung ist in Beziehung auf Arten der Bäume auch im Innern noch sehr mannigfaltig, aber das Auftreten derselben ist nicht sehr dicht. Meist sieht man nur isolirte bewaldete Abhänge und man findet dort vorzüglich die Abies Webbiana und die Pinus excelsa; in etwas tieferen geschützten Lagen ist die eigenthümliche, langnadelige Föhre von den Khásiagebirgen, die Pinus longifolia, häufig.

Auch sehr verschiedenen Formen der großblüthigen Rhododendren begegnet man zugleich mit den Coniferen; den Rhododendren am günstigsten sind Höhen von 6000 bis 8000 Fuß. Bei 10,000

Fuß tritt fast überall absolute Baumlosigkeit ein; selbst größere Gesträuche sind selten. Die oberen Grenzen der holzbildenden Gewächse liegen hier nicht so hoch, als z. B. in Sikkim, weil hier zugleich die Trockenheit mit dem Annähern gegen die höheren Theile der Himálaya sehr rasch zunimmt.

Unter den Punkten, welche mir Aussicht auf die centralen Theile Bhutans geboten haben, war der Tsingi-la der günstigste. Von keinem dieser Punkte war Assam als Ebene oder Thalfläche zu sehen, obwohl von den Ufern des Brahmapútra nicht nur diese mittelhohen Ketten, sondern auch die noch viel ferneren Linien der Hauptkämme in überraschender Deutlichkeit sich unterscheiden ließen. Es war mir dies nicht ganz unerwartet; es erinnerte mich an ganz analoge Verhältnisse in den Alpen, während des vierzehntägigen Aufenthaltes mit meinem Bruder Adolph in der Vincenthütte, bei 10,376 engl. Fuß Höhe, am südlichen Abhange des Monte Rosa. Auch von dort konnten wir nur selten die Ebenen unmittelbar am Südfuße der Alpen erkennen, während gleichzeitig von den Bewohnern der Ebenen nach aufwärts während dieser zwei Wochen die einzelnen Theile des Massivs des Monte Rosa jeden Tag deutlich zu erkennen waren. Die Ursache war hier in Bhutan und dort dieselbe: die Dunstschicht der Atmosphäre beschränkt den Beobachter weniger, wenn sie ihm selbst nahe liegt, als wenn sie vor dem zu unterscheidenden Gegenstande sich befindet; im letzteren Fall wirkt nicht nur die Absorption der Lichtstrahlen, sondern auch das von der Oberfläche der Dunstmasse reflectirte Sonnenlicht störend.

Ein mir neuer Gegenstand in der Ansicht der Himálaya-Abhänge war die Schneegrenze im Winter, die ich überdies während der ganzen Reise nur hier zu sehen Gelegenheit hatte. Sie reichte bis gegen 9000 Fuß herab und schloß so noch viele mit Vegetation bedeckte Abhänge ein. Der Anblick war deutlich verschieden von dem Bilde jener schneebedeckten Regionen im Sommer, die oberhalb der permanenten Schneegrenze liegen. Durch die vielen Bäume, die zum Theil nur auf ihren Aesten mit Schnee beladen, bald hell, bald dunkel sich abgrenzen, wird das Bild unruhig; es werden intensiv dunkle, fleckenähnliche Stellen häufig, die sich nicht wie die ihrer Stellheit wegen permanent schneefreien Felsenwände der Hochregionen zugleich dem Profil der Berge und ihrer Abhänge anschließen. Unter den einzelnen schneebedeckten Bäumen fällt hier am meisten die Conifere Pinus longifolia auf, an welcher die Aeste mit ihren kleinen Verzweigungen durch den Schnee eine leichte Krümmung zugleich mit Compression erleiden, wodurch sie schneebedeckten Palmenblättern beim ersten Anblick ähnlich scheinen. Früher Schnee lag am mächtigsten in den Schluchten nahe seiner unteren Grenze; in den Wäldern häufte er sich besonders an ihrem nördlichen Rande, wo er, gegen directe Besonnung geschützt, zugleich des Nachts durch Strahlung erkaltete und erhärtete, während jener, der im Innern zur Erde gefallen war, lose blieb und rascher der Wärme der Tagesstunden weichen mußte. Dies bemerkte man, wenn man auf die nächsten Details des Vordergrundes blickte. An Gegenständen, die etwas ferner lagen, und daher auch größere Flächen auf einmal zu überblicken erlaubten, trat dagegen hervor, daß zur Zeit, die Schneelinie im allgemeinen sowie auch vereinzelte und dick gelagerte Schneeflecke auf den Abhängen mit südlicher Exposition am weitesten herabreichten; ich suchte die Ursache darin, daß auch in der kühlen Jahreszeit die vereinzelten Schneefälle mit südlichen Winden zusammentreffen; es geht dies so weit, wie ich dann als Bestätigung von den Eingebornen erfahren konnte, daß in diesen Höhen selbst im Frühjahr die ersten Blumen und das Grün auf der Nordseite etwas frühzeitiger sind, weil hier der Schnee nicht so mächtig angeweht war, und in Folge davon auch der Boden nicht so tief durch Schneewasser abgekühlt blieb.

Wenn man dagegen zur Zeit der höchsten Schneegrenze, im Sommer und Herbst, die Unterschiede auf nahe gelegenen Abhängen "ungleicher Exposition" untersucht, ergibt sich auch im Himálaya ein entschieden tieferes Herabreichen der Schneegrenze auf den nördlichen Abhängen, weil, nachdem einmal Besonnung, überdies bei so hohem Sonnenstande, wieder regelmäßig stattfindet, einige Tage genügen, um die ein wenig mächtigere Widerstandsfähigkeit der größeren Schneemasse auf Südabhängen verschwinden zu machen. Auf den Unterschied zwischen der Schneegrenze nördlich und südlich vom Hauptkamme des Himálaya komme ich später zu sprechen; diese Untersuchung war sehr schwierig, um so mehr, da auch das Resultat ein unerwartetes war. Es ergab sich nämlich, daß nicht die Höhe der Schneegrenze auf der Südseite des Himálaya, „weil zu tief", als die relativ anomale zu betrachten sei, sondern jene in Tibet „weil zu hoch".

Jener Theil des Panorama, der seiner Höhe wegen stets mit Schnee bedeckt bleibt, zeigte sich jetzt wenigstens insofern noch blendender und reiner, als ich je im Sommer so ausgedehnte Ketten gesehen habe, weil frischer Schnee den Firn und das Gletschereis überlagerte, und weil selbst alle Felswände, deren Neigung das Bedecktwerden erlaubte, jetzt dem allgemeinen Bilde untergeordnet blieben, während sie später dunkel, und um so deutlicher dann sich abheben. Zugleich fiel mir auf, was mir nur vom Firn der Alpen her bekannt war, daß auch diese blanken, frischbeschneiten Regionen gegen den Himmel nur dann hell sich abheben, wenn sie direct besonnt waren (oder in ganz anderer Weise dann — des Abends bei jener zweiten Erhellung oder „Seconde Coloration", die sich durch die Phosphorescenz des Schnees erklärt). Wenn der Himmel trübe ist, und seine Reflexe heller Wolken locale Lichtanhäufungen auf den Schneeflächen veranlassen können, ist es sehr deutlich, daß auch der graue Himmel heller ist, als die weißen Berge dagegen. Ich erwähne dieses an sich unbedeutenden Umstandes nur deshalb, weil auch bei uns auf Bildern, in Winterlandschaften sowie in Hochalpenregionen, so häufig in störender Weise für den Physiker dagegen gefehlt wird. Was weiß ist, ist deshalb noch nicht heller als grau; die Stellung zur Lichtquelle, die reflectirende Kraft der Substanz, haben hier einen oft unerwarteten Einfluß.

Von Rarigûn nach Táuong führt der Weg in vier bis fünf leichten Tagemärschen, zwei seitliche Thäler durchschneidend, über den Paß Mândâ-la und den Paß Sil-la, auch Chil-la hörte ich diesen nennen. Letzterer liegt in einer Kette mit schneebedeckten Gipfeln, die in südöstlicher Richtung gegen Assâm sich hinzieht. Auf dem Sil-la-Passe steht ein leeres Haus, als Quartier für den Reisenden, da Sturm und Kälte hier häufig sehr lästig werden. Jenseits der Kette folgt Ramét, das größte Dorf auf diesem Wege vor Táuong, und das Thal des Dángma-chu, der bei Panigóng („Wasserburg") zwischen Tfzpur und Bishnâth in den Brahmapútra sich ergießt. Auf der Bhutân-Route führt eine Brücke über den Dángma-chu.

Auf den indischen Karten, wenn sie im Norden von Lúch-Bahár und Assâm über Bhutân Angaben enthalten (auch noch auf Allen's „Map of India" von 1855) ist unterhalb Táuong ein „Encampment" des Téva Thárma Rája angegeben, über welches aber meine Begleiter keine Auskunft geben konnten. Es war ihnen ganz unbekannt; es scheint sich auf eine Jehre-Periode zwischen dem Reich des Téva Thárma und den Gebieten der Lhánpo-Lhots bezogen zu haben.

Von Táuong nach Lâsa werden für gewöhnliche Märsche mit mittlerer Belastung vierzehn Tage gerechnet; die officiellen Mittheilungen aber, die ähnlich wie ursprünglich überall in Indien, durch einzeln oder höchstens in Paaren reisende Träger befördert werden, die, wo die Neigung des Bodens es erlaubt, eine Art von Dauerlauf einhalten, werden in sieben bis acht Tagen vermittelt. Die beiden ersten größeren Dorf-Stationen sind Shau und Tsöndg; nach einem noch etwas höher gelegenen kleinen Dorfe Jjördö folgt dann der Paß Tal-la; es ist dies der höchste Paß der Route, der nahe an den auch in Assâm sichtbaren Tal-la-Gipfeln vorüber führt. Die folgenden Stationen sind die Dörfer Tse-thang (auch

Tsi-bang hörte ich es aussprechen) und Simbu; von hier fällt die Route gegen den Fluß Yörgláp-Tsámbo, der nach einer bedeutenden Krümmung seines Laufes in den Dihóng oder Tsámbo-chu, den tibetischen Hauptzufluß des Brahmapútra, sich ergießt; die übrigen „Stationen" sind To, Samié, Titchin, Tsé, Gúnthang, Yha-rang, Shángtha und Lása, zwischen den beiden letzteren ist die Entfernung sehr gering, aber der Gi-chu (oder Ki-chu), ein tief eingeschnittener, verhältnißmäßig kleiner Fluß, trennt sie. Auf meiner Original-Routenkarte sind noch die Stellen, wo Nebel der Höhe wegen häufig sind, auch jene, wo wilde Pale, Kiángs (Equus hemionus) und Chalór-Hühner (Perdix rufa Luth) vorkommen, bildlich durch die Darstellung dieser Gegenstände, allerdings in verhältnißmäßig riesiger Größe, deutlich gemacht.

Außer den genannten Thieren ist als wichtig für die höheren Regionen noch des Moschusthieres und des Kin zu erwähnen. Das Moschusthier verbreitet sich von hier mehr gegen Westen bis Nepál, der Kin mehr gegen Osten in die Gegenden der halbwilden Him-álaba-Bewohner; vor wenigen Jahren erst ist die des Kin Region genauer bekannt geworden. Der Kin oder Ta-lin ist eine rinderartige Antilope von der Größe eines mittleren Pony. Von Blyth wurde er zuerst 1850 nach Exemplaren, die er über Assám erhalten hatte, als „Budorcas Taxicolor" beschrieben. Das Auffallendste an dieser neuen Gattung von Antilopen war nicht nur ihre ungewöhnliche Größe und Stärke, sondern auch die so unerwarte Aehnlichkeit in einzelnen Theilen mit dem Rinde, in anderen mit der Antilope, dem Schafe und der Ziege. Der Kin ist ein Typus von Uebergangsform, wie er unter den noch lebenden Gattungen sehr selten nur sich wiederholt.

Innere Verhältnisse des Dharma-Reiches.

Verkehrswege. — Frühere Besuche. — Alpen-Region; Hügelland und Duārs. Cultur und Jagd. — Die Bewohner. — Staatliche Verhältnisse. — Rohe Willkür der Verwaltung. — Kriegsdienst und Waffen. — Krieg mit den Europäern 1865. — Verlust der Duārs.

Zur Vervollständigung der Schilderungen des östlichen Himálaya habe ich noch über das Bhutánreich des Priester-Fürsten Deva Dharma Rája (oder Choigyál, Bd. II. S. 21) der seinen Sitz zu Tassisudon hat, Einiges beizufügen. Europäer haben dieses Gebiet nur sehr selten besucht. Ihre Nachrichten sind hier durch Angaben von Eingeborenen etwas ergänzt, die ich bei den Khámpo-Bhots und in Sikkim erhielt. Nur über die Höhe, Lage und Gestalt der Schneegipfel auch in diesem Theile Bhutáns konnte ich selbst nähere Kenntniß mir verschaffen, da ich mehrere der mittelhohen Punkte, 10,000 bis 12,000 Fuß über dem Meere, östlich und westlich davon zu besuchen Gelegenheit hatte, welche ausgedehnten Ueberblick auch über diese Ketten gewährten.

Die Verkehrswege, die das westliche Bhutánreich durchziehen, sind wie jene über Karigáu und Táuong, solche, die vorzüglich Norren und Often auf den kürzesten Wegen verbinden; es erklärt sich dies sowohl aus der politischen Abhängigkeit des Reiches von Lasa, als auch daraus, daß hier fast alle größeren Flußthäler vorherrschend südliche Richtung haben. Uebrigens gibt es auch einen Verkehrsweg wenigstens, der in west-östlicher Richtung, ziemlich rechtwinklig auf diese Flußthäler gestellt, die ohnehin nicht sehr zahlreichen größeren Orte der Quere nach verbindet. Die Verzweigungen des Himálaya, die auf dieser Linie zu überschreiten sind, bieten dabei, obwohl mit Höhen von 8000 bis 10,000 Fuß, im Allgemeinen weniger Schwierigkeiten als die tiefen Erosionen der Flüsse. Diese Querverbindung zweigt sich ab im Guedárathale, sowohl von Páro sowie etwas oberhalb von Tassisudon, und führt über Simtola, Punátha, Tónglo und Jaisa, mit geringer Aenderung, in der mittleren geographischen Breite von 27°,0° N. Von Jaisa aber bis Taszöng im Mondsthale senkt sie sich über Chengúr, Tsálens, Jongár bis Korijdunpa wohl mehr als 30 Meilen gegen Süden und steigt nun in nordöstlicher Richtung über Gnasángua gegen Tassöng und Tádong an.

Nur viermal gelang es, während der letzten hundert Jahre, politischen Missionen den Zutritt nach Bhutan zu erwirken. 1774 war es Brogle, der fast bis Tashilhúnpo (schon in Tibet) kam. Turner, 1783, erreichte Tashilhúnpo selbst; doch leider durfte er nur der Route von Brogle folgen; auch auf dem Rückwege wurde jede Abweichung davon energisch verweigert. Glücklicher in der Erforschung des Himálayaterrains war Pemberton, der 1838 an den Hof des Dharma Rája abgeschickt wurde. Auch ihm verweigerte man anfangs neue Routen, aber nach langer Correspondenz erlaubte man endlich, daß er das Land der Quere nach durchziehe, wenn ihm auch nicht mehr Gelegenheit ward, die Kette des Himálaya in seinen östlichen Theilen nach Norden zu überschreiten. Brogle und Turner hatten von Goalpára in Assam in gerader Richtung nördlich, hin und zurück reisen müssen, Pemberton begann viel östlicher; von Goháti aus ging er nördlich bis Tassöng, dann wandte er ſich weſtlich und zog durch Bhután bis Taſſiſúdon, er folgte dabei (aber von Oſten nach Weſten vordringend), der Linie des eben angeführten Verkehrsweges. Den Rückweg nahm er, wie ſeine Vorgänger, über Puſúlha oder Búlſa. Von Turner und Pemberton haben wir ausführliche Berichte. Turner's Werk hat den Titel: „An account of an embassy to the Court of the Teshoo Lama in Tibet; containing a narrative of a journey through Dootan and part of Tibet. London, 1800;" Pemberton's: „Report on Bhutan" Calcutta, 1839.

Eine wichtige Ergänzung erhielten ihre Beſchreibungen durch intelligente Eingeborne aus Bengalen und Aſſám, von denen die Regierung mehrere nach Bhután geſandt hatte, mit ausführlichen Inſtructionen über die Gegenſtände, die ſie beachten ſollten. Die neuen Daten wurden von den aſiatiſchen Geſellſchaften zu Calcutta und London bekannt gemacht; Einzelnes findet ſich auch in den „Official Reports" der indiſchen Beamten über ihre Beſuche bei den wilden Stämmen an der Nordſeite von Aſſám. Ueber adminiſtrative Verhältniſſe, über den Charakter und die Lebensweiſe der Eingebornen und über die Producte des Landes enthalten dieſe Berichte ſorgfältige und zuverläſſige Angaben; weniger in wiſſenſchaftlicher Beziehung. Für die folgende Darſtellung wurde ausgewählt, was von allgemeinem Intereſſe iſt; eine Vorarbeit, die mein Bruder Emil unter Benutzung meiner Beobachtungsmanuſcripte für die Bearbeitung der ethnographiſchen Materialien übernommen hatte.

Betrachten wir zunächſt die Terrainverhältniſſe. Das ganze Areal des unter dem Thárma Rája ſtehenden Bhuldnreiches (mit Ausſchluß der öſtlichen bereits geſchilderten kleinen Lámaſtaaten) iſt zu 20,000 engl. Quadratmeilen geſchätzt, ſeine Bevölkerung zu 150,000 Menſchen. Es zerfällt in zwei, an Größe, Bodenbeſchaffenheit und Dichtigkeit der Bevölkerung ſehr verſchiedene Theile, in die alpine Region, welche Berggipfel des Himálaya von mehr als 20,000 Fuß Höhe in ſich ſchließt, und in die Vorberge mit Tarái und mit fruchtbaren Niederungen. Die letzteren heißen die Duárs. Auch die niederen Vorberge sind reich an Ertrag; die Tarái ist uncultivirt. Der Werth der Ernte in diesen Theilen wird jetzt auf 3 Lak Rupis geschätzt — 200,000 Thlr.; aber schon die Regelung der Abgaben würde die Ernte auf 8 Lak Rupis steigen machen. Auch sind jetzt die landwirthschaftlichen Geräthe sehr unvollkommen. Der Pflug, von dem ein Exemplar in der Sammlung auf Jägersburg sich befindet, ist ein leidlich zugespitztes Stück harten Holzes, vorne mit einer eisernen Spitze beschlagen; er wird am Boden fortgeschleift und öffnet eine schmale, wenig tiefe Rinne; ein Stürzen des Bodens ist bei dem Mangel eines Streichbrets nicht möglich. Das Zugvieh (Büffel) reicht nicht aus; die Großen finden es vortheilhafter, ihre Unterthanen zum Unterhalte von Lastthieren (Pferden, sehr selten Maulthieren) zu nöthigen, die sie bei Waarentransporten requiriren. Yaks kommen in den unteren Theilen nicht als permanent gehaltene Hausthiere vor, sondern nur, wie bei Karigún erwähnt, als Lastthiere in den Wintermonaten.

Die Haupterzeugnisse sind Reis, Weizen, Gerste, Mais und Hirse; doch glaubt man, daß sich auch Theepflanzungen, wie in Sikkim, mit großem Vortheile anlegen ließen. Zucker gedeiht in einzelnen Lagen bis zu 4000 Fuß, auch Mangobäume sind noch bis zu dieser Höhe beobachtet worden. Die Bevölkerung im Gebiete der Vorberge und Niederungen von Bhután beträgt mehr als zwei Drittel des ganzen Reiches; sie könnte leicht auf das Vierfache steigen. Auch in militärischer Beziehung ist dieser Theil von Bhután von großer Wichtigkeit, weil da, wo die Flüsse den Himálaya verlassen, die Zugänge zu Bhután liegen.

Ganz verschieden sind die Verhältnisse in dem alpinen Theile von Bhután. Im Allgemeinen lebt die Bevölkerung dort äußerst ärmlich; nur die Wohlhabenderen können die besseren Sorten von Getreide bezahlen. Milch, Butter und Käse ist allgemeine Zuspeise, vom Fleisch enthalten sie sich aus religiösem Vorurtheile, weil sie

Seelenwanderung annehmen; man wisse ja nicht, ob man nicht im Thiere einen Verstorbenen oder Freund verzehre, deswegen sei „Fleisch essen seine Eltern essen". Solche Auffassung der buddhistischen Lehre ist in den westlichen Theilen Tibets unbekannt.

Gebirgsgegenden bieten stets für den Anbau nur in unzureichender Weise günstige Stellen. Wegen des bedeutenden Verlustes an Feuchtigkeit, den die tropischen Winde in den Khássiagebirgen erleiden, ist in Bhután überdies der atmosphärische Niederschlag geringer, als in den anderen Theilen des Himálaya. Zugleich wird hier, wie überhaupt im ganzen Himálaya, die befruchtende Wirkung des Regens bei gleicher Wassermenge geringer, als in den Ebenen; die steilen Abhänge und die starke Neigung der Thäler bringen ein rasches Abfließen hervor. Ja, in den meisten Lagen des inneren Bhután ist Feldbau nur möglich, wo künstliche Bewässerung stattfindet. Auf die Ansammlung von Wasser durch Ableitung der Flüsse verwendet deshalb der Landwirth große Aufmerksamkeit; man trifft nicht selten Wasserleitungen aus Bambusrohren, Tausende von Fuß lang, auch auf die terrassenförmigen Culturen längs der Abhänge wird, wenn irgend möglich, eine Quelle geleitet. Im Herbste hinwieder zieht ein so heftiger Wind durch die Thäler, daß die ganze ohnehin nur sehr dünne Humusschicht weggeweht würde, wenn nicht die Terrassen mit Wasser überschüttet würden, das nun auch nach der Ernte nochmals zum Bedürfniß wird.

Die Bewaldung im Innern Bhutáns ist im Allgemeinen dieselbe, wie im Gebiete der Khámpo-Bhots (Bd. II. S. 127); nur im westlichsten Theile, gegen Sikkim, wird sie etwas dichter, auch reicht die Höhengrenze etwas weiter hinauf. Dessenungeachtet sind auch in den oberen Theilen Bhutáns, da sie ja von Menschen so wenig dicht bewohnt sind, wilde Thiere, selbst heerdenweise auftretend, sehr zahlreich. Das wichtigste Thier der Jagd für die Eingeborenen ist das Moschusthier. Der Handel mit Moschus ist eine nicht unwichtige Einnahmequelle der Großen.

138   Cap. III. Bhután; die Gebiete der Khámpa-Thets und ꝛc.

Die Bewohner des Himálayagebietes von Bhután sind viel roher und ungebildeter, als jene der Duárs. Es überrascht, im Hochlande thönerne Waaren zu finden, die aus freier Hand gemacht, statt mittelst des Rades gedreht werden; ja selbst der Gebrauch der Säge ist dort nur Wenigen bekannt, Beil und Stemmeisen vertreten ihre Stelle.

Wie in Tibet herrscht auch hier Polyandrie.

Das Reich des Dfra Thárma steht jetzt in einem Abhängigkeitsverhältniß zum Hauptsitze des Priesterthums zu Lása Die inneren staatlichen Verhältnisse sind folgende:

Die Einwohner zerfallen in fünfzehn Tribus, die sich wohl einst als verschiedene Stämme gegenüberstanden, jetzt jedoch nicht mehr strenge gegen einander sich absondern. Die ursprüngliche Zusammensetzung aus zahlreichen kleinen Fürstenthümern läßt sich noch in allen Verhältnissen erkennen. Zwar wird als ihr gemeinsames Oberhaupt jetzt der Thárma Raja genannt, der „Gesetzes-Fürst"; er ist jedoch viel mehr, als man es bei einem orientalischen Fürsten erwarten sollte, von dem guten Willen seiner Vasallen abhängig. Die Ursache ist weniger sein geistlicher Stand und die Zurückhaltung, welche dieser ihm auferlegt — er gilt als eine Verkörperung des Búddha, der zum Heil und zur Erlösung der Menschen vom Jammer des Daseins menschliche Form annimmt —, als der Umstand, daß erst im 16. Jahrhundert nach Christi Geburt ein incarnirter Thárma Rája auftrat. Die einheimische Geschichte berichtet, daß er aus Lása gekommen sei, und es scheint, daß die Anhänger der „rothen Secte", die im oberen Theile des oestlichen Tibet, dem nördlichen Grenzlande von Bhutan, nicht als orthodox gelten, um diese Zeit von dort verwiesen wurden und nun unter den Bhútias zu neuem Ansehen gelangten. Die eingebornen weltlichen Fürsten lieferten Naturalien und steuerten zum Tempelbau bei, und was anfangs freiwillige Leistung war, wurde später durch feste Satzung geregelt. Eine Gebietsabtretung fand nicht statt, ihre Macht aber

Innere Verhältnisse des Dhárma-Reiches. 139

wurde gebrochen, indem Lamas zu Gouverneuren der Festungen und zu Aufsehern über die Vorrathshäuser ernannt wurden. Dessenungeachtet ist aber in jeder wichtigen politischen Frage der Dhárma Rája ein ganz willenloses Werkzeug seiner Umgebung, zunächst der Lámas, geworden: stets ist er nur durch Compromiß der Mächtigen auf den Thron erhoben, meist ist er von niederer Herkunft, und die Lámas selbst würden wohl schon längst dieses Puppenspiel gänzlich abgeschafft haben, wenn nicht der Volkswille ein oberstes geistliches Haupt verlangte; auch ist dieser Schelakönig bisher noch das einzige Mittel gewesen, um die Herrscher von Tibet von Einmischung in die Verhältnisse von Bhután abzuhalten, während er auch den eingeborenen Großen des Reiches eine willkommene Person ist, um sich vor Umsturzplanen eines der ihrigen zu schützen. Die Hoheitsrechte sind deshalb in den Händen der Würdenträger. Den höchsten Rang nimmt der Tépa ein (ein tibetisches Wort, geschrieben $ Te-pa = der „Regent", das nur zufällige Aehnlichkeit mit Téva, im Sanskrit = der „Göttliche", hat). Der Tépa ist der oberste Rathgeber des Dhárma Rája; er ist stets aus den größten Grundbesitzern gewählt, wird aber Geistlicher, wenn er Tépa wird; er ist zugleich der Befehlshaber der Feste von Tassisúdon. Die nächst wichtigen Aemter sind die der drei Pulos oder Provinz-Gouverneure, nach diesen die der Festungs-Gouverneure. Diese Stellen sind fast alle schon seit Jahrhunderten bei derselben Familie erblich geblieben, nur einige Festungen in der Nähe von Tassisúdon sind dem Dhárma Rája zur Belohnung der Dienste seiner Günstlinge geblieben; in diesen wechselt auch der Befehlshaber sehr oft. Der Gouverneur ist oberste Militär-, Justiz- und Verwaltungsbehörde. In den nach Süden geöffneten Thälern von Bhután sind die Befehlshaber, obgleich ursprünglich vom Tépa eingesetzt, fast ganz unabhängig von Tassisúdon; sie senden jährlich einen mäßigen Tribut ein, im Uebrigen aber behandeln sie ihre Unterthanen, auch die großen Grundbesitzer, als ihre Untergebenen.

Ueberhaupt wird jeder Besitz als eine Verleihung, als ein Lehen vom Dêpa, betrachtet, und es hat der Belehnte eine ziemlich bedeutende Geldsumme als Preis der Belehnung zu zahlen. Es ist zwar die Regel, daß der Besitz sich in derselben Familie erhalte, aber wenn sie sich gegen den Dêpa feindlich benahm, kam es oft schon vor, daß ein anderer Stamm, der ihm ergeben war, nun damit belehnt wurde, der aber dann meistens durch Waffengewalt sich den Besitz erstreiten muß. Der Dêpa wird von den Großen des Reiches erwählt, und zwar ist es jedesmal der Mächtigste, vor dem die Andern sich beugen. Dem Gesetze nach erhält er die Regentschaft auf drei Jahre, jedoch behauptet er sich stets länger im Amte. Gewöhnlich dankt er nur gezwungen ab, indem einer der Großen, der sich durch Erpressungen bereichert hat, Truppen ausrüstet und den Dêpa verjagt; doch weiß man auch von Fällen, daß zu maßlose Ueberschreitungen seiner Macht einen allgemeinen Aufstand gegen ihn veranlaßten.

Die größten Gebiete sind im Besitze der Fürsten von Pâro, Tóngso (auch Túngro) und Ándipur; an Einkommen aus Abgaben und Handelsunternehmungen, sowie an Einfluß sind ihnen aber überlegen die Gouverneure der Festungen von Pundtha (3739 engl. Fuß) und von Tassisudon (circa 4000); diese sind ernannt vom Regenten. Kleiner sind die Gebiete im Tieflande, in den Landschaften, die sich über die Vorberge des Himâlaya und über die Tarái bis Assám ausdehnen; hier wußten sich die Klöster schon früh von den Beamten des Dêpa unabhängig zu machen, am meisten im Osten; solche geben unmittelbar an den Thárma Râja ihre Abgaben. Die Mönche, die Lámas, stehen fast ausschließlich unter der Jurisdiction des Thárma Râja. Er entscheidet, wer in den geistlichen Stand treten dürfe, und empfängt für die Bewilligung die festgesetzte Steuer von 125 Rupis (=83$^{1}/_{3}$ Thlr.); das Vermögen der Lámas, die an seinem Hofe leben oder aus seinen Vorrathshäusern gespeist werden, fällt nach ihrem Tode ihm zu.

Die Großen bedrücken ihre Unterthanen in jeder Weise; wer wohlhabend ist, wird unter nichtigen Vorwänden seines Vermögens beraubt. Gegen solche Bedrückungen gibt es keinen Schutz. Beschwerden haben nur den Erfolg, daß der höhere Richter sich die erpreßte Beute aneignet. Sogar Civilforderungen an einen gewöhnlichen Unterthan sind nicht durch Klage zu erhalten; der Richter untersucht zwar die Sache gewissenhaft und verurtheilt auch den schuldigen Beklagten zur Zahlung, behält jedoch die Summe selbst; sollte aber die Forderung des Klägers nicht erwiesen werden können, so hat dieser die eingeklagte Summe dem Richter zu zahlen. Selbst gegen Verbrecher findet keine weitere Strafe statt, wenn sie im Stande sind, die nicht sehr hohen Geldbußen zu bezahlen; sonst wird der Mord z. B. so bestraft, daß der Mörder an den Leichnam des Getödteten gebunden und mit Steinen beschwert an einer tiefen Stelle im Wasser versenkt wird.

Obwohl in Sprache und Race von den indischen Nachbarn so verschieden, finden wir doch auch bei ihnen alle jene Ungerechtigkeit und Willkür in der socialen Verwaltung, wie dem ganzen Himalaya entlang bis nach Kashmir; es war dies auch für die Stämme anderer Race zu leicht von ihren Nachbarn zu lernen.

Wesentlich geändert sehen wir solche Zustände nur da, wo europäische Verwaltung in Besitzesfragen bessere Principien eingeführt hat.

Die Bhútias, selbst wohlhabende, sind ärmlich gekleidet, um nicht durch gute Kleidung den Verfolgungen ihrer habsüchtigen Herren sich auszusetzen. Nur darin äußern sie Wohlhabenheit, daß sie es wagen, von den harten Frohndiensten sich loszulaufen. Ganze Ortschaften müssen ohne Entschädigung Tage lang schwere Lasten von Waaren tragen. Chong, ein gegohrenes Getränk aus Múrwa-Hirse, das zuweilen gereicht wird, ist ihre einzige Belohnung. Diese Frucht, die Eleusine Coracana, eine rothbraune Hirse, die auch in den Khássiagebirgen, am allgemeinsten in Sikkim, gebaut wird, verdient hier wegen der Eigenthümlichkeit der Anwendung Erwähnung. Der Same wird befeuchtet und zwei Tage lang der Gährung ausgesetzt; dann wird heißes Wasser aufgegossen und durch Saugröhrchen von Bambus geschlürft, damit die Hirsenkörner, die oben schwimmen, nicht in den Mund kommen. Der Geschmack ist schwach-säuerlich, aber angenehm und erregend; seine berauschende Kraft ist eine äußerst geringe. Noch mehr als in Bhután sah ich den Márva in Sikkim gebraucht und nach einem ermüdenden Marsche während der auf den Bergen mittlerer Höhe noch heißen Sommertage war auch mir der Genuß des Chong sehr willkommen. Der Geschmack ist von dem, was europäische Getränke bieten, im Gesammteffecte sehr verschieden, doch findet man sogleich auch im Chong seinen Reiz. Wenn ich vergleichen soll, könnte ich etwa milden Theegeschmack, gehoben durch Kohlensäure und etwas (sehr wenig) Alcoholgehalt, als das am ersten Entsprechende nennen.

Weniger beschwerlich als ihre Frohndienste in der Bodencultur finden die Bhútias ihre Verpflichtung zum Kriegsdienste. Von diesem ist kein waffenfähiger Mann befreit. Die Hoffnung auf Beute und die geringe Gefahr der Verwundungen, wenn sie unter sich Krieg führen, kann als die Ursache betrachtet werden. Ihre Waffen sind Luntenflinten, Bogen, Speere, Säbel und Messer (Dolche). Die Luntenflinten sind hier vorzüglich bestimmt zur Alarmirung und Beunruhigung des Feindes; die Pulverladung ist viel zu schwach, um die Kugel weit zu tragen, auch ist der Lauf so schlecht geschmiedet, daß das Abschießen wegen der häufigen Unglücksfälle mit großer Vorsicht, ja fast mit Furcht geschieht. Zielen während des Losdrückens wurde selten beobachtet, häufiger ist dagegen, daß das Gewehr zuerst auf die Gabel, die fast stets daran befestigt ist, gestellt und gegen den zu treffenden Gegenstand gerichtet wird, damit man mittelst eines Bindfadens aus einiger Entfernung das Abdrücken vornehmen könne. Gewehre mit Gabeln zum Aufsetzen sind auch in Tibet und nordwestlich bis Yárkand und Káshgar im Gebrauche.

Die eigentliche Schießwaffe ist der Bogen; sie schießen damit auch Kugeln, indem die Sehne, bald Strick bald Calamusstreifen, da, wo die Kugel zu liegen kommt, durch zwei Querstäbe ausgespannt ist und ein kleines Quadrat als Basis zum Auflegen der Kugel bildet. Mit diesen Kugelbogen treffen sie sehr sicher, doch gehen die Kugeln nur auf geringe Entfernung. Die Pfeile sind meistens vergiftet. Im Handgemenge gebrauchen sie die Säbel und Dolche; bei Belagerungen werfen die Belagerten Steine und heißes Wasser auf die Stürmenden. Zum Schutze gegen die feindlichen Geschosse werden Panzerhemden, Eisenschienen und Schilde aus Büffelleder benützt. Die Panzerhemden sind schwer, aber gut gearbeitet; wegen ihres hohen Preises werden sie jedoch nur von Vornehmen getragen; die Eisenschienen bedecken die Schenkel und Oberarme, zugleich sind um den Leib vier runde Platten von je etwa vier Zoll Durchmesser gebunden; man nennt sie, ebenso wie in Tibet, von woher sie eingeführt wurden, „Schicksalspanzer", weil sie keinen sichern, sondern einen zugleich vom Schicksal abhängigen Schutz gewähren. Den Kopf schirmt eine dicke Pelzmütze, häufig mit Eberzähnen, Blechspangen und Talismanen phantastisch verziert. Diese letzteren Verzierungen sind nicht tibetisch, sondern sie hängen mit den Sitten der benachbarten Aboriginerstämme zusammen und sind bei den Bhutias viel häufiger als bei den andern Stämmen gleicher Race in Sikkim und Nepál.

Eine große Serie von Waffen hatte ich gerade in Bhutan und in den Duárs gegen Assam zu erhalten Gelegenheit, welche wegen ihrer von europäischen Formen so abweichenden Gestalt von Interesse sind.

Später, in Nepál, erhielt ich auch eine sehr eigenthümliche Zeichnung eines solchen Kampfes von Bhots gegen die Nepalesen. Ich habe sie gelegentlich nepalesischer Unruhen im Herbste 1862 der „Illustrirten Zeitung" zur Reproduction in Holzschnitt zugesendet. Die eben beschriebene Art des Kämpfens läßt sich auch in diese

Darstellung ungeachtet ihres Mangels an Präcision der Formen und an Perspective recht deutlich wiedererkennen.

Die politischen und militärischen Zustände habe ich hier etwas ausführlicher zu schildern Veranlassung gehabt, weil seit meiner Rückkehr nach Europa ein Kampf der Engländer mit dem Reich des Dêva Dhárma Rája stattgefunden hat.

Die 11 Duárs längs Assám hatten die Engländer bald nach Besitznahme von Assám, 1841 (ebenso wie die Bengal-Enclave Ambári, 1842), gegen 10,000 Rupis jährlicher Entschädigung von Bhután abgetreten erhalten; die sieben Bengál-Duárs waren Bhután geblieben. Mit dem Steigen des Wohlstandes im englischen Theile waren räuberische Einfälle der Bhutias stets häufiger geworden. Als ihnen nun die 10,000 Rupis entzogen wurden, hatte der Dhárma Rája selbst „friedliche Vereinbarung" vorgeschlagen. Hon. Ashley Eden wurde als Bevollmächtigter zur endlichen Regelung der nachbarlichen Verhältnisse abgesandt; Entschädigungen hatte er nicht zu verlangen, aber Garantieen sollte er sich zu verschaffen suchen, zum Schutze gegen Wiederholung der Einfälle in das Assamesische Gebiet.

Schon im November 1863 war Mr. Eden in Darjiling angelangt, um von hier über das Tistathal seine Mission anzutreten, aber es dauerte lange, bis ihm seine Unterhandlungen mit Bhután die Abreise möglich machten; unterdessen waren auch in Bhután selbst innere Unruhen ausgebrochen. Doch am 4. Juni 1864 brach er auf; der Anfang schien günstig. Bald aber sah er sich aufgehalten und angegriffen, und nachdem er endlich am 15. März 1865 Punákha, die Winterresidenz (12 Meilen südöstlich von Tassisudon) erreicht hatte, wurde er mißhandelt und mit dem Tode bedroht, als er ungeachtet der temporären Schutzlosigkeit durch seine Entfernung von den Indischen Provinzen energisch für den Zweck seiner Mission auftrat. Erst nachdem er einen Vertrag unterzeichnet hatte, daß die Assam-Duárs an Bhután fallen sollen, ließ man ihn wieder ziehen.

Der Dhárma Rája hatte geglaubt, die indische Regierung würde sich durch ein solches erzwungenes Versprechen gebunden fühlen, während doch er, wie jeder Orientale, selbst ein freiwillig angebotnes Versprechen seinerseits für ungeschehen erachtet haben würde, sobald sich ihm eine günstige Gelegenheit zum Bruche zeigte. Die Engländer zögerten natürlich nicht, dessenungeachtet Krieg zu erklären; rasch wurden im Spätherbste 1864 die Provinzen am Fuße des Himálaya besetzt und die englischen Truppen bis in die Thäler vorgeschoben, welche den Zugang zu den höheren Theilen von Bhután beherrschen. Während 3000 Mann an der Grenze stehen blieben, waren zwei Colonnen von je 2000 Mann vorgerückt, die eine von Bálsa aus gegen Punátha und Tassisúdon, die andere von Devangiri nach der Bergveste Tóngso, dem Sitze des Pénlo oder Chef der östlichen Provinz, welcher der Hauptanstifter des Krieges war. Die Entfernung von Bálsa nach Punátha ist 103 engl. Meilen, dazwischen aber liegt ein 11,164 Fuß hoher Paß; von Devangiri nach Tóngso rechnet man 200 Meilen sehr beschwerlichen Weges. Die Leitung hatte General Tytler übernommen. Militärisches Auftreten gegen ein Land wie Bhután, das so dünn bevölkert und dessen Truppen so unvollkommen organisirt sind, hatte für die Engländer wenig Schwierigkeit. Eine geringe Anzahl von Europäern als Offiziere genügte hier, um selbst Truppen indischer Sipáhis sicher und mit Erfolg zu führen. Auch von den Bewohnern von Assam war bei Entblößung des Landes von Militär keine Art von Widerstand zu fürchten; sie wissen sich der Behandlung lebhaft genug zu erinnern, die sie vor nicht so ferner Zeit von ihren eigenen Fürsten zu erdulden hatten, um ihren neuen Herren ergeben zu sein. Nur momentane politische Verwicklungen, z. B. die Beziehungen zu Kachár und zu Birma, waren zu jener Zeit als etwa gefährlich zu berücksichtigen; es gelang auch nach dieser Seite durch Vorsicht sich zu schützen.

140   Cap. III. Bhutàn; die Gebiete der Sbánpo-Bhots und re.

Das Vordringen durch die Duárs und in die ersten Hügelketten erfolgte ohne Schwierigkeit, fast ohne Widerstand.

Dessenungeachtet begannen nun die Engländer damit, den Bhutias bedeutende Summen zu bieten, wenn sie die neuen Erwerbungen auch noch vertragsmäßig anerkennen würden, die Bhutias aber wiesen ein solches Anerbieten stolz zurück, und der Kampf begann von Neuem. Es überrascht im ersten Augenblick, daß der Sieger dem überwundenen Gegner noch so günstige Bedingungen bot, allein die Engländer hatten Grund, einem Feldzuge in das Hochalpenland wo möglich auszuweichen. Die Schwierigkeiten des Terrains beginnen erst hier, große Opfer an Menschen und Geld zu fordern, während zugleich der Angriff auf so heilig gehaltene Städten, wie den Buddhisten Tassisudon, die Hauptstadt von Bhutan, und die großen Klöster von Punakba und Anipur es sind, in bedenklicher Weise den Fanatismus anfachen konnte. Auch war etwaiges zu Hilfe ziehen der stets streitsüchtigen Gorkhas und der noch näher liegenden, fanatisch buddhistischen Lepchas nicht unwahrscheinlich; im günstigsten Falle wäre der Besitz des nun zu beziehenden Hochalpenterrains wegen seiner geringen Ertragsfähigkeit, mit einer unbequemen Verwaltung und einer schwierigen Sicherung der Grenze gegen China, von verhältnißmäßig geringem Werthe gewesen. Die Umstände erlaubten dessenungeachtet keine Zögerung und es folgten noch im Sommer 1865 harte Märsche und einige lebhafte Kämpfe, bei welchen den Bewohnern die Terrainkenntniß günstig war; es gelang ihnen mehrmals, verhältnißmäßig nicht unbedeutende Gruppen zu isoliren und zu Gefangenen zu machen. Aber die Widerstandslosigkeit der größeren Städte entschied sehr bald den Kampf unter günstigen Bedingungen für die Europäer. Auch die sieben Bengal-Duárs mußten abgetreten werden, die Gefangenen sind freigelassen und freier Handelsverkehr zwischen Britisch Indien und Bhutàn ist eröffnet worden. Für die Duárs wurden von den Engländern 25,000 Rupie Jahresentschädigung geboten,

„die sogar bei strengem Einhalten aller Bedingungen des Vertra„ges bis auf das Doppelte steigen sollten", um sich gute Nachbarbarschaft möglichst fest zu sichern. Die Einverleibung derselben in das Terrain der Bengál Präsidentschaft war am 8. April 1860 proclamirt worden; die formelle Ausfertigung des FriedensVertrages durch Bhútia-Gesandte zu Calcutta erfolgte erst am 11. November. Um den Verkehr zu erleichtern, wurde auch in das Rája-Gebiet dem Rupi als legaler Münze ohne Abzug der Eingang gesichert.

Der Dhárma Rája hat so bei weitem den wichtigsten Theil seines Gebietes verloren; und was für ein langes Fortbestehen des Reiches in seiner jetzigen Gestalt nicht weniger von ungünstigem Einfluß sein dürfte, ist der Umstand, daß das religiöse und zugleich weltliche Vertrauen der Bewohner in die Macht ihres Priesterfürsten nun so sehr erschüttert ward. Selbst das bald erfolgte Absterben des Déva Dhárma Rája von der nach dem Kriege sogleich begonnenen Erhöhung der Steuern soll nur wenig dazu beigetragen haben, die Mißstimmung der Bevölkerung gegen ihn zu mildern. Gegen Ende 1868 begann aufs Neue heftige innere Fehde im Dhárma-Reiche, Kampf der Großen unter sich und gegen den Dhárma Rája. Nach den letzten Nachrichten, die ich aus Assám, dd. 25. September 1869, erhielt, dauerte der Kampf noch fort, Indien aber berührte er nicht, nicht die Duárs längs der Grenze von Bhután.

IV.

Sikkim und Nepál, die Region der größten Erhebungen im Himálaya.

Die Sikkim-Tarai. — Die Route nach Darjiling. — Die Station Darjiling. — Beobachtungen in British Sikkim. — Die Singhalíla-Kette zwischen Sikkim und Nepál. — Aufenthalt in Nepál. — Die Firnregionen und Schneegipfel der östlichen Himálayakette. — Die Bewohner und ihre Sitten in Sikkim und Nepál. — Das Klima.

Die Sikkim-Tarai.

Route über Siligóri und Pankabári; Tista-Route. — Tertiäre Ablagerungen. Bodenbeschaffenheit. — Matiélla, Bengáli-Dorf; Mēch-Ansiedelung. — Landschaftliche Eigenthümlichkeiten. — Jángelbränke. — Temperatur; Besonnung.

Sikkim mit Nepál dehnt sich, wie die Gebiete Bhutáns, von Osten nach Westen in der Hauptrichtung aus. Diese beiden Länder haben in Bodengestaltung und Klima sowie in ihrer Bevölkerung so viel des Gemeinschaftlichen, daß ich die Darstellung für beide zusammenfasse.

Sikkim besuchte ich den April bis August 1855. Hier war es, wo ich zuerst Gelegenheit hatte, die gewaltigen Formen des Himálaya kennen zu lernen, und ich muß dieses Umstandes als sehr günstig erwähnen, da hier zugleich die großartigsten Verhältnisse als die ersten mir entgegentraten. Es hat sich dies, unabhängig von den damit verbundenen Erinnerungen und von den schriftlichen Schilderungen während der Reise bestätigt; diese nämlich hätten, eben des ersten Eindruckes wegen, die Verhältnisse überschätzen lassen. Die Zeichnungen und Höhenbestimmungen bieten dagegen positive Anhaltspunkte, welche auch jetzt noch die Eindrücke kritisch zu beurtheilen erlauben.

Ungünstig waren bei meinem ersten Besuche des Himálaya

die politischen Verhältnisse in Sikkim. Diese nöthigten mich, jenseits des Theiles, der zum englischen Reiche in Indien gehört, nur den Kämmen folgend nach Norden vorzudringen, längs jener Linie, die von den bewohnten Orten nach jeder Seite hin am meisten entfernt war, und doch wurde ich, zu bald noch für meine Beobachtungen und Zeichnungen, gewaltsam gehindert, die Firnregion selbst zu erreichen. Wenigstens war es mir möglich, von dieser hoch gelegenen Reiseroute, die nördlich vom Tónglogipfel nur an einer Stelle der Kammlinie bis 8537 Fuß sich senkte, nicht nur die Schneeberge, sondern auch das Mittelgebirge Sikkims gegen Osten und eines großen Theiles von Nepál gegen Westen, zu überblicken und aufzunehmen.

Hookers eben erschienene „Himalayan Journals" trugen viel dazu bei, daß ich mich rasch in diesen Gegenden orientiren konnte.

Sehr wichtig war es mir zugleich, daß Dr. Campbell, der Chef von Britisch Sikkim, und Mr. H. Bryan Hodgson, früher Resident in Nepál, wohlbekannt durch seine zahlreichen naturwissenschaftlichen und ethnographischen Publicationen, stets auf das zuvorkommendste meine Arbeiten förderten und meine Daten vermehrten.

Die Breite des in jeder Jahreszeit gefährlichen Theiles der Tarái kann im Mittel, ganz Sikkim entlang, zu 10 bis 15 engl. Meilen angenommen werden; sie ist wegen des steileren Abfalles des Gebirgsrandes etwas weniger breit als die Phután-Tarái, aber, der größeren Regenmenge wegen, dessenungeachtet viel schlimmer durch die Miasmen. Gegen Westen, längs Nepál, nimmt die Tarái wieder an Breite zu und zwar ohne weniger miasmatisch zu sein; das letztere fällt erst mit der Stelle zusammen, wo die Richtung des Himálayakammes eine nordwestliche wird. Die Aenderung der Richtung allein hätte als solche keinen Einfluß auf die weniger starke Anhäufung von Miasmen; die Veranlassung dazu liegt vielmehr darin, daß dort die Serálik-Vorberge, die selbst etwas Höhe haben, jenen Raum bedecken, der in den östlicheren Theilen der ganzen Breite nach von Tiefland eingenommen ist.

Durch die Tarai von Sikkim führen nur zwei für Europäer zu benutzende Routen, die eine über Elligóri und Pánkabári; die andere der Tista entlang bis zur Einmündung des Großen Rangit, und von da die Abhänge des Sinchalberges hinan. Als Route wählte ich, weil kürzer und klimatisch weniger gefährlich, die erstere Verbindungslinie für mich und mein Gefolge. Doch besuchte ich noch das Rangit-Thal und das Tista-Ufer nach meiner Rückkehr von der Singalkalette, und Abrul benutzte im August die Tista, um in einer mehr östlichen Linie als meine Route, auch das ganze Tiefland von Bengalen hindurch von mir getrennt, nach Assam mir zu folgen.

Die Tista ist der bedeutendste Fluß in diesem Theil des Himálaya; den Namen Tista erhält er erst nach der Vereinigung der Hauptarme, wovon der westliche der Lachíng, der östliche der Lachen ist. Weiter abwärts, von der Eintrittstelle des Ringpoflusses zur Linken, acht Meilen oberhalb jener des Großen Rángitflusses zur Rechten, bildet die Tista, im Mittelgebirge und in der Tarái bis zum Austritt in die Ebene die Grenze von Sikkim gegen Bhután.

Ganz einfach mag es erscheinen, daß ein großer Fluß, welcher an sich, weil schwer darüberzusetzen ist, eine gesicherte Trennung und Schutz gegen zu leicht auszuführende Ueberfälle bietet, auch als Grenzlinie gewählt werde. Und doch ist es in Wirklichkeit ziemlich anomal, daß ein großer Fluß Völkergrenze bildet. Privatbesitzgrenze, auch jene der Provinzen innerhalb eines größeren allgemeinen Reiches, sind häufiger mit Flußlinien zusammenfallend; aber im Besitze der Völker im Großen ist es in entgegengesetzter Weise vorherrschend, daß sie ungeachtet der erschwerenden Trennung durch Ströme gerade solchen entlang zu beiden Seiten sich am weitesten ausgebreitet haben. Es hat dies denselben Grund wie in Amerika die

Entstehung neuer Städte längs der Eisenbahnen; stets sind die Ansiedelungen günstigen Verkehrsmitteln gefolgt.

Abdul fand schon in der Tarái die Schnelligkeit des Flußlaufes sehr gemindert; unterhalb der Tarái sah er dessenungeachtet starke Stromschnellen mit binnenseeartigen Vergrößerungen des Flußbettes wechseln, bis die mittleren Theile des Ganges-Brahmapútra-Gebietes erreicht sind. Dort zeigt dieser Fluß eine andere, seltenere Eigenthümlichkeit; er theilt sich in zwei Arme von nahezu gleicher Größe, wovon der eine (der den Namen Tista behält) in den Brahmapútra, der andere, der die Atri heißt, in den Ganges sich ergießt. Der letztere ist der kleinere, wofür auch die Aenderung des Namens zu sprechen scheint.

Mein Traughtémau Abrul fertigte einen detaillirten Flußplan längs seiner ganzen Route an, der mir zur Beurtheilung der Erosionsverhältnisse, der neueren Veränderungen des Flußufers ꝛc. sehr wichtig war. Von dem Atriflusse wurde Abdul gesagt, daß er vor etwa 50 Jahren, (ob periodisch wenigstens?) größere Wassermenge gehabt habe, als die Tista.

Für die Bewohner von Sikkim, auch für jene von Bhután, ist die Tista zum Flößen von Holzstämmen für den Schiffbau in Bengalen sehr wichtig; Handel auf dem Flusse mit anderen Landesprodukten ist gering. Die Boote sind sehr einfacher Construction, theils Einbäume von 30 bis 40 Fuß Länge, (um an Raum die geringe Breite zu ersetzen), theils Bretterboote, etwas breiter, aber so roh mit Stricken zusammengefügt, daß Abdul, ungeachtet der Beschwerlichkeit der Führung in etwas unregelmäßig gestalteten Theilen des Flußbettes, die Einbäume vorgezogen hat.

Mein Weg durch die Tarái führte mich beidemale über Siligórí. Das erstemal verließ ich Siligórí am 14. April; obwohl ein weiter Marsch mir vorlag, brach ich nicht vor Eintritt der Tageshelle auf. Die Stunden der Nacht, selbst der Dämmerung noch, sind feuchter und deshalb gefährlicher. Am schlimmsten ist die Zeit, wenn die Regenfeuchtigkeit des Bodens im Herbste verdunstet. Ich erinnere daran, daß Lady Canning auf dem Rückwege von einer Sommerfrische in Sikkim in dem feuchten Dschungelsaume selbst ungeachtet der günstigsten Reiseverhältnisse ein Fieber erhielt, dem sie zu Calcutta nur zu bald erliegen ist.

In geringer Entfernung von Siligóri, nach einer halben Stunde, begegneten wir dem ersten Strom aus Sikkim, der Mahanádi. Zwar hat sie ein kleines Stromgebiet nur, und die Stromentwickelung vom Sinchal-Gipfel bis zu dieser Uebergangsstelle, mit dem Scalenzöbchen gemessen, fand ich als gerade Linie nur 23 englische Meilen; aber es ist dies die Region der regenreichen Vorberge Sikkims, und die meisten Monate des Jahres hindurch entspricht ihre Fluth sehr wohl jener eines „großen Flusses", wie ihr Name es bezeichnet. Zu dieser Jahreszeit war der Fluß verhältnißmäßig leicht zu durchziehen, ohne Brücke zwar, aber der Wasserstand war nieder, auch die Sandbänke trocken und fest, und für die tieferen Stellen waren zuverlässige Boote zu benützen. Unmittelbar hinter Siligóri, in schroffer Veränderung der Landschaft, beginnt die Tarái.

Aehnlich den Boden- und Vegetationsverhältnissen, die ich bei der Bhután-Tarái zu erwähnen hatte, fand ich hier sehr wenig, was in seiner Erscheinung die Gefahr des Durchziehens so recht hätte hervortreten lassen. Da ich hier zugleich das erstemal eine Tarái zu sehen erhielt, (neun Monate vor meinem Besuche jener von Bhután), war meine Aufmerksamkeit sehr gespannt. Der Boden war anfangs mittelgroßes Sandgerölle, das sehr plötzlich endet, wo die Ebene von Bengalen anfängt. Dort zeigt sich nämlich der Boden, mit geringer Senkung, als lacustrine Ablagerung eines früheren Binnensees. Auf dem Geröll der Tarái liegt, ähnlich wie in den nördlichen Vorebenen der Alpen, eine meist dünne Humusdecke, zuweilen mit etwas Lehmbildung sich vereinend. Die Tarái der Tiefebene entlang läßt sich hier als der lesige Rand des Bengál-Süßwasserbeckens erkennen.

Dieser Bodenverhältnisse wegen zeigt sich zwischen Bengalen und der Tarái der Unterschied in der Menge und Circulation des Grundwassers sowie in der chemischen Beschaffenheit desselben so groß, daß das Gesammtbild der Landschaft, selbst in der Vegetation, schon am Rande der Tarái ein ganz neues wird. Gegenüber den Ebenen sowohl als den niederen Gebirgsstufen ist die Tarái in Folge des Kiesgrundes, ungünstig vertheilter Bodenfeuchtigkeit ꝛc. vegetationsarm zu nennen, jedenfalls lange das nicht bietend, was sonst die Lage erwarten ließe. Selten nur wiederholt sich so großer Unterschied zweier Regionen unmittelbar an der Berührungslinie, wo nicht direct großer Höhenunterschied mitwirkt.

Im Tarájigerölle finden sich längs der größeren Bäche noch Kiese bis zu einem Fuß im Durchmesser; solche Größe ist aber exceptionell und kömmt nur in der unmittelbaren Nähe der Ufer vor. Die Kiesablagerung unterscheidet sich in der Sikkim-Tarái von jener östlich davon dadurch, daß mehrere Stufen sich folgen, die mir anfangs ganz unerwartet waren, die sich aber bei näherer Untersuchung als Grenzen lacustriner Bildungen in den Thälern der Tarái selbst erkennen ließen. Solche Seen verschwanden dort, als allmählich der ganzen Länge nach die Erosion des Thales eine gewisse Tiefe erreicht hatte; ähnliche lacustrine Geröllbänke hatte ich in Bhután (Bd. II. S. 115) und an einigen Stellen des centralen Nepál auch als im Innern des Gebirges vorkommend beobachtet. In Sikkim aber fand ich sie auf die niederen Thäler der Tarái beschränkt. Hooker, der auch dieser Geröllstufen erwähnt, glaubte sie mit Wechsel in Hebung und Senkung des Bodens verbinden zu müssen. Aber obgleich überall die festen Gesteine der Vorberge, auch jene der Tertiärzeit, wie die Schichtenstellung zeigt, gehoben sind, liegen doch diese Geröllstufen ganz horizontal, wo sie etwas große Flächen bedecken, oder es sind, wo sie nur schmale Streifen bilden, Erdsenkungen zu erkennen, die nach dem Abfließen des etwas Widerstand leistenden Wassers einzutreten begannen; Lagen, wo solche Senkung eintrat, sind sehr wenig geneigt und fallen auch sanft von beiden Seiten her gegen die Mittellinie des Thales. Eine Abwechslung in Heben und Senken hätte nie die Wahrscheinlichkeit, große Schichten genau wieder horizontal zu machen und kleine Schichten dessenungeachtet von links und von rechts gegen die Mittellinie des Thales gesenkt zu haben.

Sandsteine mit tertiärer Kohle, Braunkohle gleichen Alters wie die in der Bhután-Taráí erwähnte, sind auch hier vorhanden; um sie zu untersuchen, ging ich von Darjíling aus nochmals in die Taráí herab, etwas mehr gegen Osten, an die Stelle, wo der Ratiáng-Fluß in die Mahanári mündet. Die Kohle wechselte mit Sand- und Mergelschichten; die Schichten fielen nach N. 6° Ost, also nahezu rechtwinklig auf die Richtung der Himálayakette, mit einer Neigung von 30°.

So viel ich weiß, ist auch hier bisher keine bergmännische Bearbeitung begonnen worden. Die Ausfuhr der Kohle nach Bengalen wäre durch die Terrainverhältnisse sehr begünstigt, ganz ähnlich wie in Bhután.

Da der Saum sedimentärer Gesteine ein sehr schmaler ist und da hier meist Sandsteine sich zeigen, die nur an wenigen Stellen mit etwas Mergel, seltener noch mit Kalk wechseln, sind kieselerdehaltige Ablagerungen das Vorherrschende. Wenn dessenungeachtet Vegetation an allen Stellen, wo die Befeuchtung des Bodens sie begünstigt, rasch sich entwickelt, ist dabei, wie die neueren Untersuchungen in der Agriculturchemie gezeigt haben, eine Umwandlung der Kieselsäure von Einfluß, welche hier durch die weit größere mittlere Wärme europäischen Verhältnissen gegenüber nur gefördert sein kann. Ich beziehe mich dabei auf die seit meiner Rückkehr von Professor August Vogel angestellten Untersuchungen über „die Aufnahme der Kieselerde durch Vegetabilien", welche unter anderem als eines der Hauptresultate ergaben, daß „die krystallisirte Kieselerde im Boden „fortwährend eine Umwandlung durch den Vegetationsproceß erfährt,

„wodurch sie in eine der amorphen Modification ähnliche, von den „Pflanzenwurzeln aufnehmbare Form übergeht."

Das an Kieselerde so reiche, meist gramineenartige Unterholz der Jángels bietet demnach den Uebergang zur allmähligen Humusanhäufung auch in diesen Alcsgebieten, während, ebenfalls in Folge der chemischen Beschaffenheit des Bodens, eine hochstämmige Vegetation verhältnißmäßig weniger allgemein dort ist.

Auffallend ist, daß die Erosion der Flüsse meist ebenso tief in dem Gerölle ist, als in den viel leichter zu entfernenden lacustrinen Bodenschichten Bengalens. Die Ursache, fand ich bei näherer Untersuchung, ist hier dieselbe, wie bei dem fast gleich tiefen Einschneiden der Nebenflüsse im Vergleiche mit den Hauptflüssen im festen Gestein der Gebirge selbst: sobald an einer Stelle, sei es durch größere Wassermenge oder durch geringere Widerstandsfähigkeit des Bodens, die Erosion eine gewisse Tiefe erreicht hat, wird jetzt für den oberen Flußlauf (in der Taráï nämlich) oder für den seitlich einströmenden Zufluß (in den Felsenthälern) das Gefäll größer und es bilden sich kleine Wasserfälle oder wenigstens Stromschnellen, welche eben die erodirende Kraft an der Grenze der nicht so tiefen Stelle so lange vermehren, bis ein allmäliger Uebergang sie ausgleicht.

Das letzte Dorf, von Bengális bewohnt, das ich auf dem Wege von Siligóri nach Pánkabári, aber in geringer Entfernung von Siligóri, noch traf, war Mabikólla, auf der rechten Seite der Mahanádi. Der Anblick, der hier sich bot, charakterisirte sehr gut den Anfang der Taráï, indem nach Norden das Niederholz, von Bambus und Sal-Bäumen überragt, mit Vorbergen im Hintergrunde sich zeigt, und nach Süden, jenseits der Mahanádi, die Ebene von Bengalen sichtbar ist, mit der Fächerpalme (Borassus flabelliformis) als dem einzigen hohen Baume, der deutlich und zugleich in ziemlicher Anzahl hervortritt. Dort ist die Bevölkerung dicht und wohlhabend, reiner Hindú-Race, während die Taráï nur von nomadischen Aboriginern durchzogen wird, die allein den miasmatischen Dünsten widerstehen können.

In Mabitólla hatten nur wenige Hindúraços sich niedergelassen, Bengális der ackerbautreibenden Kasten, Goálas und Málís (Bd. I. S. 500). Sie klagten mir sehr über ihre isolirte Stellung, über das auch ihnen schon gefährliche Klima, nicht weniger über Ungeziefer aller Art, auch außer den Musklitos. Allerdings boten ihre Häuser wenig Schutz, denn diese gehörten zu den einfachsten Constructionen: zunächst ein Balkengerüfte, das mit dem Dache versehen wird, während dann erst mit Lehm oder Matten die Entfernungen zwischen den vier verticalen Stämmen an den Ecken mehr oder weniger dicht ausgefüllt werden, wenn die etwas rauheren Monate eintreten. Bis die Regenzeit beginnt und der Boden „gar zu naß wird, um darauf zu liegen", sieht man viele der Balkenconstructionen, die ohnehin sehr häufig neu gemacht werden müssen, auch ohne Mäuke, nur durch das Dach geschützt, bewohnt.

In dem Bilde, das ich mir skizzirte (und das ich nach meiner Rückkehr in „Ueber Land und Meer", Oct. 1862, gegeben habe), zeigte sich ein ähnliches Dach, schwer wie ein durchnäßter Zeltteppich, von vier Stützen herabhängend. Im Vordergrunt, dicht daneben, lag ein anderes solches Dach auf der Erde, der Rest eines im Sturm gefallenen Hauses, kaum gewölbt genug noch in der Mitte, um als ehemaliges Dach erkennbar zu sein. Das letztere wurde jetzt als Treibhaus für die Cultur der Pan- oder Betelpflanze (Piper betel L.) benutzt, welche mit den Früchten der Areca-Palme und etwas Kalk den in Indien so verbreiteten Kau-Betel bildet. (Bd. I, 71, 118.) Die Menge des Panblattes, das in südlichen Theilen Asiens in Verbrauch kömmt, ist größer als die Menge des Tabakes. Die Pflanze ist so specifisch ein Gewächs der Tropen, daß nur längs der Küste die Cultur derselben im Freien möglich ist und auch dort wird sie gegen die zu große Besonnung sowie gegen zu großen Wärmeverlust durch Strahlung in klaren Nächten in der Art geschätzt, daß man sie unter hohen Bäumen pflanzt. Scheunenartige Hütten, allerdings etwas besserer Gestalt als die hier benützte Ruine, sieht man schon in Bengalen zur Cultur angewandt.

Meist sind die Panhäuser bei ihrer einfachen Bauart ziemlich ausgedehnt. Auch hier war das Innere der Betelpflanzung von überraschender Schönheit. Die anmuthigen Formen der Ranke, das helle Grün der dicht gruppirten Blätter, bieten stets ein herrliches Bild, dessen Genuß nur durch die feuchte, beengend heiße Luft dieser Räume beeinträchtigt wird.

Ungeachtet der Nähe des Himálaya ist die Erhebung zu Marikólla noch sehr gering, 320 engl. Fuß. Auch die Form der allein hier sichtbaren niedersten Ausläufer des Sikkim-Himálaya hätte nicht ahnen lassen, daß ihnen in so geringer Entfernung die größten Erhebungen der Erde folgen.

Neben den Häusern sieht man hier, wie überall in Bengalen und überhaupt in ganz Indien, die Banane sehr zahlreich, die Musa sapientum, wie Roxburgh bei der Ueberarbeitung dieses an Species sehr zahlreichen Geschlechtes sie benannte. Ich fand sie hier noch in so großer Menge cultivirt, daß sie von jeder Richtung her den Vordergrund in der Ansicht dieses von Bengallis bewohnten Dorfes bildete. Früher war der mehr allgemein bezogene Name „Musa paradisiaca" L., weil man glaubte, daß diese die „verbotene Frucht des Paradieses" sei; auch für die „Traube, so groß, daß zwei Männer daran an einer Stange zu tragen hatten", als sie zu Moses aus dem gelobten Lande gebracht wurde, mußte sie manchen gelten.

Als eine wichtige Frucht des tropischen und subtropischen Ostens ist sie als „Pala", von Plinius wohl zuerst mit Bestimmtheit erwähnt.

Als Nahrungsmittel ist die Banane in Indien, von den Engländern Plantain genannt, deshalb so geschätzt und verbreitet, weil bei einer Zusammensetzung sehr ähnlich jener der Kartoffel, der

Geschmack ein sehr angenehmer ist, in rohem und in getrocknetem Zustande. Bei jeder Heirath wird neben der neuen Hütte oder auch in einem der Nachbargärten eine junge Banane gepflanzt. Ein solcher Stock kann an zwanzig Jahre hindurch fruchttragend erhalten werden; sobald die Frucht reif ist, wird der Stamm gefällt und der Stock treibt seitlich neue fruchttragende Sprossen. Getrocknet wird die Frucht an der Sonne, in Schnitten. Es geschieht dies vorzüglich da, wo sie als Handelsartikel die Grenzen ihrer Cultur leicht überschreitet. Aus Bombay z. B. wurden (nach der einzigen Zahlenangabe, die ich fand) im Jahre 1850/51 267 Centner, im Werthe von 1456 Rupis, ausgeführt. Unter den Nachbarländern gegen Norden ist die Banane als Handelsartikel etwas weniger wichtig, weil sie, in Sikkim und Nepál wenigstens, noch bis zu 5000 Fuß Höhe in sehr guten eßbaren Varietäten vorkommt; in den mehr nordwestlichen Theilen des Himálaya beschränken die etwas kälteren Wintermonate die Cultur guter Sorten.

Bald nach Mabikólla begegnete ich auf einer frischen Lichtung einer anderen Häusergruppe, allerdings nur von temporärer Construction; es war dies eine Ansiedlung von Méch. Die Méch sind die Aboriginerbewohner in der Sikkim-Taráï; auch im östlichen Theile der Nepál-Taráï sind sie noch die vorherrschenden. Sie sind im allgemeinen civilisirter als die meisten der übrigen Taráïbewohner, die gleicher Raçengruppe angehören, und haben sich in den letzten Jahren, seit sie Gelegenheit hatten, Verkehr mit Europäern zu versuchen, gegen diese sehr gut gesinnt gezeigt; auch sind sie weniger blödisch an den Grenzen europäischer Stationen aufgetreten, als die anderen Aboriginerstämme. Obwohl sie der Taráïluft ziemlich Widerstand leisten, sind doch ihre Gesundheitsverhältnisse und ihre Lebensdauer, verglichen mit civilisirteren Raçen, keine günstigen zu nennen. Wenn sie noch sorgfältiger als es bis jetzt geschieht, den Pflanzenmoder wenigstens aus der nächsten Umgebung ihrer Niederlassungen, am einfachsten durch Verbrennen, entfernen würden, könnten ihre

Verhältnisse günstigere werden; eine ähnliche Verbesserung dürfte in der That bei allmählich sich vergrößerndem Einflusse der Europäer in nicht zu ferner Zeit zu erwarten sein.

Es ist mir möglich geworden, mit Mäch hinlänglich in persönlichen Verkehr zu kommen, um sie durch Dolmetscher über verschiedene ihrer Verhältnisse befragen zu lassen, ja ich konnte bei einigen sogar Körpermessungen vornehmen, und drei davon, einer aus der Sikkim-zwei aus der Nepál-Taräi, befinden sich in der Sammlung unserer Racentypen, da es mir gelungen war, dieselben zu bewegen, auch das Gypsabformen des Gesichtes an sich ausführen zu lassen.

Den Vegetationscharakter einer Taräilandschaft im Winterkleide habe ich schon bei der Besprechung meines Weges nach Bhután beschrieben. Die Sikkim-Taräi durchzog ich einmal in der heißen Jahreszeit, das zweitemal, bei der Rückkehr, unmittelbar nach der vollen Regenzeit.

In der heißen Jahreszeit war es hier noch leerer, als in jener östlichen Strecke vor Bhután im Januar. Hier waren jetzt alle großen Bäume blattleer, oder wenigstens waren die Blätter dürr. Blattfall, wo er in den Tropen eintritt, ist überhaupt nur Function der Trockenheit (nicht wie bei uns zunächst Function der Wärmeabnahme). Er dauert deshalb, je nach der Natur der Bäume, gewöhnlich bis zum Beginne feuchter Winde (der Seebrisen in Küstengegenden) oder bis zum Eintreten des Regens. Nach der Regenzeit, Ende August, war das Maximum der Vegetationsfähigkeit entwickelt, aber auch dieses noch geringer, als ich erwartet hatte. (Bei näherer Untersuchung zeigte sich, daß die Ursache nicht nur im Klima liegt, sondern auch zum größern Theile in den Bodenverhältnissen.) Allerdings kam ich aus einem der üppigsten Länder der Erde nach monatelangem Aufenthalte herab.

Am meisten verändert fand ich die Bambus. Während sie in der trockenen Jahreszeit stramm emporragten, und nur die obersten Verzweigungen etwas beweglich flatterten, waren sie im August durch

Regen, auch durch das Gewicht der neuen Triebe, wie reife, volle Aehren gebogen und hingen meist so tief zur Erde, daß sie aus der Ferne Trauerweiden nicht unähnlich waren.

Das allgemeine Bild der Tardivegetation ist selbst in der die volle Entwickelung zeigenden Jahresperiode nicht sehr lebhaft entgegentretend; es fehlt jene große Verschiedenheit, wie die günstiger gelegenen Regionen der Tropen sie bieten, und es fehlt zugleich, dessenungeachtet, jener einfache, aber durch die kräftigen Gestalten befriedigende Hochwald-Charakter, dem man in jenen Gebieten begegnet, wo bei sonst günstigen Bedingungen des Bodens und der atmosphärischen Feuchtigkeit die Höhe oder die geographische Breite eine Wärmeabnahme bedingt. Bei näherer Betrachtung zeigen sich jedoch in der Tardi die Gestalten der einzelnen Vegetationsobjecte noch immer zahlreich und deutlich genug unterschieden. Das Wenige, was ich bisher abgebildet gesehen hatte, ließ allerdings keine sehr bestimmten Gestalten erkennen, es zeigte sich meist als eine Mittelgestalt zwischen Calamus, Palme und Banane, wenn verschieden von europäischer Baumform. Ohne die genauere Uebung der Hand ist auch für den Kenner die genaue Wiedergabe der Formen als Vegetationsbild der Landschaft nicht leicht, und Künstler als solche fehlen nicht selten dadurch, daß sie an Ort und Stelle zu wenig Werth auf bestimmte und correcte Aufnahme legen. Dadurch geschieht es, daß dann bei Ausführung von „Bildern" nach den Studien nur zu häufig Formen unter sich verbunden werden, wie es in der Natur nicht wiederzufinden ist. Auch an Schönheit zu gewinnen, hat ein Bild wenig Wahrscheinlichkeit, wenn es von der Natur sich entfernt. Was ich für den landschaftlichen Charakter im Allgemeinen zu erwähnen hatte (Bd. I. S. 261), gilt auch, wie sehr bald auf Reisen die Erfahrung lehrte, für die Details der Vegetationsdarstellung. Theoretisch allerdings läßt sich wohl nicht darüber sprechen, um so weniger, da wir ja noch nicht alle Formen der Natur kennen, und da uns überdies in den Resten der uns vorausgegangenen geologischen Perioden so vieles sich zeigt, dessen volle, lebensfähige Gestalt wir uns stets nur unvollkommen werden vorstellen können. Aber als beweisend dafür, wie wichtig es ist, bei Auffassung der Landschaft und Vegetation in Wort und Bild der Natur sich möglichst genau anzupassen, kann angeführt werden, daß unter einer großen Anzahl von Landschaften auf Ausstellungen und in Sammlungen auch der ästhetische Kritiker stets jene als die besten bezeichnet, welche zugleich dem Auge des Naturforschers die am meisten befriedigenden sind.

In der Nähe des Mách-Lagers am Südrande der Tarái war, obwohl die Bengal-Regenzeit noch sechs Wochen fern lag, die Häufigkeit der Niederschläge schon fühlbar vermehrt, so sehr, daß einzelne flache Stellen zur Zeit meines Durchzuges mit Wasser bedeckt sich zeigten, kleinen künstlichen Teichen ähnlich, die zugleich den Charakter der Landschaft bei etwas eingehender Beobachtung der Einzelnheiten in eigenthümlicher Weise veränderten, indem die Spiegelbilder jener Pflanzen, deren erstes Auftreten überhaupt dem reisenden Europäer zum großen Theile neue Formen zeigt, noch eigenthümlicher sich gestalteten. Befindet man sich nämlich vor einer Fläche, welche gegenüberstehende Bäume und Sträucher spiegelt, so sieht man sehr häufig das Spiegelbild in der peripherischen Contour sowohl als auch in der Gestaltung der Blättergruppen auf der Wasserfläche wesentlich abweichen von dem Gegenstande, den man direct beschaut. Es hängt dies damit zusammen, daß die Höhe des Auges über dem Wasser bewirkt, daß der reflectirte Gegenstand unter einem steileren Winkel gesehen wird, nämlich so, als wenn unser Auge sich an der Stelle des Wassers befände, von welcher das Licht uns reflectirt wird, also tiefer und dem Gegenstande näher. Zwengauer, bekannt als Meister europäischer Abendlandschaft, hatte mich bei meinen ersten Studien nach der Natur, die ich das Glück hatte, unter seiner Leitung durchzumachen, nebst vielem anderen in Contour und Farbe auch auf solche

Differenzen zwischen Form des Objectes und des Reflexes aufmerksam gemacht. In seinen schön gestimmten Bildern kommen analoge Gegenstände vor, so in den Thierstaffagen des Vordergrundes, wo ich sie sogar von manchem Beschauer sehr naiv als wunderbar verzeichnet beurtheilen hörte.

Was hier in den Reflexen der Tardi-Lagunen das Bild am wesentlichsten veränderte, war der Umstand, daß der Reflex nicht selten bei mittelhohem Unterholze scharf contourirt gegen den Himmel endete, während der Standpunkt des Beobachters die weiter zurückstehenden, mehr vereinzelten hochstämmigen Bäume, oder etwas wellige, ebenfalls mit Holz bewachsene Stellen des Terrains noch sah, deren Contour gegen das Blau des Himmels eine ganz andere war, als jene des Bildes im Wasser. Gestalten, die ohnehin, weil neu, die Aufmerksamkeit mehr als gewöhnlich erregen, machen auch solche allgemeine Formen die Landschaft am deutlichsten hervortreten. Unerwartet in ihren Formen, und specifisch tropisch sieht man auch häufig die Schatten; hoher Sonnenstand und neue Pflanzengebilde wirken zusammen. Gestalten wie Palmen, Baumfarren, baumartige Rohrgebilde, auch Formen, mehr europäischer Art, aber üppig mit Lianen und Schmarotzerpflanzen behangen, zeigen dann silhouettenähnlich oft so eigenthümliche Schatten, daß man sich bisweilen unwillkürlich nach dem Gegenstande umsieht, am häufigsten, wenn man selbst im Schatten desselben steht.

Mitte April, zur Zeit meiner Passage der Tardi nach aufwärts, waren Waldbrände, zum Lichten einzelner Stellen für die Cultur, noch ziemlich zahlreich, obwohl die bald eintretenden fortgesetzten Regen das Bebauen solcher Stellen auch unmittelbar nach dem Lichten nothwendig machten. Häufiger noch sind sie, wie in der Bhután-Tardi und in Assám erwähnt, von December bis Februar, in den Monaten der kühlen Jahreszeit. Es ist dabei nicht unwesentlich, daß die Asche noch vor dem Beginn der Saat etwas sich zersetzt, und daß wegen der kühleren Lufttemperatur, die meist auch mit weniger heftigen Winden in dieser Zeit verbunden ist, die Begrenzung des Feuers mehr in der Willkür der Dschungelbewohner liegt. Als landschaftliches Effectbild ist ein solcher Dschungelbrand um so interessanter, je länger er verschoben wurde, weil kann bei größerer Trockenheit des Bodens und bei der merklich vermehrten Luftwärme die Intensität und das rasche Fortschreiten des Feuers sehr gesteigert ist. Wie „klein" erscheint Licht und Funkensprühen auch des schönsten künstlichen Feuerwerkes unserer europäischen Städte gegen die Ausdehnung der hier in hellem Feuer glänzenden Flächen, aus welchen in weiten, vom Winde meist wellenförmig gestalteten Curven leuchtende Körper sich erheben, unter denen man zum Theil das Glimmen flacher großer Blätter oder mehrere Fuß langer Rohrgebilde als feurige Fäden erkennen kann. Die letzteren sind, durch den starken Kieselerdegehalt in ihren äußeren Holztheilen, sehr deutlich hervortretend.

Auf Bambusgruppen, überhaupt auf große Rohrpflanzen, ist die Wirkung des Brandes die rascheste und eigenthümlichste. Die Stämme in denselben stehen meist eng aneinander und gehen erst nach oben in divergirender Stellung über; den unteren Theil, welcher der trockenste, und wegen des geringeren Gehaltes an Kieselsäure in der äußeren Decke, der Flamme am leichtesten zugänglich ist, fängt zuerst Feuer und bildet dann, oft in überraschend kurzer Zeit, einen mächtigen Flammenheerd, der plötzlich zusammenstürzt, aber aus dem explosionsartigen Auflodern und Auffliegen nun ebenso rasch beginnt.

Schöner Mondschein, wenn gleichzeitig, macht das Leuchten des Feuers in den nächsten Umgebungen nur wenig schwächer, ja in anderer Weise vermehrt er sogar die Ausdehnung des Gesammtbildes, indem man nun auch in weiter Entfernung noch die großen Rauchwellen über die Flächen hinziehen sieht.

Bei Tag ist der Effect viel schwächer, nicht nur, weil das Licht des Feuers verschwindet, auch der Rauch hebt sich dann nicht so hoch als in der kühlen Nachtluft.

Wo nicht, wie in diesen Theilen Indiens, die Feuchtigkeit der Luft gleichzeitig eine ziemlich große ist, werden solche Waldbrände sehr gefährlich. In der Nähe der Capstadt haben sie im Frühling 1869 selbst große Opfer an Menschen und Werthgegenständen gekostet, und waren schwer zu beschränken. Brände in ausschließend hochstämmigem Holze, wie dort am Cap der guten Hoffnung, sind bei gleicher Ausdehnung stets viel heftiger, als jene in den tropischen, mit Jüngelholz gemischten Wäldern. Ein ähnlicher Brand hat in hochstämmiger Eichenwaldung im Herbst 1869 bei Kasan stattgefunden; die Fläche der zerstörten Waldungen hat nach den jüngsten Angaben mehr als 110,000 Morgen betragen, obwohl Tausende von Arbeitern mit Löschen beschäftigt waren. Nicht selten wird, auch bei den kleineren Jüngelbränden, schon das Annähern an die brennende Stelle dadurch sehr erschwert, daß Wind den Rauch mit solcher Gewalt entgegentreibt, daß man von Zeit zu Zeit, wenn der Wind etwas heftiger wird, auf die Erde sich legen muß, um die Augen und die Athmungsorgane zu schützen.

Die Temperatur in der Tarái ist eine entschieden kühlere, als in gleicher Breite östlich oder westlich davon den Ebenen Bengalens entspricht; am größten ist der Unterschied in der heißen Jahreszeit. Absteigende Luftströme, zunächst längs der Thäler austretend, sind die erste Veranlassung dazu. Sie werden um so lebhafter, je mehr mit dem Fortschreiten der heißen Jahreszeit ein aufsteigender Luftstrom in Bengalen sich entwickelt. Da zugleich bei dem Mangel an Cultur die Anhäufung des Unterholzes den Boden kühl erhält, breitet sich der absteigende Luftstrom, der aus den Thälern ausströmt, auch seitlich davon in der Tarái sehr fühlbar aus. Es erhält dadurch die Vegetation und die Thierwelt in der Tarái eine sehr scharfe Grenze gegen die Ebenen. Der Unterschied wird auch dadurch vermehrt, daß für die Pflanzen wenigstens, durch den Einfluß der Schwere die Verbreitung von oben nach abwärts stets jene im entgegengesetzten Sinne überwiegt.

Selbst die directe Einwirkung der Sonnenstrahlen wird durch die Verminderung der Lufttemperatur für die Thier- und Pflanzenwelt weniger groß; man fühlt dies sehr lebhaft, wenn man im Sommer die Tarái auf der Route gegen Bengalen durchzieht. Mitte August, zur Zeit meines zweiten Marsches durch dieselbe, war die Sonnenhöhe nahe 84°. Solche Höhe läßt sich ohne directe Messung vorzunehmen mit freiem Auge und in der allgemeinen Beleuchtung einer Landschaft kaum von verticaler Stellung unterscheiden. Die resultirende erwärmende Wirkung der Sonne ist aber, abgesehen von der hohen Stellung, bei der die Atmosphäre weniger absorbirt, sehr wesentlich auch davon abhängig, welche Temperatur die Atmosphäre und die Gegenstände der Erdoberfläche, durch Windesrichtung, Bodenfeuchtigkeit ꝛc. bedingt, gleichzeitig erhalten. (Bd. I. S. 483.) Wenn die allgemeinen Verhältnisse kühlere Temperatur der Luft im Schatten hervorrufen, so wird auch die Wirkung der Besonnung eine viel geringere, wegen des gleichzeitig vermehrten Wärmeverlustes durch Strahlung.

Die Route nach Darjiling.

Pántabári und Umgebungen. — Campbell's und Hodgson's Entgegenkommen. — Charakter der Großen. — Aufstieg bis Darjiling. — Anblick der Schneeregion vom Sinchalberg.

In Pántabári war ich aus der Taräi herausgetreten; ich war um $5^1/_2$ Uhr Abends angekommen, und hatte, nach Abzug meines wiederholten Aufenthaltes zu Beobachtungen, nahe sechs Stunden gebraucht, wobei meine Bâlli-Träger, die mehrmals wechselten, einen sehr raschen Schritt einhielten.

Pántabári, auf einer hübschen Felsengruppe gelegen, ist der erste Ort am Nordrande der Taräi auf dieser Route. Die letzte Stufe, die man emporzusteigen hat, kann zugleich als das Ende der Taräi an der Himálayaseite betrachtet werden. Auch dieser Rand ist deutlich durch die Vegetation begrenzt, obgleich der Gesammteindruck nicht so plötzlich in einen anderen übergeht, wie dies an der Grenze der Taräi gegen Indien der Fall ist. Von hier an werden hochstämmige Bäume ohne jene große Menge von Unterholz überwiegend, ja an vielen Stellen zeigt sich auch mitten im Walde das schönste Grün parkähnlicher, freier Stellen, welche die ungewohnten neuen Bildungen in Blatt und Blüthe am deutlichsten hervortreten lassen.

In den Umgebungen Pankabári, und von hier noch gegen 2000 Fuß die Abhänge hinan gehört die Vegetation zu den üppigsten und mannigfaltigsten, die überhaupt vorkommen; es verbindet sich hier der noch beinahe tropische Charakter von Wärme und Feuchtigkeit mit einem stetigen Zuströmen unzähliger neuer Keime aus den Hochregionen. Haben auch verhältnißmäßig wenige nur sich acclimatisirt (und dabei häufig, als Varietäten kennbar, ihre Formen geändert), so ist doch die absolute Menge der verschiedenartigsten Vegetationselemente, so wie sie jetzt vorliegt, durch das Jahrtausende lange Fortwirken solcher Bedingungen, eine ungewöhnlich große geworden. Nur die günstigsten Küstenstriche bieten gleiche Ueppigkeit. Was hier am meisten hervortritt, sind die riesigen Schlinggewächse; Palmen, meist andere Species als jene der Niederungen, sind hier doch gewöhnlich von gleicher Größe.

Die Vegetationsepochen in der Tarái und jene im Vorgebirge sind sehr verschieden. Hier zeigte sich ein wahres Blüthenmeer, das in Farbe die Landschaft im Großen veränderte, während in der Tarái zu gleicher Zeit, Mitte April, die hochstämmigen Bäume fast alle nur unvollständig belaubt waren. Die bei weitem geringere Feuchtigkeit in der Tarái vor der Regenzeit ist die Ursache.

In Pankabári fand ich eine sehr herzliche Einladung Dr. Campbell's vor, des obersten Civilbeamten der Station Darjiling, bei ihm Quartier aufzuschlagen. Es war mir dies sehr willkommen; in Darjiling existirte zwar schon damals ein Hôtel, jenes von Mr. Smith, am Tátvar-Abhange; aber dieses war ungeachtet mancher Unvollkommenheiten, die ich nennen hörte, meist überfüllt, sobald die heiße Jahreszeit in den Ebenen begonnen hatte. Auch von Mr. Hodgson sandte ich einen Diener mir entgegengesandt, der außer dem Briefe „wenigstens ein Paar Ponies" für mich und meinen Butler zusandte. „Daß ich vom Bára Sáhib, dem „großen Herrn der Station", mein Quartier schon angewiesen erhalten habe, wisse er," sagte der Brief in freundlichster Weise, „doch werde dies unser öfteres Begegnen und Zusammenarbeiten nicht ausschließen". Bei Hodgson's vielseitigen Forschungen war es mir ungemein förderlich, schon bei meinem ersten Besuche des Himálaya mit ihm zusammenzutreffen, um so mehr, da er mir mit größter Bereitwilligkeit seine wichtigen Erfahrungen mittheilte. Nur mußte ich mich auch sogleich nach meiner Ankunft mit Bedauern überzeugen, daß Mr. Hodgson's Haus zu dieser Zeit durch die Krankheit seines Sohnes, den er bald darauf verlor, sehr trübe gestimmt war.

An Dr. Campbell hatte ich einen Brief von Sir James Colville, an Mr. Hodgson einen Brief von Humboldt absenden können; wie mir in Pátna sehr klug gerathen worden war, hatte ich es so eingerichtet, daß die Briefe meine Ankunft einige Tage vorher melden konnten. Um den schönen Weg von Pánkabári nach Darjiling zu genießen, ohne bei der noch immer ziemlich großen Wärme in dieser Höhe zu sehr zu ermüden, waren Pferde äußerst willkommen. Das Getragenwerden in der Dâli hätte ich in solcher Gegend mir versagen müssen, um nicht zu viel des Schönen unbeachtet zu lassen. Die Dâri, eine Art von tragbarer Hängematte, welche jede Beobachtung des durchreisten Gebietes gestattet, fand ich erst in Nepál. (Br. I. S. 241).

Die Vertheilung des Gepäckes machte in Pánkabári manche Aenderungen nöthig; ich konnte deshalb den nächsten Morgen den Marsch noch nicht fortsetzen. Auch war Lieutenant Krams, den ich auf einer mehr westlichen Route von Calcutta nach Sikkim geschickt hatte, noch nicht eingetroffen. Durch die Mithülfe der Chaprásis (oder Polizeisoldaten), die Dr. Campbell mir entgegen gesandt hatte, erledigte sich das Expediren des Gepäckes ziemlich rasch, obwohl viele der Träger Bhútias und Lepchas waren, Leute also, mit denen auch meine indischen Diener sich nicht hätten verständigen können. Ich fand noch Zeit genug, den größten Theil des Tages zu einem Aquarelle der Aussicht über die Vorberge des Himálaya hinab gegen die Ebene zu benützen. (Gen. Nr. 387.)

Der erste Eindruck, den ich beim Austritte aus der Tarái erhalten hatte, „die landschaftlich-schöne Gestaltung der Vegetation" möchte ich es am besten bezeichnen, blieb ungeschwächt derselbe innerhalb des ganzen Gebietes von Britisch Sikkim; dessenungeachtet werden die Bilder sehr verschiedene, sobald die Höhe sich verändert. Selbst bis Darjiling bot der Weg in dieser Beziehung mehr Abwechselung, als ich erwartet hatte, indem er mehrmals bedeutend sich senkt; es zeigen sich demnach die Formen des Terrains und der Vegetation in Anblicken nach abwärts und nach aufwärts, was das richtige Auffassen des landschaftlichen Typus sehr erleichtert. Am meisten überraschte mich an vielen Stellen die starke, plötzlich vermehrte Neigung, die stets sich zeigte, wo das Profil eines Bergabhanges bis zu einer Höhe von 2000 oder 2500 Fuß der Thalsohle sich näherte, während die Stellung der Gesteinschichten keine Veränderung erkennen ließ. Es war dies der Effect der Erosion, und zwar in jener Form, in welcher, eben der mehr als mittelgroßen Wassermenge wegen, auch die Seitenabhänge wieder etwas von der regelmäßigsten Gestalt der Wände einer Erosionsschlucht verlieren. Damals allerdings machte mich noch die Größe einer Vertiefung von 2000 Fuß unentschlossen, sie als Erosions-Effect zu deuten; doch hatte ich bald darauf in den höheren Theilen des Rängitthales und beim Einblicke in die zahlreichen Thäler vom Singhalilalamme aus Gelegenheit genug, solche Effecte überall zu sehen, nachdem ich einmal auf jene bestimmte Eigenthümlichkeit aufmerksam geworden war, welche sie in topographischer Beziehung charakterisirt: „es ist dies „eine von der Schichtenstellung unabhängige Aenderung in der Nei- „gung der Abhänge, welche den Flußläufen folgt, und auf beiden „Seiten gleiche Höhe einhält." Als ich, bei meiner Rückkehr aus den Gebirgen im Flußgebiete des Rängit nach Darjiling, meine Beobachtungen und Aufnahmen Dr. Campbell mittheilte, der früher auf dem Wege nach der Hauptstadt Tumlong mit Hooker das Tista-Stromgebiet bereist hatte, gab er mir zu, daß auch dort nur solche

Deutung die oft so auffallenden Thalformen erklärt. So zeigt sich nahe vor Túmlong im Rdyot-Thale eine mächtige Geröllablagerung, die aber auch von Riesenfurchen von 1200 bis 1500 Fuß Tiefe durchzogen ist; mit den Einschnitten erster Ordnung verbinden sich secundäre Auswaschungen durch oberflächliches Grundwasser und Regen, so daß hier ein kleines Gebirge für sich gebildet scheint. Und doch kann von Hebung irgend einer Art nicht die Rede sein, da das Geröll ziemlich lose ist, auch keine Veränderung in der Lagerung sich zeigt. Vergleicht man aber mit diesen Einschnitten jene im festen Gestein im Hauptthale der Tista, so sieht man, daß sie dort noch etwas tiefer sind, und daß die allmälig immer weiter stromaufwärts fortschreitende Wirkung der Erosion nach und nach einen Süßwassersee entleert hat. In den weichen, noch feuchten Geröllablagerungen im Seebecken konnte dann die Erosion um so leichter mit jener allmäligen Vertiefung, die in dem festen Gestein unterhalb sich zu bilden fortfuhr, in gleicher Weise fortschreiten. Jetzt hat auch das Flußthal oberhalb des Sees eine sehr tiefe Erosion. Im Rdyot-Thale war allerdings die Erosion im Gerölle nicht ganz so einfach zu erkennen, wie sonst in Flußbetten mit wenig Widerstand leistenden Bodenschichten, weil die ursprüngliche Mulde des festen Gesteines in der Thalbildung des Rdyotflusses hier sehr groß ist, drei bis vier englische Meilen breit, bei einer Länge von etwas über zehn Meilen.

Ein anderer Umstand, der nicht selten das Erkennen der Erosionstiefe gerade da erschwert, wo dieselbe sehr groß ist, ist dies, daß in sehr regnerischen Climaten die seitlichen Wände der Erosionsschlucht durch secundäre Abflachung ihre Neigung verändern. Ich hatte schon im Khássiagebirge, wo bekanntlich die Regenmenge am größten ist, darauf aufmerksam zu machen (Bd. I. S. 533); auch im ganzen Himálaya läßt sich Ähnliches erkennen, wenn man die Erosionsabhänge hier mit jenen längs tibetischen Flüssen vergleicht;

In Sikkim stört in den äußeren Ketten sehr wesentlich die Üppigkeit der Vegetation.

Meine Zeichnungen, und für Gegenden, die ich nicht selbst gesehen, jene meines Bruders Adolph, haben mir bei der Bearbeitung der Erosionsfragen auch nachträglich sehr große Hilfe geleistet, weil wiederholt Gelegenheit sich bot, manche Abhänge nochmals vergleichend zu prüfen.

Kūrsióng, die nächste Station nach Pānkabārī, ist 4849 engl. Fuß hoch, und an vier Meilen von der Tarāi in gerader Linie entfernt; dann folgt ein steiles Ansteigen bis zur Höhe des Kammes.

Die Straße ist hier, wie der ganzen Strecke bis Darjīling entlang, ein sehr schöner Reitweg, aber zu schmal und an vielen Stellen zu steil für jede Art von Reisewagen.

Daß eine Communicationslinie einem Gebirgskamme folgt und zum großen Theile sogar auf der Kante des Kammes sich fortzieht, ist in andern Gebirgen sehr selten; in Sikkim aber ist dies nicht ganz ungewöhnlich. Zwar verbindet sich damit die Nothwendigkeit, ihr alle die wellenförmigen Formen zu geben, welche ein solcher Kamm in seinem Verlaufe auch längs seiner oberen Kante bildet; aber diese sind weniger groß, und, was für den Verkehr so wichtig ist, weniger steil, als jene thalabwärts gerichteten Seitenkämme, die man in großer Zahl zu überschreiten hat, sobald ein Weg etwa auf halber Höhe des Abhanges einer Bergkette fortgeführt wird. Ich hatte Gelegenheit, später selbst weit im Innern, auf dem Singhalīlakamme, Spuren von Verkehr gerade auf der obersten Kammlinie zu finden, welche ganz diesen Verhältnissen entsprachen. Bei der so lange fortdauernden feindlichen Gesinnung zwischen Nepāl und Sikkim hatte sich bei den Eingebornen von dem früheren Wege auf dem Kamme keine Erinnerung erhalten; meinen Begleitern waren die wenigen, aber deutlichen Felsenstellen, welche dies erkennen ließen, ebenso unerwartet als mir selbst.

Die beiden schönsten Punkte auf dem Wege nach Darjiling sind die Uebergänge über den Seitenkamm Pachim ank, bei 7412′, über jenen Ausläufer des Sinchal, welcher gegen Westen sich hinzieht. An beiden Stellen blickt man tief in Thalsohlen, links und rechts von der Straße hinab, und die unteren, von der Erosion erst gebildeten Theile der Abhänge, eben weil steil und verhältnißmäßig eng, sind schattig, feucht und überreich an parasitischen Pflanzen aller Art; zugleich beginnt die schneebedeckte Region im Hintergrunde sich emporzuheben. Zu ihrer ersten großen Wirkung gelangt sie jedoch erst in der nächsten Umgebung von Darjiling, nachdem der Weg eine etwas östliche Wendung genommen hat.

Den gewaltigsten Anblick derselben unter den Punkten der Vorberge gewährt der Gipfel des Sinchalberges, nur 1190 Fuß höher als die Stelle, wo die Straße über seinen Abhang führt, aber dessenungeachtet gegen Norden, in der Richtung gegen die Schneeregionen, ganz unbeschränkt in der freien Ansicht. Kanchinjinga, 28,178 Fuß, bildet in seiner ganzen Längenansicht den mächtigen centralen Theil des Bildes, das gegen Nordwesten noch etwas über den Gaurisánkar, 29,002 Fuß, und gegen Nordosten bedeutend über den Chamalári, 23,920 Fuß hoch, sich ausdehnt. Und mit solchen Dimensionen verbindet sich noch der Effect des Gegensatzes in Farbe und Contour zwischen den blendenden Firnmeeren der größten Gletschergruppen der Erde, und den dunkelsten Vorbergen, da die letzteren hier von dem Kamme bis zum Fuße in den Thälern mit dichtbelaubten Hochwäldern bedeckt sind; der Standpunkt auf dem Sinchalgipfel erlaubt sehr tief auch in die zunächstliegenden Thäler hinabzublicken. Mehrere Punkte in der Station Darjiling zeigen gleichfalls in voller Pracht die Schneegebirge in den Umgebungen des Kanchinjinga, aber die horizontale Ausdehnung ist stets weit mehr durch seitliche, des niedrigeren Standpunktes wegen dominirende Vorberge beschränkt, die, wenn auch an sich sehr schön in Form und Farbe, der Größe des Gesammtbildes entgegenwirken. Uebertroffen sah ich die Sinchal-

Aussicht nur durch jene Panoramen, welche bei noch größerer Höhe des Standpunktes und bei bedeutend geringerer Entfernung von dem Hauptkamme die Singhalilakette bot. Bei der Besprechung von diesen werde ich ohnehin noch Gelegenheit haben, auf die verschiedenen großen Berggruppen des Himálaya zurückzukommen.

Die Station Darjiling.

Topographische Lage als Sanitarium; Kaffee- und Thee-Cultur, Chinapflanzungen. — Zeit der Gründung. Schwierigkeiten mit den Eingebornen. Angriffe auf Campbell und Hooker. Berluste des Râja. — Name der Station. — Detaillirte Terrainaufnahme. Höhen in der Station. — Vertheilung der Gebäude; die von mir bezogene Ada Villa. Häuser der Eingebornen. — Chiba Lâma. — Gesundheitsverhältnisse im Allgemeinen und für verschiedene Racen.

Die Station Darjiling liegt jenseits des Gebietes der Vorberge: verschiedene Nebenflüsse werden hier eine Strecke weit nach Norden dem großen Rángit zugeführt; erst nach der Mündung des Rángit in die Tista fällt auch dieses Stromgebiet in südöstlicher Richtung gegen die indische Ebene ab. Daß Darjiling vom Rande etwas entfernt liegt, war der Wahl dieses Punktes als Sanitarium nur günstig; es verminderte, etwas wenigstens, den Einfluß der noch immer sehr bedeutenden Feuchtigkeit; zugleich hatten sich die topographischen Verhältnisse der nächsten Umgebungen in landschaftlicher Beziehung sehr einladend gezeigt, da hier ein schöner freier Anblick gegen die hohen Gipfel der Himálaya-Schneekette sich bietet. Weniger günstig war es dem neuen Europäersitze, daß ihn keine Kammlinie als natürliche Grenze von dem Gebiete der Eingebornen trennte.

In den letzten Jahren hat Darjiling durch den Anbau von Kaffee und Thee neue Bedeutung erhalten; auch Cinchonagärten sind mit Erfolg angelegt worden. Die ersten Versuche von Theepflanzungen waren bald auf jene in Assam gefolgt.

Sehr günstig war es für die rasche Verbreitung dieser Kaffee- und Thee-Culturen, daß die Regierung den Acre (= 43,560 englische Quadrat-Fuß) zu 2½ Rupis anzukaufen anbot, und nur die Bedingung damit verband, daß an einen Käufer nicht mehr als 3000 Acres abgegeben werden. Es entstanden nun während der letzten Jahre rasch große Lichtungen der Wälder, deren Ertrag befriedigend sich zeigte, obgleich auch hier, wie ich schon bei der allgemeinen Besprechung der Thee-Cultur zu erwähnen hatte (Bd. I. S. 445), die Möglichkeit der Ausdehnung dieser Cultur etwas überschätzt wurde. Sogleich bei dem Beginne der neuen Unternehmungen, 1861 und 1862, war das Uebertreiben in der Ausdehnung der neuen Anlagen das lebhafteste.

Für Kaffee hat sich hier als die obere Grenze der im Großen betriebenen Culturen die Höhe von 2000 Fuß gezeigt; Thee wird noch bis zu 6000, in günstiger Exposition bis zu 6500' mit sicherem Ertrage auch in Beziehung auf Qualität gepflanzt.

Die Cinchonapflanzen, so wichtig wegen des Chinins und verschiedener verwandter Arzneistoffe, die sie enthalten, wurden zuerst aus Südamerika, ihrem Heimathlande, auf Veranlassung der holländischen Regierung durch Dr. Haßkarl nach Asien gebracht, und zwar nach Java und den benachbarten Inseln des indischen Archipels; ein Unternehmen, welches nicht nur durch die Vermehrung dieser werthvollen Pflanzenproducte, sondern auch deshalb sehr wichtig war, weil in Südamerika durch unrichtige Behandlung der Cinchona-Cultur der Ertrag derselben in Qualität und Quantität sehr gelitten hatte. In Indien war zuerst im Jahre 1860 durch die Bemühung von Mr. Clemens Markham die Einführung von Cinchonen aus Südamerika gelungen; die ausgedehntesten Pflanzungen wurden angelegt in den Nilgiris, aber mit großem Erfolge bald darauf auch in Ceylon (bei Hakgálle, in der Nähe von Nurellia), im Khássiagebirge und in

Sikkim. Die untere Grenze der Cinchonapflanzen fällt mit der oberen der Kaffee-Cultur zusammen; nur wenn die Stämmchen mit Moos bekleidet werden, läßt sich auch in etwas tieferen Lagen noch Rinde von genügender Dicke erzeugen. Die große Feuchtigkeit von Sikkim scheint der Rindenbildung eher günstig als ungünstig zu sein. Eine ausführliche Zusammenstellung der in den ersten fünf Jahren in den verschiedenen Anlagen erhaltenen Resultate hat mein Bruder Robert, nach Clement Markham's officiellem Berichte, in der Zeitschrift der Berliner geographischen Gesellschaft gegeben. (1866, Bd. I. S. 361—380.)

Ein Substitut für Chinin, das aus Berberis Lycium (Royle) durch Abkochen von Wurzeln und Zweigen bereitet wird, hatte der Himálaya westlich von Sikkim geliefert, vorzüglich Nepál und Kámáon. Dr. Stevens in seinem sorgfältigen Bericht „über die Berberis-Präparate und ihre Anwendung", Agra 1856, hat gezeigt, daß dieselben den Hindús seit ältester Zeit bekannt sind; nach Royle ist diese Berberisspecies das von Dioscorides erwähnte Lycium Indicum. In Sikkim scheint das Klima zu feucht zu sein; Wärme kann diese Berberisspecies ziemlich viel ertragen. In Nepál sah ich sie noch in einigen Ravinen bei 2800 Fuß, wo, der Bodengestaltung wegen, die Extreme der Wärme ungewöhnlich hoch werden. Culturen, wie sie jetzt in Darjíling begonnen sind, bieten auch die erste Veranlassung zu permanenten Settlements für Europäer, ähnlich den Colonien in andern außereuropäischen Besitzungen. In Indien sind solche stets unausführbar geblieben, weil dort das Klima Handarbeit durch Europäer unmöglich macht; nicht weniger ungünstig ist es, daß die Entwickelung der Kinder europäischer Race fast unbedingt jahrelanges Entfernen aus dem indischen Tropenklima nöthig macht. (Bd. I. S. 351.) Für Colonien in Gebirgsregionen allerdings gäbe es solch klimatische Hindernisse nicht; nur müßte dessenungeachtet Verkehr und Handel, fast ganz wie bisher, der Vermittlung der nur temporär in den Hafenstädten und an den Marktplätzen längs der großen

Flüsse sich aufhaltenden Europäer überlassen bleiben. Unerwartet ist es, daß selbst die Regierung, ohne auf ihre Gründe sich einzulassen, der regelmäßigen Coloniebildung, wo immer sie sich zu entwickeln beginnt, eher hemmend als fördernd entgegentritt, selbst da, wo sie zu Culturzwecken Land gerne abläßt, so lange die Besitzer nur als einzelne Privatbesitzer sich betrachten.

Die ersten Versuche der Europäer, in Sikkim Land für eine Gesundheitsstation zu erhalten, wurden 1835 eingeleitet, und der Erfolg war ein unerwartet günstiger, indem der Råja anfangs gar keine Entschädigung verlangte, und später mit 3000, dann mit 6000 Rupis im Jahre, sich abfinden ließ.

Der Råja selbst wäre wohl nicht den Europäern abgeneigt; dies hatte sein erstes Entgegenkommen bei den Verhandlungen zur Gründung eines Sanitariums in seinem Gebiete genügend gezeigt. Aber bald hatte der Råja Vorwürfe und Bedrückungen dafür von Tibets geistlichem Chef zu Lasa zu erdulden, unter dessen indirecter Botmäßigkeit er steht; nun wurde auch sein Auftreten gegen die Europäer ein feindliches. Verschiedene Punkte des Vertrages blieben vom Sikkim-Råja unbeachtet, es kamen Angriffe auf die Diener der Europäer vor, und im November 1849 wurden Dr. Hooker und Dr. Campbell, zur Zeit Hooker's Begleiter, in roher Weise mißhandelt und vom 7. November bis 24. December gefangen gehalten. Gerade auf Dr. Campbell, der schon damals der oberste Beamte von Britisch Sikkim war, war der Angriff abgesehen; beide waren eben von dem Chôla-Passe zurückgekommen, der aus dem Flußgebiet des Ma-chu in Bhután in jenes der Tista in Sikkim führt; sie hatten den Kamm, der hier die Grenze bildet, näher untersucht. Dem Diván oder obersten Beamten des Råja, der aber zugleich ein diplomatischer Agent Tibets war, ist vorzüglich die schmähliche Behandlung, die sie erlitten, zuzuschreiben.

Ein militärischer Angriff von Seite der Engländer fand nicht statt, da Campbell und Hooker, allerdings nach mehr als sechs-

wöchentlicher Gefangenschaft, freigelassen wurden, als die Sikkimiten
sahen, daß sie doch von den Engländern hart bedroht wurden. Es
war nämlich etwas Verstärkung nach Darjiling gekommen, und die
Sipāhīs der Engländer hatten auch eine Zeit lang auf der Sikkim-
Seite, am linken Ufer des großen Rángitflusses gelagert, am Fuße
des Tendóngberges. Aber um direct militärisch einzuschreiten und
vorzurücken, wären sie nicht zahlreich genug gewesen. Die hierzu
nöthige Anzahl von Truppen war deshalb nicht geliefert worden,
weil das Commando in Dínapur (Militärstation bei Pátna) das
Land wegen seiner großen Wälder und unwegsamen Gebirgsformen
als für die indischen Truppen zu gefährlich betrachtete, so lange nicht
die Umstände unbedingt directes Angreifen verlangten. Ueberdies war
während Dr. Campbell's Gefangenschaft Mr. Lushington als Stellvertreter nach Darjiling gesandt worden, welcher der Regierung des
Rája energisch und einschüchternd entgegentrat. Der Ausgang war,
daß der Rája die für die abgetretenen Districte gewährte Entschädigung in Form einer Jahresrente von 6000 Rupis verlor, und
daß zugleich all seine Besitzungen in der Taráī nebst den dazu ge-
hörigen Vorbergen, dem englischen Gebiete annectirt wurden.

Für orientalische Verhältnisse ganz charakteristisch ist das Schicksal, das den Diwán ereilte. In Sikkim fiel er in Ungnade; zwar
ist er selbst ein Verwandter der Rání (der Königin), doch wurde
er bis zur Armuth erniedrigt mit Verlust all seiner Habe.
Dessenungeachtet weilte er, zu meiner Zeit noch, in des Rája Land,
da er, nach mißglücktem Erfolge nach Lása zurückkehrend, dort noch
größere Erniedrigung, selbst Verbrecherstrafe zu gewärtigen hatte,
obwohl Alles, was er that, von den Befehlen veranlaßt war, die
er von Lása aus erhalten hatte.

Die Besitzungen, die der Rája hatte abtreten müssen, waren
gerade jene, welche am meisten zu seinem Einkommen beigetragen
hatten. Die Abgaben allein aus den neuen Gebieten betrugen schon
zur Zeit meines Aufenthaltes jährlich an 26,000 Rupis, wie Dr.

Campbell mir mittheilte. Der Werth des Grundbesitzes wird sich noch bedeutend erhöhen, da zur Zeit meines Besuches nur wenig noch cultivirt war und da die großen waldbedeckten Flächen damals sehr geringen Werth hatten. In den letzten Jahren hat sich durch oben erwähnten Grundverkauf, veranlaßt durch die Einführung der Thee- und Kaffeecultur, eine neue bedeutende Einnahmequelle für die Regierung geboten.

Der Grundverkauf dehnte sich auch auf die niedersten Vorstufen aus, bis herab zum beständig miasmatischen Gebiete der ganz tief gelegenen Taraïregion.

Der Name „Darjiling" bezieht sich seiner Bedeutung nach auf die erste Niederlassung budhhistischer Mönche, die hier, wie überall bei ihren Klosteranlagen, eine Stelle in einiger Ferne vom bewohnten Orte wählten; seine Bedeutung, die mein Bruder Emil in seinem Buddhism in Tibet, nach tibetischen Manuscripten, die ich durch Dr. Campbell's Vermittelung erhalten hatte, erläuterte, ist „weite Insel der Meditation". Jetzt allerdings ist durch unerwartete Wendung der Verhältnisse hier der Sitz großer europäischer Niederlassung mit zahlreichem indischen Gefolge geworden, wodurch ebenso rasch die Zahl der Bewohner tibetischer Race sich vermehrte; in geringer Ferne von dem bescheidenen Gönpa oder tibetischen Kloster hat auch die christliche Missionsanstalt sich erhoben.

Wegen der Wichtigkeit der Bodengestaltung in politischer Beziehung wurde von dem englischen Surveyor General nach den neuen Annexionen sogleich eine ausführliche Aufnahme von „British-Sikkim" angeordnet, bei welcher vorzüglich Capitän Sherwill betheiligt war; in Verbindung damit wurde auch eine „Index-Map to the Locations of Darjiling", ein Plan der Häuser der Station im Maaßstabe von $6\frac{1}{2}$ Zoll = 1 engl. Meile (nahe 1:10,000) angefertigt. Beide Karten hatte ich in Manuscriptcopien officiell mitgetheilt erhalten. Bei meinen Reisen waren sie mir sehr förderlich, da diese so genau bestimmten Einzelnheiten in der Aufnahme und in der

Berechnung der Höhe der Gipfel vielfach als Grundlage benutzt werden konnten. Von Britisch Sikkim fertigte ich selbst mit Lieut. Adams und Draughtsman Abdul eine Karte mit äquidistanten Horizontalen von 500 zu 500 Fuß im Maaßstabe von 3 Zoll = 2 englischen Meilen oder 1:42,240 an; sie ist als Karte 4 des Atlas zu den „Results", auf den Maaßstab 1 Zoll = 2 Meilen reducirt, gegeben worden. Ich habe auch in der Reduction den Zoll als solchen zu Grunde gelegt, im Gegensatze zu einem Decimalverhältnisse, weil die meisten Karten von englischen Aufnahmen so angelegt sind, und weil in der That das Decimalverhältniß für Karten erst dann Werth hat, wenn damit auch Centimeter und Kilometer als Maaße sich verbinden. Einen Zoll, einen Centimeter, kann man sich vorstellen, und man kann sogleich beim Anbilden der Karte, wenn die betreffenden Verhältnisse gewählt sind, die Entfernungen in englischen Meilen oder in Kilometern annähernd erkennen. Aber wenn es heißt $1 : n \times 10,000$, ohne daß der Kilometer das Maaß des Weges ist, das man zur Untersuchung der im Lande sich bietenden Entfernungen braucht, ist damit nichts gewonnen; 10,000 mal größer kann man sich nichts vorstellen. Auch bei Karten, denen absolutes Maaß zu Grunde liegt, wie englische Zoll, Centimeter rc., ist es für die Benützung der Karte, wenn etwas Genauigkeit erfordert wird, nöthig, daß der Maaßstab ebenfalls von der Stein- oder Kupferplatte angedruckt sei. Dies erlaubt, zu controliren, ob sich nicht das Papier etwas contrahirt hat, wie es meist der Fall ist, wenn nicht mit besonderer Vorsicht das Benetzen des Papieres beim Drucken möglichst beschränkt wird.

Die Gebirgsverhältnisse in den Umgebungen Darjilings sind folgende: Westlich davon, die Grenze gegen Nepál bildend, zieht sich eine der Hauptketten, der Singhalila, bis an die Tardi herab. 15 engl. Ml. nördlich vom untern Ende zweigt sich gegen Osten nach dem Sinchál-Gipfel hin die Gáng-Kette ab, und von dieser ziehen sich nun, nach Norden gegen das Rángit-Gebiet abfallend, mehrere kleinere Kämme, unter denen Jillapahár, als der Träger Darjilings, der wichtigste ist. Die Hauptgruppe der Bángalos für Europäer liegt an der Stelle, wo der Jillapahár gabelförmig in den Pibóng- und in den Tátvar-Kamm sich trennt; aber die Häuser stehen nicht dicht zusammen. Hier wie in allen ähnlichen Gesundheitsstationen des Himálaya, auch in jenen der Nilgiris und auf Ceylon, strebt man vor allem nach schöner luftiger Lage. Es ist dies zugleich ein deutliches Zeichen des Vertrauens der Europäer auf ihre Sicherheit gegenüber den Eingebornen, da vereinzelte Bángalos momentanen Angriffen oder wenigstens Diebstählen weit mehr ausgesetzt sind. So weit die europäische Ansiedlung reicht, ist jede Spur von Urwald verschwunden, und was von hohen mächtigen Bäumen erhalten blieb, ist jetzt in Parks vereint, unter denen jene von Mr. Hodgson als die schönsten zu nennen sind. Seine Villa bei 7429 F. (467 unter dem Gipfel des Jillapahár) gelegen, hat einen der schönsten freien Gesichtskreise nach der Schneekette hin. Seine großen Gartenanlagen sind ungemein sorgfältig cultivirt; der Eindruck war gehoben durch zahlreiche neue Formen, auch der größeren Gewächse; zugleich war die Feuchtigkeit Sikkims ganz günstig, einen sehr dichten Rasen durch Beschneiden des Grases zu erhalten (wobei aber an den schönsten Stellen der Same unserer europäischen dicht geselligen Gräserspecies gesäet worden war). Bei den meisten anderen Bángalos fehlte nicht nur das Säen gutgewählter Species, sondern es wurde auch statt des Schneidens das Gras, selbst in nächster Nähe der Häuser und nicht ohne Feuersgefahr, niedergebrannt. Die ganzen Anlagen von Hodgson's Gärten boten ein Bild, das unwillkürlich daran denken machte, man könnte „auch unter der unsichtbaren Decke eines riesigen Krystallpalastes" wandeln. Die Gebüsche waren die verschiedensten Arten großblüthiger Rhododendrons, die um so vollständiger vertreten sein konnten, da ja Sikkim als ihr Stammland sich zeigt.

Als Beispiel der Höhenvertheilung in der Station Darjiling

Die Station Darjiling.

seien noch folgende Punkte erwähnt: Der Observatory-Hill, einer der freiesten und rings am deutlichsten sichtbaren Punkte der Station, an der Stelle, wo der Libóng- und der Tákvar-Kamm sich trennen, ist 7168 Fuß. Dort befanden sich die meteorologischen Instrumente des Stationsarztes Dr. Withecombe. Auch ein Barometer, das von mir während der Reise nach dem Innern zu correspondirenden Beobachtungen zurückgelassen wurde, war hier aufgestellt. Libóng, das nächste Dorf der eingebornen Lépchas, am Kamme gleichen Namens, ist 6021, das Hôtel von Smith am Tákvarkamme 6872. Das Haus des Chefs Dr. Campbell (der jetzt nach Europa zurückgekehrt ist) liegt 6932 Fuß hoch; von diesem führt eine, die wesentlichsten Búngalos der Station verbindende Straße fast horizontal zur Kirche bei 6905 Fuß.

Hier allein, im centralen Theile der Station, bietet sich eine etwas zusammenhängende Häuserreihe; in allen übrigen Theilen sind Haus und Garten, wofür anfangs vom Government der Platz sehr billig und ganz nach Auswahl abgegeben wurde, da entstanden, wo gerade Aussicht, Quelle in der Nähe, oder hübsche Felsen- und Vegetationsgruppe die Anlage begünstigten; es sind deshalb die meisten Compounds (so heißt Haus und Hof in Indien, in England ist dies Wort nicht gebraucht) unregelmäßig vertheilt, oft ziemlich weit unter sich entfernt. Gleich den Villen in den Umgebungen großer europäischer Städte sind sie mit kluger Benutzung der localen Verhältnisse über weite Strecken ausgebreitet, zunächst den Verzweigungen der Kämme folgend.

Dessenungeachtet ist das Zusammenleben der Europäer, die sich hier aufhalten, wie meist an indischen Stationen, ein sehr freundliches, nicht so formell wie „at home". Zum Theil vermitteln es hier die zahlreichen Kinder, da häufig eine Familie auch die Kleinen ihrer Freunde in der Ebene mit herauf nimmt, wenn dieselben nicht, wie es das Gewöhnlichere ist, in sehr frühem Alter ganz von den Eltern getrennt und nach Europa geschickt werden. Meist wird ein nur ziemlich unvollkommen eingerichtetes Haus für die ganze Season, nämlich vom Beginne der heißen Jahreszeit bis zum Ende der Regenzeit gemiethet. Auch ich hatte ein solches, Ada Villa, nahe bei dem Observatory Hill, das während meiner Abwesenheit für Mr. Monteiro sehr wichtig war; es konnte hier das Präpariren und richtige Verpacken der Sammlungsgegenstände, die ich später von Zeit zu Zeit aus dem Innern zusandte, fortgesetzt werden; überdies hatte Monteiro ebenfalls mehrere Sammler zurückbehalten, die in den üppigen Umgebungen Darjilings reichliche Beschäftigung fanden.

Die Häuser der Europäer in Darjiling sind hier mit wenigen Ausnahmen Bángalos, wie jene der indischen Stationen, haben nur eine Reihe von Parterrezimmern und meist Binsendach; Küche ebenso wie Stallung befinden sich in Nebengebäuden, getrennt wie die entsprechenden Zelte vom Hauptzelte des Reisenden. In Sikkim müssen die Bángalos durch gutes Mauerwerk und solide Böden gegen die Feuchtigkeit sorgfältig geschützt werden, und es findet sich fast in jedem Zimmer ein Kamin, da nicht nur im Winter, sondern oft genug noch in den Frühlings- und Herbstmonaten, offenes Feuer sehr wohl ertragen wird, das überdies dazu beiträgt, im Zimmer Wände und Luft etwas trockener zu machen.

Auch in meiner Ada Villa hatte jedes Zimmer seinen hübschen Kamin. Bei mir aber durfte im Hauptgebäude kein Feuer angemacht werden, da ich wegen der großen Menge von Sammlungsgegenständen, worunter so viel Pflanzen in Papier, Holzdurchschnitte und Weingeist für zoologische Objecte, nicht streng genug auf Vorsicht dringen konnte; Orientalen aller Zonen, eben weil nicht beständig an Feuer gewöhnt, sind ohnehin sehr unvorsichtig.

Die Häuser der Eingebornen zu Darjiling, die nur vereinzelt, wie solche von Mális (Gärtnern) oder Cholêdárs (Wegaufsehern) &c., innerhalb der Flur der eigentlichen Station standen, bildeten dagegen eine große Gruppe für sich als Native Town, mit einem ganz interessanten Bazaar in der Mitte, in dem ich so manches Ethnographische für die Sammlung zu kaufen fand. Die Bewohner sind hier, mit Ausnahme einer kleinen Zahl von Hindlern und Handwerkern aus Indien, die verschiedenen Raçen der Sikkimiten; auch Bewohner von Bhután und Nepál haben sich seit der Entstehung der europäischen Station hier niedergelassen. Die Bauart der Häuser ist bei all diesen verschiedenen Raçen so ziemlich dieselbe, nämlich so einfach noch in der Anwendung des Materiales, daß auch in der Form schon deshalb nicht viel unterschieden werden könnte.

Unter den Eingeborenen zu Darjiling war mir eine sehr wichtige Person Chibu Láma, den der Rája von Sikkim hier als politischen Agenten und Vertreter seit mehreren Jahren aufgestellt hatte. Seiner Abstammung nach gehört er einer kleinen Niederlassung von Tibetern an, welche nicht weit von Tumlong, der Hauptstadt von Sikkim, seit längerer Zeit sich angesiedelt hatte. Schon während der Reisen von Hooker und Campbell war Chibu Láma als wohlwollender Vermittler wiederholt aufgetreten; er wußte die Uebermacht der Europäer richtig zu beurtheilen. Er war es, der ein Ermorden der Reisenden, das einmal sehr drohend wurde, vor Allem als von den schlimmsten Folgen für den Rája zu erläutern wußte. Zugleich hatte er in den letzten Jahren so viel des Merkwürdigen sowie in Sitte Ihm schätzbar Erscheinenden bei seinem Aufenthalt in Darjiling kennen gelernt, daß seine Achtung vor den Europäern rasch sich mehrte. Auch mir versprach er anfangs die besten Erfolge, als ich das officielle Verlangen eines freien Zutrittes in die Besitzungen des Rája stellte; inwieferrn bei der Nichtgewährung ihn Vorwurf trifft, jener wenigstens, meine Angelegenheit in Wirklichkeit aus Furcht vor seinem Herrn nicht befürwortet zu haben, bleibt mir unbekannt. Jedenfalls muß ich mit Dank des Umstandes erwähnen, daß er während der Zeit, die ich in Darjiling zubrachte, auf alle Besprechungen sowohl über religiöse und ethnographische Gegenstände, als auch über Bergnamen und topographische Details sich einließ. Ueber die letzteren hatte ich bald darauf auf meinen Routen Gelegenheit, selbst zu urtheilen; auch die übrigen Mittheilungen bestätigten später vergleichende Untersuchungen. Sehr angenehm war es für mich, daß er sowohl das Tibetische als die Sprache der Lépchas und Bhots gründlich verstand. Bei der oben erwähnten Mission Mr. Edens nach Bhután war er der Dolmetscher.

Für die physikalischen und geologischen Dinge, mit denen Chibu Láma mich beschäftigt sah, interessirte er sich ebenfalls; über die letzteren war manches unerwartet leicht ihm begreiflich zu machen; sein ständiger Aufenthalt in dem riesigen Gebirgslande hatte ihn seit lange Gesteine, Schichten und Bergformen so gut sich definiren gelehrt, daß über weitere Distinctionen mit ihm zu reden war. Sehr naiv dagegen sprach er sich über manche physikalische Verhältnisse aus; es genüge zu erwähnen, wie er sich den Nullpunkt des Thermometers dachte, nachdem ich mit ihm den Zweck und die Construction desselben möglichst klar durchgesprochen hatte; seine Auffassung ist zugleich für die allgemeine tibetische Interpretation der Dinge charakteristisch.

Der Nullpunkt sollte nämlich nach seiner Idee dort sein, wo es für den Menschen weder kalt noch warm ist; dies entspräche auch dem wahren Nirvána des Buddhismus im Thermometer! Meine Thermometer, meist hunderttheilige aus Deutschland, hatten die Null da, wo man allerdings schon lange friert. Vollkommen nennen auch wir Physiker unsere Nullpunktstellen nicht, wie bei dieser Gelegenheit in Kürze besprochen sei; deswegen nicht, weil die 0 der Celsius- oder der Réaumur-Scala, selbst jene des Fahrenheit-Thermometer bei 32 seiner Grade unter dem Gefrierpunkt des Wassers, bei meteorologischen Beobachtungen nicht davor schützt, negative Zahlen zu erhalten, die an sich keinen negativen Sinn haben, aber

Die Station Darjiling.

dessenungeachtet bei dem Bestimmen der Mittelwerthe die Rechnung compliciren und verzögern. Besser wäre es z. B., wenn der Gefrierpunkt des Wassers 100 und der Siedepunkt 200 C. hieße (oder 132 und 312° F., ic.), und — 1°— 2° dann 99, 98 ic. wäre. Doch ist wenigstens solche Unvollkommenheit der Scalen, so wie sie im Gebrauche sind, nicht sehr wesentlich; wichtiger wäre es, daß man statt der drei verschiedenen wenigstens consequent nur einer einzigen sich bediente, was bei so vielem Lesen das lebhafte Auffassen fördern und noch wesentlicher bei vielen Arbeiten die zeitraubenden, an sich nutzlosen Reductionen ersparen würde.

Chibu Lámas Abschied von mir war ein sehr herzlicher. Auch während meines späteren Aufenthaltes in Darjiling hatte ich Gelegenheit gehabt, ihn noch oft bei mir zu sehen, was mir um so mehr zu interessanten Besprechungen Veranlassung wurde, je mehr ich selbst in der Lage war, Einzelnheiten mit Bestimmtheit beurtheilen zu können.

Die gewöhnlich bei solchem Verkehre mit Eingeborenen erhielt Chibu Ráma von mir Manches „zur Erinnerung", hier als wohlverdiente Anerkennung seiner Theilnahme. Unter anderem wählte er sich Sonnenuhr, Compaß und Reißzeug, womit ich für ähnliche Fälle in Quantität und Qualität versehen war. Ferner konnte ich ihn noch mit der Aufnahme eines Lichtbildes erfreuen, was ihm, wie er sehr herzlich mir gestand, um so willkommener war, da er wiederholt gefürchtet hatte, er könnte ebenfalls als einer der Typen tibetischer Race zum Abformen in Gips gewählt werden, nachdem er so oft den freundlichen Dolmetscher meiner Wünsche gegenüber den Lépchas und Bhutias in meinem Bángalo gemacht hatte.

Von den anderen Eingebornen Sikims war nicht wie von Chibu Ráma durch Besprechung viel zu erfahren; zum Sammeln, von zoologischem und von botanischem Materiale wenigstens, waren sie gut. Nur für Geologisches konnten solche Leute auch als Sammler nicht verwendet werden, da sie die kleinlichsten Zufälligkeiten in der Structur der Felsarten überschätzten und zugleich über die Schichtenlagerung an Ort und Stelle gar keine Angaben machen konnten; selbst Versteinerungen, wenn die Formen nicht sehr deutlich waren, konnten sie nicht richtig zu beurtheilen gelehrt werden.

Als Gesundheitsstation ist es für Darjiling sehr günstig, daß hier für Calcutta die nächste, den Europäern zugängliche Himálaya-Station ist; als Militärsanitarium ist Darjiling seiner Lage wegen für die Truppen der Divisionen Káuhpur, Allahabád, Dínapur und Benáres bestimmt.

Durch die Eisenbahn, welche jetzt längs dem Ganges hinaufführt, gelangt man selbst von Calcutta aus in drei Tagen nach Darjiling; es bleibt nur ein kleiner Theil des ganzen Weges als Marschroute zurückzulegen. Im Jahre 1855 war ich mit dem Füll-Tal vom 6. bis 18. April unterwegs gewesen, und die Ausgaben solcher Art des Reisens waren sehr bedeutend. Lieutenant Adams, der den Dampfer den Ganges hinauf benützte und dann über Púrnea ging, hatte 24 Tage, vom 30. März bis 23. April, auf dieser Route zuzubringen. Diese jetzt so sehr erleichterte Zugänglichkeit wird Darjiling stets seine hohe Bedeutung für Calcutta und Bengalen sichern.

Darjiling bietet bei brillanter Landschaft reine, erfrischende Luft und gutes Unterkommen; etwas ungünstig werden Feuchtigkeit und Regenmenge bleiben. Schützt auch die hohe Lage vor direct ungesundem Einflusse, so ist andererseits die in kühlen Regionen nöthige Bewegung für den Bewohner der Station beschränkt und erschwert. Bei den Europäern kommen Rheumatismen bisweilen vor. Fieber und Malaria, wie sie in größeren Tiefen sogleich auftreten, wo reichliche Feuchtigkeit und üppige Vegetation mit großer Wärme noch sich verbinden, sind in Sikkim unmittelbar auf jene tiefen Stellen der Thäler in der Nähe ihrer Ausmündung gegen die Tarái beschränkt, welche leicht vermieden werden können, da sie selbst von den Lépchas unbewohnt bleiben. Wenn nur einige Vorsicht angewandt wird, haben die Eingebornen Siffims so wenig als die Europäer Fieber zu fürchten. Nur bei den Limbus ist einmal seitdem Darjiling ein Sanitarium ist bösartiges Auftreten miasmatischer Epidemieen beobachtet werden; bei diesen war es ihre große Unreinlichkeit, welche dem aus der Tarái eingeschleppten Krankheitsstoffe in sonst gesunder Lage die Entwicklung und Verbreitung möglich machte. Gegen die erkrankende Einwirkung feuchter Kühle sind die eingebornen Bewohner Siffims sehr abgehärtet. In der nothdürftigsten Bekleidung sah ich oft Nächte hindurch meine Kúlis im feuchten Grase liegen. Lépchas und Bhots erhielten sich während der Märsche in großen Höhen am gesündesten, weniger die Kúlis nepalesischer Race. Der großen Hitze aber der Tropen können die Lépchas kaum mehr Widerstand leisten, als die Europäer. Als ich auf dem Wege von Siffim nach Affám mehrere sonst recht arbeitsfähige Leute aus Siffim mitnahm, da sie so lebhaft den Wunsch ausgesprochen hatten, in meinem Dienste zu bleiben, und dabei auch Indien zu sehen, war nur im Khássiagebirge ihre volle Thätigkeit zu verwenden. — Cretinorganismus findet sich ¸bisweilen in tief gelegenen Theilen, aber nicht häufig; selbst Kröpfe sind selten.

Wesentlich verschieden ist die Einwirkung des Klimas auf die eingebornen Diener aus Indien, die mit den Europäern zu vorübergehendem Aufenthalt hierher kommen. Für diese ist die ungewohnte niedere Temperatur an sich hinreichend, Fieber, bei Vielen sehr heftigen Charakters, zu erzeugen; und es bleibt für sie die Disposition hierzu auch in den besten Regionen Europas dieselbe, wenn sie solche zum erstenmale in einer für sie zu kalten Jahreszeit besuchen.

Allen Racen gemeinschaftlich ist es, mit Einschluß auch jener aus den südlichsten Theilen von Indien, daß Affectionen der Athmungsorgane in Siffim sehr selten sind so lange nicht eine etwas bedeutende Höhe besucht wird, fast ebenso selten, wie in den feuchten aber warmen Tropen. Die geringe tägliche Temperaturveränderung, zum Theile auch die Feuchtigkeit selbst, scheint dabei von günstigem Einfluß zu sein. Ein Analogon bieten, während der Sommermonate wenigstens, manche Curorte der Alpen in Europa. In Höhen aber, wie hier die Grenzen fester Wohnsitze, oder einige als Weideplätze temporär bewohnte Orte sie haben, bei 10,000 bis 15,000 Fuß können für die Brust kühle Tage mit etwas lebhaftem Winde sehr gefährlich werden, sowohl bei anstrengenden Märschen für Europäer und ihre Kulis, als auch für die nur wenig ihre Lager wechselnden Hirten. Der Luftdruck in Höhen von 7000 Fuß ist im Mittel 23·2 Zoll, bei 10,000 F. ist er = 20·8 Zoll, bei 15,000 F. = 17·5 Zoll; oder auf einen Luftdruck von 30 Zoll am Meere bezogen und diesen = 1 gesetzt, ist der Luftdruck bei 7000 F. etwas über ⁹/₄ bei 10,000 F. etwas über ⁸/₃, bei 15,000 F. nahezu ⁸/₄ (genauer 0·77, 0·69 und 0·58) des Luftdruckes am Meere. Bei zweien meiner Kulis, Bhutias aus Jolumbo, hatte ich auf dem Wege von Chandandzi zurück eine an Lungenentzündung grenzende Pleuritis eintreten sehen, die selbst große Vorsicht nöthig machte, um die Kranken, ohne auf dem schlechten Wege zu sehr sie anzustrengen, in die tieferen Lagen, gegen Westen nach Nepal, hinabbringen zu lassen.

Beobachtungen in Britisch Sikkim.

Besuch der tiefen Thäler. Veränderung des Klimas. — Thal des Großen Rangit. Pipsa und Musquitos. Blutigel. Verbreitung des Tigers. — Lepcha-Ansiedlung im Hochwalde. — Choenbug Chóti. Feueranblasen durch Rohre. Holzentzünden durch Reibung. — Das Kupferbergwerk Mabaldirám. Geologische Verhältnisse. — Thal des Kleinen Rangit. — Magnetismus und Höhe. — Vegetationsbild (Taf. VIII, Himálaya-Hochwald mit Baumfarren). Lamaserie zu Sakwurbóng. Hauptsitze im Innern. — Verweigerung des Eintrittes in das Land des Rája. Aufbruch zum Tónglo-Gipfel.

Um die Beobachtungen in Britisch Sikkim möglichst zu vervollständigen, war sogleich nach Ankunft ein wiederholter Besuch der Tiefgründe von Darjiling aus wichtig, sowohl in geologischer Beziehung als auch um die botanischen und zoologischen Sammlungen noch vor der Regenzeit möglichst zu vervollständigen. Die Untersuchung meteorologischer und physicalischer Verhältnisse erforderte, eben wegen ihrer Veränderungen mit der Jahreszeit, später nochmals in diesen Regionen des Sikkim-Gebirges sich aufzuhalten. Es war dies mehr noch, als ich erwartet hatte, mit Schwierigkeiten verbunden. Wegen der zu fürchtenden Malaria, an deren Möglichkeit an vielen Stellen der Modergeruch der Humuslagen nur zu lebhaft erinnerte, mußte dann das Lager meist noch ziemlich hoch über der speciell zu untersuchenden Stelle aufgeschlagen werden, was in den tiefsten, durch Erosion sehr steil gestalteten Theilen der Thäler noch sehr häufiges Auf- und Niedersteigen nöthig machte; die Luft war stets unangenehm feucht und drückend, aber die Temperatur an sich war weniger belästigend als die geringe Höhe es hätte erwarten lassen, da die Besonnung durch eine meist an sehr deutliche Trübung grenzende Wassermenge in der Luft wesentlich beschränkt war. In solchen Lagen waren zwischen 2000 und 2500 Fuß Höhe 25 bis 28° C. die wärmsten Temperaturen, die ich im Juli und August hatte, während in den westlichen, mehr trockenen Regionen des Himálaya, in Déra Dhun z. B., in gleicher Höhe (2240 ft.), ein Maximum der Lufttemperatur von 38·3° C. vorkam; selbst in Simmla, bei 7057 Fuß Höhe, hatten wir Extreme von 32 bis 34° C.

Ueberdies fand ich in den letzten Wochen, ehe ich von Sikkim aufbrach, ungewöhnlich viel mit Berechnung der Beobachtungen, mit officieller Correspondenz nach so langer Pause, und mit Ordnen und Etiquettiren der Sammlungsgegenstände zu thun.

Das erste Thal, nach dem ich aufbrach, war jenes des Großen Rängit, des Hauptflusses der Tista von Westen her. (Der kleine Rängit, jener, dessen ich bei der topographischen Lage Darjilings zu erwähnen hatte, ergießt sich nahe unter Darjilng in den Großen Rängit.)

Ich war in der That auf das Angenehmste befriedigt durch die Menge neuer Formen, die dort sich boten. Allerdings lernte ich hier auch zuerst den quälenden Effect manch neuen, für diese Gegenden charakteristischen Ungeziefers kennen. Es werden zwar die Muskites der indischen Ebene (vom Genus Culex, meist C. pipiens L.) selten, zahllos sind dagegen hier die Pipsis, vom Genus Simmulium, die sich in den mittleren Höhen der von Europäern ständig bewohnten Orte nur gegen den Schluß der Regenzeit und dann auch in geringer Menge zeigen. Ihre Stiche sind nicht nur sehr schmerzhaft, sie haben nicht selten auch bedeutende Röthung und

Anschwellung der Haut zur Folge. Häufige Verletzungen ganz anderer Art erhält man hier durch Blutigel. Solche sind in Sikkim und seitlich noch in Nepál, in den feuchten modrigen Bodendecken der Wälder so zahlreich, daß ungeachtet aller Vorsicht durch Reinigen der Stellen beim Aufschlagen der Zelte kein Schutz dagegen zu finden ist. Das einzige, was man thun konnte, war, daß man die Halsöffnung und die Aermel des Hemdes, ebenso an den Knöcheln die Paejáma oder Nachthosen, mit Rattanstreifen umwickelte, welche breit genug waren, gut zu schließen ohne zu sehr einzuschneiden. Meist war die Wärme nicht zu groß, um nicht ohnehin leichte Decken zu gebrauchen, welche man über die Füße zog. Dessenungeachtet hatte man des Morgens ein Paar solcher Thiere stets irgend wo am Körper zu fühlen. Der Biß selbst ist kaum schmerzhaft zu nennen und weckt nicht aus dem Schlafe; unangenehm ist aber, daß durch die Form der Quetschung und Durchschneidung der Haut diese Wunden viel weniger günstig heilen, als nach dem Bisse jener Blutigelspecies, die bei uns und auch in Indien bei chirurgischen Blutentziehungen gebraucht wird. Der Blutverlust, den die Himálaya-Blutigel veranlassen, ist unbedeutend, es müßte denn eine Ader selbst verletzt sein; häufiger ist es, daß wegen der großen Zahl der Thiere der Blutverlust fühlbar wird. Mehrmals klagten darüber die Diener, die in ihren schlechten Lagern wenig sich schützten. Die Blutigel sind nicht wie die Pipsis auf warme Tiefen beschränkt; wir hatten auch später bis zu 11,000 Fuß Höhe Monate lang von denselben zu leiden; allerdings hatte ich während des ganzen Marsches gegen das Innere nicht wie in den Umgebungen Darjílings ein solches indisches Zelt mit Teppich und doppeltem Dache für mich und meinen Begleiter, Lieutenant Adams. Hier konnten wir nur ein möglichst leicht tragbares und kleines Zelt mitführen, für welches selbst die Füße der Bettgestelle sehr bedeutend abgeschnitten werden mußten, wollte man nicht überhaupt einfach auf der nassen Erde liegen. „How many leeches have you got?"

war meist eine der ersten Fragen des Morgens, die wir uns gegenseitig in Beziehung auf diese Plage zu beantworten hatten.

Das Flußbett des Großen Rangit, das ich am 6. Mai erreichte, fand ich 1925 Fuß über dem Meere; eine im Vergleiche zu den Umgebungen nach jeder Seite hin unerwartete Tiefe; einen wesentlichen Antheil hat daran die bedeutende Erosion.

An den tiefsten Stellen der Flußthäler, da, wo die periodischen Veränderungen der Wassermenge regelmäßige Aufstauungen und ziemlich häufigen Wechsel in der Form der Geröllablagerungen eintreten machen, sind nicht hochstämmige Bäume, sondern Niederholz, aber von sehr großer Dichtigkeit, das vorherrschende. Ueberall, wo dieses auftritt, und zwar ziemlich weit noch gegen das Innere den Flüssen entlang, sind hier große Raubthiere, selbst Tiger, nicht selten. Daß die Wärme etwas abnimmt, beschränkt hier noch lange nicht das Vorkommen des Tigers; er gehört zu jenen Thieren, welche innerhalb sehr weiter Grenzen überall vorkommen, wo seine Nahrungsbedingungen günstige sind, während so viele andere Thiere, analog den meisten Pflanzenarten, mit diesen zugleich in Grenzen eingeschlossen sind, welche unmittelbar ihre große Analogie mit gewissen Isothermenlinien und Feuchtigkeitszonen erkennen lassen. Im östlichen Himálaya kommen Tiger noch jetzt gar nicht selten bis zu 10,000 Fuß Höhe vor; allerdings sind sie hier durch Rhododendron-Wälder oder wenigstens Strauchgebilde und Coniferen auf ihrem Raubzuge noch geschützt. Wenige Wochen nach meiner Ankunft in Darjiling, am 10. Mai, wurde in nicht sehr bedeutender Entfernung von der Station, auf dem Chátung-Kamme, welcher als der nächste gegen Norden folgt, ein mehr als mittelgroßer Tiger erlegt, von Lépcha Shikáris, die aber mit Feuerwaffen versehen waren. Er war seit lange den Heerden, und selbst dem Verkehre auf dem ziemlich gut gelichteten Wege gegen Norden gefährlich geworden. Durch Dr. Campbell's gefällige Vermittelung wurde das Fell für unsere Sammlungen erworben; die Shikáris hatten vorgehabt, es dem Sikkim Rája als

Ehrengabe einzuliefern, allerdings mit nicht sehr großer Wahrscheinlichkeit einer liberalen Belohnung dafür.

Auch in Nepál kommen Tiger noch ziemlich häufig vor, westlich davon nur sehr ausnahmsweise, wohl, wenn durch Nachstellungen verscheucht; in Kashmir, wo die Cultur die älteste ist unter den Himalayaländern, sind Tiger, wie allgemein angenommen, seit Jahrhunderten unbekannt.

Auch über das Vorkommen des Tigers in hohen Breiten lassen sich jetzt sehr bestimmte Angaben machen; ich entnehme sie einem Briefe, den Brandt, Academiker in Petersburg, während unserer Reisen in Indien darüber an Humboldt geschrieben hatte (von Ritter in der geographischen Gesellschaft mitgetheilt). „Das nördlichste Gebiet des Tigers ist die Süd- und Südwestküste des caspischen Meeres, Ghilan und Masenderan, nordwärts bis zum Ili und dem Balchasch-See am Tarym, auch östlich vom Saisan-See am Irtysch und im Süden des Altai. Ostwärts in der Mandschurei ist er noch häufig bis Korea und in den einsamen Thälern an der chinesischen Grenzmauer.

Da dieses große Raubthier in Central-Asien so weit gegen den Norden, bis in die nordischen hohen Heimathgebiete, welche früher wilde Pferde und wilde Kameele herbergten, sich verbreitet, ist es wahrscheinlich, daß der Tiger mit eine Hauptursache des Verschwindens dieser Thiere aus dem asiatischen Steppenlande und der Verkümmerung der dortigen nördlichen Fauna gewesen sein möge. Große Naturereignisse haben auf Veränderung der Verbreitung der Pflanzensphäre wie der Verbreitung der Thierwelt mächtig eingewirkt, und haben öfter aus allgemeinem auf bles insulares Vorkommen eingeschränkt, so unter den Thieren bei dem Luchs, der wilden Katze, dem Wolf und dem Bären. Aber auch der Culturfortschritt der Menschen trat zur Sicherung ihrer Hausthiere im Kriege gegen die Raubthiere hervor. Dadurch ist auch der Tiger zwar schon auf eine beschränktere, aber noch keineswegs kleine Tiger-

198 Cap. IV. Sikkim und Nepâl; die Region der größten ꝛc.

Insel concentrirt. Aus dem Kaukasus, Mingrellen und Georgien ward er nach Chaubin und Güldenstedt schon seit dem vorigen Jahrhundert verdrängt; aus Armenien, das die Römer noch vorzugsweise das Tigerland nannten, hat er sich gänzlich zurückgezogen; in Babylonien, wo er zu Diodors Zeiten am Euphrat noch heimisch war, wird er nicht mehr gesehen.

Ausgerottet ist er auch in Ceylon, während er in den Inseln des indischen Archipels noch jetzt durch seine große Zahl der Bevölkerung sehr gefährlich ist."

Auf dem Rückwege nach Darjiling schlug ich eine mehr nach Norden sich wendende Route ein; diese führte mich durch eine in ihrer Art eigenthümliche Lecha-Ansiedelung (Gen. Nr. 389 der Zeichnungen), welche erst wenige Monate vorher angelegt worden war. Rings von hochstämmigem Urwalde eingeschlossen, war sie für mich, obwohl auf Waldburchziehen gut vorbereitet, nicht leicht zugänglich. Die neue Niederlassung lag auf einer etwas flachen Stufe des Bergabhanges, sowohl wegen ihrer Bodengestaltung, als auch wegen ihres schönen Humus der Cultur günstig; der Wald war durch Feuer und Axt gelichtet worden. Die Höhe war an 4000 Fuß, eine für dieses Gebiet sehr warme Lage. Obwohl noch genug der Reste des Waldbrandes umherlagen, die zum Theil als phantastisch gestaltete dunkle Blöcke aus den Culturen emporragten, war doch innerhalb weniger Monate schon eine kleine Gruppe gefällig gestalteter Bambus-Hütten entstanden, und die nächsten Jahre versprachen, durch die den Boden bedeckenden Aschenmengen gefördert, reichliche Ernten an Mais und Hirse. Das allgemeine landschaftliche Bild machte schon jetzt einen unerwartet freundlichen Eindruck.

Ueppige Waldvegetation hat stets etwas paradiesisches, wo sie einer, wenn auch kleinen freien Stelle gegenübersteht. Auch Ueberragtwerden durch Kämme und Gipfel nach jeder Seite hin mildert in eigenthümlicher Weise den Charakter des Isolirtseins in solcher

Beobachtungen in British Sikkim.

Page: man sieht es nicht. In einer einförmigen Ebene, selbst wenn cultivirt, oder auf einer nicht an sich ziemlich großen Insel ist der Eindruck, daß nach jeder Richtung bewohnte Orte ferne und dem Anblicke entzogen sind, sehr verschieden und ungleich belästigender.

Nur doch mögen Nachbarn dort zu Pferde oder in Booten meist ungleich leichter und sicherer zu erreichen sein.

Auf der zweiten meiner Excursionen, die mich nach der 2500 Fuß unter Darjiling gelegenen Police-Station Chongtóng Chök führte, lernte ich das erstemal eine eigenthümliche Verwendung des Bambusrohres kennen.

Chongtóng Chök liegt auf einem stark gegen das Thal des kleinen Rangit sich senkenden Zweige des Gung-Rammes, in einer Höhe von 4077 Fuß; an dem Tage meines Besuches war einem kurzen aber starken Regen gegen Abend ein so schwerer Nebel gefolgt, daß mein Bengáli-Koch fürchtete, es könne für diesen Tag kein Dinner „gekocht" werden, denn er hatte vergebens versucht, Feuer zu Stande zu bringen.

Die Lépcha-Begleiter aber wußten sich sogleich mit einem ganz einfachen Gegenstande zu helfen. Es war dies ein von dem nächsten Strauche abgeschnittener Bambuscylinder von $1^1/_2$ bis 2 Zoll Durchmesser und $1^1/_2$ Fuß Länge, der nicht, wie es bei einem engeren Rohre der Fall wäre, unmittelbar an den Mund angesetzt wird: es wird aus einer Entfernung von $1/_2$ Fuß hineingeblasen. Der Effect ist ein überraschend günstiger. Es entstehen wirbelnde Bewegungen rings um den Raum, der dem Bläser zugekehrt ist, und es wird dem Feuer weit mehr Luft zugeführt, als bei dem Blasen durch eine Röhre, die unmittelbar in den Mund genommen wird.

Das Benützen solcher Röhren war mir im Himálaya wiederholt sehr erwünscht, da häufig feuchtes Brennmaterial zu verwenden war; auch bei uns läßt sich solches Verfahren leicht anwenden, wenn man den Bambuscylinder durch ein in gleicher Form cylindrisch gerolltes Papier ꝛc. ersetzt. Selbst einen gewöhnlichen Blasebalg kann man durch das Vorsetzen einer solchen Röhre ungleich wirksamer machen, als wenn man seine Ausströmungsöffnung direct in das Feuer steckt, wie ich in Darjiling durch directen Versuch mich überzeugen konnte. Bei den Lepchas sah ich später, daß sie Blasebälge ebenfalls kennen; allerdings von der einfachsten Form.

Diese bestehen nämlich aus einem Schaaf- oder Ziegenfelle, das schlauchartig vernäht und mit einer conischen Röhre an der Ausströmungsöffnung versehen ist; zugleich hat das Fell einen Einschnitt, über den die Hand so gelegt wird, daß gleichzeitig mit dem Heben und dem Senken des Schlauches das Oeffnen und das Schließen des Einschnittes vorgenommen werden kann. In Verbindung mit solchen Blasebälgen sah ich die Lepchas seinen Röhrenvorsatz anwenden; zunächst deswegen nicht, weil für die gewöhnlichen Bedürfnisse des Feuermachens auf dem Marsche die Wirkung des Blasebalges an sich vollkommen genügte.

Es war mir die Lepcha-Art der Verbindung eines Cylinders mit frei einströmender Luft neu und unerwartet; es dürfte solche Combination auch in manchen technischen Anwendungen bei kleinen Feuern Berücksichtigung verdienen, wo noch nicht das Zuführen von Luft unter starkem Drucke nöthig ist.

Einen anderen für die Feuerungsverhältnisse der Himalaya-Bewohner interessanten Gegenstand verschaffte mir mein Präparator Monteiro, nämlich Holz-Reibzeug, aus dem Ringpo-Thale, einem Seitenthale östlich vom Tistaflusse. Von der Anwendung des Holzes zur unmittelbaren Entzündung durch Reibung hatte ich bisher vergebens einen Fall zu sehen gesucht; auch den Aboriginerstämmen war es, so viel wir durch Fragen darüber uns klar machen konnten, nicht einmal in der Erinnerung mehr bekannt.

Das Lepcha-Reibzeug besteht aus je zwei Stücken von verschiedener Holzart. Das größere ist ein Cylinder, mit einer tiefen und engen conischen Aushöhlung, aus hartem Holze (von einer der zahlreichen Quercusarten); der zweite Theil, der in mehreren Exemplaren beigegeben war, ist ein Zweig eines weicheren harzigen Holzes, das sehr leicht entzündlich ist; es schien mir Abies Webbiana zu sein. Die Entzündung wurde dadurch hervorgebracht, daß das kleine Stück mit einigem Drucke nach abwärts in der Höhlung so lange gedreht wurde, bis es zu rauchen und zu glimmen anfing; zur Flammenentwickelung kam es erst in den beiden Fällen, die vor mir experimentirt wurden, als es noch in der Luft rasch im Kreise geschwungen wurde.

Der Gebrauch eines solchen Reib-Feuerzeuges bei feuchter Witterung, die hier so sehr häufig ist, ist stets sehr ermüdend und selbst unsicher, wenn nicht große Vorsicht im Schätzen des Apparates gegen Befeuchtung angewendet wird. Es ist daher leicht erklärlich, daß der Reib-Apparat durch die Benützung von Stahl und Feuerstein mit Zunder jetzt verdrängt ist; nur in der kühlen Jahreszeit soll er noch von den Hirten, die dann in mittleren Höhen umherziehen, bisweilen benützt werden, zugleich als alte Curiosität, mit der etwas Spiel getrieben wird. Ja die Verhältnisse hatten sich in so extremer Weise geändert, daß ich bei Chéjl und bei Dâblong, den Führern meiner Lepcha-Begleitung, europäische Zündhölzer im Gebrauche fand, und zwar mit weißblauer Etiquette von „J. N. E." Joh. Rep. Engert, wie mir später in Nürnberg erläutert wurde.

Sehr allgemein benützt, so oft die Tageszeit und die unbewölkte Stellung der Sonne es gestattet, fand ich die Anwendung von Brenngläsern auf Zunder. Die Gläser, von denen ich keine Schwierigkeit hatte verschiedene Exemplare zu erhalten, sind in Substanz und Form sehr primitiver Art, aber doch groß genug, guten Zunder oder eine Lunte in der Form des indischen „Feuerstrickes", der Agrassi, zu entzünden. Die Agrassi, obwohl in Indien unbestimmbaren Alters, fanden wir in Europa erst nach unserer Rückkehr bekannt und verbreitet, in der Form jener Baumwollschnüre mit Stein und Stahl, die im Krimkriege von englischen Officieren aus Indien mitgebracht wurden. Sie hatten sich als practisch erwiesen zum Gebrauche im Freien. In Tibet, wo der wolkenlose Himmel die Anwendung von Brenngläsern sehr begünstigt, bedient man sich derselben allgemein; sie werden als wichtiger Handelsgegenstand aus China bezogen; ihre Anfertigung nicht weniger als das theoretische Princip ist den Leuten natürlich unbekannt, und wäre ihnen auch schwer begreiflich zu machen gewesen. Desto größer war ihr Erstaunen, wenn ich ihnen an verschiedenen Orten, wo die Umstände es leicht ausführbar machten, zeigte, daß auch ein schönes Stück Gletschereis die Wirkung eines Brennglases hervorbrachte, wenn man ihm in einer großen warmen Pfanne von einigermaßen genügend sphärischer Form durch Abschmelzen auf beiden Seiten Linsengestalt gegeben hatte.

Einige Tage nach Chongtöng besuchte ich die Kupferminen von Mahaldiräm; die Minen zeigten sich bisher nicht sehr reichhaltig und werden bei der großen Festigkeit des Gesteines wohl stets schwer zu bearbeiten bleiben, aber für die Beurtheilung mancher geologischer Verhältnisse waren mir die Bergwerksarbeiten, obwohl nicht ausgedehnt, doch sehr günstig.

Der Weg dahin führt bis zum Dak bángalo gleichen Namens, bei 6574 Fuß, auf der Route gegen Bengalen hinaus; der Eingang zu den Kupferminen liegt 300 Fuß tiefer auf der östlichen Seite des Kammes, im Mahanúrri-Thale.

Die Gesteine sind hier wie im ganzen Sikkim-Himálaya Gneiß und crystallinische Schiefer, die unmittelbar als Unterlage des schmalen Saumes tertiärer Gesteine in der Taräl folgen. Granit wie in Bhután kommt nicht vor, selbst Gneiß ist in den westlichen Theilen von Sikkim so wie in Nepál, mehr als gegen Osten, von Schiefern vertreten. Die Lagerung der Schiefer fällt nach N. 45 Ost und ist hier, ebenso wie weiter im Innern sehr stark geneigt; hier sind deshalb häufig die Abhänge eines Gipfels auf jener

Seite, wo sie mit der Schichtung zusammenfallen, bei weitem am steilsten.

Bald darauf ging ich durch das Thal des Kleinen Rangit-flusses nach Salmonbóng.

Im Thale senkt sich der Weg bei der Uebergangsstelle bis zu 2780 engl. F. Hier sah ich zum erstenmale im Himálaya eine aus Rohrgeflecht gefertigte Hängebrücke, allerdings viel kleiner und einfacher construirt als jene, die ich im Abássiagebirge zu beschreiben hatte (Bd. 1 S. 540). Später besuchte ich dieses Thal nochmals um magnetische Beobachtungen in der Regenzeit daselbst zu machen; meine Zelte waren bei 3130 F. Höhe auf einer secundären Geröll-ablagerung 350 Fuß über dem Flusse aufgeschlagen. Es schien mir bei der verhältnißmäßig geringen horizontalen Entfernung zwischen hohen und niederen Beobachtungspunkten um so wichtiger, zu unter-suchen, in wie fern Höhenunterschied auf die Intensität des Mag-netismus von Einfluß sein könnte. Es ergab sich hier, wie auch später der Vergleich zwischen analog gelegenen anderen Beobachtungs-punkten es bestätigte, daß die Höhe in den Gebirgen nur einen sehr geringen Einfluß auf die Veränderung des Erdmagnetismus hat.

In den Umgebungen der Hängebrücke sowohl als des Lager-platzes für die magnetischen Beobachtungen war die Ueppigkeit der Vegetation sehr groß; die Hauptstämme des Urwaldes, Terminalien und Eichen von 150 bis 200 Fuß Höhe, zeigten zwar verhältniß-mäßig wenig Abwechselung in Species; aber kleine und mittelgroße Formen zwischen denselben, Rohrgebilde, Farren und Parasiten, waren auch hier sehr mannigfaltige. Baumfarren sind noch schön ent-wickelt bei 4000 bis 5000 F.; einzelne Exemplare kommen noch in Höhen von etwas über 7000 Fuß vor, in Lagen also, wo nach den Temperaturbeobachtungen zu Darjiling zu schließen, die mittlere Jahrestemperatur 12 bis 13° C. ist. Das Vorkommen derselben in solchen Höhen ist sehr wichtig, denn ungeachtet der im Mittel nicht großen Temperaturveränderungen treten doch an einzelnen Tagen ausnahmsweise noch niedere Extreme ein. Das Auffinden gewisser Pflanzen erlaubt daher manche Schlüsse auf Temperaturverhältnisse in Lagen verwandter fossiler Pflanzenreste. Extreme der Temperatur in solchen Höhen sind bei der vergleichenden Besprechung des Klimas in verschiedenen Regionen Sikkims zusammengestellt.

Eine liebliche Stelle mit einer Baum-Farrn, Alsophila gigantea, (Gen. Nr. 222) wählte ich zum Gegenstande eines Vegetationsbildes für diesen Band, weil sich hier auch ohne auf Farben einzugehen, die Größe der Farrn sowohl als ihre zarten Formen und der helle Ton ihres Blattgrüns hervorheben ließen. Das Letztere machte einen etwas ungewöhnlichen Effect. Da sich solche Helligkeit, bei großen Pflanzen wenigstens, fast nirgend wiederholt, schien es als ob die zarte Pflanze allein von der Sonne beschienen wäre, obwohl sie im tiefen Schatten einer Quercus steht und in geringer Entfernung davon, im Vordergrunde, auch einige Sonneneffecte kaum sich vergleichen lassen. Allerdings ist der Himmel etwas bewölkt; obgleich die Stellung der Sonne eine sehr hohe ist, sind hier die beleuchteten Stellen auf kleine Flächen beschränkt, die aber desto glänzender sich zeigen. Der junge kräftige Stamm zur Linken des Beschauers ist eine Michelia excelsa. Zwar hatte dieser Baum ganz abgeblüht, aber nun war die Blattentwicklung sehr fortgeschritten, und er zeigte große volle Formen starker Belaubung verbunden mit einer ganz brillanten Farbe, während bei uns das schöne Grün des Frühjahres längst seinen vollen Effect verloren hat, bis auch die Belaubung recht vollständig wird. Jene Blätterrichtigkeit, die nöthig ist um in landschaftlicher Darstellung den „Baumschlag" recht bestimmt zu charakterisiren tritt in Europa selten vor Mitte Juli ein. — Die Liane etwas näher dem Centrum ist eine Beaumontia; rechts von dem Farrnbaume steht ein strauchartiger Calamus.

Hier wie in den Niederungen der Tarái bleibt der größte Theil des Holzes unbenutzt; nur die Humusdecke dieser Wälder genimmt durch das allmählige Zerfallen dieser mächtigen Stämme. Die im allgemeinen ziemlich steile Neigung der Abhänge, noch mehr die tiefen Einschnitte der Erosion erschweren allerdings den Transport, auch wenn an Ort und Stelle die Zerkleinerung stattfinden sollte; aber die Anlage von Rinnen aus mittelstarken Bäumen, welche in vielen Theilen der Alpen so vortheilhaft sich anwenden ließen, wäre hier durch die starke Neigung sehr erleichtert, und die bedeutende Regenmenge ließe sich auch sehr wohl zu Flößvorrichtungen benutzen, wenn einmal die Thalsohle erreicht ist. Solches Unbenutztbleiben schöner Naturproducte, dies ist absoluter Verlust für ein Land; sobald die Erzeugnisse richtig verwerthet werden, folgt die Zunahme von baarem Metallvorrathe, der für die Ausgleichung anderer Bedürfnisse so wichtige Geldreichthum, von selbst.

In den centralen und westlichen Theilen des Himálaya, wo eben so wenig für rationelle Benutzung der Waldungen gesorgt ist, obgleich die Holzproduction nicht mehr ganz dieselbe absolute Größe erreicht, ist dies noch mehr zu beklagen, weil in den nordwestlichen Provinzen von Indien wegen der Schwierigkeit des Transportes, auch wegen der in den Wintermonaten schon fühlbaren Kälte der Werth des Holzes ein noch größerer ist.

Saimonbóng, der wichtigste unter den größeren bewohnten Orten in den Umgebungen Darjilings, liegt der Station gegenüber, im SSW.

In der oberen Lamaserie, bei 5674 engl. Fuß, hatte ein Láma, der in weiter Runde als sehr einflußreich galt, seinen Sitz und ich fand hier viel belehrendes Material über den buddhistischen Cultus. Schon Hooker hatte in seinem „Journal" eine Abbildung der mit eigenthümlichen buddhistischen Objecten reich behangenen Wand mit dem Altare gegeben; auch ich machte ein Aquarell dieses für mich sehr interessanten Gegenstandes (Gen. Nr. 262).

Nach Darjiling zurückgekehrt bewog ich Chibu Láma mir verschiedene buddhistische Geräthschaften aus Saimonbóng zu erwerben.

Ich erhielt durch ihn eine vollständige Tempeleinrichtung und viele Bücher. Diese letzteren waren aber meist in sehr moderigem Zustande und gehören der spätesten mystischen Form des Buddhismus an, wie mein Bruder Emil mir mittheilt, der sie jüngst verzeichnete.

Im Innern von Sikkim sind die beiden Hauptsitze des Buddha cultus Pemiongchi mit Changachelling und Tassiding, beide auf der rechten Seite des Großen Rängit-Thales gelegen. Pemiongchi ist, bei 7083 Fuß, auf einem der östlichen Seitenkämme der Singhalilalette erbaut, zwischen den Flüssen Räthét und Rångbi; hier war auch bis 1815 der Sitz des Sikkim-Råja.

Zwei Meilen westlich von Pemiongchi liegt noch Buddha-Tempel und Kloster Changachelling. — Tassiding befindet sich am südlichen Ende des Kammes, der vom Närsing-Gipfel (19,139 F.) sich herabzieht, zwischen dem Hauptthale des Großen Rängit und dem westlich gelegenen Seitenthale des Rångbi-Flusses; Höhe von Tassiding 4440 F. In den Umgebungen dieser Orte, überhaupt im ganzen Rängit-Thale im Vergleich zum Tista-Thale, ist in Folge der längere Zeit hier bestehenden großen Priestersitze der Buddhismus auch in seiner normalen Form sehr verbreitet. Er hätte noch mächtiger hier sich entwickelt und von hier sich ausgedehnt, wenn nicht die Nepalesen als westliche Nachbarn auch dem Buddhacultus bei jeder Gelegenheit feindlich entgegengetreten wären. Im letzten Kriege mit Nepál, 1815, fiel das ganze Rängit-Gebiet periodisch den Nepalesen zur Plünderung in die Hände, die auch viel zerstörten, was an historisch und ethnographisch werthvollen Büchern in den Klosterbibliotheken sich befand. Seit dieser Zeit erst ist Támlung im Tista-Gebiete die Hauptstadt von Sikkim geworden. Támlung liegt auf einem Hügel der linken Thalseite. Jetzt sind ebenfalls mehrere Tempel dort und ein nennenswerthes Frauenkloster, Yagöng. So viel ich vernehmen konnte, sind in Támlung Tempel und Klöster neuen Datums, mit der Errichtung des neuen Rájasitzes daselbst zusammenhängend.

Da die Zeit immer näher rückte, welche den Aufbruch nöthig machte, wenn überhaupt die höheren Theile mit Erfolg untersucht werden sollten, und da die Antwort des Rája mit jedem Tage sich erwarten ließ, beschränkte ich jetzt meine Arbeiten auf solche in geringer Entfernung von Darjiling um jeden Abend dahin zurückkehren zu können. Am 3. Mai von einem wiederholten Besuche des Sinchalberges eingetroffen, fand ich in die Ada Villa die officielle Mittheilung von Dr. Campbell an mich herübergesandt, daß Antwort aus Tdmlung, und zwar absolut den Zutritt verweigernd, eingetroffen sei. Die ersten Unterhandlungen waren Ende März vom Generalgouvernement von Calcutta aus eingeleitet worden, und sogleich nach meiner Ankunft in Darjiling hatte auch Dr. Campbell, von hier aus als des General-Gouverneurs politischer Vertreter meine Vorschläge zu fördern und die Beantwortung zu beschleunigen gesucht. Bei näherer Besprechung mit Dr. Campbell, die ich noch diesen Abend ausführlich vornahm, erwähnte er unter anderem, daß ihm zwar einige Beschränkung in der Wahl der Routen, auch officielles Geleite durch Sipábís der Lépchas nicht unerwartet gewesen wäre, daß aber auch ihn dieses rücksichtslose Abschlagen, nach sechsjährigem scheinbar gutem Einvernehmen, um so mehr überrasche, weil allgemein angenommen werde, daß jener Dlván (oder oberste Staatsbeamte), dessen ich als Hooker's und Campbell's Feind zu erwähnen hatte, zwar in Sikkim noch lebe, aber ohne allen Einfluß sei.

Die einzige Möglichkeit der so wichtigen Hauptkette des Sikkim-Himálaya dennoch sich zu nähern bot ein Versuch dem Singbaliláhamme zu folgen. Man konnte auf diesem Wege sich so halten, daß man mehr jenseits der Grenze in Nepál als diesseits derselben in Sikkim sich bewegte; Campbell machte mich aber schon damals darauf aufmerksam, daß in diesem Sommer wegen der Aufstellung einer nepalesischen Truppe an der Grenze gegen Tibet, nahe am Balanchún Passe, auch die Nepalesen in der sehr wenig besuchten Gegend längs der Kette mehr als sonst gefährlich wären.

Am 7. Mai trat ich die Route an. Von den indischen Eingeborenen, die mich begleiteten, wußte nur mein Pársi-Butler Dhámji von meiner Absicht so weit als möglich nördlich vorzubringen. Unter den des Weges und des Klimas wegen zahlreichen Begleitern aus Siffim selbst hatte ich dem Lepcha Chẹji und dem Bhútia Dáblong das Nöthigste aus meinem Routenplane mitgetheilt. Für die anderen Träger und Sammler war es nur eine Excursion in eine der näheren Umgebungen wie bisher, diesmal etwa bis zu dem noch britischen Tónglogipfel auszudehnen. Ziemlich unbemerkt aus Darjiling und bald darauf aus Brittisch Siffim mich entfernen zu können ward mir auch dadurch erleichtert, daß bis zum Tónglo-Berge drei Europäer aus der Garnison Darjiling, die ich bei Dr. Campbell kennen gelernt hatte, mich begleiteten, Lt. Congreve, Lt. Goddard und Dr. Dominichetti, zur Zeit die Officiere des Convalescent-Depôt. Dadurch geschah es, daß die für längere Abwesenheit unvermeidlich etwas große Menge von Gepäck und Vorrath auf mehrere vertheilt schien und weniger Aufmerksamkeit erregte.

Bei meinem Aufbruche noch schien es, ungeachtet der zur Zeit so ungünstigen Verhältnisse, doch nicht ganz ohne Hoffnung, von Darjiling aus durch weiteres Fortsetzen der Unterhandlungen eine günstigere Antwort noch zu erreichen; doch alle Vorschläge, selbst das Privatanerbieten meinerseits von 2000 Rupis, das für mich Dr. Campbell unter dem Titel von Entschädigung für Militärbegleitung machte, blieben erfolglos. Der eben ausbrechende Krieg zwischen Nepál und dem Gouvernement von Lása wurde als Vorwand genommen.

Die Singhalila-Kette zwischen Sikkim und Nepál.

Tònglo-Berg. Witterung und Wege, Schwierigkeiten auf feuchtem Boden. Milde Stimmung; laue Lüfte. — Elephanten oberhalb der Tarái. — Lagerplatz auf Tònglo; Aussicht der Schneekette; Verschiedenheit des Bildes bei gleicher Höhe in den Alpen. — Der Rhododendron-Hain. — Thibbi-Pass und Ilám. Schwierigkeit des Wegbahnens. — Ábbaï's Heilmittel. — Schleiernebel. — Wilde Hühner und bienenartige Vögel. — Nadelhölzer, obere und untere Grenze. — Falùt-Gipfel. Aussicht. — Pony-Excursionen. — Nepalesische Gipfel. Letzte Route gegen Norden. — Góza-Gipfel. Abendbeleuchtung in diesen Breiten. — Rückkehr nach Bengalen.

Die ersten Tage ließen den Marsch, der nun vorlag, nicht sehr angenehm erwarten. Fast ununterbrochenen Regen hatte ich von Morgens bis Abends, und wo die Neigung der Abhänge nur etwas steil wurde, waren Weg und Bachsohle kaum zu unterscheiden, denn in beiden floß Wasser. In der besseren Jahreszeit ist wenigstens bis zum Tónglogipfel eine Art von Reitweg; ich hatte auf Dr. Campbell's Rath meinen Pony, von sehr guter tibetischer Race, mit mir genommen; diesen konnte ich aber erst etwas später und weiter im Innern benutzen; hier konnte er kaum unbeladen weitergeschleppt werden. Dagegen hatte ich auf diesem Wege zum erstenmale im Himálaya Veranlassung eines normalen Alpenstockes mich zu bedienen, und zwar war das Holz nicht wie bei uns ein (weil

Ringe bildend) ziemlich schweres Stämmchen einer dicotyledonen Baumart, Weißbuche, Haselnuß und dergl., sondern ein recht leichter, aber fester und nicht sich biegender Stamm eines rohrartigen Gewächses aus der Tardi. Mein Lipcha Dragomán, Chéji, hatte mir das Holz geliefert; die so nützliche Eisenspitze, die ich sogleich nebst dem gekrümmten seitlichen Haken für etwaige Märsche über Firn und Gletschereis daran machen ließ, war den Leuten neu. Die Civilisation ist noch viel zu niedrig, als daß die Leute irgendwo im Himálaya an Bergtouren Vergnügen fänden; aber es ist doch auffallend, daß sie den Vortheil des Stockes mit ordentlicher Spitze noch nicht beim Lastttragen kennen lernten. Nasser Boden macht Bergwege sehr anstrengend. In den Alpen, auch in den westlichen nicht ganz so regenreichen Theilen des Himálaya, ist steiler Boden nie so gründlich naß; hier aber regnet es so viel, daß es langer Zeit zum Abfließen bedarf; auch die Natur des Gesteines sowie die Vegetation begünstigen die Anhäufung feuchter Erde. Ungeachtet des steten Abgleitens nach abwärts haftet doch der Fuß so fest und tief in der thonigen Kruste, daß man bei jedem Schritte die Schwierigkeit den Fuß emporzuheben fühlt. Am stärksten wird die Ermüdung hiedurch in den Knieen, die selbst gegen leises Berühren dann empfindlich werden. Leichte, nicht zu stark frottirende Stoffe der Beinkleider vermindern etwas das unangenehme Gefühl. Für den Oberkörper war die beste Bekleidung ein wasserdichter weiter Ueberwurf mit Aermeln, ohne Rock und Weste darunter. Ein Schirm wäre bei so glatten steilen Wegen und bei den oft sehr engen Passagen zwischen den Bäumen nicht wohl zu führen gewesen.

Ungeachtet des schlimmen Wetters war der landschaftliche Eindruck kein trüber oder unangenehmer, auch dann nicht, wenn dabei der Blick auf geringe Entfernung sich beschränkte. Eigentlich dichte Nebel wie sie bei uns schon am Fuße der Alpen sehr leicht vorkommen, sind hier in Höhen unter 5000 F. das ganze Jahr hindurch sehr selten; bis zum Tönglogipfel noch war der Farbeneffect der Landschaft mehr duftig als trübe zu nennen, selbst wenn der Radius des Gesichtskreises eine englische Meile nur wenig übertraf. Es war eine Art bezaubernder Montblandschaft, alles in weichen Nüançen zart in Contour und Farbe sich verbindend, aber dessenungeachtet ungleich kräftiger in Licht und Glanz. Bei Sonnenlicht erreichen die Regen- und Nebelbilder die kräftigsten Masseneffecte, gleich jenen der in ihrer Art schönen Turner'schen Landschaften. Sie sind für den Beobachter auf Reisen nur so lange unwillkommen, als er noch zu fürchten hat die zu untersuchende Landschaft zur Beantwortung geologischer und topographischer Fragen überhaupt in keiner mehr präcifen Form zu sehen.

Selbst der Wind war hier, in der Jahreszeit solch duftiger Bilder, nur leise und poetisch rauschend. Während der Tour in diesen Höhen hatte ich mehrmals Gewitter, aber nur einmal, am 3. Juni, mit mittelstarkem Winde. Es war mir dies vom physikalischen Standpunkte um so auffallender, weil mir wohl bekannt war, aus der Heimath und aus anderen Himalayabeobachtungen, daß hier in Hochasien bei 10,000 Fuß so wie in den Voralpen bei 6000' auf Kämmen und Gipfeln der Wind sehr leicht mehr als mittlere Heftigkeit zeigt. Die geringe Heftigkeit des Windes ist in Sikkim selbst in den übrigen Jahreszeiten sehr bemerkenswerth; sie scheint wesentlich damit zusammen zu hängen, daß das ganze Jahr die Temperaturunterschiede sowohl in der täglichen Periode als in der Vertheilung der Wärme nach Höhe und Terrainform nur sehr wenig sich ändern.

Zur Erhöhung der entschieden angenehmen Stimmung durch die landschaftlichen Effecte längs des Weges nach dem Tönglogipfel trug auch die Lufttemperatur bei; rauhe Kühle ist hier nicht sogleich mit dem Regen verbunden, ja selbst bei uns zeigen Gegenden wie Tolmezzo südlich von den Alpen, oder Traunstein im Norden wegen ihrer großen Regenmenge während des Sommers viel des eigenthümlich

Anmuthigen. Um so mehr ist dies hier der Fall, wo auch während des Winters das Klima milde genug ist die üppigsten perennirenden Pflanzenformen zur vollen Entwicklung kommen zu lassen.

Der Weg von Darjíling führte wieder durch das Thal des kleinen Rångit-Flusses. Diesmal wurden mir dort Spuren wilder Elephanten gezeigt, die nicht selten aus der Tarái bis zu 3000 und 4000 Fuß heraufkommen; ausnahmsweise, wenn durch Verfolgung getrieben, kommen sie noch in Höhen vor, welche für die Beurtheilung der Verbreitung des Elephanten wie sie unter extremen Verhältnissen möglich ist, sehr wichtig sind. So wurde mehrere Jahre früher von den Lépchas ein Elephant östlich vom Tóngloberge in einer Höhe von 10,000 Fuß gefangen. Nachdem die Zähmung gelungen war, wurde er nach Lása gebracht, ungeachtet der nicht geringen Terrainschwierigkeiten selbst der verhältnißmäßig „besten" Pässe. Noch im Jahre 1855 wurde mir von einem Húnia in Sikkim davon erzählt; er behauptete jüngst den Elephanten noch lebend gesehen zu haben, was ich insofern geneigt bin wohl zu glauben, weil er mir sonst manche der vorgelegten Fragen kaum so richtig und bestimmt hätte beantworten können. Im Bhután-Himálaya sind die Elephanten zur Zeit noch zahlreicher wegen der weniger dichten Bevölkerung und der geringen Cultur.

Bald nach dem Durchschreiten des kleinen Rångit-Thales, etwas oberhalb Saimonbóng, führt der Weg zum Tónglo längs der steil ansteigenden Kante eines Seitenkammes hinan. Die Gipfel erreichte ich am 9. Mai, schon um 4 Uhr Nachmittags, wie überhaupt in diesen Gebieten, wesentlich verschieden von den Märschen in den tropischen Ebenen, stets bei Tage gereist werden mußte. Die Ankunftsstunde war übrigens diesmal noch eine frühere als gewöhnlich. Desto angenehmer war ich daher überrascht, als ich nicht nur die Zelte für meine europäischen Begleiter und mich in bester Ordnung aufgerichtet sah, sondern auch eine zahlreiche Gruppe improvisirter Hütten.

Im Errichten solcher Waldhütten sind die Lépchas geschickter als irgend ein anderer Stamm, mit dem ich zu verkehren hatte. Sie wissen, ebenso rasch als zierlich aus grünen Zweigen ein korbartiges Geflecht, das Dach und Wände bildet, zu machen. Hier waren solche Hütten um so werthvoller, da sie gegen den heftigen Regen zu schützen hatten; die Zahl der Eingeborenen, die ich hier mit hatte, war sehr groß; außer den Kůlis hatte ich noch 21 Arbeiter engagirt. Diese waren zum Anfertigen von Holzdurchschnitten und zum Aushauen der dichtesten Waldstellen längs des Kammes einige Tage früher hier angekommen, und nahmen sich nun meiner Träger recht freundlich an. Hier war auch nicht nothwendig, wie es unter ähnlichen Umständen in Indien der Fall gewesen wäre, daß des Kastenwesens halber, möglichst verschiedene Kochplätze aufgeschlagen wurden. Ein Paar große Kessel an einem schönen Feuer, das sogar durch ein sehr hohes Laubdach gegen den Regen geschützt war, dienten für alle.

Außer den sprühenden Funken glänzten in der bald eintretenden Dunkelheit auch zahlreiche und sehr verschiedene Arten leuchtender Insecten, bei einer Temperatur von nur 7·4° C. diesen Abend. Daß solche Insecten in großer Anzahl in dieser Höhe noch vorkommen, war mir neu, auch daß sie bei dieser Temperatur noch so lebhaft leuchtend umherfliegen. Ausnahmsweise sah ich die Lampyris noctiluca auch bei uns in Oberfranken Anfangs Mai bei ähnlicher Temperatur leuchten, aber dann ohne viel sich zu bewegen und mit mattem Glanze, und die Zahl der Individuen ist bei uns selbst im Hochsommer eine verhältnißmäßig sehr geringe zu nennen.

Die Höhe des Gipfels über dem Meere ist 10,080 Fuß. Längs den Abhängen hatten sich noch einzelne Magnolien und großblüthige Rhododendren in voller Pracht gezeigt, obwohl die Mehrzahl vor Ende April abgeblüht hatte. Bei jenen Rhododendronspecies, welche in den Höhen nahe der Baumgrenze die vorherrschenden sind, tritt auch etwas später die Blüthe ein; von solchen fand ich einzelne bis Ende Mai in Blüthe.

Den ersten Abend noch konnte ich zum Aufstellen der meteorologischen Instrumente benutzen; etwas Mühe machten die Thermometer zur Bestimmung der Bodentemperatur, die 1 Meter und 2 Meter tief in den Boden hinabreichten. Vom 10. bis 16. Mai sind stündliche Beobachtungen fortgesetzt worden, die mir auch für die Beurtheilung des Einflusses der Lufttemperatur und Feuchtigkeit auf die aus Barometerbeobachtungen berechneten Höhen sehr werthvoll waren. Während der beiden ersten Tage meines Aufenthaltes halfen mir beim Ablesen der Instrumente meine Begleiter aus Darjiling, Congreve, Dominichetti und Gorbard, freundlichst mit; am dritten Tage aber mußten sie wieder nach Darjiling aufbrechen.

Am nächsten Morgen nach unserer Ankunft wurde ich auf das Angenehmste durch des Butler's Wecken lange vor Sonnenaufgang überrascht; ich hatte ihm dies zur Pflicht gemacht, im Falle etwas günstige Ansicht der Schneeberge zu hoffen wäre, um ja keine der ohnehin seltenen Gelegenheiten zu versäumen, Zeichnungen und Messung möglichst vollständig zu erhalten. Der Morgen hätte nicht günstiger sich gestalten können. Zwar wurde es, wie stets in solchen Breiten, erst sehr kurz vor Sonnenaufgang hell genug um mit einiger Bestimmtheit die entfernteren Objecte hervortreten zu sehen; aber hatte dies einmal begonnen, so war auch die Steigerung des Lichteffectes eine um so raschere, und bei den riesigen Dimensionen der Gebirgslandschaft, die vorlag, waren die Gegensätze zwischen Licht und Schatten, je nach hoher oder tiefer Lage, nach östlicher oder westlicher Stellung des Gegenstandes unerwartet große. Am mächtigsten trat hier das Massif des Kanchinjinga hervor, nur wenig westlich von der Mitte der langen Reihe der schneebedeckten Gipfel liegend. Im Osten ist die isolirt stehende Kuppe des Chamalhári der höchste Berg, der sich zeigt. Gaurisánkar war noch nicht zu sehen. Doch genug hier von einzelnen Gipfeln, da über dieselben ohnehin in der vergleichenden Zusammenstellung der Panorama-Aufnahmen in Sikkim und Nepál noch zu berichten ist.

Dies hingegen sei schon hier hervorgehoben, daß der landschaftliche Effect aus Höhen von 10,000 bis 12,000 Fuß mit den Bildern, die sich in den Alpen von gleich hohen Standpunkten bieten, keineswegs zu vergleichen ist. Wie G. Studer in seinem „Ueber Eis und Schnee" (Bern 1869) jüngst so präcise und richtig für die gleich hohen Alpengipfel es definirte, ist dort die Enttäuschung über das Erwartete nicht selten. „Die Erfahrung lehrt zur Genüge," sagt er bei Besprechung des Finsteraarhorn, wie auch ich es vom Monte-Rosa, vom Großglockner, von der Wildspitze vollkommen bestätigen kann, „daß je höher der Standpunkt, je enger der Kreis eines klaren und scharfen Aussichtsbildes sich zusammenzieht. Freilich erblickt das Auge ferne Gebirgsketten, welche den Horizont umsäumen, allein die Umrisse sind unbestimmt, das äußere Gewand fast farblos, zahllose Gipfel zu chaotischen Gruppen ineinandergeschoben, so daß ihnen jeder malerische Effect abgeht und es ausnahmsweise günstiger atmosphärischer Bedingungen bedarf, um das Detail einer solchen Fernsicht entziffern zu können...... Das nächste Bild, das man vor Augen hat, ist von fast schauerlicher, das Gemüth tief ergreifender Erhabenheit, aber die ungeheure Ausdehnung des Gesichtskreises wird mehr geahnt als deutlich wahrgenommen, und das Gesammtbild hat mehr topographischen als ästhetischen Werth." In den Ketten und Gipfeln Hochasiens gilt aber dies erst in Höhen von wenigstens über 18,000 Fuß. Auf den meisten der Pässe z. B. zwischen 17,000 bis 18,000 Fuß ist noch der eine oder andere Gipfel, der mehrere tausend Fuß höher ist, nahe genug, um mit individuellem Effect hervorzutreten, und die Thäler sind meist noch tief genug um auch im Mittelgrunde massenhafte, bestimmte Formen zu zeigen. Die bedeutende Verdünnung der Atmosphäre trägt sehr wesentlich dazu bei das Bild in Form und Farbe zu begünstigen. Am meisten unterscheidet sich aber Hochasien in seinen Mittelhöhen von 10,000 bis 14,000 Fuß. Als malerischer Gegenstand läßt sich dies mit den besten Alpenansichten von 2000 bis 3000 Fuß hohen Standpunkten vergleichen, wo noch Einblick in vegetationsreiche Thäler mit den Hochalpenformen sich verbindet; aber hier ist alles in unerwarteter Weise noch vergrößert. Die Schneeberge sind höher, die Thäler sind tiefer im Verhältniß zur Kammhöhe, auf der der Beschauer steht, und dessenungeachtet ist die Entfernung von der wasserscheidenden Hauptkette noch immer groß genug, um ein allmähliges Ansteigen auch der Mittelstufen zu beringen und um es möglich zu machen, daß man einen großen Theil des Gesichtskreises entlang Schneegipfel an Schneegipfel gereiht überblickt. Sikkim und Nepál fand ich, was solch ungewöhnlich schöne Verbindung von Ausdehnung mit großen Höhenunterschieden betrifft, am günstigsten gestaltet. Weiter gegen Nord-Westen ist die Linie der Schneeberge erst in etwas geringerer Entfernung vom Hauptkamme gehörig zu überblicken; am deutlichsten tritt dies in Kaschmir entgegen, wo das ganze Gebirge, vom Hauptkamme bis zur Ebene im Süden, viel breiter geworden ist und sehr verschiedene Verhältnisse der Ausdehnung und der Höhenvertheilung angenommen hat.

Ich hatte kaum während der ganzen Reise eine Woche lebhafterer Anregung und angestrengterer Thätigkeit als jene, die ich auf dem Tönglogipfel zubrachte. Fast jeden Tag erlaubten die Morgenstunden das ganze Hochgebirgsbild zu überblicken und das Panorama desselben auszuarbeiten; die dann folgenden Excursionen in die Umgebungen, boten ebenso wie die magnetischen und andere physikalische Beobachtungen viel des Neuen und Wichtigen aller Art. Solche Arbeit vereint alles Ideale vom Gefühle des Schauens bis zu jenem des Verstehens, indem ja nirgend lebhafter die Eindrücke erhabener objectiver Bilder mit dem Sinnen über Ursache und Wirkung sich verbinden. Allerdings tritt gerade bei solcher Arbeit Ermüdung auch des Körpers weit rascher ein.

Zu meinen schönen Erinnerungen an die landschaftlichen Eigenthümlichkeiten des Tönglogipfels gehört auch jene an den Rhododendron-Hain, der ein kleines Quellwasserbecken, 189 Fuß unterhalb des

Gipfels, umgibt. Die Bäume, damals meist noch in vollster Blüthe, hatten 30 bis 50 Fuß Höhe und boten bei nur etwas lebhafter Beleuchtung ein ungemein glänzendes, farbenreiches Bild, auch dadurch verschieden von alpinen Gruppen Europas, daß hier im Hochsommer die Sonne des Mittags 85½° Höhe erreicht, und daß also während vieler Stunden, vor und nach der Zeit des höchsten Standes, noch sehr kurze und sehr grelle Schatten vorherrschen. Im Walde wie hier, der bei niederem Sonnenstande ohnehin so wenig Licht in die Tiefe gelangen läßt, ist hohes Licht durch sehr lebhafte Effecte nicht ungünstig, auch in malerischer Beziehung; doch bei größerem Ueberblicke über Landschaft zeigen sich dann mehr noch als bei uns in den Mittagsstunden des Sommers, die Profillinien der Bodenreliefs unbestimmt, in Form und Farbe nicht genügend getrennt.

Der schöne Falun der Rhododendronbäume ist auch seiner Höhe wegen, bei 9891 F., merkwürdig. Am Tóngloberge sind, theils der noch sehr großen Regenmenge wegen, zum Theil wegen der etwas südlicheren Lage und der Nähe Bengalens alle von der Temperaturabnahme bedingten Pflanzengrenzen höher als auf den Bergen, die in unmittelbarer Nähe, aber nach der Seite gegen das Innere zu, ihn umgeben. Hier bietet die Höhe des Berges den Rhododendren noch keine Grenze, während die Höhengrenze in den Umgebungen 500 bis 600 Fuß tiefer liegt. — Vom Tóngloglpfel brach ich auf am 20. Mai.

Die nächste und zugleich niederste Depression im Kamme, einige Meilen westnordwestlich vom Tónglo-Gipfel, ist der Chibbl-Paß, über den ein ziemlich guter Uebergang vom Rángit-Thal in das Támbur-Thal führt; die Höhe des Passes ist 8537 F. Bis hierher folgt die Grenzlinie zwischen Sikkim und Nepál von Norden kommend der Singhaillalette. Hier aber weicht sie, gegen Süden fortgesetzt, in der Art etwas ab, daß auch die obere Hälfte des Tónglo-abhanges gegen Westen noch zu Britisch-Sikkim gehört. Lieut. Congreve hatte diesen Umstand benutzt einen, wenn auch kleinen Theil von Nepál im Rückwege zu durchziehen; er ging auf der Westseite des Berges herab und kam durch Ilám, das er am Guten, nicht wie bisher angegeben worden war, am rechten Ufer des Máyong-Flusses liegen fand. Er theilte mir später zu Darjíling die Details seines Marsches mit. Schon während meines Weitervordringens gegen Norden war mir sein Marsch recht nützlich. Da Congreve viel von dem Aufenthalte von „Baumfällern" auf dem Tónglo sprach, lenkte er die Aufmerksamkeit der Nepalesen zunächst von der Wahrscheinlichkeit eines europäischen Lagers auf Tónglo ab.

Mich führte der Weg dem Kamme entlang gegen Norden. Die Strecke, der ich folgte, war ganz unbewohnt; es hatte dies selbst die Vorsorge mit Lebensmitteln sehr erschwert, wollte man sich nicht unmittelbar durch Herabsenken in bewohnte Orte den Sikkimiten oder den Nepalesen verrathen. Doch war es mir gelungen durch Mittreiben von Schaafen, die überdies etwas belastet waren, durchzukommen, ohne selbst für die Träger in der Lieferung der nöthigen Nahrungsmittel beschränkt zu sein. So viel ich weiß, war ein Marsch längs dieser Linie noch nie versucht worden, obwohl von hier aus ungleich günstiger als bei jedem Vorwärtsziehen in einem Thale die allgemeine Gestaltung des Landes überblickt werden konnte. Allerdings gab es auch manche unerwartete Hindernisse. Unter anderm boten viel Widerstand, in diesen Höhen noch, die Bambusdickichte. Kúlís zum Weg machen gingen 1 bis 2 Tagemärsche voraus. Die Route war auch dadurch erschwert, daß längs der Kette nur vereinzelte Spuren von Schäferzügen etwas Weg ähnlich und gangbar sich zeigten, während längs des bei weitem größeren Theiles von uns selbst die Stellen, die am wenigsten das Fortkommen erschwerten, ausgewählt werden mußten.

Meinen Traugtsman Abdul sandte ich vom Tónglo aus ab, um als Lépcha gekleidet und mit Handelsgegenständen versehen, im Gebiete des Rája von Sikkim zu reisen und nach sorgfältig entworfenen Instructionen eine Reihe von Beobachtungen zu machen. Am fünften Tage jedoch wurde er angehalten und mußte umkehren, da selbst Eingeborene aus Indien während des ganzen Sommers von Sikkim ausgeschlossen waren, um die nepalesischen Spione fern zu halten. Seine wohlverwahrten Instrumente waren, da kein Verdacht vorlag, nicht gesehen worden.

Wegen der nicht sehr großen Entfernung bewohnter Orte unterhalb des Kammes zu beiden Seiten desselben ist für jede topographisch gut markirte Stelle, sei sie auch nur ein Felsen, oder eine kleine Einsattlung, der Namen mir angegeben worden, sicher richtig, in so ferne verschiedene meiner Begleiter den gleichen nannten und weil diese Namen meist jenen der Dörfer oder Flüsse weiter unten entsprachen, nur mit der ganz richtig beigefügten Definition des Gegenstandes selbst; man wird selten in Asien Bergbewohner begegnen, die außer den gewöhnlichen Wörtern für Paß, Gipfel ec. noch so viele feinere und doch stets gut angewandte Unterscheidungen in ihren zusammengesetzten Ortsnamen haben. So hieß hier nángi „Waldlichtung, ob eben oder abschüssig", dhap, „Lichtung die zugleich Bodenterrasse ist", ferner thúmka „Berg im allgemeinen", chu „Berg, wenn schneebedeckt", ec.

Der nächste Lagerplatz nach Tónglo war Chandanángi, 11,971 Fuß. Hier zeigte sich am ersten Morgen, als auf einen hellen Sonnenaufgang wieder dichter Nebel zu folgen drohte, ehe derselbe eintrat, eine eigenthümliche Zwischenstufe, eine Art von Schleiernebel. Die Trübung war nämlich so zart, daß man sie kaum als beschränkte Durchsichtigkeit erkennen konnte, während gleichzeitig bei der noch ziemlich nieder stehenden Sonne der volle Schatten des Berggipfels, auf dem ich hier stand, gegen Westen in der Art auf die Luft projicirt war, daß man ganz deutlich die Form desselben hervortreten sah. Jener Theil der gegenüberliegenden Berggruppen, die ich von meinem Standpunkte aus durch den beschatteten Theil der Luft sah, zeigte sich als der klarere, nicht heller im Lichte, aber viel schärfer in Contour und Farbe. Dort wo auf die Trübung der Luft die directen Sonnenstrahlen fielen, ließ sich der Effect mit jenem Hellerwerden des Firmamentes durch Feuchtigkeit der Luft vergleichen, welches dann eintritt, wenn Licht von den suspendirten Dampfbläschen reflectirt wird: die Gegenstände, die hinter der hellen Luftschicht liegen, verlieren an Schärfe. Auch längs der Grenzlinie des Schattens war der Effect sehr verschieden von jenem bei gewöhnlicher Beleuchtung. Der Schatten einer hohen Stange auf einer Fläche, noch mehr jener eines Gegenstandes von großen Dimensionen wie ein Berg, der über weite Fluren sich ausdehnt, zeigt die Contour ungleich schärfer da wo sie vom Schatten nahe der Basis als dort wo sie vom Schatten des oberen Endes gebildet wird. Bei solchen Schleiernebeln aber, wo die nahe liegenden suspendirten Wasserbläschen so wesentlich mitwirken, ist die ganze Contour in den oberen und den unteren Theilen auffallend gleichmäßig in ihrer Deutlichkeit. In Europa ist mir diese Mittelform zwischen Nebel und ganz klarer Luft, welche den darauf projicirten Bergschatten wie auf einem Gazevorhang erkennen läßt, nicht vorgekommen; obwohl dies eine an sich ganz mögliche Uebergangsform ist, kömmt sie nur da zur Beobachtung, wo die Entstehung des Nebels eine so langsame ist wie hier im subtropischen Sikkim. Hier konnte ich selbst eine Farbenskizze aufnehmen. (Gen. Nr. 400, Juni 5, 1855).

Von den Shikáris, den Schützen zum Einsammeln von Säugethieren und Vögeln, waren die meisten unmittelbar unter Monteiro's Leitung geblieben; einige hatte ich aber auch mit mir auf den Marsch genommen, da das Zeichnen, das Beobachten der Instrumente, das Berechnen und das Tagebuchführen wenig Zeit zur Jagd lassen, so sehr diese angenehme Unterbrechung jederzeit willkommen ist. Gegen Mittag brachte mir am Chantandagi ein Shikári am ersten Tage unter anderem mittelgroße röthlich graue Hühner, die ich beanstandete, weil sie ganz den zahmen Hühnern ähnlich waren, wie man in Sikkim sie gewöhnlich sieht. Doch hatte ich Gelegenheit bei dem weiteren Marsche gegen das Innere mich wiederholt zu überzeugen, daß solche Rufen wilder Hühner längs dem unbewohnten Kamme bis zu 9000 und 10,000 Fuß Höhe sehr häufig sind, während sie die Nähe bewohnter Ortschaften sorgfältig meiden. Ihr Lärmen und Spielen, am lebhaftesten an warmen, sonnigen Tagen, ist mitten im Walde um so auffallender, weil es sonst die Töne in der Nähe bewohnter Orte sind; mehrmals kam es vor, daß wir uns nach solchen umsahen, wo die Terrainverhältnisse deren Nähe etwa ebenfalls möglich erscheinen ließen; es war ja unter den Umständen, unter denen ich reiste, auch für mich nicht gleichgültig, etwa bemerkt zu werden, ohne es selbst zu wissen. Obwohl sie weit hin gehört werden, sind diese Hühner doch schwer zu erreichen; sie gehen nicht wie Repphühner gruppenweise ins Freie, sondern halten sich stets in Wald oder Gebüsch auf und sind, gerade wenn sie sehr zahlreich sind, auf die leisesten Geräusche sehr aufmerksam. Die Species ist Gallus ferrugineus Gmelin, mit dem G. Bankiva Temmind sehr nahe verwandt, aber heller und auch in der Größe unserem Haushuhn, Gallus domesticus L., ähnlicher. Eine in Südindien vorkommende Species, G. Sonnesatii Temmind, ist schwarzgrau, mit gelbgesteckten Federn am Kopf und Hals. Wie das neueste dreibändige Werk über „indische Vögel" vom Stabsarzt Jerdon, Madras 1864, berichtet, hat man an der Grenze der Verbreitungssphäre dieser beiden Species wiederholt Bastarde gefunden. Auch mit Haushühnern sind Kreuzungen bekannt. Dies trägt viel dazu bei in unter sich wenig entfernten Localitäten nicht unwesentliche Verschiedenheit im Gefieder, selbst in der Größe der wilden Hühnerspecies zu finden. In Ceylon ist die als Species herrschend angenommene G. Stanleyi Gray, in Java ein Gallus furcatus Temmind. Längs der Routen in den Thälern, die zugleich die bewohnten Orte unter sich verbinden, fand ich keine Standorte wilder Hühner; auch Hooker erwähnt derselben nicht.

Außer dem Gallus ferrugineus waren noch von anderen Galli-

alben die Fasanen, Spiegelfasanen und Perlhühner in den Mittelregionen des Sikkim-Himálaya sehr zahlreich; von der allgemeinen Ordnung der Rasores oder Scharrer, zu der bekanntlich die Galliniden gehören, sind noch mehrere andere Familien in diesen Regionen gut vertreten, so die Tetraoninae und Perdicinae (die Waldhühner und die Repphühner). Die beiden letzteren Familien sind auch noch gegen Westen und Nordwesten sehr zahlreich, so weit Feuchtigkeit und üppige Vegetation sich erstrecken. Schon im Himálaya aber fällt ihre Grenze mit dem Beginne jener trockenen Region zusammen, welche nahe dem Kamme noch diesseits von Tibet hinaufst; in Tibet fehlen sie ebenfalls. Die Verbreitungssphäre der Gallusspecies (auch jene der Fasanen und Perlhühner) ist eine noch kleinere. Westlich von Nepál kommt das wilde Huhn fast nur nahe den Taráigebieten und in den ersten Stufen der Vorberge vor; in vielen Theilen Tibets war bis vor Kurzem, wie ich später zu erläutern haben werde, nicht einmal unser Huhn als Hausthier bekannt.

Unter den Säugethieren, die in gleicher Verbreitungssphäre mit diesen Hühnerarten sehr zahlreich vorkommen, sind die Fledermäuse zu erwähnen, von denen ich Pteromys Petaurista am häufigsten fand.

Weiter nördlich, vom Chaugtsábu-Berge an, zeigte sich viel Nadelholz, das gegen das Innere auch in den etwas tieferen Lagen rasch zunahm; es scheint die Aenderung der Feuchtigkeitsverhältnisse von Einfluß zu sein. Abies Webbiana war die am häufigsten auftretende Tannenart; nächst ihr die A. Brunoniana. Diese beginnt etwas tiefer und reicht nicht ganz so hoch hinauf. Die Abies Webbiana zeigt sich am schönsten am Rande eines Waldes, wo sie etwas frei steht, weil sich dann ihre mächtigen tief herabreichenden Aeste am günstigsten entwickeln, zugleich tritt in etwas isolirter Stellung die massive Basis des Stammes so wie seine auch sehr bedeutende Höhe am entschiedensten hervor.

Kurz vor dem Jalút-Gipfel zeigten sich in ganz unerwarteter Form zwei Strecken „todten Waldes." Wie an den Holzresten sich erkennen ließ, (da häufig dem Stamm parallel gestellte, noch aufwärts stehende Astbildung zweiter Ordnung sich zeigte), waren es A. Webbiana-Bäume, die hier in einem der vorhergehenden Winter durch Kälte der ganzen Fläche entlang zu Grunde gingen, obwohl sie eine Entwickelung erlangt hatten, die bewies, daß viele Decennien hindurch solche Störung nicht konnte eingetreten sein; ich komme darauf bei der Besprechung der meteorologischen Verhältnisse zurück.

Am 22. Mai erreichte ich den Gipfel Jalút, 12,042 Fuß; er ist dem Hauptkamme so nahe, daß hier ein vom Tónglo-Standpunkte in vielen Theilen wesentlich verschiedenes Panorama sich bot, bei dessen Ausführung während mehrerer Tage das Wetter mich sehr begünstigte. Hier sah ich zum erstenmale den Gaurisánkar, der sehr deutlich als ein mächtiger, dominirender Schneegipfel hervortritt sowohl durch seine Winkelhöhe als durch den Umstand, daß er alle ihn zunächst umgebenden Berge weit überragt. Zur Zeit als ich hier ihn maß und zeichnete, waren mir die von den Ebenen aus in demselben Jahre erhaltenen Ergebnisse, daß seine Höhe größer ist als jene des Kantschinjinga, ganz unbekannt. Meine hier, und später in Nepál ausgeführten Höhenmessungen hatten 29,196 Fuß als Höhe ergeben; was von dem Resultate der indischen Generalstabs-Vermessung um nicht ganz $^1/_{1000}$ (um 194 Fuß) abweicht. Die Höhenwinkel wären allerdings bei mir das günstigere Element gewesen; je größer der Höhenwinkel ist, desto geringer wird die Wahrscheinlichkeit des Fehlers; doch waren die Winkel auch hier wegen der 10,000 bis 12,000 Fuß hohen Standpunkte des Instrumentes für den Gaurisánkar bei einer Entfernung von 80 bis 84 engl. Meilen nie über $2^1/_2$ Grad gestiegen. Da die Bestimmung der indischen Vermessung von zahlreichen und unter sich sehr weit auseinander gelegenen Punkten gemacht wurde, haben wir ihr Resultat unverändert angenommen. Den Namen erfuhr ich mit Bestimmtheit erst später in Repál.

In den Umgebungen des Falút-Gipfels war mir mein Pony sehr nützlich. Ungeachtet der steilen Neigung der Abhänge, die an vielen Stellen durch scharf hervortretende Schichtenköpfe des Gesteines noch unwegsamer gemacht wurden, konnte ich das Pferd nach jeder Richtung lenken. Ich bin zwar nicht der Ansicht, die Huc und Gabet bei ihren Uebergängen über tibetische Pässe aussprachen, daß man auf einem solchen Pferde sicherer sei als zu Fuß; es gibt der Stellen genug über Felsen hinweg, noch mehr auf Schnee, die der Mensch mit einiger Praxis zu Fuße sicher überschreitet, während selbst für die wilde Pferdespecies der Kyangs solche Abhänge unwegsam sind. Aber wo ich das Pferd benutzen konnte, war es mir wenigstens erleichtert, Steine und Pflanzen mitzuschleppen, oder beim Marsche mit dem Untersuchen einzelner Stellen mich zu beschäftigen, ohne unterdessen das allgemeine Vorwärtsschreiten des Zuges aufzuhalten. Wo die Strecke nicht nach abwärts ging, hatte mein Pferd selbst auf ziemlich steiler Neigung des Bodens noch einen an Trab grenzenden Paßschritt, der mir stets möglich machte, zur rechten Zeit nachzufolgen.

Der Ueberblick der Schneekette, welchen der Gipfel des Falút bietet, ist als erste Ansicht in der Reihe der „Gebirgsprofile" gegeben. In geringer Entfernung vom Kamme fand ich noch viele andere für die Aufnahme landschaftlicher Bilder sehr gut gelegene Punkte, wo im Hintergrunde die höchsten Theile der Schneekette emporragten. Für das Bild des Gaurisánkar sowohl als für jenes des Kanchinjinga war mir die Stimmung der Landschaft, wie ich sie an den betreffenden Tagen sah, sehr günstig, sowohl deshalb, weil die Beleuchtungseffecte unter sich ganz verschiedene waren, als auch weil sich beide von dem, was man in Europa ebenfalls sieht, wesentlich unterschieden. Der Gaurisánkar zeigte sich in einer nahezu verticalen Beleuchtung mit kurzen Schatten und mit Reflexen, die selbst die beschatteten Theile hell abgehen ließen von dem wie durch Höhenrauch getrübten dunklen Himmel. Das Kanchinjinga-Bild dagegen ist an einem Morgen aufgenommen, als rasch nach Sonnenaufgang der Nebel sich löste, der jetzt nur im Hintergrunde und längs der tieferen Firnmeere röthlich sichtbar ist, während der Hauptkamm ganz klar entgegenstrahlt; wegen des geringen Luftdruckes und der sehr geringen absoluten Feuchtigkeitsmenge in solchen Höhen, so lange sie nicht durch Condensation sich anhäuft, zeigt er sich in so hellem Lichte, daß ungeachtet des noch sehr niederen Standes der Sonne keine Spur von Morgenroth mehr zu erkennen ist. Bald nach meiner Rückkehr sollte gerade dieses in eigenthümlicher Weise gerügt werden. Mitte December 1858, als ich einige Zeit in München zubrachte, war es mir gestattet, diese nebst mehreren anderen meiner landschaftlichen Studien, die ich im Kunstverein ausgestellt hatte, König Ludwig I. persönlich vorzulegen und zu erläutern. Diese Beleuchtung wollte er beanstanden, da seinem so richtigen Urtheile auch in landschaftlicher Kunst die scheinbare Unmöglichkeit sogleich auffiel. Da ich aber in der Lage war, das Factum nicht nur vertreten, sondern auch erklären zu können, fand er es, sehr gnädig ermunternd, „desto schöner".

Der Genuß der interessanten Arbeiten in diesem Gebiete sollte nicht lange ungestört fortwähren. Am zweiten Tage nach der Ankunft auf Jalút vermißten wir 4 unserer Träger; ihre Gepäckstücke waren vorhanden, den Leuten aber schien etwas zugestoßen zu sein; daß sie sich ohne sich abzumelden entfernt hätten, wäre nicht wahrscheinlich gewesen, da unter meiner Begleitung gute Stimmung herrschte, auch hatte die Bezahlung für die Dienste erst in Tarjilling nach der Rückkehr statt zu finden. Wie ich später erfuhr, waren diese, als sie am Rasttage etwas weiter als gewöhnlich vom Lager sich entfernten, von nepalesischen Soldaten gesehen und bis zu meiner sicheren Rückkehr nach Tarjilling zurückbehalten worden.

Vier Tage nach der Ankunft auf Jalút zeigten sich auch bei

mir oben Sipahis von der nepalesischen Truppe; sie waren von ihrem
Lager nahe am Balonchun-Passe das Tambur Thal, das nächste westlich
längs dem Kamme, herabgekommen, und erkundigten sich nach dem
Zwecke unseres Aufenthaltes. Ungeachtet aller Vorsicht waren wir
bemerkt worden, wenigstens auf der Seite von Nepál; auf der
Sikkimseite, wie es scheint, nicht.

Auch an Dr. Campbell wurde bei späteren Erkundigungen so
berichtet. Zwei Tage darauf kam ein Subadár (Hauptmann der
Nepalesen) mit 20 Soldaten, der von Káral Bahádur gesandt war.
Sie schienen anfangs auf meinen Vorschlag einzugehen, uns zu be-
gleiten und sich zu überzeugen, daß wir uns vorzüglich „mit Jagen
und Kräutersammeln" beschäftigten; trigonometrische Instrumente
durften am wenigsten geahnt werden. Allein bald, einen Tag nachdem wir den Gipfel verlassen hatten, um etwas weiter gegen Norden
zu marschiren, wurde ich von einem nepalesischen Havildár (Unter-
officier) angehalten, der offenbar auf unseren Zug gelauert hatte; er
brachte eine Order von Káral Bahádur für unsere nepalesische Soldaten-
Begleitung, in welcher ihnen verboten war, mich irgend wie weiter
vordringen zu lassen. Nach langen Unterhandlungen ließen sie mich
wenigstens bis zum Góza-Berge gehen. Dort aber wurde ich de-
finitiv genöthigt umzukehren, indem man jedem meiner Kúlís, der
Nepalese war, drohte, ihn zum Gefangenen zu machen, wenn er
mich weiter begleitete; auch war zu fürchten, daß nächstens unsere
Lebensmittel confiscirt werden sollten.

Die Strecke bis zu diesem Gipfel bot in der Ansicht der Hauptkette wenig Veränderung; aber für die genauere Beurtheilung
der topographischen Verhältnisse jener Seitenkämme, die hier, ebenfalls als die bedeutendsten im Südabhange des Himálaya, von den
höchsten Gipfeln desselben sich herabziehen, war mir dieses Gebiet noch
sehr wichtig; auch für Zoologie und Botanik fand ich noch manches
neue Material. Der Marsch war an vielen Stellen wegen des Durch-
schreitens ziemlich dichter Laubholzgebiete sehr ermüdend. Pinus-

arten, die etwa unseren Legföhren entsprochen hätten, kamen unter den Gesträuchen nicht vor; diese bestanden aus Weidenarten, auch Rhododendron-Species, die, obwohl ihrer Höhengrenze nahe, doch eine Größe hatten wie bei uns kräftige Legföhren. Eine andere Eigenthümlichkeit in den Vegetationsformen, die hier sich boten, war eine zierliche Bambusspecies, die den Göza-Gipfel, 10,337 Fuß, nach allen Seiten bedeckte, und nirgend wieder in solcher Gleichförmigkeit auftrat. Obwohl ihre Höhe meist nur 1 Fuß betrug, zeigten doch diese Miniaturgebüsche ganz entsprechende Formen wie die 40 bis 50 Fuß hohen Bambusgruppen im Großen. Mit Gramineen und Cariceen (den gewöhnlichen Gräserformen) verglichen, fällt diese kleine Bambusart durch ihre ungleich größere Zartheit in der Bildung der Stämmchen, so wie in der Veräftelung und Belaubung auf.

Außer diesen Bambus standen viele Vacciniumgebüsche, von den nepalesischen Trägern „Sungpálla" genannt, am Göza-Gipfel. Längs des Kammes, an deutlichsten an den zunächstliegenden etwas flachen Stellen der Gehänge, ließen sich viele Spuren von Fußspuren, auch Reste einzelner Hütten erkennen. Diese Stellen werden von Zeit zu Zeit als Weideplätze besucht, wobei zugleich alles Gebüsch, das als Brennholz dienen kann, für die nächsten Dörfer gesammelt wird. Regelmäßige Alpenwirthschaft mit Rindviehzucht und mit Butter- und Käse-Production kennt man hier nirgends. Das einzige was hier in Höhen mit alpinem Klima betrieben wird, ist Schafzucht, wobei die Hirten sich ärmlicher Steinhütten, häufiger noch kleiner Zelte bedienen. In Sikkim sind zugleich solche Hirtenlager weiter noch als im übrigen Himálaya vom Südraude des Gebirges entfernt, um nicht durch zu große Feuchtigkeit zu leiden.

Während des Marsches vom Göza-Berge, vom 30. Mai bis 2. Juni, hatte ich auch ein Paar schöne Abende. So lange ich näher dem Rande gegen Indien weilte war meist gegen 11 Uhr Morgens, oft noch früher, Nebelbildung oder doch bedeutende Trübung eingetreten. Die klaren Abende waren mir sehr willkommen; ich sah die Beleuchtung der großen Schneeregion von einer neuen, der westlichen Seite her; zugleich konnte ich mit mehr Bestimmtheil an schönen Abenden als an schönen Morgen über den Grad der rothen Färbung, der in solchen Höhen eintritt, und über das etwaige Vorkommen einer 2ten Erhellung, wie in den Alpen, urtheilen. Zusammenhängend damit, daß zwischen dem beleuchteten und dem nicht beleuchteten Theile des Firmamentes der Gegensatz des Morgens geringer ist als des Abends, lassen sich auch die Beleuchtung und Färbung der Schneeflächen des Abends besser beobachten.

Eine so glänzende rothe Beleuchtung wie bei günstigem Sonnenuntergange das Alpenglühen in Europa, hatte sich hier nie gezeigt. (Dasselbe gilt auch von den übrigen Regionen Hochasiens, wie schon hier bemerkt sei.) Das Nichteintreten intensiver rother Färbung ist dadurch veranlaßt, daß wegen des sehr geringen Luftdruckes in den Schneeregionen auch die absolute Menge der Feuchtigkeit in der Atmosphäre, selbst an den günstigsten Abenden, nur sehr gering ist. Wegen der bedeutenden Höhe der Berge hält bisweilen die wenn auch schwache aber deutlich rosige Färbung etwas lange an, doch nur so lange, als noch directe Sonnenstrahlen die hohen Gipfel treffen.

Das 2te Aufleuchten in den Alpen ist von der directen Beleuchtung und rothen Färbung durch eine Uebergangsform von Erbleichen getrennt, die als „Teinte cadavéreuse" zuerst aus den Umgebungen des Montblanc bekannt wurde. Hat nämlich die Sonne eine solche Tiefe unter dem Horizonte erreicht, daß der Dämmerungsbogen, oder die obere Grenze des Erdschattens, bis zur Höhe der Schneegipfel steigt, so hört plötzlich das Alpenglühen auf, und die Schneeflächen heben sich wenigstens einige Minuten lang dunkel vom Firmamente ab, weil dort die Beleuchtung weniger scharf sich begrenzt. Zugleich tritt aber im westlichen Horizonte eine Stelle des Firma-

mentes hervor, welche wegen der Stellung der Sonne lange Zeit
heller bleibt als das ganze übrige Firmament; und da die Eis- und
Schnee-Massen die Eigenschaft haben sehr viel Licht zu reflectiren, so
tritt jetzt bald eine Periode ein, während welcher sie, von dieser
hellen Stelle am westlichen Horizonte beleuchtet, mehr Licht reflectiren, als das Firmament im Osten neben ihnen. Sie gehen jetzt
wieder hell vom Himmel ab, mitunter, aber nicht nothwendig, noch
in Tönen der Abendröthe gefärbt. Dieses 2te Aufleuchten in den
Alpen ist von schwacher Intensität des Lichtes, andauern kann es
ziemlich lange. Im zweiten Bande unserer physicalischen Geographie
der Alpen (S. 475—479) habe ich die verschiedenen Modificationen
zusammengestellt; diese früheren Untersuchungen waren mir auch für den
Himálaya wichtig, um wegen etwaiger Unregelmäßigkeiten in der Zeit
des Eintrittes oder in Vertheilung nach der Orientation des Panoramas den Effect, wenn schwach, nicht ganz zu übersehen. Ungeachtet aller Aufmerksamkeit ließ sich aber weder hier, noch in anderen Theilen des Himálaya ein 2tes Aufleuchten und Hellwegggehen
vom Firmament im Hintergrunde beobachten. Die Ursache ist, daß
die Sonne so steil unter den Horizont sich senkt, daß das helle
Segment im Westen meist ganz fehlt oder nur sehr klein und von
kurzer Dauer ist.

Anders dagegen verhält es sich mit dem „nächtlichen Glänzen,
der Lueur nocturne", wie es in den französischen Alpen genannt
ist, wobei die Schneeflächen während des größten Theiles der Nacht
hell vom Himmel abgehen, und zwar unabhängig von ihrer Stellung
zur Sonne, in östlich und in westlich gelegenen Thälern, auch bei
starker Bewölkung im westlichen Horizonte. Solch „nächtliches Glänzen" hängt entschieden mit einem Selbstleuchten, einer Phosphorescenz,
des Schnees und des Eises zusammen. Das Licht dabei ist jedoch
sehr schwach, und man muß ganz in der Nähe sich befinden. In
Sikkim hatte ich nicht Gelegenheit es zu beobachten, aber im westlichen Himálaya sowohl als in Tibet war es uns beim Lagern in

Firnmeeren wiederholt, ganz in der Form wie in den Alpen vorgekommen.

Am zweiten Juni mußte ich von hier zur Rückkehr aufbrechen. Wenigstens gelang es mir meine nepalesischen Begleiter zu veranlassen mich nicht zur Eile zu zwingen, und während meines Aufenthaltes an den verschiedenen Punkten der Singhalilakette wußten meine Leute die Begleitung so zu unterhalten und zu beschäftigen, daß ich Zeichnungen, selbst Messungen der Gipfel unbeobachtet ausführen konnte. Nach 15 Tagen erst zog ich wieder in Darjiling ein.

Sikkim verließ ich den 14. August, 1855. Ueber den Krieg zwischen Nepál und Tibet konnte ich damals noch nichts Bestimmtes erfahren. Anfangs August waren zwar durch Vermittlung des Thárma Rája in Bhután Friedensunterhandlungen eingeleitet worden, jedoch damals noch ohne Erfolg. Die Tibeter hatten beim Beginne des Krieges den Balanchún-Paß besetzt, ehe die nepalesischen Truppen ihn erreichten, und hielten so während des ganzen Sommers die nepalesischen Truppen unter Káral Bahárur von dem Eindringen in Tibet zurück. Bald darauf wurden von Jang Bahádur, der die Regierung Nepáls in Händen hat, dem Rája von Sikkim Vorschläge zur Theilnahme an dem Kriege gemacht, auf welche von Sikkim nicht eingegangen wurde. Die Nepalesen benutzten dieses Resultat, das auch bald in Tibet bekannt wurde, 300 als Lepchas (d. h. als Sikkimiten) gekleideten Soldaten Einlaß in ein Fort westlich vom Balanchún-Paß zu verschaffen. Die Einnahme dieses sehr unbedeutenden Platzes war während des ganzen Sommers der einzige Erfolg der nepalesischen Armee. Dessen ungeachtet führte Nepál den Krieg noch fort bis es in den beiden darauf folgenden Jahren etwas Terrain, auch eine nicht unbedeutende Geldentschädigung sich verschaffte.

Aufenthalt in Nepál.

Lange Verzögerung der Erlaubniß. — Etablissement. — Tardi. Elephanten zum Durchreisen; wilde Elephanten; Jagd; Elfenbeinhandel; Größe der Zähne. — Aufnahme in Jaithmándu. Colonel Ramsay. Darbár; Jang Bahádur, Stellung und früheres Auftreten. Haute- u. Habuentäunpse. — Die Górkhas als Eroberer des Landes. Ihr Austreten gegenüber den Europäern. Sir David Ochterlony. Gegenwärtige Ausdehnung Nepáls. — Bodengestaltung. Vortrefflichen gelernter Süßwasserbecken; die Tars. — Ertragsfähigkeit des Landes. Ackergeräthe. Moschus; Daphnepapier; Kupfer- u. Messingproduction. — Städtecharacter: Kathmándu. Patn. Bhatgáun (Tafel IX, Tempelplatz und Bráhmanpagode zu Bhatgáun). — Messungen und Zeichnungen: Zulshí; Kátani-Bene; Káulia: Chandragiri. — Bedeutung der Namen Gaurisánkar, Chamalhári, Kanchinjinga, Dhavalagiri. Rückkehr nach Bengalen.

Nachdem die Unterhandlungen mit Nepál, einen wenn auch nur kurzen Aufenthalt in diesem Theile des Himálaya zu gestatten, mehr als 2 Jahre mit geringer Aussicht auf günstigen Erfolg gedauert hatten, war mir die Ueberraschung um so angenehmer und willkommner, in Raulpinti, noch vor der letzten Trennung von meinen Brüdern im November 1856, die Nachricht zu erhalten, daß ich Kathmándu, die Hauptstadt Nepáls, nebst den Umgebungen besuchen dürfe. Als ich das Pánjáb und die Nordwestlichen

Provinzen Hindostáns vom December 1856 bis Februar 1857 nach
verschiedenen Richtungen durchzogen hatte, brach ich am 11. Februar
von Sigaull in Bengalen nach Nepál auf. Da ich die große Entfernung vom Pánjáb nach Nepál nicht mit meiner ganzen Begleitung
ohne zu viel Zeitverlust zurücklegen konnte, hatte ich für mich nur
den Butler mitgenommen, und hatte von Calcutta einen Verwandten
Monteiro's, Mr. D'Cruz, dahin kommen lassen, um die Vervollständigung der ethnographischen und naturwissenschaftlichen Sammlungen aus diesem Gebiete, wo ohnehin mein Aufenthalt etwas kurz
war, möglichst gefördert zu erhalten. Er war drei Wochen vor mir
eingetroffen und hatte, durch Colonel Ramsay's freundliche Vermittlung, sogleich nach seiner Ankunft mit dem Sammeln beginnen können.
In Sigauli traf auch Lieutenant Adams, der unterdessen auf selbst-
ständigen Routen Oberassám und die hydrographischen Verhältnisse
des Brahmapútra in den Umgebungen von Sádiya untersucht hatte,
wieder mit mir zusammen, was mir zur Förderung meiner Arbeit
in Nepál sehr wichtig war. Lord Canning, der Nachfolger Lord
Dalhousie's als General-Gouverneur und Vicekönig, hatte sich sehr
thätig der Vermittlung meiner Wünsche angenommen und hatte durch
den Einfluß, den er auf Jang Bahádur in dieser Angelegenheit aus-
übte, um so mehr sich Ansehen verschafft, als mehrere Jahre früher,
nachdem der Besuch meiner Brüder Adolph und Robert gesichert
schien, im letzten Augenblicke noch Schwierigkeiten von der nepalesischen Regierung entgegengestellt wurden, welche auch spätere Erfolge als sehr zweifelhaft erscheinen lassen mußten.

Auch hier war eine Tarái zu durchziehen, und zwar eine sehr
breite, die in der wärmeren Jahreszeit sehr gefährlich wird. Am
schlimmsten ist sie längs der Gáudak, etwas westlich von dem directen
Wege nach Kathmándu. In der Gándak sind bei ihrem Austritte
aus den Bergen vier bedeutende Flüsse vereint, die unter einem
Winkel von mehr als 150 Grad zusammenströmen. Auch der Kósi-
Fluß, im östlichen Theile von Nepál, ist sehr wasserreich und erhält

mächtige Zuflüsse von Ost und West, aber die Verbindungsstelle liegt etwas entfernter vom Rande der Tarái; dadurch geschieht es, daß die Erosion im unteren Theile des Flusses etwas stärker geworden ist und daß der Fluß auch die Tarái etwas schneller, weniger den losen Boden befeuchtend, durchströmt. Sehr angenehm war es mir, daß wir zum Marsche durch die Tarái zwei Elephanten benutzen konnten, die Major Holmes in Elgáuli mir zur Verfügung überließ. Wir konnten so weit besser als es in der Pálkí möglich wäre, die topographischen Details beobachten. Leider muß ich hier noch beifügen, daß Major Holmes wenige Monate später in dem Indischen Aufruhr zum großen Bedauern seiner zahlreichen Freunde gefallen ist.

Die Formen, welche die Tarái von Nepál zeigte, waren dieselben, die ich in Bhután und Sikkim zu schildern hatte; neu war mir hier das häufige Auftreten einer Waldameise, welche einzelne Baumstämme mit conischen Erdhaufen von 6 bis 10 Fuß Höhe umgibt und dann das Holz der Bäume so mächtig angreift, daß diese in kurzer Zeit absterben. Obwohl sehr in Zeit beschränkt, habe ich doch eines dieser seltsamen Bilder als Aquarell ausführen können (Chen. Nr. 402). — Die Breite des schlimmen Theiles der Tarái beträgt wenigstens 30 englische Meilen; auf diese folgt, ebenfalls in größerer Breite als in den Theilen gegen Osten, eine Sandstein-Formation von ziemlicher Höhe; so ist die Uebergangsstelle am Chirla-ghat 2262 F. Es ist dies dieselbe tertiäre Formation, deren ich in Sikkim erwähnte und die in einer Länge von nahe 700 Meilen vom Ganges nordwestlich, unter dem Namen Serálik-Kette, bis gegen Kúlu sich fortzieht.

Einen kurzen Aufenthalt etwas südwestlich von Chirla-Ghat hatte ich einige Wochen später, als ich mit Jang Bahádur und seinem Gefolge eine Jagdexcursion dahin machte, wobei nach Elephanten gesucht wurde, deren deutliche Gänge hier ziemlich häufig sind. Einer fiel uns auch zur Beute; es waren fast gleichzeitig zwei Doppelflinten und eine einfache Flinte eines Shikári auf ihn abgefeuert worden. Der erlegte war ein schönes kräftiges Männchen, mit großen Stoßzähnen wie sie hier, im Gegensatze zu dem assamesischen Mâthna-Elephanten (Bd. I. S. 433) das vorherrschende sind. Ich erhielt den einen der Zähne, jenen der überdies auch eine deutliche Kugelmarke von mir hatte, als eine mir sehr werthvolle Erinnerung, da von Jang Bahâdur auch eine auf meinen Besuch Nepâls sich beziehende Inschrift auf dem Zahne angebracht wurde. Er hat eine Länge von 5' 8" und am oberen Ende einen Umfang von 1 Fuß 4½ Zoll. Der Hohlkegel, mit welchem er im Oberkiefer steht, ist nur 1' 1" lang. Es ist dies für die Elephanten in dieser Gegend eine mehr als mittlere Größe, wie ich an den sehr zahlreichen Exemplaren von Zähnen zu sehen Gelegenheit hatte, die im Elfenbein-Magazin des Râja als werthvoller Handelsgegenstand während des verflossenen Winters sich angehäuft hatten. Der Râja hält für diese Jagden seine eigene Gruppe Shikâris. Obwohl sie nur auf gezähmten Elephanten ausziehen, um sowohl gegen die Terrainschwierigkeiten als gegen die Angriffe von schwachverletzten wilden Elephanten oder gegen das Ueberfallenwerden durch Tiger und andere Raubthiere möglichst geschützt zu sein, gehen doch verhältnißmäßig viele dieser Shikâris zu Grunde; weniger durch die Miasmen des Terrains, als durch die Angriffe und den Widerstand der Thiere. Die Miasmen müssen bei glücklichen Erfolgen und länger fortgesetzter Jagd auch dadurch nicht unwesentlich verschlimmert werden, daß die erlegten Thiere, nachdem die Zähne ausgenommen sind, der Verwesung an der Stelle wo sie gefallen, überlassen werden. Die Größe der Zähne hängt mit Species und Race, ebenso wie mit dem Alter der Individuen zusammen. Neue, oder lange nicht durchzogene Gebiete haben die Wahrscheinlichkeit größeres Elfenbein zu liefern, insoferne sie ältere Thiere bergen. Die Quantität des Elfenbeines, das in den Handel kommt, ist sehr bedeutend und hat sich in den letzten Jahren noch stetig und rasch vermehrt. Nach statistischen Angaben, die ich in England erhielt,

betrug das in England verarbeitete Elfenbein Ende des vorigen
Jahrhunderts 192,600 Pfund, im Jahre 1827 schon über 364,000
Pfund, und im Mittel der letzten Jahre über eine Million. Den
bei weitem größten Theil davon liefert Afrika, und es kommt auch
von dem afrikanischen Elfenbein sehr viel über Indien, jenes der
Westküste nämlich, das in erster Linie als Handelsartikel nach Bombay geht. 58 bis 62 Pfund wird gewöhnlich als das mittlere Gewicht eines Zahnes angenommen; das Gewicht meines Elephanten-
zahnes aus Nepál ist 35 Kilogrammes oder 77 engl. Pfund; in
Bombay wurden mir auch afrikanische Zähne von mehr als 100
Pfund, aber als sehr seltene angegeben. Cuvier nennt als den
größten der bis dahin bekannten einen Zahn von 350 Pfund Gewicht. Auf der Londoner Ausstellung 1851 war ein Stück gesägten
Elfenbeines, das einem ungleich größeren Zahne entnommen sein
mußte, denn es hatte 11 Fuß Länge und 1 Fuß Breite; es war
von Amerika zur Ausstellung gekommen, war aber, wie auch die
schöne frische Farbe es bestätigte, mit Bestimmtheit als Elfenbein
von einem in Afrika erlegten Thiere bezeichnet. Die fossilen Ma-
statherions, deren Elfenbein bisweilen seiner Bearbeitung nicht ganz
unfähig ist, haben im Mittel noch mehr als 3mal größere Zähne
als die Elephanten der Jetztzeit.

Kathmándu erreichte ich am 18. Februar. Ich wurde von
Obrist Ramsay, Resident und politischem Vertreter der indischen
Regierung, dem ich sehr wesentlich für die Vermittlung meines Zutrittes zu danken hatte, auf das Freundlichste aufgenommen und
war nebst meinen Begleitern während der ganzen Dauer meines
Aufenthaltes der Gast in seiner sehr schön gelegenen und vortrefflich ausgestatteten Residency. Außer Col. Ramsay war nur ein
Europäer noch in Kathmándu, Dr. Brown, zur Zeit als Arzt der
diplomatischen Station. Auch ihm bin ich vielfach zu Dank ver-
pflichtet, sowohl für interessante meteorologische Beobachtungen, die
er schon seit einiger Zeit hier fortgeführt hatte, als auch für viel-

sache thätige Mithülfe bei meinen eigenen Arbeitern durch detaillirte correspondirende Beobachtungen (als Basis der Höhenberechnungen) während meiner Messungen. Außer den früheren Beamten der India-Company in gleicher Stellung, unter denen ich, bei den Berichten über Sikkim, Hodgson und Campbell vielfach zu nennen hatte, sind nur wenige Europäer nach Kathmándu und seine Umgebungen gekommen, so Kirkpatrick, und Prinz Waldemar von Preußen 1845; in dem schönen Atlas „Erinnerungen an die Reise des Prinzen Waldemar von Preußen, Berlin 1853", haben mehrere der Tafeln Kathmándu und seine Umgebungen zum Gegenstande. Von botanischem Materiale hat früher Dr. Wallich, ein Arzt der Station, sehr viel gesammelt; auch Hooker's Marsch durch das Támburthal im östlichen Nepál hat unerwartet viel des Neuen geboten.

Am zweiten Tage schon nach der Ankunft hatte ich meinen Empfangs-Dárbár, bedeutend brillanter als was ich bisher in Indien davon gesehen hatte, wo allerdings die Staaten der Eingebornen ferne davon sind, gleiche Macht, Unabhängigkeit und Ausdehnung ihres Gebietes zu haben. Die Gesellschaft war zahlreich. Außer dem Rája waren auch viele Vasallen, die in der äußeren Stellung noch ziemlich viel Glanz entfalteten, zugegen; ihre Costüme und Waffen zeigten, bei großer Mannigfaltigkeit der Formen unter sich, viel Malerisches und Neues. Frauen natürlich fehlten, wie stets bei solchen Festen im Oriente. Die wichtigste Person im Dárbár war Jang Bahádur, der deutlich das Ganze überwachte und leitete; er hatte seit lange alle Gewalt in den Händen. Es ist bekannt, daß er in diese Stellung durch Intriguen und Grausamkeiten gelangte, wie sie nur in orientalischen Staaten möglich sind. Sein Onkel, der eine Zeit lang der oberste Minister war, wurde zuerst geopfert, und zwar von Jang selbst erdolcht, der ein neues Ministerium nun organisirte und sich zunächst zum Oberbefehlshaber der Truppen ernannte. Bald darauf war aber von anderer Seite der neue Ministerpräsident ebenfalls gemordet, und als Jang nicht sogleich die Befehle ausgeführt sah, die er zur Festnahme der möglicherweise schuldigen hohen Beamten gegeben hatte, ja als sich sogar noch andere Häuptlinge ihm widersetzten, begannen neue Gemetzel. Sogleich waren 15 Personen, 1 von Jang's eigener Hand, die anderen von den am Ausgange aufgestellten Sipáhis niedergestoßen, und eine noch weit größere Anzahl wurde dann das Opfer seines grausamen Auftretens im Palaste. Eine Verschwörung, die bald gegen Jang Bahádur folgte, wußte er schon im Keime zu ersticken, allerdings mit zahlreichen neuen Menschenopfern. Jetzt wurde auch der Rája, nebst Königin und den zwei jüngeren Söhnen, des Landes verwiesen; der Thronerbe Surinder Vikrám wurde als Herrscher eingesetzt, natürlich ganz von Jang Bahádur abhängig. Als sein Vater noch einmal nach Nepál zurückkehrte und versuchte, den ihm entrissenen Thron sich wieder zu verschaffen, wurde er Jang Bahádur's Gefangener; jetzt wird er nur bei besonderen Volksfesten gesehen. In sehr enge Grenzen sind auch die Bewegungen des Sohnes als Herrscher eingeschlossen; es ist bezeichnend genug, daß z. B. bei diesem Dárbár keine Conversation mit ihm durch den Residency-Dolmetscher geführt werden durfte, sondern daß Jang Bahádur das Uebertragen des Hindostáni ins Nepalesische vermittelte. Auch Colonel Ramsay hat als Vertreter Englands stets mit Jang Bahádur zu thun, und hat nur bei wenigen, besonders feierlichen Gelegenheiten den Rája, bisweilen mit seinem Vater, gesehen.

Ich schätzte den Rája (1857) auf 34 Jahre. Seine Erscheinung ist keine unangenehme, aber sein Auftreten ist das eines abgelebten, apathischen Menschen; das letztere vielleicht auch deshalb, weil er sich Jang Bahádur gegenüber nicht anders zeigen durfte. Desto glänzender ist sein voller Name, nämlich: Maharáj The-Raj Surinder Vikrám Shah Bahádur Shámsher Jang, Rája von Nepál. The in The-Raj ist ein Kastenname; die Kaste bildet eine Unterabtheilung der größeren Gruppe der Jats. Bahádur Shámsher Jang heißt „das unbesiegbare Schwert im Kampfe". (Einen analogen (Muselmân-)Namen hatte ich in Káthmándú zu citiren (Bd. I. S. 317). Name und Titel Jang Baḣádur's, wenn vollständig wie bei jeder officiellen Correspondenz in Hindostání, war Jang Baḣádur Kunvár Ránaji; die beiden ersten Worte, hier zugleich als Personennamen gemeint, sind dieselben wie im Namen des Rája, „im Kampfe unbesiegbar"; Kunvár heißt „Jüngling", häufig auch in solchen Titeln für sich allein als „Prinz, Erbprinz" gebraucht. Ránaji ist ebenfalls = „Prinz"; dieses Wort wird am meisten in Central-Indien gebraucht und kömmt dort sehr häufig auch als Personenname oder Theil desselben vor, selbst bei Männern ganz niederer Stellung, aber ziemlich guter Race wenigstens.

Der persönliche Eindruck Jang Baḣádur's ist weit günstiger als nach dem Vorausgehen von so vielem und schwerem Unrecht sich erwarten ließe. Er hat, so lange nicht gereizt, ganz artiges Benehmen, ist weit lebhafter und eingeheuter in der Conversation als die Eingebornen gewöhnlich, und ist, wenigstens den Europäern gegenüber, nicht unbescheiden. Was ihn in letzterer Beziehung auf einen für Indier seltenen Standpunkt stellt ist der Umstand, daß er Europa gesehen und unsere den orientalischen Verhältnissen so sehr überlegenen Zustände aus eigener Erfahrung kennt; Juni bis August 1850 hat er sich in England aufgehalten.

Entschlossenheit und Muth hat er stets bewiesen, und obwohl er in der Conversation weniger als sonst die Eingebornen es thun seine Thaten und Erfolge in Worten hervorhebt, so läßt er doch keine Gelegenheit vorübergehen, die ihm möglich macht zu imponiren, am liebsten Europäern gegenüber. So erzählte mir Colonel Ramsay von einem eigenthümlichen Wagstücke, das Jang Baḣádur bei seiner letzten officiellen Zusammenkunft mit dem Generalgouverneur Lord Dalhousie zu Pátna ausführte. Er wollte dem Gouverneur nach orientalischer Sitte eine Gabe anbieten; sehr willkommen sollte sie sein, das konnte Jang Baḣádur für sich nur günstig finden, und doch durfte sie an sich nicht zu hohen Geldwerth haben, sonst wäre sie vom Generalgouverneur nicht angenommen worden. In Pátna ist ein altes Buddhamonument, ein Cháitya oder Stúpa (Bd. II. S. 80), der halbkugelförmig in der Größe eines mittelhohen Hauses sich emporhebt, wobei eine Treppe ohne Geländer an der Außenfläche spiralförmig bis zum obersten Punkte emporführt und auf der entgegengesetzten Seite nach abwärts sich fortsetzt. Diese sollte der Probstein für den Werth des Ehrengeschenkes, zugleich für eine seiner ritterlich kühnen Leistungsfähigkeiten werden. Er ritt nämlich ein nepalesisches Gebirgspferd jener kleinen Race, die wegen ihrer Vortrefflichkeit auf steilen Wegen bekannt ist, diese Treppe hinauf und hinab, kam zum Palankin des Gouverneurs, der ihm und seinem Gefolge staunend zugesehen hatte, mit der Bitte, er möge dieses Pferd als kleine Gabe und als Schutz für sich auf schlimmen Pfaden entgegen nehmen.

So sehr es Schwierigkeiten uns gemacht hatte die Erlaubniß zu erhalten, Nepál nur zwar dessen centrale Theile zu besuchen, so hatte ich doch gar keinen Grund über Beschränkung zu klagen, als ich einmal in der Lage war, mit Jang Bahádur selbst mich zu besprechen. Nach einigen Erläuterungen über die Nußbarlichkeit wissenschaftlicher Beobachtungen, ein Thema, das ich bei manchen Gelegenheiten in Indien durchzusprechen hatte, war es mir gestattet alle Instrumente, die ich in ganzer Vollständigkeit mitgebracht hatte, aufzustellen und zu benützen; ja, ich durfte zum Zwecke geodätischer Messungen ungehindert verschiedene hohe Punkte in Central-Nepál besuchen. Zwar bin ich dabei stets von einem kleinen Troß nepalesischer Soldaten begleitet gewesen, sie waren aber mehr zur Erleichterung meines raschen Vorwärtskommens bestimmt, als daß sie mich je in meinen Beobachtungen oder Zeichnungen gestört hätten. Davon, daß ich zwei Jahre früher an der Grenze von Nepál und Sikkim von nepalesischen Truppen in meinem Weitervordringen gehemmt wurde, wollte Jang Bahádur „nichts erfahren haben". Noch während ich in Kathmándu selbst mit den Beobachtungen zu thun hatte, kam Jang

Bahádur in die Residency zum Gegenbesuche und zeigte viel Aufmerksamkeit für manches von meinen Geräthen und Instrumenten. Am meisten interessirte ihn ein durch Verschieben in 3 Theile zerlegbares Messer, das ich bei Heuschel in Berlin hatte machen lassen, wegen der großen Anzahl (mehr als 40) verschiedener Klingen und Instrumente, darunter Platinablech zum Abdampfen, eine Stahlspitze zum Schreiben der Namen auf Wasser- oder Weingeist-Gläser der Sammlung, (da Etiquetten so leicht sich loslösen), eine hebelartige Klemme zum Fassen der Stricke beim Verpacken ic. Auch ein Vertikalrad mit solchen constanten Winkeln, die erlaubten unmittelbar aus der Entfernung die Höhe von Bäumen, Häusern u. s. w. abzuleiten, wußte er sehr gut zu beurtheilen und zu würdigen. Ein solches konnte ich ihm als Andenken hinterlassen; mein Scalenräbchen zum Messen krummer Linien und zum raschen Herstellen eines geradlinigen Maaßstabes auf Papier längs einem Lineale (Bd. I. S. XXX) sandte ich ihm später in mehreren Exemplaren von Europa, sobald dasselbe zur allgemeinen Verbreitung in Masse angefertigt wurde.

Ich machte auch Privatbesuch bei Jang Bahádur. Seine Wohnung, wie meist bei Eingebornen mit ungewöhnlich großem Vermögen, zeigte ein Gemenge von Luxusgegenständen und Aermlichkeiten, von Glanz und Schmutz. Von Kunstgegenständen war gar nichts da, aber unverhältnißmäßig viele große Uhren, auch Spieldosen u. s. w. Gut waren die Jagdgeräthe, und von Netzen und Fallen für große Thiere war manches Neue für mich zu sehen. Ferner wurde hier eine große Anzahl sehr verschiedener Hunderacen gehalten. Solches ist in Indien, auch in den benachbarten Gebirgsländern selten. In den heißen Ländern wird es durch das Klima wesentlich beschränkt. Die von Europa eingeführten Hunde werden gewöhnlich rasch sehr mager, was mit Leberleiden zusammenhängt, und eine Acclimatisation durch fortgesetzte Züchtung in den Tropen konnte bis jetzt nicht erreicht werden. Für jene Gegenden, wo der Höhe wegen das Klima günstig genug wäre, ist die isolirte Lage und die große Entfernung der europäischen Racen als Basis das wesentliche Hinderniß. In Tibet giebt es Hunde, aber nur eine gute Race, jene der Schäferhunde. Jagdhunde, welche an indischen Garnisonsorten am meisten Bedürfniß scheinen möchten, sind wegen des dichten Jüngels und wegen der ganzen Art des Jagens nicht anwendbar; nur ausnahmsweise sieht man hier und da in einer größeren Station einen Pad „Hounds", die gelegentlich zu einer Fuchshetze oder ähnlichem Sport benützt werden. Die Hunde der Eingebornen, die sich in den Dörfern, sehr zahlreich auch in den Straßen der Städte umher treiben, sind herrenlose, unschöne Thiere, die nur wegen ihres gierigen Auffressens weggeworfener animalischer Stoffe gerne gesehen sind; merkwürdig genug ist es, daß Fälle von Hundswuth bei vielen Thieren in halbwildem Zustande in keiner der climatisch so verschiedenen Jahreszeiten gefürchtet werden.

Jang Bahádur hatte unter den Jagdhunden Vorliebe für Greyhounds, Windhunde, die als Begleiter beim Spaziergange dem Herrn, der nicht zu jagen braucht, bald dieses bald jenes von kleineren Thieren bringen. Er hatte sie erst seit seiner Rückkehr durch Colonel Ramsay kennen gelernt, der einmal selbst einige dieser Hunde von recht guter Race, mit specieller Berücksichtigung von Jang Bahádur's Geschmack, hatte kommen lassen. Mehr noch freuten ihn aber seine Boxer, die er, wie ich schon wußte, paarweise gegen einander hetzen ließ bis das Raufen fast mit dem Erwürgen endete. Auch kämpfende Hähne züchtete er. Der Beginn ihrer lebhaften Bewegungen gegen einander, die ich hier zum erstenmale so ausführen sah, hat etwas Schönes; aber wie widerlich ist es zu sehen, wenn zuletzt die beiden Kämpfenden nach sinnloser Aufregung mit Anstrengung verstümmelt am Platze bleiben! Wenigstens konnte mir Jang Bahádur sagen, er habe solche Thierkämpfe schon vor seiner Reise nach Europa gekannt; allein die besten dazu nöthigen Hunde und Hähne hatte er in England gezüchtet gefunden.

Von der Geschichte des Landes ist wenig bekannt, ehe die Górkhas ihre Eroberung ziemlich bedeutender Nebengebiete und, vor Allem, die Unterjochung aller übrigen Stämme in Nepál als Mitbewohner vollendeten; man nimmt gewöhnlich 1768 dafür an.

Im westlichen Theile von Nepál, auch nach Almóŕa übergreifend, das ohnehin vor nicht sehr langer Zeit noch einen Theil des nepalesischen Reiches ausmachte, findet sich noch jetzt eine eigenthümliche Unterabtheilung in kleine Fürstenthümer, die 46 Rája-Sitze genannt, die wieder unter sich in 2 Gruppen, eine von 24, die „Chaubisi" und eine von 22, die „Báisi" zerfallen. Die Zahlen sind nicht immer ganz constant geblieben, theils durch Uebergriffe der Nachbarn, theils durch Familienverhältnisse bedingt. Analoges mag wohl in noch älterer Zeit, wie manches in der Kastenbezeichnung andeutet, auch in den östlicheren Theilen Nepáls bestanden haben. Seit dem Beginne der Herrschaft der Górkhas, deren Stamm zu den Báisi gehört, hat alles Aehnliche um so rascher an Bedeutung verloren.

Gegen Ende des 18. Jahrhunderts waren die Górkhas in ihrem kriegerischen Auftreten sehr unglücklich. Sie waren 1790 in Tibet eingefallen, hatten von den Lámas bedeutende Contributionen erhoben, und hofften einen großen Theil des Landes sich zu annectiren als sie einer von den Lámas requirirten chinesischen Streitmacht von 70,000 Mann begegneten, welche sie nicht nur zurückschlug, sondern auch bis Koalói am linken Ufer des Trisúlgánga-Thales (nur 1641 Fuß noch hoch) verfolgte. Nepál wurde zur Provinz von China erklärt; doch bald darauf ward seine Lage wieder günstiger. Nicht ohne Einfluß war, daß es den Nepalesern gelang 1792 die indische Regierung zu einem Handelsvertrage, im October 1801 auch zu einem in Dánapur eingegangenen politischen Bündnisse, zu bewegen. Unter anderem hatte dabei die Regierung der East India Company die Garantie für den Gehalt des abtretenden Rája zu übernehmen, als dieser seinem Sohne die Regierung überließ unter Auspicien günstigerer politischer Verhältnisse mit Indien und mit China; er selbst hatte sich auf indisches Gebiet nach Benares zurückgezogen. Sehr bald aber blieben die Gelder aus, die Nepál für den abgetretenen Rája zu liefern hatte; alle Versuche dieselben auf diplomatischem Wege zu erhalten, waren erfolglos und es wurden, ganz charakteristisch für indische Vertragsverhältnisse im allgemeinen, in allen möglichen Richtungen sogar Einfälle und Getreideraub häufig ausgeführt. 1804 wurde der Vertrag von den Engländern gekündigt und die Reibungen wurden in den folgenden Jahren noch größer; am 1. November 1814 kam es zum Kriege. Ungeachtet einer bedeutenden Truppenzahl hatten die Europäer anfangs große Schwierigkeit in dem unbekannten und zum Theile für Truppen sehr schwierig zu durchziehenden Terrain. Nach wiederholten starken Verlusten jenes Truppenkörpers, den General Gillespie befehligte, gelang es Sir David Ochterlony mit der von ihm befehligten Heeresabtheilung so glücklich vorzudringen, daß am 27. April 1815 ein Friedensvertrag vorgeschlagen wurde, der auch in Calcutta seine Bestätigung erhalten hatte, aber unerwarteter Weise nun von der Regierung Nepáls erst am 2. December angenommen wurde. Neuen Krieg „wegen Brechens des Vertrages durch die Nepalesen" begann Ochterlony im Januar 1816, und er war so erfolgreich, daß nach wenigen Monaten die Nepalesen zu neuen Friedensbedingungen gezwungen werden konnten, im Vertrage vom 15. März 1816, welche sie bis jetzt auch eingehalten haben. Während des Aufstandes der Eingebornen im indischen Heere von 1857, wenige Wochen nach meinem Besuche Nepáls, hat sogar Jang Bahádur den Engländern längs der Bengáli-Grenze thätige Hülfe geleistet.

Die Fläche des Reiches von Nepál ist im Osten von Sikkim, im Westen von Kumáon begrenzt; bis zum Kriege 1815/16 hatte auch Almóra noch zu Nepál gehört. Im Süden und Südosten folgt Bengalen und Audh und es reicht dabei die Fläche Nepáls ziemlich weit in die Ebene längs des Gebirgssaumes herab. Mit

wurde der niedere Theil als über $\frac{1}{4}$ des ganzen Reiches betragend angegeben; doch ist dies jedenfalls etwas zu groß angenommen, eine Ueberschätzung die zum Theile darin ihren Grund haben mag, daß die Erträgnisse des niederen Landstriches so ungleich reichlichere sind als jene der höheren Regionen. Gegen Norden ist die Grenze etwas weniger genau bestimmt; dort mag sie in den letzten Jahren manchen uns nicht genau bekannten Veränderungen unterworfen gewesen sein. Während meines Aufenthaltes in Nepál glaubte ich, daß die Grenze mit der Kammlinie des Himálaya zusammenfiele, und daß die oberen Theile jener Flußthäler, die nördlich vom Kamme liegen, obwohl die Flüsse Kóśi, Gándak und Gógra dieselben durchströmen, zu Tibet gehören. So ist es auch 1860 auf der Routenkarte zum 1. Bande der „Results" angegeben. Bei meinem Besuche von England im Jahre 1867 aber ward mir als sehr wahrscheinlich erläutert, daß schon während meines Aufenthaltes in Nepál die hinter der Himálayakette gelegenen Theile der hier genannten Flußthäler von den Nepalesen als annectirt betrachtet wurden; gleichzeitig muß im Sommer 1867, wie Briefe von Anfang November aus Calcutta es mitheilen, ein neuer Angriff mit Versuch etwaiger Erweiterung oder wenigstens Befestigung ihres Besitzes nördlich von der Himálayakette von den Nepalesen gemacht worden sein. Als erste Veranlassung ihres feindlichen Auftretens gegen das östliche Tibet, eine Dependenz von China, nannten die Nepalesen rohe Behandlung einer officiellen Mission, die von Kathmándu nach Peking geschickt worden war. Nähere Angaben über etwaige Veränderungen durch diese letzten Bewegungen gegen Tibet habe ich bis jetzt nicht erhalten können.

Mit Einschluß dieser geographisch zu Tibet gehörenden Hochthäler hat Nepál an 50,000 engl Quadratmeilen, bei einer Länge von 500 Meilen und einer mittleren Breite von 100; (120 an der breitesten Stelle unmittelbar nördlich von Kathmándu). Die Einwohnerzahl beträgt ungeachtet dieser großen Ausdehnung nur 2

Millionen. Die Bevölkerung vertheilt sich wie folgt: Am dichtesten ist sie im südlichen Theile, wo er indische Verhältnisse der Cultur und des Klimas hat; sehr wenig bewohnt ist das Gebiet der Tarái. Unmittelbar nördlich davon folgt eine breite Mittelstufe des Gebirges mit Thalsohlen bis gegen 6000 Fuß und vielen durch ihre nicht sehr steile Neigung gut cultivirbaren Abhängen. Auch hier ist die Bevölkerung wieder eine mitteldichte, wenn auch bedeutend geringer als jene der indischen Region. In dieser Mittelstufe ist, was die Bodengestaltung betrifft, das Vorherrschen großer Mulden hervorzuheben; sie sind ganz verschieden von jenen stets sehr kleinen Thalstufen, welche, mit steilen Gefällen abwechselnd, einem Stromlaufe entlang sich folgen können (Bd. II. S. 113). Hier, an Stellen wie das mittlere Kósigebiet mit 8 großen Flüssen, sowie in der entsprechenden Mulde des Gandakgebietes, wo 5 Hauptflüsse zu zählen sind, vereinen sich diese unter Winkeln von nahe 180 Grad, aus Osten, Norden und Westen zusammenströmend; einst mündeten sie hier in große Alpenseen, die erst durch das Fortschreiten der Erosion an der Ausflußstelle allmälig entleert wurden. Aehnliches tritt hier auch in einigen der kleineren Thäler, so im Bagmati-Thal bei Kathmándu 2c., mit Deutlichkeit hervor. Selbst den Eingebornen konnte diese Eigenthümlichkeit der Bodengestaltung nicht entgehen. So sprechen die alten Chroniken der Hindús sehr bestimmt von früheren Süßwasserseen, wenn auch in einer so sagenhaften Form, daß aus diesen Angaben nicht mit Bestimmtheit sich beurtheilen läßt, ob größere wasserbedeckte Flächen noch zur Zeit des Vordringens der Hindús sich fanden, oder ob nur die so deutlichen Formen der Seebecken auf den früheren Zustand die Aufmerksamkeit lenkten.

Die analogen Verhältnisse anderer Gebirge lassen als das wahrscheinlichste annehmen, daß auch hier die Entleerung solcher Seen weit älter ist als die Geschichtsforschung je zurückreichen wird. Gegenwärtig ist in ganz Nepál nicht mehr eine Wasseransammlung zu finden größer als ein Teich. In Nepál hört man häufig den Namen Tar in Verbindung mit dem Boden solch entleerter Seebecken. Tar ist gewöhnlich mit einem anderen Worte zusammengesetzt, z. B. Kálatar, Báratar, und bezeichnet dann je einen durch 2 oder 3 Erosionsfurchen seitlich begrenzten Theil eines solchen Seebodens. Ursprünglich ist damit die ganze Oberfläche eines solchen Seebodens gemeint, da Tar „niederer Boden, flacher Grund" bedeutet.

In den Alpen kommen Bodenformen, die den Tars entsprechen würden, nicht vor; dort ist weder die allgemeine Erosion, noch die Aufhäufung der Gerölle groß genug im Vergleiche zum Himálaya. Selbst im Himálaya sind außerhalb Nepáls deutliche Tar-Formen selten; im Rúpothale in Sikkim (Bd. II. S. 173) zeigt sich eine der wenigen analogen Stellen.

Die südlichen Theile im Tieflande Nepáls sind sehr fruchtbar; auch in den Tars der Mittelstufen ist die Ertragsfähigkeit eine noch große, doch nimmt sie in den höheren Theilen, sowie in den mehr gegen Norden gelegenen Provinzen rasch ab; Ursache ist die Verminderung der Wärme mit der Höhe und, gegen Norden, der Beginn tibetischer Trockenheit.

Die Bergabhänge sind hier in den Umgebungen bewohnter Orte selbst bei ziemlich ungünstiger, nämlich sehr steiler Bodengestalt sorgfältig bearbeitet. Die Erde der Oberfläche wird in terrassenförmig sich folgende Lagen zusammengescharrt und gegen die Thalsohle wird das weitere Abgleiten solcher Lagen an den abschüssigen Stellen durch mauerähnlich aufgeschichtete Steine oder durch faschinenartiges Geflecht beschränkt. Solche Terrassen sieht man, in der Nähe bewohnter Orte wenigstens, im ganzen Himálaya; im mittleren Nepál fand ich sie am zahlreichsten und sorgfältigsten. Diese Art der Bodencultur läßt sich mit jener vergleichen, die man in Europa wenigstens für die Weingärten anwendet sieht; für den Getreidebau fehlt bei uns, der erleichterten Verkehrsmittel wegen, ein genügendes Bedürfniß, so viele Mühe auf solche Bodenbearbeitung statt der Grasenkur, selbst in den Alpen, zu verwenden. Die Cultur steiler Abhänge wird in Nepál nicht unwesentlich durch eine eigenthümliche Veränderung in der Form der Haue erleichtert. Der schaufelähnliche eiserne Theil ist nämlich ¾ Fuß vom Stiele abstehend, mit diesem nahezu parallel gestellt und dabei so an demselben befestigt, daß der Ring, der das Holz umfaßt, in der Mitte, nicht wie sonst am einen Ende des Stieles sich befindet. Es macht dies dem Arbeiter möglich auch steile Abhänge in bequemer Armstellung zu bebauen; wo die Bodengestaltung bei Culturen in Europa eine sehr steile ist, wie in Weinbergen, ist auch bei uns eine solche Haue sehr zu empfehlen.

Im übrigen Himálaya fanden wir meist eine Haue angewandt, die zwar am vorderen Ende des Stieles angebracht war, aber so, daß sie mit demselben einen Winkel von 45 bis 50 Grad bildet; gewöhnlich ist der den Winkel bildende Theil aus dem Holze, womöglich mit Benützung eines Astansatzes, geschnitten, um das Eisen, das als Vorstoß und Ring des Spatens noch anzusetzen ist, möglichst klein machen zu können. Auch solche haben wir darunter in unserer Sammlung, wo der Spaten nach oben nur in einen Vorstoß ohne Ring endet, wie der in das Holz gesteckte Theil eines Stemmeisens. Dieser Vorstoß ist an das Holz mit Flechtwerk aus Bambus-Rinde befestigt.

Ein anderes für indische Verhältnisse charakteristisches Ackergeräthe, das in den großen Himálayathälern am meisten angewandt wird, ist die von einem Ochsenpaare gezogene Borenscharre zum oberflächlichen Aufschürfen, die in manchen Lagen auch für Europa nicht ganz unwichtig sein dürfte. Am hinteren Ende der Deichsel ist ein Querholz angebracht, an welchem, ebenfalls rechtwinklig auf die Deichsel nur 1 bis 1½ Fuß tiefer stehend als das Querholz, eine schmale Eisenplatte (einem Schnitzmesser ähnlich) befestigt ist. Solche Borenscharren sieht man statt der Pflöge angewandt, wo der Boden bei gewöhnlicher Bearbeitung mit Pflug zu wenig Humus hätte. Ueberdies läßt sich ein solcher Apparat zu manchen anderen Arbeiten in sonst gutem Terrain benützen; das Entgrasen z. B. der Höfe oder der Gartenwege und vieles ähnliche kann man sehr rasch damit ausführen.

Verglichen mit Sikkim ist einer der großen Unterschiede, den die nepalesische Landschaft in ihrer spontanen Vegetation bietet, daß in Nepál die Coniferen viel zahlreicher sind und viel weiter nach abwärts sich verbreiten; die thermischen Verhältnisse längs der unteren Grenzen sind nur wenig verschieden von jenen, die in gleicher Höhe auch in Sikkim die herrschenden sind; nicht Unterschied in der Wärme ist es, was in Nepál die Coniferen begünstigt, sondern die Abnahme jener extremen Feuchtigkeit, welche man in den mittelhohen Regionen Sikkims beobachtet. Wie so häufig, wenn es einer Pflanzengattung durch Klima und Bodenverhältnisse möglich wird über ausgedehnte Flächen mit großen Höhenunterschieden sich zu verbreiten, findet sich hier in den Coniferen Nepáls zugleich eine ungewöhnlich große Mannigfaltigkeit in Speciesformen.

Auch manche Handelsgegenstände sind nennenswerth. So geht ziemlich viel Pelz aus dem östlichen Tibet durch Nepál nach dem Nordwesten Indiens, obwohl hier die Winter noch immer sehr milde zu nennen sind. In Hindostán, noch mehr im Pánjáb wird Pelz, so lange es das Klima irgend möglich macht, mit Vorliebe als Element ornamentaler Bekleidung beibehalten. Ferner ist Moschus ein nicht unwichtiger Gegenstand des Gewinnes für die Jagd in Nepál selbst. Das Moschusthier (Moschus moschiferus), das früher auch in anderen Gebirgen Asiens ziemlich zahlreich gewesen sein mag, da es in Nepál bis zu Höhen von 13,000 Fuß vorkommt, ist jetzt auf sehr enge Gebiete beschränkt. Es ist ein sehr zierliches Thier, mit einem kleinen Reh am besten zu vergleichen, aber auch das Männchen ist ungehörnt. Außer der sehr eigenthümlichen Moschusdrüse in der Gegend des Nabels hat das Männchen auch zwei sonderbare, nach abwärts gerichtete und weit hervorstehende Seitenzähne im Oberkiefer.

Von den Pflanzenproducten ist das Papier, das aus der Rindenfaser verschiedener Daphnespecies, aus der Familie der Thymelaceen, gemacht wird, zu nennen. (Andere Arten desselben Genus kommen auch im mittleren Europa vor). Am häufigsten wird zur Papierfabrikation die Daphne cannabina Lour. benützt, eine unserem Seidelbaste, Daphne Mezereum L., nahe verwandte Species. Das Papier wird aus den Fasern von Rinde und Bast, nach Verkleinerung derselben, gefertigt, ein Verfahren, ähnlich unserer Papierfabrikation in Europa, oder ganz analog vielmehr der Benützung des Cyperus Papyrus, einer 5 bis 6 Fuß hohen Grasart, im alten Aegypten. Sehr günstig ist, daß diese Daphnespecies im Himálaya sehr verbreitet sind und das Papier sehr billig hergestellt werden kann, während bei dem Präparate aus der Papyruspflanze stets durch seine hohen Preise die Anwendbarkeit sehr beschränkt wurde. In den tropischen Gebieten Indiens hat man vergebens versucht Daphnearten zu cultiviren; die Faser der Banane, die man in neuester Zeit außer zur Seilfabrikation auch als Papiermaterial zu verwenden suchte, bietet kein entsprechend gutes Material. Die Bananenpapiere auf der Madrás-Ausstellung von 1858 waren, sowohl was Festigkeit als was Feinheit betrifft, weniger werthvoll als die Daphnepapiere. Dessenungeachtet ist die Anfertigung derselben für den Süden sehr wichtig, weil man dort für den gewöhnlichen Gebrauch der Eingebornen bis jetzt auf die Benützung der Palmenblätter (von der Fächerpalme, Borassus flabelliformis, in Indien und von Corypha umbraculifera in Ceylon) angewiesen ist, auf welche durch unmittelbares Einkratzen geschrieben wird.

Im Allgemeinen ist die Flora Nepáls unter den verschiedenen Regionen Hochasiens die reichste, da hier in einzelnen Theilen noch große Wärme und Feuchtigkeit, in anderen mehr continentaler Charakter des Klimas vorkömmt. In den Wäldern, auch in mittleren Höhen, sind sehr zahlreich die Coniferen vertreten.

Metallproduktion ist in Nepál nicht unbedeutend. Eisenwaaren werden in großer Menge, und was Qualität des Stahles betrifft, von mehr als mittlerer Güte angefertigt; ferner findet sich viel Kupfer. Es wird nicht nur als Rohmaterial in den Handel gebracht, auch viel Messingwaaren, und darunter manche von sehr feinen Formen, werden in Nepál angefertigt. Das Zinn dazu muß allerdings über Indien bezogen werden; es ist zum Theil Zinn aus dem indischen Archipel, meist von der kleinen Bánka-Insel (3°O' südl. Br., 106°2' östl. L. von Greenw.); seit mehreren Jahren ist auch der Transport aus Europa um das Cap der guten Hoffnung so gut organisirt, daß es möglich wurde, Zinn aus Europa bis nach Nepál gehen zu lassen. Wenige Tage nach meiner Ankunft begegnete ich bei einem der größeren Ausflüge einer Gruppe von Kúlís, welche Zinnplatten trugen, und es fiel mir nicht wenig auf, als ich ihnen näher kam, auf einer derselben „Schlesischer Verein" in deutschen Worten, nebst Nummer und Gewicht des Stückes aufgeprägt zu sehen. Die Leute waren auf dem Wege nach Tambakhána westsüdwestlich von Kathmándu, bei 4455 F. Höhe. Es ist dort, wie auch der Name (= Kupferstätte) es bezeichnet, einer der wichtigsten Punkte für Kupfer- und Messing-Produktion.

Kathmándu ist die Hauptstadt seit die Górkhas die Herrschaft erlangten; die Stadt ist nicht groß; die Straßen sind enge und schmutzig. Mehrere andere sehr nahe gelegene Städte sind ungleich älter; jene sind reicher an monumentalen Formen und haben freie, reine Bazars, gewöhnlich auch einige hinreichend weite Hauptstraßen. Sehr zahlreich sind in der Stadt Kathmándu und ihren Umgebungen kleine Tempel aus Holz, meist isolirt stehend. Sie dienen jener Art des Hindúcultus, welcher die Religion der Górkhas geworden ist.

Südöstlich und östlich von Kathmándu liegen zwei alte Hindú-Priestersitze: Palu, „die Stadt", und Bhatgáún, „das Dorf der

Bhats", aber ebenfalls seit alter Zeit eine Stadt und zwar von großer Bedeutung für den Hindúcultus.

Patn liegt auf einer fruchtbaren Terrasse, an deren Fuße 2 Seitenzuflüsse mit der Bagmáti, „der Rauschenden", sich vereinen. Die Stadt enthält große Gebäude guten Styles, mit schönen architectonischen Holzsculpturen, zum Theil aus sehr alter Zeit. Noch jetzt ist das meiste gut erhalten. Patn und das ursprünglich als Vorort angelegte Bhatgdún sind aus der Zeit der Nevárs, und zwar lange vor dem Eindringen der Ghórkas. Genaue chronologische Angaben konnte ich nicht erhalten.

Bhai ist ein alter indischer Kastenname; der Bhat der alten Zeit ist der Barde, der die Geschichte des Volkes und die Chronik seiner Städte der Nachwelt sichert. Der Abstammung nach ist ein Bhat Sohn eines Kshátriya-Vaters und einer Dálhya-Mutter; auch Söhne von Kshátriya-Vater und Bráhmanwittwe als Mutter kommen als Bhats vor. Noch jetzt führen Bhats die Chronik in den verschiedenen Theilen von Indien. Hier hat sich sehr bald nach ihrem Auftreten eine von Bhats vorherrschend bewohnte Commune gebildet; ähnliche, und zwar mit dem gleichen Namen Bhatgdún oder Bhatgóng, kommen auch im nordwestlichen Indien mehrmals vor. Durch die Aufführung großer Hindútempel wurde Bhatgdún in weitem Kreise bekannt und zahlreich strömten Pilger herbei aus nah und ferne. Was ich zum Gegenstande der hier vorliegenden Tafel gewählt, zeigt die Gruppe der am meisten gefeierten Tempel. Jener der Mitte ist entschieden der älteste. Er ist ganz schönen altindischen Styles, ähnlich jenen Hindúconstructionen, die auch jetzt noch häufig in Indien sich finden. Abweichend von der in Indien gewöhnlichen Gestalt ist die etwas hohe Stufenreihe, auch die Aufstellung von so zahlreichen plastischen Gestalten von Menschen und Thieren. Die Figuren auf den Stufen sind unbefriedigend, wie so häufig die Darstellungen von Thieren, auch von menschlichen Gestalten in der Hindú-Architectur. Uebrigens mögen diese Figuren wegen der weit geringeren Widerstandsfähigkeit solcher Gegenstände auch in späterer Zeit noch erneuert worden sein. Die beiden anderen hellen Steinconstructionen sind ebenfalls in Hindu-Styl ausgeführt. Die eine, zur Seite, ist ein Châitiba oder Stúpa, ein Reliquienbehälter, wie er buddhistisch aufgefaßt in Indien ausgeführt wurde. Dort sind aber solche monumentale religiöse Constructionen meist nur als Ruinen noch zu sehen. Ihre Deutung ist, eine Halbkugel auf quadratischer Basis zu bilden und zur Aufbewahrung von Reliquien zu dienen; ungeachtet seiner Größe ist er, wie Châitivas gewöhnlich, ohne Eingang massiv aus Backsteinen und eingemauerten Ornamenten aufgeführt, mit dem Kleinode im Innern. Das andere dem Châitiba ähnliche Gebäude, etwas im Hintergrunde, ist ein kleiner Tempel mit Eingang. Ganz verschieden verhält sich in Styl und Ausführung der vierseitige hohe Thurm links von der Pagode, ebenfalls ein Tempel. Dieser ist chinesischen Styles, alle Ornamente, sowie die Säulen und Dachsparren sind aus Holz; und sehr phantastisch gestaltet. Aehnliches findet sich auch bei der folgenden, im ethnographischen Theile gegebenen „Palastansicht". Der große freie Platz, auf dem die Tempel stehen, ist ungeachtet seiner Ausdehnung mit Ziegeln gepflastert und wird stets sehr rein gehalten.

Von Kathmându aus besuchte ich der Messungen und Zeichnungen wegen mehrere der größeren Berge im Umkreise von 10 bis 12 Meilen.

Julshót, 12 Meilen südöstlich von Kathmându, fand ich 9750 engl. F. hoch. Die Aussicht bot hier einen schönen Einblick in mehrere der breiten Thalflächen, zugleich zeigte sich die Schneekette sehr massenhaft hervortretend, da das Jibjibia-Massiv mit einem Gipfel von 26,306 F. nicht ganz einen Grad nördlich in voller Breitenansicht sich befindet. Die Kálani-Kette mit einem Gipfel von 8176 F. und dabei 16 Meilen nördlicher als Julshót bot gegen Westen hin sehr wichtige neue Schneegipfel. Für die Aufnahme des

Tempelplatz und Pagoden zu Khatpūtū, im 080. von Kathmāndu, in Nepāl.
» Nörd. Br. 27° 42'. Oestl. L. von Gr. 85° 19'. Höhe 4,334 engl. F.

Panorama (Gebirgsprofile Tafel I, 2. Ansicht) wählte ich den Adullaberg; obwohl etwas niederer, 6977 F., erlaubte seine Lage gegenüber den anderen mittelhohen Bergen am meisten von den hervorragenden Schneegipfeln zu überblicken. Die westlichste der Höhen, die ich besuchte, am Rückwege nach Bengalen, war der Chandragiri-Paß, 7242 F., beinahe in gleicher Breite noch mit Kathmándu. Diese Märsche machte ich meist zu Pferde; bei Seitenexcursionen aber in die Thäler, in welchen im März die Temperatur und vorzüglich die Besonnung sehr drückend zu werden anfing, benützte ich auch die Dárri, die für Nepál eigenthümliche Construction eines Tragapparates. Es wird nämlich ein starkes Tuch an beiden Enden mit Stricken an eine Stange so angebracht, daß man darin wie in einer Hängematte ruhend getragen werden kann. Da das Gewicht des Apparates ein sehr geringes ist, läßt er sich weit besser als die sonst in Indien gebräuchlichen Páltis und Thúlis (Bd. I. S. 241) auf schlechten, selbst steilen Wegen benützen.

Ehe ich meine Beobachtungen auf den Bergen begann, hatte ich in Kathmándu hinterlassen, daß ich sehr wünschte vor meiner Abreise nach Indien einige gute Pándits über die Orts- und Bergnamen zu sprechen, zunächst um in der Orthographie derselben correct zu sein, und weil sich dann für so manche Namen die Bedeutung, auch die Verbindung mit ethnographischen oder mit örtlichen Verhältnissen finden ließ. Jang Bahádur war auch hierin ganz gefällig. Als ich vom Adullagipfel mit meinem Panorama nach Kathmándu zurückkam, fand ich dort eine Gruppe in ihrer Weise sehr unterrichteter Pándits, von denen ich jene Bergnamen in Hindostání und in Nepáli niedergeschrieben erhielt, die ich mir an Ort und Stelle phonetisch in unserer Schrift verzeichnet hatte. Meist wußten sie sogleich beim Namen, welchen Berg ich meinte, nur bei vielen erkannten sie auch im Káulia-Panorama den Berg an der Form, nicht sehr schwierig allerdings, da die Entfernung noch immer so groß ist, daß eine Ansicht von jedem anderen Punkte in der Nähe

Kathmandus mit geringer Aenderung dasselbe Bergprofil des betreffenden Schneegipfels zeigt.

Sehr wichtig war mir, daß ich den Namen Gaurisánkar, jenen des höchsten bekannten Berges, erfuhr, der auch jetzt die allgemeine Verbreitung gefunden hat. Der tibetische Name ist Chingo-páu-ma-ri. Vom indischen Generalstabe war der Berg Nr. XV oder Mount Everest (nach General Sir George Everest) benannt worden, da man von den Ebenen aus, wo diese Messungen ausgeführt wurden, keine Angabe über den Namen in Nepál und Sikkim erhalten konnte.

Für den tibetischen Namen konnte ich keine Interpretation erfahren; die Bedeutung aber des hindostanischen Wortes erhielt ich, entschieden ganz richtig, von den Nepál-Pándits erläutert. Gauri, „die weiße, schöne", ist einer der Beinamen von Parvati, der Gattin Sivas; Sánkar oder Sádulora ist = Siva, dem von den Pándits in Nepál sehr hohe Verehrung erzeigt wird. Der Name Gaurisánkar in dem Sinne einer Incorporation von Mahadeo und Parvati oder einer Personification von Linga und Yóni findet sich für viele Kleinode des Brahmancultus. Als geographischer Name angewandt war er mir eben so neu als unerwartet; eine schöne Probe war es mir, daß ich im Namen Chamaládri in Bhután (Chama = Gauri, la = Siva, ri = Berg) vollkommen und ganz unabhängig von der in Nepál erhaltenen Nomenclatur die Wahl dieses Begriffes für Bergnamen als dem Sinne der Hindumythologie entsprechend bestätigt fand. Der Chamaládri, der über 200 Meilen vom Gaurisánkar entfernt ist, konnte bei 23,044 Fuß Höhe und ohne gleich hohen irgend sichtbaren Gipfel in seiner Umgebung sehr wohl als der höchste überhaupt erscheinen und als solcher einen der heiligsten Namen erhalten. Ich muß gestehen, daß diese Identität der Bezeichnung erst in Europa mir auffiel, als ich mit der Bearbeitung des philologischen Materiales mich beschäftigte. Zwischen den Mittheilungen in Bhután und Sikkim und jenen in Nepál waren 2 Jahre so verschiedener und anstrengender Arbeit dahingegangen, daß die Etymologie des Wortes Chamalári mir in Kathmándu zu ferne lag, um mich daran zu erinnern. Desto unbefangener konnte ich das, was auch hier in diesem Sinne mir gedeutet wurde, untersuchen und vergleichen, ehe ich die Begründung als richtig annahm.

Etymologische Analyse von geographischen Namen hat gerade in einem Lande hohes Interesse, wo die Basis der Sprache schon aus sehr alter Zeit bekannt ist, (wie das Sanskrit für die centralen und westlichen Theile des Himálaya), oder wo eine Europäern ganz fremde Auffassungsweise eintritt, wie die buddhistischen Anschauungen in Tibet. Im englischen Reisewerke habe ich mich in der einen Hälfte des 3. Bandes der „Resnlts" damit beschäftigt, wobei mein Bruder Emil die tibetischen Daten bearbeitete. Ich kann hier nicht in die Einzelnheiten eingehen, aber ein Paar Beispiele wenigstens mögen noch folgen. Kanchinjinga, der längs der Sikkim- und Nepálgrenze so oft zu nennen war, erläutert sich so: Das Wort ist ein tibetisches und heißt „Die 5 Kleinode des hohen Schnees"; etwas lang, aber gut local bezeichnend, in so ferne es sich auf die 5 Firnmeere bezieht, welche den Kamm desselben umgeben. Dhavalagiri dagegen, der viele Jahre (als Nachfolger Chimborassos) für den höchsten Gipfel der Erde zu gelten hatte, ist ein Sanskritwort, das „weißer Berg" wie Mont Blanc in unseren Alpen bedeutet.

Den Rückweg von Nepál nach Bengalen nahm ich auf einer etwas mehr östlichen Route über Jirfing. Elgáuli erreichte ich wieder am 14. März 1857.

Die Firnregionen und Schneegipfel der ost-westlichen Himalayakette.

Aufnahme der Panoramen. Benützung der gemessenen Winkel als Basis für die Zeichnung. — Die Tafeln der „Gebirgsprofile". — Ansichten aus Bhután, Sikkim und Nepál. Material der Zeichnungen. — Die beiden Dal-la. — Gipmóchi. — Chamalári. — Chóra. — Dónkia. — Kanchinjinga. — Kábru und Junnu. — Pandim. — Gaurisankar. — Saulófi. — Jibjibia. — Dómu, Nardzani und Dhavalagiri. — Machapucha. — Chaublisi. — Multináth. — Vergleich von Sikkim- und Nepál-Ansichten mit Alpenbildern. — Die Schneekämme von der Ebene aus. — Bild der Ebene von den mittleren Höhen aus.

Aufnahme der Panoramen.

Für die Untersuchung der topographischen Verhältnisse der Hauptketten und ihrer dominirenden Schneegipfel war es uns sehr vortheilhaft, daß aus Adolph's und meinen Panoramen-Zeichnungen schließlich eine Reihe von Ansichten sich auswählen ließ, welche all unseren Routen entlang fast ununterbrochen den Ueberblick über die wesentlichsten Einzelnheiten bietet, sehr häufig selbst in der Art, daß die Gipfel nahe dem westlichen und nördlichen Ende der einen Ansicht in den östlichen und südlichen Theilen der anderen von dem neuen Standpunkte aus ebenfalls sich zeigen. Es hat uns das Verständniß der Formen und der Positionen sehr erleichtert. Denn

Eindrucke eines stereoscopischen Bildes nicht unähnlich, läßt das aufmerksame Prüfen solcher Bilder in vielen Fällen unmittelbar die Identität gewisser Theile erkennen, wenn auch je nach Standpunkt etwas verschieden gestaltet, und erleichtert so ungemein die definitive Berechnung ihrer geographischen Coordinaten.

Die hier zu besprechenden Panoramen werden im Atlas der „Results" als landschaftliche Ansichten gegeben und sind zum Theile schon erschienen, nur die Reproduction der größeren derselben ist bis jetzt verschoben worden, deshalb weil sie Doppelblätter bilden müssen, deren Größe (von 6 Fuß Länge und 2 Fuß Höhe) ein Vorhergehen ähnlicher Gegenstände, aber von einfacher Atlasgröße, der Ausführung wegen, wünschenswerth machte. Daß solche Panoramen als Gesammtbilder in bedeutender Größe ausgeführt werden, ist nöthig, um den Effect auch des Mittel- und Vordergrundes zur vollen Geltung kommen zu lassen.

Die Contourlinien dagegen der hohen Kämme und der Gipfel, die eigentlichen Gebirgsprofile, sind jener Theil solcher Ansichten, die in jeder Größe, wenn nur richtig und zugleich scharf begrenzt in den Formen, gegeben werden können; 18 derselben sind hier, bei der Besprechung der Gebirgsbildung längs der verschiedenen Routen, auf 7 Tafeln zusammengestellt.

Unter jeder Ansicht ist außer den Zahlen und Namen der „Maaßstab" angegeben, d. h. der Werth eines Winkelgrades, horizontal oder vertical, in Längeneinheit ausgedrückt. Hier ist der Maaßstab, verglichen mit den Originalen und den Atlastafeln, bedeutend reducirt; in unseren Originalen ist ein Winkelgrad meist über 1 Centimeter, in einigen selbst 3 Centimeter groß. Bei so großem Maaßstabe lassen sich auf den Originalen auch Winkel messen; natürlich nicht um Höhen zu rechnen, aber doch um sie zu schätzen; auch für die Details eines Kartenbildes der Gegend bietet das so durchgeführte Panorama viele positive Anhaltspunkte.

Bei der Aufnahme wurden die Winkel mit dem Theodoliten

oder, je nach dem Gegenstande, mit Verticalkreis und prismatischem Compaß bestimmt. Die Zeichnung des Panoramas wurde damit begonnen, daß diese Werthe als fundamentale Punkte aufgetragen wurden. Sogleich bei den ersten Versuchen so große Panoramen zu malen, war ich durch die Messungen, die ich ebenfalls hier aus zuführen hatte, darauf aufmerksam geworden, daß so die Winkel messung nicht nur als Basis für die Richtigkeit im Entwurfe der Zeichnung benützt werden konnte, sondern daß sie zugleich die erste Anlage wesentlich erleichterte und vereinfachte. Bei Gegenständen von so großem Horizontalwinkel muß man ohnehin eine Projection auf die innere Fläche eines verticalen Hohlcylinders und nicht jene auf eine verticale Ebene zur Grundlage sich nehmen.

In den Alpen bieten Standpunkte wie jener des Rigi, des Faulhornes ꝛc. ununterbrochene Folge von schneebedeckten Kämmen und Gipfeln von 30 bis 40° Länge; andere, wie jener des Piz Languart, lassen aber einen weit größeren Theil des Horizontes Gruppen von Schneebergen erblicken, aber solche, die unter sich weit abstehen und durch verhältnißmäßig niedere Regionen des Mittelgrundes getrennt sind. In Hochasien aber ist für alle Ansichten, von günstig gewählten Standpunkten geboten, characteristisch, daß die schneebedeckten Regionen, die man überblickt, viel größer sind und häufig nahezu den halben Umkreis des Horizontes einnehmen. Die großartigen Gebirgsformen haben hier nicht selten mächtige wohl resuirte Gletschergruppen und Schneegipfel 150° Graden entlang ununterbrochen gezeigt. Ja, in Sikkim hatte ich sogar Panoramen, wie jenes des Falut, in welchem in einem Gesichtswinkel von 110°, also 10° mehr als der Hälfte des Horizontes entlang, die Firnanden mit ihren Schneegipfeln, zugleich in bedeutender Winkelhöhe über dem Mittelgrunde, emporragten.

Anſichten aus Bhután, Sikkim und Nepál

Unter den Originalen von Bhután bis Nepál liegen mir für die allgemeinen Formen das Panorama von Tónglo (Gen. Nr. 357), von Falút (Gen. Nr. 358) und von Káulla (Gen. Nr. 361) vor; die beiden letzteren ſind in den „Gebirgsprofilen" gegeben. Bilder kleineren Geſichtskreiſes, aber ebenfalls bedeutende Schneegipfel zeigend, ſind: „Anſicht des öſtlichen Endes des Himálaya von Tibrugárh" (Gen. Nr. 354), die „Schneegipfel in Bhután von Tzpur geſehen" (Gen. Nr. 380), der „Gipfel Dalla" (Gen. Nr. 699), der „Chamalári" (Gen. Nr. 600), die „Ausſicht von der Station Darjíling" (Gen. Nr. 356) und das „Thal von Kathmándu" (Gen. Nr. 360); meine Aquarelle des Gauriſánkar (Gen. Nr. 604) und des Kanchinjinga (Gen. Nr. 603) hatte ich wegen ihrer Bedeutung für die geographiſchen Verhältniſſe der von uns unterſuchten Hochbirge, ſowie ihrer an ſich ſo intereſſanten gewaltigen Formen wegen als Gegenſtände der beiden erſten Tafeln des Atlas unſerer „Reſulte" gewählt.

Die öſtlichſten Schneegipfel von hervorragender Größe in der Himálayakette, die beiden Dal la-Berge nördlich von Táuong in Bhután, 22,495 Fuß und 21,435 Fuß hoch (Bd. II. S. 126) ſind auch vom Khaſſiagebirge aus zu ſehen geweſen; hier, von der Singhalilakette aus, zeigt ſich der größere als Doppelſpitze, nicht unähnlich der Form des Großglockners, wenn der Beſchauer ſüdlich vom Glockner ſteht und die „zweite Spitze" des Glockners, die höhere, rechts über die „erſte Spitze" emporragen ſieht. Der andere, etwas öſtlicher gelegen, hat ungeachtet ſeiner nur wenig geringern Höhe eine weit einfachere Form; ſeine Contouren zeigten von jeder Seite ein ziemlich flaches, nahezu gleichſeitiges Dreieck, etwa dem Simiūun im Tethale zu vergleichen.

Die nächſte Reihe großer Schneeberge zieht ſich von dem nur 14,500 F. hohen, aber doch im Juni reichlich mit Schnee bedeckten

Alpmóchi gegen den Chamalári, 23,944 F. Dieser zeigt sich meist
als hinter Schneekämmen stehend, die etwas südwestlich gewen-
det erscheinen und selbst sehr hoch sind; in jenem der Kämme, der
südlich gegen Tassisudon abfällt, hatte ich von Ränklu aus den
Chóra-Gipfel, 22,720 engl. F. hoch, zu messen Gelegenheit. Ungeachtet der Schneeberge, die gegen Süden vorliegen, steht doch der
Chamalári-Gipfel nicht nördlich vom eigentlichen Himálayahaupt-
kamme. Sehr schön sah ich ihn seine Umgebungen überragen von
Falút aus, wobei der Standpunkt 77¹¹/₄ engl. Meilen entfernt war.
Er zeigt sich im Gebirgsprofile Nr. 1 als ein sehr groß hervor-
tretender kegelförmiger Gipfel, etwas abgeflacht am oberen Ende.
Die östlichen Abhänge sind steiler als die westlichen. Von Alpen-
gipfeln ist er dem Finsteraarhorn, wie es sich am Unteraargletscher
zeigt, am ähnlichsten, doch ist er etwas weniger steil und hat nicht
wie das Finsteraarhorn große schneefreie Stellen an seinen Wänden.

Die nächste, und in allen Ansichten, welche Sikkim bietet, die
mächtigste Gruppe ist jene, die mit dem 23,136 F. hohen Dónkia
im Osten beginnt und erst weit westlich, jenseits des Yángma-Gipfels,
etwas sich senkt; und zwar nicht weil die Berghöhen geringer werden, sondern nur weil sie jetzt wieder etwas weiter gegen Norden
liegen.

Auf den Dónkia folgt das Kinchinjhàu Massif, dessen Hauptgipfel zu 22,750 F. sich erhebt. Die Nordseite desselben ist in eigenthümlicher Weise durch ein Thal vom Dónkia getrennt, so gelegen,
daß man ebenso wie in den Umgebungen des Chamalári zunächst
eine Lage des Dónkia jenseits der Wasserscheide auf der tibetischen
Seite vermuthen konnte. Hier ist es der oberste Theil des Stromgebietes der Tista, was sich zeigt. Kanchinjinga, den ich bereits zu
besprechen Gelegenheit hatte, bildet den Mittelpunkt, der bei 28,156 F.
auch dadurch besonders günstig sich emporhebt, daß seine Entfernung
von Falút aus nur etwas über 34 engl. Meilen (genauer 181,632 F.)
beträgt, während Dónkia zur Rechten des Beschauers 71, Yángma

zur Linken 50 Meilen entfernt sind. Kanchinjinga zeigt hier eine riesige Eiswand, in eine tiefe Firnmulde sich niedersenkend. Aus dieser hebt sich, als untergeordneter Seitenkamm aber doch noch sehr frei hervorragend, der Kábrukamm, 24,015 Fuß an der höchsten Stelle, empor. Die obere Profillinie ist von den meisten Standpunkten im Süden dem Anblicke der Jungfrau, von Bern aus, nicht unähnlich, aber die Senkung der Seitenlinien nach abwärts ist am Kanchinjinga auf beiden Seiten etwas weniger steil als jene der Jungfrau, was dem Kanchinjinga eine breitere Basis und mehr Volumen gibt. Kábru, weil er um 6 Meilen südlicher und dem Beschauer näher liegt, verändert von den verschiedenen Standpunkten aus seine Stellung sehr häufig gegen den Hauptkamm und gegen den Jámu-Gipfel. Jene Ansicht im Atlas, in welcher Kanchinjinga mit den Gipfeln Jalút und Góza im Mittelgrunde dargestellt ist (Taf. 2), ist von einem Standpunkte östlich von Jalút aufgenommen, eben um die beiden Gipfel des Singhalilakammes auch noch in das Bild eintreten zu machen. Obwohl die horizontale Entfernung nicht sehr bedeutend war und die Höhe nur 192 Fußniedrer als der Jalútgipfel, so zeigte sich doch mit dem Jalútpanorama verglichen Kábru sehr weit nach links gerückt; es ist seine Stellung auch dadurch modificirt, daß bei der grellen Beleuchtung die Verbindung mit dem Hauptkamme an den schneebedeckten Nebenkämmen sich schwer erkennen läßt, während Felsen, die ihrer Steilheit wegen schneefrei sind, desto kräftiger und scheinbar isolirt hervortreten. Ich erwähne dies deshalb, weil solche Umstände in Gebirgen, für welche nicht wie in den Alpen eine gute Karte stets als Basis vorliegt, sehr häufig erschweren einen Berg von verschiednen Standpunkten, auch bei geringer Entfernung unter sich, sogleich als denselben mit Bestimmtheit wieder zu erkennen.

Obwohl Jalút selbst 12,042 Fuß hoch ist, zeigt sich hier Kanchinjinga noch unter einem Höhenwinkel von 4° 51′ 10″. Näher noch als Kanchinjinga aber doch der 6000 Fuß geringeren Höhe wegen etwas niederer auch im Höhenwinkel, steht Pantim, dessen Felsenmasse in den oberen Theilen so steil gegen Westen abfällt, daß sie ganz schneefrei ist. Die Neigung fand ich 65°. Obwohl also noch immer 25° weniger steil als 90° machen solche Abhänge doch zunächst den Eindruck des „beinahe Verticalen", wenn die Neigung über eine ziemlich hohe Stufe sich gleich bleibt und überdies schneefrei ist.

Es war uns dies schon in den Alpen aufgefallen, da wir Gelegenheit hatten vor unserer indischen Reise die Neigung mehrerer der größten Alpengipfel an ihren verschiedenen Abhängen zu messen (Alpen Bd. II. 141—7). So ist die Neigung des westlichen und nordwestlichen Abfalles der Zugspitze gegen den Eibsee, hohe Felsenwände bildend, 65—62°; des nordwestlichen Abhanges des Mönch 63°; das Matterhorn, das auch seiner isolirten Stellung wegen als ungewöhnlich steil auffällt, hat auf dem nordwestlichen Abhange 50°, auf dem ostsüdöstlichen, gegen den Furkagletscher 65° Neigung. Felsenwände von 80 bis 85° (sehr selten von 90°) kommen vor, sind aber dann im Himalaya wie in den Alpen nur auf ganz kleine Ausdehnung beschränkt. Schneebedeckte Gipfel aus großer Ferne gesehen, können, wenn ihre Gestaltung dies begünstigt, etwas „zu lange" steile Linien zeigen, und zwar so objectiv, daß auch in der Photographie ihr Bild so erscheint, aber nicht im Fernrohre, wenn hinlänglich vergrößert. Es hängt dies damit zusammen, daß kleine stufenartige Absätze (durch ungenügende Intensität des reflectirten Lichtes) bei sehr kleiner Winkelgröße der Stufe nicht gesehen werden, auch nicht stark genug chemisch wirken, während sie im Fernrohre sich erkennen lassen; beim Besteigen solcher Gipfel sind nicht selten gerade dies die schwierigsten Stellen.

Westlich und nördlich vom Jamu, folgen die Gipfel der Patángolo-Kette, und die Eibsurspitze, 27,799 F., die aber in geringer Entfernung gegen Westen weit überragt werden vom Gaurisankar 29,002 F., dem höchsten der bis jetzt bekannten Berge der Erde, dessen Messung und Benennung ich bei dem Bericht über den Marsch in Sikkim und den Aufenthalt in Kathmandu besprochen habe.

Das Profil des Gaurisánkar vom Falút gesehen ist nicht unähnlich jenem des Mönch von Bern aus. Doch hat der Gaurisánkar stärker hervortretende Seitenkämme und hebt sich, ungeachtet seiner Entfernung, von diesem Standpunkte bedeutend über seine Umgebungen, auch über die dazwischen liegenden schneebedeckten Ketten empor.

Von der Südwestseite sah ich Gaurisánkar nur aus etwas größerer Entfernung. Was im Káuliapanorama ihn characterisirt, ist ebenfalls das Emporstehen eines massiven Gipfels, der aber jetzt ganz am westlichen Ende, nicht in der Mitte eines Kammes zu stehen schien, weil der nach Westen und etwas nach Süden hervortretende Theil des Kammes sich nicht mehr deutlich von der Hauptmasse abhebt, und weil die Richtung, in der er sich zeigt, ihn verkürzt.

Die westlichsten Gipfel in den Sikkim-Ansichten sind jene der Sanlósi-Gruppe, 21,987 bis 23,570 Fuß hoch; sie liegen 100 bis 120 Meilen westlich von der Grenze von Sikkim und Nepál. Auch im Panorama vom Káuliagipfel ist die Sanlósi-Gruppe noch ganz gut zu erkennen.

Was vom Sanlósi westlich im Nepálpanorama folgt, sind neue Gipfel, und zwar zeigten sie sich etwas mehr durch das Ansteigen von ziemlich hohen, aber noch nicht die Schneegrenze erreichenden Kämmen unterbrochen. In dem Jibjiblagebirgsstocke, nur 57 engl. Meilen nordöstlich, erreicht ein Gipfel, der hier zu sehen ist, 22,891 Fuß; der höchste mit 26,306 F. war von diesem Standpunkte aus verdeckt, aber vom Fullból aus hatte ich ihn gesehen. Die Gruppe gleicht sehr den Schneebergen Graubündtens. Bedeutend westlich davon folgt die Jáifagruppe, 26,680 und 25,818 Fuß; die beiden Spitzen liegen sich ziemlich nahe, in der Mitte des Stockes, etwa dem Berninagebirge vergleichbar. Tharalagiri, 26,826 F., bildet nun mit den anderen Narâyani-Gipfeln eine neue Reihe von Schneegipfeln; er ist unter diesen der südlichste und östlichste, also ist er von den mittleren Theilen Nepâls gesehen auch dadurch gehoben, daß er der nächste ist. Von den übrigen 6 Narâyanigipfeln ist der höchste 25,456, der niederste 21,472 F. Der Name der Kette ist ein mythologischer; Narâyana, „des Mannes Sohn", ist Epitheton von Bischnu. Der Narâyani-Fluß, der hier mit beträchtlicher Wassermenge aus den großen Firn- und Gletschermassen hervortritt, ist in den unteren Theilen seines Laufes bekannter unter dem Namen Saligrâm-Fluß, wegen der zahlreichen Versteinerungen (Ammoniten), die sich in seinem Gerölle finden. Unter den westlichen Gipfeln dieser Gruppe ist Machipûcha, der „Schweif des Fisches", durch eine ziemlich steil emporragende Spitze characterisirt, ähnlich dem Bristenstock vom Rigi aus (der, obgleich 9464 F., 10,086 engl. F. doch, nur selten besucht ist). Wie mir von den Brâhmans in Nepâl erklärt wurde, bezieht sich der Name Machipûcha weniger auf die Gestalt des Gipfels, etwa einem nach aufwärts gerichteten Fischschweife ähnlich, als auf Legenden in Verbindung mit Bischnu's erster Verkörperung oder erstem Avatâr, wobei er in Gestalt eines Fisches auf die Erde niedergestiegen war. Das westlichste Schneegebirge das hier noch sichtbar ist, ist die Chaubissilette; der höchste Gipfel derselben erreicht 19,415 Fuß.

Einen hübschen Schluß des gegen den Himâlayakamm gewendeten Theiles der Rundsicht bilden gegen Westen die Mittelgebirge, unter denen der Muktinâthberg durch seine etwas isolirte Stellung in jeder Ansicht aus den Umgebungen Kathmându's am meisten hervortritt. Auch für diesen Berg ist der Name von der Priesterkaste gegeben; es bedeutet „Herr der Mukti" oder der „Erlösung"; diese ist hier im Sinne der Befreiung von persönlicher Existenz und der Wiedervereinigung mit dem göttlichen Schöpfer gemeint.

Im Kjuliapanorama so wie in den anderen Ansichten der Schneeketten aus den mittleren Theilen Nepâls ist die Reihe der am meisten hervortretenden Gipfel fast ausschließlich von solchen gebildet, die an 30 Meilen südlich vom Hauptkamme liegen; dies ist dem Eindrucke, den sie machen, günstig; auch war in Nepál schöne Cultur in den Mittelgründen verbreiten, zur Zeit meines Aufenthaltes häufig gehoben durch das zarteste Grün junger Saaten. Weniger günstig als in Sikkim war es dagegen, daß in Nepál die Schneeketten nirgend so ununterbrochen zu überblicken waren; es wurde dadurch dem Totaleindrucke entschieden etwas von seinem Reize entzogen.

Um die Erläuterung der landschaftlichen Verhältnisse zu vervollständigen, ist noch des Anblickes der Schneegipfel von den Ebenen und der Aussicht von mittelhohen Himálayastufen nach den Ebenen hinab zu erwähnen. Am nördlichen und am südlichen Fuße der Alpen ist von den Ebenen aus der Anblick schneebedeckter Gipfel und langer mittelgroßer Höhenzüge weit mehr begünstigt, als dies für Hochasien der Fall ist. Die ungeachtet des steilen Abfallens noch immer sehr große Breite selbst des Südabhanges des Himálaya, ferner die Trübung der Atmosphäre durch übergroße neblige Feuchtigkeit in der Regenzeit und zum Theil auch in der kühlen Jahreszeit, so wie durch Suspension von Staub in der warmen, haben zur Folge, daß einzelne der hellen schneebedeckten Gipfel selbst an den günstigsten Tagen kaum je ²/₃ so weit gesehen werden, als ihre Erhebung als solche es erwarten ließe. Von den Alpen wird der Monte Rosa unter günstigen Umständen noch von der am wenigsten entfernten Meeresküste, zwischen Voltri und Genua gesehen (Montblanc wegen größerer Entfernung nicht mehr). Auf der Nordseite ist der Großglockner von der Hochebene bei der Münchner Sternwarte an schönen Tagen ganz gut mit freiem Auge sichtbar. Die Vorberge des Himálaya und selbst Mittelgebirge von bedeutenderer Höhe über dem Meere als die meisten Alpengipfel machen wegen der üppigen Vegetation und dunklen Farbe sowie auch wegen der gewöhnlich sehr geringen Höhenunterschiede längs der Kämme unerwartet wenig Effect. Die Schneegipfel des Tal-la-Gebirges sah ich am 19. Nov. 1855 von Gohátli aus. Im August, bald nach meiner Abreise von Sikkim, sah ich in Bengalen an einem der wenigen Tage von Unterbrechung im Regenwetter drei wie Feder-wolken sich abhebende, aber in ihren Contouren deutlich als Schnee-berge zu erkennende helle Stellen am nördlichen Horizonte, von denen die eine ihrer Richtung nach nur der Gaurisankar sein konnte; ich befand mich etwas oberhalb Púrnea, 150 Meilen entfernt; leider konnte ich die ohnehin nur sehr langsame Fahrt meines Bootes nicht unterbrechen, um vom Ufer aus die Winkelhöhe mit dem Theo-doliten zu messen. Sie konnte der Entfernung nach (mit Berück-sichtigung der Refraction zu $\frac{1}{12}$ der Winkelhöhe) an $2'_{,4}$ Grad betragen; dessenungeachtet war unterhalb der hellen Schneeberge kein Vorliegen eines niedrigeren Gebirges, sondern nur eine unbestimmte blaßgraue Trübung der Luft zu sehen, die ringe um den Horizont ziemlich dieselbe blieb.

Die Aussicht von mittelhohen Himálayagipfeln nach dem Rande zu bietet, selbst innerhalb der Vorberge, gewöhnlich nur ziemlich flache Kammlinien und steile Seiten-Abhänge; unter sich sind die be-treffenden Formen nur wenig verschieden. Wo über die Vorberge hinaus die Ebene gesehen werden kann, ist die Veränderung des Bildes im Laufe des Tages auffallend groß. Der Horizont der Ebene, den man von der Höhe aus sieht, ändert seine Grenze während des Tages durch die Refraction, und, wo die Aussicht eine sehr ausgedehnte ist, noch weit mehr durch die veränderte Durchsichtigkeit der Atmosphäre. Die Durchsichtigkeit fand ich am günstigsten einige Stunden nach Sonnenaufgang; Berge, die den Mittelbergen in ungefähr gleicher Höhe nach den Ebenen zu gegenüberstanden, waren dann vom Horizonte in der Ferne berührt, während sie vorher und nachher darüber emporstanden, und zwar im Laufe des Tages 4 bis 6 Grade. Dies machte sie zugleich höher erscheinen, während, mit dem Theodoliten gemessen, der Winkel fast unverändert blieb, wie zu erwarten, da ja die Visionslinie eine nahezu horizontale war. Die Veränderung lag vielmehr darin, daß die Grenze der Ebene in sehr viel größerer Nähe erst, also scheinbar tiefer liegend, als Horizont erkennbar war. Uebrigens hatte ich diese Modification in Gebirgsaussichten deutlicher schon in den Alpen gesehen, von der Vincenthütte am südlichen Abhange des Monte Rosa bei 10,372 engl. F. gegen den Tagliaferro-Gipfel 9733 engl. F. und die in gleicher Richtung liegende italienische Ebene (Alpen II. S. 474). Dort war nämlich die Grenze zwischen Firmament und Ebene, auch wenn sie nahe gerückt war, eine scheinbar sehr bestimmte, während in den Aussichten von Bhután, Sikkim und Nepál gegen Bengalen zugleich die Farbe längs der Berührungslinie zwischen Firmament und Boden eine so trübe, röthlich-dunstige war, daß die Linie selbst sich schwer unterscheiden ließ. Die Undeutlichkeit wird dadurch vermehrt, daß die trübenden Dünste der Atmosphäre nicht dem Beobachter, sondern den tiefen Gegenständen in der Ferne zunächst liegen. Man kann häufiger einen Gipfel recht deutlich von der Ebene aus sehen, als in gleicher Linie vom Gipfel nach der Tiefe.

Bewohner und Sitten in Sikkim und Nepál.

Große Anzahl der Kasten und Racen. Ethnographisches Material. Tibetische Racen in Sikkim. — Mischracen. — Mittlere Lebensdauer und Fälle hohen Alters. — Geistige Anlagen und moralische Stellung. Wittwenverbrennung in Nepál. — Architectur der Wohngebäude (Taf. X. das goldene Thor zu Bhatgáon). Lépcha-Häuser. Rája-Gebäude zu Támlung. — Bekleidung; Hindús in Nepál; Tibetische Racen. — Waffen. Die Kúkri und das Opferschwert in Nepál. Das Säbelmesser der Lépchas. — Hausgeräthe, Speisen und Getränke.

Mit Ausnahme der großen Hafenstädte hatte ich selten eine unter sich so verschiedene Bevölkerung vereint gesehen, als in Nepál und zu Darjiling in Sikkim.

In Nepál hat sich durch die sehr verschiedenen Grade der Mischung indischer und tibetischer Racen über das ganze Gebiet, und durch das theilweise Eintreten eines Elementes von Taráibewohnern längs dem Südrande eine sehr große Zahl von Formen entwickelt. Daß dieselben sich gegenwärtig noch so getrennt zeigen, hängt mit dem Vorherrschen von Hindú-Cultus zusammen, welcher Mischracen, wenn einmal entstanden, in ihrer gegenseitigen weiteren Verbindung so sehr beschränkt. In Darjiling war es das Gefolge von Europäern, Indier aus unter sich sehr entfernten Gegenden, welches am meisten auffiel; auch Halfcastes oder Mischraçen (von Europäern mit indischen, hier zum Theile auch mit tibetischen Frauen) treten zahlreich auf. Die Tibeter sind ebenfalls in mehreren Zweigen vertreten. Was diese verschiedenen Bewohner in ihren Körperformen unterscheidet und begrenzt, bildete den Gegenstand der allgemeinen „ethnographischen Uebersicht" (Cap. I.); hier sei der Art der Untersuchung, sowie der Sitten und socialen Verhältnisse erwähnt, die mir während der Reisen in den verschiedenen Provinzen sich zeigten.

In Sikkim ist die tibetische Race die dominirende, auch in Nepál kommt diese in ganz reinen Formen längs der Kammlinie vor und, etwas tiefer, in der östlichen Region Nepáls längs der Grenze gegen Sikkim. Außer den reinen tibetischen Formen finden sich noch zahlreiche Mischlinge, theils durch indischen Einfluß entstanden, zum Theil auch durch Mischung mit der Taráibevölkerung, die sich früher gewiß auch weiter über die Vorberge und wohl bis in die mittleren noch so milden und üppig bewachsenen Regionen dieser Gebirge ausgebreitet haben; liegt auch aus historischer Zeit nichts vor, was darüber mit Bestimmtheit urtheilen ließe, so sprechen doch im ganzen östlichen Himálaya manche ethnographische Erscheinungen dafür. Man begegnet denselben sowohl in den Körperformen, als auch, deutlicher hervortretend noch, in einzelnen Eigenthümlichkeiten des Buddhacultus, welche auf das Heidenthum der Taráibewohner hinweisen.

In Darjíling machten die Bewohner keine großen Schwierigkeiten sich messen und daguerreotypiren, auch in Gips abformen zu lassen; in Nepál aber wäre es ohne die von Jang Bahádur mir beigegebene Ehrenwache nicht wohl möglich gewesen von jeder der vielen Gruppen eine genügende Zahl von Individuen zu sehen um Leute von gutem mittleren Typus zur weiteren Untersuchung sich auszuwählen; dies mußte aber um so sorgfältiger geschehen, weil die Zahl der für Bild und Messung ausgewählten keine sehr große sein konnte. In Sikkim und Nepál zusammen hatte ich dessenungeachtet nach und nach 75 Individuen gemessen und zwar an jedem 27 verschiedene Dimensionen (:15 am Kopfe und 12 an den übrigen Theilen des Körpers:). Unter diesen 75 sind Bewohner Sikkims 16 Lépchas und 18 Bhots. Nepalesen wurden in Darjiling 17, in Kathmándu 12 gemessen. Die übrigen sind Taraïbewohner nebst einigen damals mir noch neuen indischen Raçen. Von 27 konnte ich die plastische Abformung des Gesichtes vornehmen, welche bei so ungewöhnlich gestalteten Typen am deutlichsten zeigt, wie viel bestimmter sie die Unterschiede hervortreten läßt als Porträt.

Die Bewohner von Sikkim, sehr verschieden in dieser Beziehung von den meisten indischen Raçen, gehörten zu jenen, die schon vor dem Aufliegen des Gypses gründlich gewaschen werden mußten, um das Grain der Haut richtig zu erhalten (das auch in der galvanoplastischen Reproduction ganz schön noch nach Klimaten und Raçen sich vergleichen läßt). „Kti dur", d. h. „wie weit", (ob die Ohren noch dazu oder nicht) war dann meist die naive Frage des Hindû-Dieners der mir helfen mußte, da, auf manchen Strecken wenigstens, mit Seife ebenso gespart werden mußte als mit dem Gypse, der für einen großen Theil der Reise von Europa aus uns nachgesandt werden mußte (Br. I. S. 561). Wegen des beschränkten Vorrathes an Gyps konnten wir auch nur selten den Hinterkopf abformen (wie unser Bruder Eduard später in Marokko regelmäßig gethan); jedoch wurde die Gestalt des Schädels durch Messungen numerisch definirt, und es liegen für alle Abgeformten Zeichnungen des Gesichtes im Profil zugleich mit der Contour des ganzen Kopfes vor. Die plastischen Formen verbunden mit diesen Zeichnungen in Lebensgröße bieten für viele ethnographische Fragen ganz positive Anhaltspunkte. Doch haben wir nirgend unterlassen, wo immer möglich, auch photographische Apparate anzuwenden, vorzüglich des lebendigen Ausdruckes wegen, für den Kopf, sowie um das Bild von Figur und Costüm der verschiedenen Raçen und Kasten zu erhalten. Die Eingebornen einzeln zu photographiren war leicht auszuführen, aber in Gruppen, wie ich es mehrmals versuchte, gelang es uns selten sie ruhig genug in einer doch nicht steifen Stellung zu erhalten.

Ungeachtet des entschieden tibetischen Characters fanden sich in Sikkim in der Lepcha-Race unter Männern und Frauen nicht gerade selten Physiognomien die auch dem Europäer als gefällige Formen erschienen.

Man sollte glauben, daß jedes Antlitz mit so niederem tibetischen Nasensattel (Bd. II. S. 48) entschieden unschön sein müsse; aber sonst regelmäßige Gesichtszüge gleichen dies bis zu einem gewissen Grade wieder aus; auch tragen hiezu bei dunkle, lebhafte Augen und schöne Zähne. Unter den Lepcha-Männern war mir durch un gewöhnlich schönen Eindruck der Kopf- und Körperformen der Sirdár meiner Holzfäller, Hanúrma aus Iläm im östlichen Nepál, aufgefallen. Seine Photographie, in ¾ Face, gehoben durch ein einfaches aber günstig getragenes Gewand, erinnert, wie mir wiederholt zugegeben wurde wenn ich beim Vorzeigen derselben darauf aufmerksam machte, an einen Johannes; selbst die für solchen Character unpassende Nasenform wird durch die Tiefe der beiden inneren Augenwinkel gemildert, zugleich ist die hier angewandte Stellung des Gesichtes günstig gewählt, weil die Backenknochen nicht ganz so stark hervortreten, wie bei einem Anblicke des Gesichtes in seiner vollen Breite. Leider fand ich die Gypsform seines Gesichtes, die ich ebenfalls machte, als ich später in Calcutta zur Weiterversendung umpackte, bis zur Unbrauchbarkeit beschädigt, da ein Kistchen mit geologischen Gegenständen, das in der großen Liste festgeschraubt war, während des Tranportes sich losgelöst hatte.

In Darjiling konnte ich den photographischen Apparat, in dessen Gebrauche ich meinen zoologischen Präparator Mr. Monteiro zugleich unterrichtete, fast gar nicht zu Collodiumbildern, sondern nur zur Anfertigung von Daguerreotypen auf Metallplatten anwenden, da durch Unvorsichtigkeit eines Dieners in Ava Billa bald nach meiner Ankunft die Flaschen, welche den Collodiumvorrath enthielten, zertrümmert wurden; es war das Collodium während meines Aufenthaltes in Sikkim nicht mehr zu ersetzen, da damals in Indien die Anwendung desselben noch wenig bekannt war. Von ganzen Skeletten erhielt ich aus dem Himálayagebiete von Bhután bis Nepál 3 Bhots aus Bhután, 2 Lépchas aus Sikkim, 3 Ghórkas aus Nepál; von Schädeln allein 2 Bráhmans und 1 Rajpút aus Nepál, 2 Bhots aus Bhután, 2 Lépchas aus Sikkim und 2 Ghórkas aus Nepál.

In Sikkim sowie in Nepál hört man stets von zahlreichen Stämmen (allerdings verschieden von Kasten im indischen Sinne) sprechen, welche zum mindesten ihre eigene Geschichte, häufig ihre eigenen Sprachen oder wenigstens sehr verschiedene Dialecte haben. Auch Kleidung, Waffen, Sitten und Gebräuche sind stets deutlich verschieden. Die Körperunterschiede sind etwas schwerer zu definiren, aber wenn die Grenzen enge gezogen werden, lassen sich auch in diesem Sinne sehr viele Gruppen trennen.

Der mittleren Lebensdauer zeigt sich der Aufenthalt in den Hochregionen für alle Stämme und Racen, die dort ihren Sitz haben, meist so lange günstig, als die Ernährung nicht anfängt beschränkt zu werden. Dies wird veranlaßt in vielen Theilen Tibets durch die Unfruchtbarkeit des Landes, auf der Südseite des Himálaya durch feindselige Stellung gegenüber den umgebenden Stämmen; das letztere z. B. macht Stämme wie die Chépangs und die Kusúndas in einer Weise körperschwach, wie es keineswegs ihrer Stellung in der allgemeinen Racenreihe entsprechen würde.

Auch das Ueberschreiten einer gewissen Höhe kann durch die Veränderungen in Luftdruck, Temperatur und Feuchtigkeit gefährlich werden, wenn der Aufenthalt lange andauert; solcher Fälle aber sind verschwindend wenige.

Die sociale Stellung jeder Art von Mischrace ist in den östlichen Theilen des Himálaya weniger ungünstig als in den meisten

Gebieten ihrer Umgebung. Nach alten indischen Gesetzen, die erst in der Neuzeit mit etwas weniger Strenge in einzelnen Fällen angewandt werden wo Macht und Reichthum Nachsicht begünstigt, gelten die Abkömmlinge von hohem Vater und niederer Mutter als sehr niedrig; im Himálaya sind sie dem Vater sich anreihend sehr hoch gestellt. Am meisten findet sich solches unter den „Hindús" von Nepál, wo die Mutter bisweilen nicht nur tibetischer Abstammung, sondern selbst nahe an Aboriginer-Raçe grenzend gewesen sein mag.

Lebensdauer und Gesundheitszustand im östlichen Himálaya sind gegenüber den Zuständen in den meisten Theilen von Indien sehr günstig zu nennen. Wie der Superintendent Dr. Campbell mit Bestimmtheit mitgetheilt erhielt, waren seit 1810 in der sehr geringen Bevölkerung von Sikkim 3 Sterbefälle von Leuten über 100 Jahre vorgekommen, die beiden ersten mit 105 und 106, der letzte mit 109 Jahren. Alter macht sich hier etwas weniger rasch fühlbar als bei den Indiern; günstig ist dem Eindrucke, den der Gebirgsländer tibetischer Raçe macht, daß sein Teint doch etwas Frische zeigt, wenn auch deutliches Roth nicht hervortritt. Die ähnlichen Gesichtszüge der Chinesen, obwohl heller im Teint, fand ich meist viel farbloser, fast krankhaft aussehend.

Die geistigen Anlagen und die moralische Entwicklung sind in diesem weiten Gebiete je nach den Stämmen sehr verschieden, aber manches haben sie gemeinschaftlich, was sie als Gebirgsvölker von den Bewohnern der benachbarten Tropen nicht unwesentlich unterscheidet.

Die nicht tibetischen Nepalesen sind den mittleren Hindú-Kasten am ähnlichsten: unterrichtet sehr wenig, oberflächlich in ihren Urtheilen, aber mit lebhaftem natürlichen Verstande begabt, im Umgange mit niedriger Gestellten etwas anmaßend, gegen Höhere servil, das letztere aber doch nicht ganz so sehr als in Indien.

Die Raçen tibetischer Abstammung sind in ihrem Auftreten

weil weniger gebildet, aber ihre moralische Basis fand ich, bei den Lepchas vor allen, zu den besten gehörend, mit denen ich überhaupt auf meinen Reisen in Berührung kam. Allerdings fehlt den Lepchas, den Indiern gegenüber, der Standpunkt vieljähriger Bildung und eines lange andauernden ausgedehnten Verkehrs; aber die Disposition ist eine entschieden gute, wie sich bei jeder Gelegenheit sogleich erkennen läßt.

In Sikkim ist selbst Bildung etwas besser als in einem großen Theile von Tibet. Schreiben und lesen können viele Lepchas die auch nicht Lamas sind, manche kennen außer ihrer Lepcha-Sprache das Tibetische; diese beiden Sprachen sind zwar verwandt, aber doch so verschieden, daß jede eine wohlausgebildete Einheit für sich bietet, auch eigne Schriftzeichen hat der Lepcha. In vielen Theilen Tibet's, die dünn bevölkert sind, begegnet man selbst Lamas die nicht lesen und schreiben können. Der moralische Character der Lepchas ist gutmüthig und heiter zu nennen, und in größeren Lagern tritt hervor, daß sie zu den verträglichsten gehören. Ich habe sie nie schimpfen hören; hier so wie in Tibet gibt es überhaupt keine Schimpfwörter, an denen dagegen die Conversation der Hindûs und der Musulmans der niederen Classen in Indien so überreich ist. Mit Lepchas kam ich häufig in persönlichen Verkehr, da viele der Leute, deren Dienste ich hier zum Sammeln naturwissenschaftlicher Objecte zu benützen versuchte, aus dem Lepcha-Stamme gewählt werden konnten. Ich fand sie stets sehr eifrige und bei wohlwollender Behandlung sehr ergebene Begleiter. Einige lernten selbst mit den einfacheren Instrumenten, wie Thermometer, Schrittzähler (oder Pedometer), Meßschnur und Taschencompaß umgehen.

In diesen Theilen des Himâlaya ist die Bekehrung der Bewohner vom niederen Naturcultus zum Buddhismus eine gegen anderthalb Jahrtausende spätere als in Tibet und China. Im östlichen Nepál und in Sikkim fällt sie in das 16. Jahrhundert nach Christus, wie mir die Lamas ziemlich übereinstimmend angaben.

Es wurden mir in Sikkim zwei tibetische Geschichtsbücher zu kaufen geboten aus der Bibliothek zu Pemióngchi. Das eine, ein Manuscript in Cursivschrift in 12 Blättern, klein geschrieben, hat den Titel: „Die erste Ankunft der Lāmas in Sikkim"; das andere ein Holzdruck „Geschichte der Errichtung der Collegien (Klöster)", hat nicht weniger als 376 Folien mittelgroßen Formates. Wie Emil mir mittheilte, bezieht es sich aber leider nicht auf Sikkim, sondern ist eine der nicht seltenen religiös-mystischen Legenden, die man in allen Klöstern antrifft. Die Buddhisten dieser Gebiete haben viel Heidnisches in ihrem Cultus (Bd. II S. 79); sie kennen zwar den Wortlaut tibetischer Dogmen, aber sehr häufig zeigt sich, daß sie dieselben nicht richtig zu deuten wissen.

Eigenthümlich war es, und den verschiedenen Racen, die ich im Himálaya und in Tibet traf, gemeinsam, daß sie für Formen der Landschaft ungleich mehr Sinn zeigten, als meine indischen Begleiter, selbst als jene, die, wie der Butler Thánji, längere Zeit mich begleitet hatten und die als Bewohner großer indischer Handelsstädte den einfachen Gebirgsbewohnern anderntheils wieder vielfach überlegen waren. Architektonisches in Aufrissen ohne Perspective, auch menschliche Portraite werden in Indien einigermaßen geschätzt und verstanden, und die in ihrer Art ausgezeichneten Ornamente der Moscheen und der Grabdenkmäler sind nicht ungewürdigt gelassen. Aber für keine Art von Gruppirung von Figuren, noch weniger für Landschaften findet man dort ein Verständniß. Die Skizze einer Landschaft ohne Gebäude oder ohne sehr deutliche Vegetation, welche zugleich im Vordergrunde leicht ausgehend gehalten war, hatte ich öfter der Probe wegen einem meiner Indier verkehrt in die Hand gegeben ohne daß er sogleich merkte, wo die Luft oder der Boden sei, so lange noch kein Grün oder keine Figur auf dem Bilde war. Noch weniger waren die Indier im Stande mit einiger Bestimmtheit die einzelnen eben contourirten Theile eines größeren Bildes mit dem betreffenden Objecte in der Natur zu identificiren, so lange nicht ein bedeutender Theil des Bildes vorlag. Die Gebirgsbewohner aber, die überdies mit größerem Interesse an der Sache stets sich dazu drängten „zusehen" zu dürfen, zeigten sich darin ungleich gewandter und überraschten mich oft durch die Sicherheit mit der sie in den ersten Contouren erkannten, welcher Berg eben gezeichnet wurde. Nur darin irrten sie sich consequent, daß sie, um ihr Urtheil befragt ehe das Ganze ziemlich vollendet vorlag, die Schneegipfel des Hintergrundes stärker hätten wachsen lassen (sie meinten „steiler" gemacht hätten); eine Täuschung durch den Glanz und die gewaltigen Formen, die um so mehr zu verzeihen ist, da ja selbst in Europa bis vor verhältnißmäßig kurzer Zeit in Alpenlandschaften die Neigungen der schneebedeckten Berge fast stets zu steil geworden sind. Ihren Sinn für Unterscheidung der Formen in den Bergprofilen fand ich wiederholt sehr nützlich, wenn Gelegenheit sich bot von einem neuen Standpunkte aus jene Gipfel wieder aufzufinden und zu erkennen, welche ich in nicht zu großer Ferne früher von einem anderen Standpunkte aus aufzunehmen versucht hatte. Der erhöhte Sinn für Gebirgsformen scheint aber nicht mit der Race, etwa mit der tibetisch-mongolischen zusammenzuhängen, ich fand das Gleiche im ganzen Gebirge bis Kaschmir; selbst in Europa läßt sich solches bei Gebirgsbewohnern bemerken, wenn auch bei uns die Belehrung über solche Verhältnisse sehr allgemein mitwirkt. In den Gebirgen ist es entschieden die so oft sich bietende Nothwendigkeit sich zu orientiren, wodurch das Auge stets geübt wird, und die erste Anregung der Aufmerksamkeit ist durch die so großen Unterschiede erleichtert, während in den Ebenen außer flachen Wasserrinnsalen nur Vegetation und Cultur den Typus modificiren.

Häufig, wenn Kasten und Cultus durch neue Elemente verändert werden, erhält das Formelle und Aeußerliche, auch das Uebertriebene größere Wahrscheinlichkeit des Fortbestehens. So findet man bei den Hindús von Nepál manche der rohen Sitten ihres

Cultus noch mehr als in Indien gehegt. Unter anderem kommt die Wittwenverbrennung hier ziemlich häufig vor. In Indien ist sie durch europäischen Einfluß fast ganz unterdrückt; ja in neuester Zeit ist selbst die Wiedervermählung von Wittwen, die noch mehr den Gesetzen des Hinducultus widerspricht als das Unterlassen der Verbrennung, mehrmals vorgekommen. Ein Fall, welcher der hohen Kastenstellung der beiden Betheiligten wegen ungewöhnliches Aufsehen erregte, war jener, der im Juli 1869 zu Bombay stattfand, nämlich die Wiedervermählung der verwittweten Vénu Bâhis mit Paburáng Penkhel; der Mann war ein Karmakára, wörtlich Eisenschmied, oder, wie hier gemeint, einer der 6 Nebenkasten (left hand castes) des südlichen Indien angehörend. Die jugendliche Wittwe, welche ihren ersten Gatten verloren hatte, als sie erst neun Jahre alt und erst 8 Monate verheirathet war, wäre, wenn nicht zum Feuertode, wenigstens zu lebenslänglichem Cölibate verurtheilt gewesen. Selbst eine große Anzahl von Brâhmans waren theils als betheiligte Verwandte, theils als Zuschaer gegenwärtig ohne daß irgend ein Versuch einer Störung gemacht wurde.

Sahagámon oder Sahamáran, das „Mitgehen, Mitsterben", wie die unheilvolle Ausführung des Wittwenverbrennens heißt, (im Sanskrit neben andren Namen als anugamann, „das Folgen", d. h. dem „Manne im Tode" bezeichnet), besteht darin, daß die Wittwe als eine Sâti, „eine gute", sich betrachtet und nun ihrem Manne auch sogleich nach dem Tode folgt. Nothwendig ist es nicht, daß es ausgeführt werde, aber in den Reichen wo noch solches geschieht, wird die Wittwe von den Brâhmans gequält genug sich dazu zu entschließen. Thut sie es nicht, so verliert sie in ihrer Kaste die Stellung die sonst ihr gebührte. Ich selbst habe keine Wittwenverbrennung gesehen, aber de Cruz war kurz vor meiner Ankunft bei einer solchen in der Nähe von Bhatgáun zugegen und berichtete mir darüber. Die Wittwe ging frei, wurde gestützt und geführt und hätte jetzt ohnehin, da sie einmal zugestanden hatte, nicht mehr einen anderen Entschluß gewährt erhalten. Auf dem an 4 Fuß hohen Holzhaufen, der mit Tüchern behangen und oben geebnet war, mußte sie neben der Leiche ihres Gatten sich niederlegen und es wurden nun gleichzeitig mit dem Entzünden des Holzstoßes, große Bambusrohre über die Frau und die Leiche gelegt, die an den beiden Enden von Brâhmans gehalten und so niedergedrückt wurden, daß ein Aufstehen dadurch unmöglich wurde. Die ersten Schmerzensrufe, als bald darauf Rauch und Flammen das Ehepaar erreichten, waren erschreckend und verwirrend genug, aber doch nur von kurzer Dauer. De Cruz meinte, daß schon ein festeres Andrücken der Stangen, wovon eine über dem Halse und eine andere nahe der Mitte des Körpers lag, genügen konnte, die Geopferte bald zu tödten und jeder Reaction unfähig zu machen.

Die Architectur der Wohngebäude in Nepâl sowohl als in Sikkim, wenn überhaupt so durchgeführt, daß man Styl daran beurtheilen kann, läßt stets etwas chinesischen Einfluß erkennen, obwohl er nur in ganz indirecter Weise, durch die Vermittlung der Cultur im östlichen Tibet, aus so großer Ferne sich bemerkbar machen konnte.

Bei den Tempeln, vielleicht eben wegen ihrer Bestimmung und ihres mehr oder weniger innigen Zusammenhanges mit Brâhman-Anschauung, zeigt sich gewöhnlich keine Mischung des Styles, nicht selten dagegen ein Nebeneinanderbestehen von Gebäuden in der einen oder anderen Ausführung; aber bei den Profanbauten, auch bei den großen als Paläste dienenden Constructionen ist eine Verschmelzung sowohl der beiden Style, als auch der Stein- oder Ziegelmasse und des Holzes als Baumaterialien eingetreten. Das beste Beispiel, das ich hierfür wählen kann, glaubte ich nochmals aus den Straßen Bhatgâuns nehmen zu müssen (Taf. X).

Es zeigt sich hier als Mittelpunkt das Eingangsthor in den Hofraum eines großen Palastes, an welchem ebenso wie in den umgebenden ornamentalen Figuren viel Metall und starke Vergoldung

Das goldene Thor im alten Palaste, zu Bhatgaon,* in Nepal.
* Modl. Br. 37' 6"; Unsl. L. von Gr. 85° 22'. Höhe 4,700 engl. F.

angebracht ist. Auch der etwas nach vorne geneigte Aufsatz auf den Thorpfeilern ist massives Metall und strahlte, mit seinen beiden Pfeilern, ebenso wie die 3 Glocken nebst Figuren auf der oberen Kante des Thores, in blendend gelbem Lichte, was im Original-Aquarell das Eigenthümliche des Gegenstandes noch bedeutend lebhafter hervortreten macht. Die 10 Bilder, die in die beiden Pfeiler neben dem Thore eingelassen sind, haben die 10 Incarnationen Vishnu's zum Gegenstande, deren eine ich in Verbindung mit dem Bergnamen Machipúcha zu erwähnen hatte. Die Figur in dem Aufsatze unmittelbar über dem Thore ist Bhagdvati, „die Göttliche, Glorreiche", Vishnu's oder Naráhama's Gattin. Sie ist hier mit Zierden aller Art überhangen. Längs der Kanten des Daches sind Thierfiguren aufgestellt, heraldisch gehalten, aber sehr unvollkommen ausgeführt. Rechts (vom Beschauer) ist es ein alligaterähnliches Thier das sich auf einen Vogel stürzt, links lauert ein kleineres Thier ähnlicher Gestalt; ein Salamander soll es sein, wie mir gesagt wurde. Die Vögel sitzen auf den nach aufwärts gekrümmten Schlußstücken der Dachberedung. Aufwärts gekrümmte Schlußstücke sieht man in Nepál an jedem nur etwas architectonisch gehaltenen Hause. Nicht selten ist an den Häusern diesen gekrümmten Vorsprüngen Figurengestalt gegeben, oder sie enden wenigstens, wie einige an dem schinesisch gehaltenen Thurme neben den Bráhman-Pagoden (Tafel IX), an der oberen Spitze in ein Thierköpfchen.

Kaum hatte ich mit meinem officiellen Begleiter über diese Mortificationen gesprochen, so wurden auch aus einer allerdings nahe gelegenen Ziegelwerkstatt ein Paar recht gute Exemplare für die Sammlung „geliefert".

Was das Eingangsthor von einem der beiden Hauptgebäude trennt, ist der einem Chaitipa ähnliche kleine Tempel, ganz in jenem Hurustyle, welchen ein analoger Gegenstand in der vorhergehenden Tafel zeigt; die beiden anderen Gebäude dagegen, zum großen Theile Holzconstruction mit manchen sehr phantastischen Sculpturen, sind

Cap. IV. Sikkim und Nepál; die Region der größten ec.

wieder ebenso wie das goldene Thor selbst, „indochinesischen Styles" zu nennen.

Frägt man sich solchen Constructionen gegenüber, was noch „schön" ist und wo das „Ueberladene, Fratzenhafte" anfängt, so läßt sich, glaube ich, gerade da wo wir noch nicht an die Gegenstände gewöhnt sind, sondern wo uns alles neu in den Formen ist, am unbefangensten darüber urtheilen. Wenn man einer an sich nothwendigen Stelle auch bestimmte symmetrische oder organische Form gibt, so ist dies gewiß Verschönerung; aber auch solche Ornamente werden leicht störend und wirken als Ueberladung, wenn nicht gut mit der Umgebung sich verbindend und wenn so weit ausgearbeitet oder so zahlreich angebracht, daß ihre Bestimmung klar entgegenzutreten aufhört. In diesem Sinne sieht man am häufigsten gesehlt in chinesischen oder von diesem Style beeinflußten Gebäuden; auch die Hindúarchitectur ist nicht ganz frei davon; die größeren Gebäude der Mussálmán-Architectur dagegen sind durch sinnige und dann sehr richtig verstandene Anwendung der Ornamentik sehr günstig ausgezeichnet; ihr Styl zeigt sich darin besser als jener von manchen unserer architectonischen Perioden in Europa.

In Nepál habe ich auch außerhalb der Städte ganz hübsche Gebäude größerer Besitzer, als freundliche Staffage in der Landschaft, gesehen; es waren dies Wohnsitze von Zemindárs, ihrer Lage nach unseren Einzelnhöfen entsprechend. In Sikkim findet man Ähnliches nicht; dort ist weit weniger noch als in Bhután für die Construction der Häuser, sei es auch nur in Beziehung auf Solidität, gesorgt. Ungeachtet der so großen Regenmenge sieht man in Sikkim nur Holzpfähle, Matten und lederartiges Flechtwerk angewandt. Dazu kommt noch, daß in den Häusern der Eingebornen in Sikkim der Boden nicht auf der Erde ruht, und daß auch nicht die äußeren Wände bis zur Erde herab reichen. Das ganze Haus steht auf Pfählen. Aehnliche Construction, aber nicht ganz so allgemein angewandt, habe ich im Khássiagebirge gesehen. Der Vortheil, den sie gewährt, liegt darin, daß das Wasser, was die steilen Abhänge herabkommt, rasch durchfließen kann. Außerntheils bietet aber eine solche offene Stelle unter dem Hause auch viele Nachtheile.

In einem Klima wie das von Sikkim bleibt der mittlere Theil unter einem nur etwas großen Hause stets feucht, und die ganze Fläche bleibt der Sammelplatz von Unreinigkeit. Die Limbus in Sikkim, die auch in ihrer äußeren Erscheinung sogleich als niedrigste der Racen in diesem Theile des Himálaya auffallen, haben ebenfalls Wände, die nicht wasserdicht sind, aber es fehlt ihnen selbst diese Drainage unter den Häusern, sie bleiben während der ganzen Regenzeit in vollem Grade dem Einflusse des Regens und der Bodenfeuchtigkeit ausgesetzt.

Das Dach in Sikkim ist eine Art von Strohdachconstruction, aber mit Anwendung von großen Blättern oder von Binsen. Den indischen Dächern ähnlichen Materiales unterscheiden sie sich darin, daß die Conturlinien andere sind. In Indien nämlich ist meist die obere lange Linie des Daches gekrümmt, in der Mitte höher als gegen die Enden; auch der Querdurchschnitt zeigt nach auswärts gebogene Conturen. Hier ist die obere lange Contour des Daches jedenfalls gerade, und die Seitenflächen sind entweder Ebenen wie bei uns, oder nach einwärts gekrümmte Flächen. Das letztere allein ist es, was als characteristisch wenigstens für einige der Sikkimgebäude anzuführen ist.

Die Lepchas sind unter den verschiedenen Racen Sikkims am wenigsten gleichgültig gegen häuslichen Comfort, die Bhots dagegen sind schon niederer; in Sikkim befinden sie sich ohnehin in unterworfener Stellung. Steingebäude kommen mit Ausnahme der wenigen größeren Gebäude des Raja oder seiner Hauptvasallen bei den Eingebornen erst weiter im Innern zugleich in den großen Höhen vor, wo Holz seltener wird; aber in solcher Zone beginnt nach tibetischer Art der fast permanente Gebrauch von Zelten vorzuherrschen.

Selbst das Gebäude des Raja in seinem Sitze zu Támlung,

das von Hooker zuerst beschrieben und abgebildet wurde, ist weder groß, noch architectonisch interessant. Es ist ein niederes Steingebäude, ebenfalls mit Schilfdach, mit einwärts gekrümmten Flächen. Die Mauern schieben sich etwas nach abwärts vor und die Profilansicht verjüngt sich demnach nach oben; das Schilfdach unterscheidet sich nur dadurch von jenen anderer Lepcha-Häuser, daß in der Mitte ein kleiner Aufsatz mit vergoldetem Giebeldach in chinesischem Style sich erhebt. Das Gebäude steht auf einer Terrasse, welche das Thal gut zu überblicken erlaubt; es wird aber der Eindruck des Gebäudes als Theil der Landschaft durch die etwas exponirte Stellung nicht weniger als durch seine geringen Dimensionen geschwächt.

Gut sind auch in Sikkim einige der Chörten-Constructionen (deren Bedeutung Bd. II S. 89. erläutert ist). Die Chörtens und die Gebetmauern sind hier wie in Bhutân gewöhnlich etwas mehr architectonisch gehalten als im westlichen Tibet.

Die Bekleidung zeigt innerhalb dieses ausgedehnten Terrains und bei einer so großen Verschiedenheit in Sprachen und Sitten große Unterschiede. Die Hindu-Kasten reiner Race, die in Nepâl vorkommen, auch jene Mischracen von Nepalesen, die noch Hindu-Cultus beibehalten haben, zeigen in den Gewändern die indischen Formen; weiß ist auch hier die vorherrschende Farbe, des Anga oder „Rockes" sowie der baumwollenen Gâti, des „Umhängetuches," das in Indien ungeachtet der Hitze als ein nöthiges Complement der Kleidung von den besseren Kasten nie fortgelassen wird. Hier ist es mehr Bedürfniß und häufiger auch sieht man es alle übrigen Gewänder umhüllen. In den beiden Bildern aus Nepâl, so klein sie sind, ließ sich doch in den Figuren die Art der Bekleidung im Holzschnitte wiedergeben (wenn auch von einem deutlichen Racenausdruck im Gesicht bei solcher Größe nicht mehr die Rede sein kann). In der Ansicht des Tempelplatzes sieht man einen der Bhats, nach denen die Stadt den Namen hat (Bd. II. S. 251), der die Gâti wie einen Mantel umgehängt hat, während sein Begleiter, ein Newâri-

Rajpût, sie über die linke Schulter hängen hat. Die beiden Sänger, die mit weiß getünchten Gesichtern auf der Erde sitzen, sind Hindú-Pilger, die als Büßer und als Bettler priesterliche Lieder singen. (Ungeachtet der sonst so ceremonienlosen Form des Islám sind doch unter den Muselmánns solche Pilger und Büßer, die bei ihnen Fakírs heißen, noch ungleich zahlreicher und excentrischer, als bei den Hindús.)

Auch die Figuren nahe der andern Ecke des Bildes haben ihre Schultern bedeckt, aber mit schaafwollenen Tüchern, die in gleicher Weise überall in Indien, wo etwas kühle Winter sind, sehr gerne von allen getragen werden, deren Umstände das Anschaffen dieses für indische niedere Kasten sehr kostbaren Gegenstandes gestatten. In Indien sind solche Tücher stets ílo-khálás, „Doppelschawls,“ weil die geringe Breite des Wollengewebes es nöthig macht, zwei Stücke zusammenzufügen; auch im östlichen Himálaya sind die Gewebe in dieser Beziehung sehr unvollkommen; in Sikkim zum Beispiel haben sonst ganz gute Wollenstoffe nur die Breite von $1^1/_2$ bis 2 Fuß. Die großen Gewebe, wie sie jetzt in Europa aus dem Oriente bekannt sind, wurden allmählig aus Kaschmir und dem noch mehr nordwestlich von Indien gelegenen Persien eingeführt. Das Wort, das bei uns so fremdartig geschrieben erscheint, ist persisch und lautet shal, nur ist es unerwartet modificirt durch die überhaupt so eigenthümliche englische Schreibweise, die für Worte ausländischer Sprachen lange Zeit sehr willkührlich war.

Auch auf der Tafel des goldenen Thores sieht man einen in seinen Shawl eingehüllten Górkha neben dem Thore mit untergeschlagenen Beinen sitzen, ganz in jener Stellung des „Frierenden,“ die man an jedem für den Europäer erfrischenden Morgen in den Bazárs indischer Dörfer zu Hunderten sich wiederholen sieht.

Die Kopfbedeckungen in Nepál sind meist von den indischen sehr abweichend. Leute zwar, wie jene neben den Pilgern Taf. IX, Bráhmans und Rajpûts reiner Race, haben auch hier ganz dieselben Turbane beibehalten, aber kleine aus Tuch gemachte Käppchen ohne Schild oder Krämpe find bei den Mörthas ꝛc. das gewöhnliche. Die Sipáhis haben eine turbanartige Bedeckung, aber kleiner und niederer als in Indien.

Von deutlichem Einfluß auf die hier sich zeigenden Unterschiede ist der Umstand, daß die mit der Höhe abnehmende Lufttemperatur die Empfindlichkeit des Kopfes gegen die Besonnung etwas mindert. Und doch könnten Europäer, die stets gegen directe Sonnenstrahlen ungleich empfindlicher bleiben, als jede Race der Natives, nicht wagen mit so wenig schützender Kopfbedeckung an besonnten Stellen sich aufzuhalten.

Die Raçen von vorherrschend tibetischer Basis haben meist ihre eigene Kopfbedeckung. Die Bhútias haben dieselben eigenthümlichen Filzlappen, wie ich sie auf dem Marsche nach Narigún traf; hier kommen jedoch bei den Phots auch um die Schläfe gewundene Tücher als Turbans, aber ziemlich lose und unvollkommen schützend, vor. In Darjiling, wo einige ziemlich wohlhabende Bhútias sich aufhielten, sah man von solchen in China fabricirten Filzlappen einige von sehr hübschem Stoff, theils hellgrau, theils braun. Sie sind barettähnlich, sehr kleidsam und wurden von den hier sich aufhaltenden Europäern sehr gerne zur Abwechslung getragen. In indischem Klima würden sie zu wenig Schutz gegen Besonnung bieten.

Die Múrmis, Limbus und bei allen übrigen Stämmen jene Individuen, die buddhistische Priesterdienste ausüben, tragen eine Mütze, die nach unten aus einem Cylinder von 2 bis 3 Zoll Höhe besteht, nach oben ist sie durch ein Kugelsegment mit einem als Ornament in der Mitte aufgesetzten Strickknoten geschlossen. Gewöhnlich ist der verticale Theil dunkel, der obere gerundete hell und der nach oben abschließende Knopf von rother oder sonst grell abstechender Farbe. Bei den Eingebornen Sikkims scheint diese Kopfbedeckung am meisten sich zu verbreiten; man sieht sie jetzt selbst bei den Lychas ziemlich häufig ihre eigene, allerdings sehr characteristische aber auch etwas unbequeme Kopfbedeckung vertreten.

Die Kopfbedeckung der Lépchas ist nämlich in ähnlicher Weise wie ein Strohhut aus feiner Rohrrinde geflochten. In der Form ist er zunächst einem Tyrolerhut, aber mit sehr schmaler Krämpe, zu vergleichen; der Lépchahut ist stets mit Pfauenfedern verziert. Der Hut ist so eng, daß er nicht eigentlich aufgesetzt wird, sondern er wird mittelst eines Sturmbandes unter dem Kinne durch Klemmen festgehalten. Diese Art von Hüten ist ganz isolirt; ich habe sie nur bei den Lépchas gesehen.

Bezeichnend ist es für diese Kopfbedeckungen, daß alle, — Filzlappen, Lamamützen und Rohrhütchen, — bei Begrüßung abgenommen werden, während im Gegentheile bei den Turban tragenden Racen der Kopf bedeckt sein muß, wenn man vor einem Höheren sich zeigt, und sei es auch interimistisch nur durch die leichte nepalesische Kappe.

Als Kopfbedeckungen zum Schutze gegen Regen tragen die Nepalesen, häufiger aber die Bewohner von Sikkim und Bhután, wenn sie sorgfältig in ihrer Kleidung sind, einen Hut mit sehr breiter, flacher Krämpe, welche reichlich über die Schultern hinausreicht. Oefter noch sieht man bei allen Racen in Sikkim in der gerade hier so heftigen Regenzeit ein Geflecht aus Blättern und Bambus in der Form einer großen recht flachen Düte mit sehr weiter Oeffnung über den Kopf gelegt. Die seitliche Breite schützt noch die Schultern und das Geflecht ist so leicht, daß es die Bewegungen nicht beschränkt. Von diesen so wie von den Hüten konnte ich mir Exemplare für unsere Sammlung verschaffen.

Die eigentlichen Tibeter, die in den oberen Theilen auf der Himálayaseite sich angesiedelt haben, gehen meist ohne Kopfbedeckung, wie die beiden (männlichen) Figuren unterhalb der steinernen Pagode Taf. IX, oder sie haben eine ganz leichte aus Zeug gemachte Kappe, ähnlich der obenerwähnten nepalesischen, aber ohne die seitliche Spitze, einfach ein Kugelsegment. Ohne Kopfbedeckung sieht man auch die übrigen Bewohner Sikkims sehr häufig; ihr starkes

Haar schelut sie, ungeachtet der dunklen Farbe, etwas zu schützen. Bei den Tibetern, auch bei den Lepchas, tragen die Männer 1 Zopf, die Frauen 2. Ihr Haar ist meist das Einzige, was sie mit etwas Sorgfalt reinigen.

Was die Körperbekleidung betrifft, so sind darin die Lepchas ebenso exceptionell gestellt, wie in ihrer Kopfbedeckung. Während die anderen Stämme, wenn auch nicht gerade genau nach indischem Schnitte, eines oberhalb der Lenden mit Gürteltuch geschlossenen Rockes sich bedienen, tragen die Lepchas ein sackähnliches Tuch mit Ausschnitt für Kopf und Arme, das bis an die Knie reicht, um die Hüften angeschlossen durch einen Gürtel aus Zeug. Der Kleiderstoff ist weiß und blau gestreift, wenn getragen, laufen die Streifen von oben nach abwärts; die weißen und die blauen Farbenräume haben gleiche Breite, meist 3 bis 4 Zoll. Seit den letzten Jahren lebhafteren Verkehrs tragen auch die Lepchas häufig den mit Aermel versehenen Rock der benachbarten Stämme. Schmuck sieht man bei den Lepchas ziemlich viel, und zwar von Männern wie Frauen getragen. Er ist aus Silber, auch aus Bronce gefertigt und hat oft ganz gute Formen. Er kommt zum größten Theile aus dem östlichen Tibet.

Unter den Waffen fallen die nepalesische Kútri und das Lepcha-Säbel-Messer am meisten auf. Die Schießwaffen sind in Nepál dieselben, wie in den nördlichen Provinzen von Indien, nämlich meist Luntenflinten; in Sikkim findet man noch jetzt wie bei den wilden Stämmen des centralen Indiens und der Tarái Pfeil und Bogen im Gebrauche, doch seit die Lepchas durch die Europäer die Feuerwaffen kennen gelernt haben, sieht man sie auch diese im Dienste der Europäer mit großer Geschicklichkeit handhaben.

Die Kútri ist ein breites gekrümmtes Messer, mit der Schneide auf der inneren Seite; der Rücken zeigt eine regelmäßige elliptische Contour; die innere Seite aber ist im vorderen Drittel etwas breiter, als in der Nähe der Handhabe und gegen die Spitze. Ungeachtet seiner ungewöhnlichen Form gewöhnen sich auch Fremde leicht an seine Führung. Die Scheide ist von Leder und hat eine kleine Kapsel auf der äußeren Seite, in welcher noch zwei kleinere Messer angebracht sind.

Fast jedem Nepalesen der Hindukasten und der mit diesen verwandten Stämme ist die Kútri ein unentbehrlicher Gegenstand, von dem er nie sich trennt. Säbel dagegen sieht man Nepalesen nur tragen als Sipáhis; ihre Säbel haben dann die Form einer indischen gekrümmten oder geraden Talvár, auch in Nepál mit einem für europäische Hände stets zu kleinen Griffe, während die Handhabe der Kútri, die so sehr von allem Indischen sich unterscheidet, in der Form der Handhabe auch uns ganz bequem ist. Eine andere für Nepál eigenthümliche Waffenform hat das priesterliche Opferschwert, das mir in dieser Gestalt nur in Nepál vorgekommen ist. Dasselbe ist einem gekrümmten Säbel nicht unähnlich, die Schneide aber ist auf der inneren Seite der Krümmung, und nach vorne endet das Opferschwert in eine breite, mit einem Auge als Symbol verzierte Fläche. Es dient zum Opfern von Zébu-Rindern, was im Cultus der nepalesischen Hindús sehr häufig vorkömmt. Wenn richtig gehandhabt, kann mit diesem Opferschwerte auf einen Hieb der Kopf vom Körper getrennt werden, nachdem zuerst durch das Anbinden des Rindes der Kopf tief gestellt und der Nacken stark gespannt wurde.

Die Lépchas haben ein sehr solides säbelartiges Messer mit ungewöhnlich breitem Rücken, das ihnen als Waffe und zugleich als Axt in den Dschungels dient. Das Metall ist trefflicher Stahl. Aehnlich den Verhältnissen anderer halbcultivirter Völker im Osten von Indien zeigten sich auch hier wieder gute Eisenwaaren, während sonst nur wenig Industrie sich entwickeln konnte. Auch jene Eigenthümlichkeit fällt mit den Waffenformen der Abors und Singphos (Bd. I S. 659) zusammen, daß das Lépcha-Messer nicht in einer Scheide steckt, sondern nur gegen eine Holzunterlage durch metallne

Querspangen gehalten wird. Dagegen ist die Art des Tragens hier nicht jene ungewöhnliche Befestigung an einem hölzernen Ringe, sondern das Messer hängt von dem Gürtel herab, der um die Hüften läuft.

Von Hausgeräthen halten die Nepál-Hindus das Kochgeschirr und meist auch alles Uebrige den indischen Geräthen sehr ähnlich; bei den anderen Stämmen, selbst bei den Lepchas, war die Hauseinrichtung insgesammt auf sehr wenig reducirt. Wo immer möglich, sind Holzgeschirre angewendet; in vielen Fällen dienen als solche unmittelbar niedere Segmente der riesigen Bambusrohre, bei denen Durchmesser von nahe ⅔ Fuß nicht selten sind. Die horizontale Zwischenwand des Rohres wird dabei als Boden benutzt. Eine andere Anwendung großer Bambusrohre zum Tragen des Wassers und als Wassergefäße in den Häusern besteht darin, daß von einem Rohre Stücke von 4 bis 5 Fuß Länge abgeschnitten werden, in denen die Zwischenwände, mit Ausnahme der untersten, die als Boden dient, entfernt werden. Wegen der großen Regenmenge und starken Erosion ist der Zugang zu den Bächen, selbst zu den kleineren, meist sehr steil und tief, auch die Quellen sind in manchen Lagen sehr spärlich vertheilt; das letztere nämlich da, wo die steile Klüftung der crystallinischen Gesteine zugleich ungünstig, gegen das Innere des Berges abfallend, gestellt ist. Zum Transporte werden je 2 solcher Rohre gegeneinander befestigt, dazu kommt noch, daß die Last nicht auf den Schultern ruht, sondern daß ein breites schief gestelltes, aus Rohr geflochtenes Band gegen den Vorderkopf, (Stirne und Beginn der Haare) den Druck ausübt. Schwere Lasten auf den Schultern allein zu tragen, worin unsere Alpenbewohner oft Erstaunenswerthes leisten (das Rühmste wohl als transportirende Wildtriebe), ist in Sikkim und Nepál unbekannt; hier wird stets ein starkes Stirnband als das Wichtigste betrachtet; die Befestigung auf den Schultern ist secundär; auf diese stützt sich, auch wenn sie angewendet wird, nur der kleinere Theil der Last. Von der indischen Art, Lasten zu tragen, ist dies auch wieder verschieden. Dort wird, so lange es möglich ist, die Last so gestaltet, daß man sie auf dem Kopfe tragen kann; selbst die Ackersleute, wenn sie auf so schlechtem Wege heimkehren, daß sie den Pflug nicht gut ziehen lassen können, sieht man ihren Pflug dann auf dem Kopfe tragen; die Deichsel wird an einer Stelle aufgelegt, wo ihr vorderer weit vorstehender Theil dem Reste mit der ohnehin leicht construirten Pflugscharre das Gleichgewicht hält. Können die Lasten nicht auf den Kopf gelegt werden, so benützen indische Kulis mit Vorliebe Bambusunterlagen, die auf die Schulter gelegt werden; die Last hängt dann entweder von beiden Enden herab, wie die Schalen einer Wage, oder sie liegt in der Mitte, wenn so schwer, daß die Bambusstange von zwei Menschen getragen wird.

Speise und Trank ist, so weit Hinduismus sich erstreckt, ähnlich den indischen Verhältnissen; auch wo manche der gottesdienstlichen Riten nicht beachtet werden, gilt noch die Beobachtung der diätetischen Vorschriften bei den höheren Kasten als sehr wichtig. Die beiden Jtbuochlen auf Tafel X gehörten zu der zahlreichen, aber ungeachtet aller Verehrung nur schlecht gefütterten Gruppe, welche in Bhatgâun von den Priestern und Pilgern unterhalten wird. Die buddhistischen Bewohner essen alles „außer Schlangen, Ratten und Katzen," wie sie mir mehrmals sehr naiv erklärten; auch tranken sie sehr gern, was ich von alkoholhaltigen Getränken ihnen anbieten konnte. Schlechte Branntweine findet man bisweilen auch bei ihnen. Die Lepchas hatten ein anderes ihnen eigenthümliches Getränke, den Chong aus Márwa-Hirse, Eleusine Coracana, (Bd. II, S. 141), den ich von Sikkim auch gegen Osten nach Bhután, aber sehr wenig nur gegen Westen nach Nepál verbreitet fand.

Das Klima von Sikkim und von Nepál.

I. **Sikkim.** Vorwiegen tropischer Gewinde und die Art ihrer Ablenkung durch Gebirgsdämme. — A. **Lufttemperatur.** Darjiling „zu kalt"; Ursache: die Condensation atmosphärischer Feuchtigkeit, nicht die Nähe von Schneeregionen. — Temperaturgang. — Vergleich mit europäischen Verhältnissen. — Absolute Extreme. — Besonnung und Strahlung. — B. **Feuchtigkeit der Atmosphäre.** Keine Unterbrechung durch trockene Monate. — Vertheilung gegen das Innere. — C. **Regenmenge.** Verhältniß zur Feuchtigkeit. — Niederschlag zu Darjiling und Vergleiche. — Stürme und Gewitter; Blitzeffecte. — Locale Verschiedenheit der Regenmenge. — Quantität bei künstlichem Begießen. — Hohe Quellen. — locale Accumulation durch Wälder. — Schneefall, Schneegrenze und Tiefsinne. Chemische Zusammensetzung der Atmosphäre. Ozon. — Sauerstoff und Stickstoff. — Kohlensäuregehalt. —

II. **Nepál.** Bedeutend geringere Feuchtigkeit. — Regenmenge. — Temperatur. Mittel des Jahres und der Jahreszeiten. — Vergleich von Kathmándu mit Neapel. —

I. Sikkim.

Das Klima von Sikkim zeigt sich am meisten von den Wirkungen feuchter aufsteigender Luftströme beeinflußt, die sich von den Ebenen und dem Bengalischen Meerbusen erheben. Hier tritt deutlicher als in jedem anderen der verschiedenen Länder des östlichen Himálaya jener eigenthümliche Effect hervor, den große steile Gebirgsklimme, unmittelbar von tropischen Ebenen ansteigend, auf Vertheilung von Wärme und Feuchtigkeit und in Folge davon auf die meisten übrigen meteorologischen Verhältnisse ausüben. Ich werde deshalb auch hier etwas eingehender gerade diesen Theil meiner Beobachtungen zu besprechen haben.

Die Entfernung von der Meeresküste längs der weiten Bay von Bengalen ist hier die geringste, zugleich bietet hier das flache Tiefland, wie auch in den Terralustufen der Uebersichtskarte (Bd. I S. 93) sich sogleich erkennen läßt, einen freien Weg für tropische Seewinde vom Meere bis zum Gebirge, während dem Himálaya von Bhután die Mittelgebirge der Gárros und Khássias vorliegen, den centralen Theilen des Himálaya das gebirgige Bahár. Die westlichsten Theile allerdings, jene von Simla bis Kashmír, haben gegen Südwesten ebenfalls nur Tiefland, das sie vom Meere trennt (mit Ausnahme der kleinen Höhen von Kách und Gujrát); aber dort besteht das Tiefland zum größten Theil aus den Wüsten von Sindh, Rajodra und den Duábs des Panjáb, überdies ist die Entfernung von der See mehr als die doppelte.

In Sikkim fühlt man die Luftströme aus Bengalen bis weit hinauf an allen Abhängen, welche frei stehen, und sie zeigen sich in den Thälern durch ein Vorherrschen von Thalwinden in der Richtung nach aufwärts. Aber ihre erwärmende Wirkung ist zugleich durch den großen Feuchtigkeitsgehalt dieser Luftschichten beschränkt. Die Folge ist: A. verhältnißmäßig etwas niedere Lufttemperatur in mittleren Höhen aber mit geringen Extremen, auch der Kälte, in der jährlichen und täglichen Periode, — B. die größte Menge atmosphärischer Feuchtigkeit in gasförmiger Gestalt und in der Form von Dunst und Nebel, — und C. eine Regenmenge größer als in jedem andern Theile des Himálaya.

A. Lufttemperatur. Als Zahlenbeispiel folgen hier einige Mittelwerthe für die Station Tarjiling; eine größere Reihe analoger Daten wird in den vergleichenden Tabellen am Schlusse des dritten Bandes zusammengestellt.

Lufttemperatur zu Darjiling, Observatory-Hill, N. Br. 27° 3'·0, O. Länge von Greenw. 88° 15'·3, Höhe 7168 e. F.

December bis Februar 6·4° C. | Juni bis August 16·9° C.
März bis Mai 12·5° C. | Septbr. bis Novbr. 13·9° C.
Jahresmittel 12·4° C.

Bei einer Temperaturabnahme mit der Höhe von 1° C. für 720 Fuß, wie sie in den weniger feuchten Theilen des Himálaya sich zeigt, ist die Temperatur von Darjiling, z. B. berechnet aus jener der nahegelegenen Ebenenstationen Púrnea und Pátna, (= 26° C.) um mehr als 2° C. zu kalt, oder wie sich dies ebenfalls ausdrücken läßt, in Sikkim hat die Temperatur des Jahres bei 7100 bis 7200 F. über der Ebene schon um eben so viel abgenommen, wie in den Umgebungen von Simla bei 8400 bis 8500 F. über der Ebene. Ganz Entsprechendes zeigt sich am Südfuß der Alpen. Das regenreiche Tolmezzo bei 46° 31′ N. Br. und 1000 e. F. (038 p. F.) Höhe, mit Temperatur = 10·2° C., ist um 2·2° C. kälter als Trient in nahezu gleicher Breite, 46° 41′, und in einer Höhe von 746 e. F. (700 p. F.), während für den Höhenunterschied allein bei der mittleren Temperaturabnahme in den Alpen nur ein Wärmeunterschied von 0·4° C. sich ergeben würde. In so fern mir aus den Untersuchungen in den Alpen Analogie bekannt war, war mir das in Sikkim erhaltene Resultat nicht unerwartet; aber daß im Himálaya bei der im allgemeinen bei weitem langsameren Temperaturabnahme als in den Alpen dennoch so große Abweichungen vorkommen könnten, ließ sich vor der directen Beobachtung an Ort und Stelle nicht mit Bestimmtheit beurtheilen. Allerdings sind im Himálaya auch die Unregelmäßigkeiten in der Vertheilung extremer Feuchtigkeit noch weit größer als jene in den Alpen.

Der Umstand, daß in Sikkim vom Fuß gegen das Innere die Lufttemperatur mindestens bis zu Höhen von 14,000 Fuß so bedeu-

und kühler ist, als in anderen Theilen des Himálaya, ist nicht, wie man zunächst erwarten könnte, die Wirkung stark abströmender kalter Gletscherwinde von seinen riesigen Eismassen im Innern; im Gegentheile, man beobachtet in Sikkim beinahe das ganze Jahr hindurch in den Thälern und in mittleren Höhen nur sörliche Winde. Gegenströme, wie sie erst in der kühlen Jahreszeit bis zu den bewohnten Orten herab sich fühlbar machen, sind während der übrigen Monate durch Veränderungen in der resultirenden Windesrichtung in Tibet ersetzt. Die große Abkühlung ist einzig Function der großen Feuchtigkeit in Form von Nebel und Regen. Dadurch wird der für diese Breiten noch so mächtige Einfluß directer Besonnung ungemein geschwächt. Das Freiwerden von Wärme bei Wolken- und Nebelbildung führt zwar eine neue Wärmemenge zu; doch ist diese dem Verluste directer Besonnung gegenüber sehr gering, und sie tritt ein in Höhen von mehr als 12,000′, dort nämlich, wo (in diesen Gebirgen) die regenbringende Wolke entsteht, nicht da, wo der Regen auf die Erde fällt. Etwas verschieden gestalten sich die Temperaturverhältnisse in Regionen jenseits der mittleren Wolkenhöhe, aber jenseits zugleich der bewohnbaren Höhen.

Nahe der Grenze, wo die Condensation der atmosphärischen Feuchtigkeit vorzuherrschen beginnt, läßt sich in dem landschaftlichen Anblicke nicht selten eine eigenthümliche, oft grelle Veränderung des Farbentones bemerken; die Schneeflächen der hohen Gipfel, welche die Region überragen, sind von glänzendem, bläulich-weißem Ton, während in mehr horizontaler Richtung, so wie in jener nach den Thälern hinab die Lichter, oft in sehr auffallendem Grade, gelb-röthlich getönt sind.

Da in Landschaften von großen horizontalen und verticalen Gesichtswinkeln längs der Grenze, wo zwei Lichteffekte sich näher rücken, die Uebergänge, durch die Ungleichheit in Gestalt und Farbe zwischen den verschiedenen Stellen, meist sehr gemildert erscheinen, zeigte sich hier, wo die Feuchtigkeit der Luft so unmittelbar von Einfluß darauf war, der Gegensatz um so unerwarteter. Das Glänzende der Firnregionen war dadurch in Licht und Farbe sehr erhöht. (Vergl. Bd. II S. 225.)

Die Veränderung der Temperatur in der täglichen Periode ist durch das Eintreten der Nebel ebenfalls in eigenthümlicher Weise modificirt. In den nordwestlicheren Theilen des Himálaya, so wie in Indien gegen Süden und in Tibet gegen Norden, tritt das Minimum kurz vor Sonnenaufgang und das Maximum Nachmittags 2 bis 3 Stunden nach der Culmination der Sonne ein; nur die Größe des Wärmeunterschiedes vermindert sich in der Regenzeit, und nimmt ab, im Himálaya sowohl als in Tibet, mit der Höhe; in Sikkim aber hatte ich auf Jalút große locale Unregelmäßigkeiten. Auf Jalút zeigte sich Ende Mai bis Mitte Juni (1855) die geringste Wärme mehr als $2^{1}/_{2}$ Stunden vor Sonnenaufgang (was bei dem noch steilen Ansteigen der Sonne gegen den Horizont in dieser Breite, — 27° 13′·7 N., nicht so früh zu erwarten war); das Maximum trat bald nach 12 Uhr ein und die Temperatur veränderte sich dann fast gar nicht bis gegen 4 Uhr.

Um Wärmeverhältnisse, wie jene von Darjiling, mit europäischen, uns näherliegenden zu vergleichen, dürfte am besten Meran gewählt werden, das allerdings nur 955 engl. F. (896 p. F.) hoch, aber zugleich in 46° 41′ nördlicher Breite gelegen ist. (Alpen Bd. II S. 345).

Zu Darjiling ist die mittlere Jahrestemperatur jener von Meran (12·46° C.) gleich; dabei ist die Temperatur des kältesten Monats, Januar, zu Darjiling 0·56°, zu Meran 1·1°. Ist auch für die nördlichen Verhältnisse Europas Meran ein Zufluchtsort gegen rauhen Winter, so wird doch für die Indier, die mit den Europäern heraufkommen, selbst für Europäer, die sich in Indien einmal einige Zeit aufgehalten haben, ein solches Winterklima unangenehm. Schon in der Sommerperiode äußert sich bisweilen eine ungünstige Einwirkung des Klimas auf manche Europäer in Rheumatismus, nämlich bei solchen, die durch mehrjährigen Aufenthalt in Indien ihre Widerstandsfähigkeit geschwächt haben. Lange noch ehe die Temperatur unangenehm sich fühlt, können solche Affectionen eintreten. In der warmen Jahresperiode lassen sie sich mit einiger Vorsicht meist sehr rasch wieder entfernen; während des Winters aber kommen in Darjiling acute Rheumatismen vor, die selbst gefährlich werden.

Im Frühjahre noch, zur Zeit der indischen heißen Jahreszeit, ist Darjiling mit 12·5° C. etwas kühler als Meran (= 13·0° C.), aber unangenehm rauhe einzelne Tage, die in Meran noch vorkommen, sind in Darjiling sehr selten. Noch wichtiger ist es, daß die Temperatur des wärmsten Monates, Juli, zu Darjiling nur 17·17° C. beträgt, was zu Meran dem Monat Mai mit 17·1° C. entspricht, während der Juli 22·4° C. erreicht. Der Herbst dagegen ist wärmer, als in Meran. Kühler Sommer und milder Herbst sind für Darjiling als Sanitarium der Europäer nur günstig. Die mittleren Werthe der Monate und Jahreszeiten ändern sich in den einzelnen Jahren sehr wenig.

Die täglichen Extreme sind, mit europäischem Temperaturgange verglichen, nicht sehr weit auseinanderliegend zu nennen, aber die absoluten Extreme, d. h. die vereinzelten Fälle größter Hitze und Kälte, die mir bekannt wurden, sind doch so bedeutend, daß ihr Einfluß sehr fühlbar werden kann.

So ist mir aus Darjiling bei 7168 Fuß, ein absolutes Minimum von — 3·7° C. (Febr. 1837) und ein anderes von — 2·2° C. (Jan. 1856) bekannt. Weniger entfernen sich die vereinzelten Fälle absoluter Wärmeextreme von den mittleren Temperaturverhältnissen. In meinen Tabellen finde ich als solche 21·1° C. (Aug. 1855 und Juli 1856) und 21·7° C. (Juni 1837).

Mit der Höhe nimmt die Differenz der Extreme rasch ab. Auf der Singhalilakette bei 12,000 Fuß hatte ich im Juni Minimum 5·9° C., Maximum 11·1° C. bei einem Jahresmittel von nahe 5° C. Zu Ye lu Kabdl, bei einer Jahrestemperatur von 8·1° C., hatten wir das folgende Jahr, in nur wenig verschiedener Höhe, bei 11,532′, im Monat Juli eine mehr als doppelt so große Differenz der Extreme unter sich, nämlich 13·5° C. als Minimum 4 U. 15 M. Morgens und 25.7° C. als Maximum um 2 U. 20 M. Nachmittags. Es erlaubt dies, auch ohne daß Beobachtungen für die ganze Jahresperiode vorliegen, zu beurtheilen, wie ungewöhnlich gering die Veränderungen in Sikkim innerhalb der täglichen und der Jahresperiode in solchen Höhen sind.

Die Einwirkung directer Besonnung sowie der Wärmeverlust durch Strahlung gegen die freie Atmosphäre sind beide in Sikkim durch die Feuchtigkeit sehr beschränkt. Die Häufigkeit lebhafter Besonnung wird durch die Bewölkung oder durch neblige Trübung der Atmosphäre sehr reducirt. Der Feuchtigkeitsgehalt der Luft, so lange noch keine Condensation eingetreten ist, würde die resultirende Wirkung der Insolation nicht vermindern, sondern etwas vermehren, und zwar durch Verminderung des gleichzeitigen Wärmeverlustes, da feuchte Luft zwar die directen Sonnenstrahlen durchdringen läßt, aber zugleich den Verlust an dunkler Wärme durch Strahlung wesentlich beschränkt. Solche Feuchtigkeit mäßigt hier die Strahlung selbst in sonst klaren Winternächten sehr fühlbar und vermindert die Kälteextreme. Ich hatte vieler Verhältnisse, wegen der Wichtigkeit für Pflanzenverbreitung, schon bei Besprechung der Baumfarren zu erwähnen. (Bd. II. S. 254.)

Auf die Rhododendren, eine der am meisten hervortretenden Pflanzenfamilien dieses Landes, hat etwas ungewöhnliche Kälte stets den Effect, daß die Blätter sich rollen. In Höhen von 10,500 Fuß, nahe der oberen Grenze der Rhododendren, sah ich dies bei den kleineren auch im Sommer ziemlich häufig; große Bäume aber waren nicht so sehr davon afficirt, wahrscheinlich deshalb nicht, weil die Belaubung der größeren Bäume erst mehrere Fuß über dem Boden beginnt, während die Anhäufung kalter Luftschichten in unmittelbarer Nähe des Bodens die größte ist.

In zwei Stellen der Singhalila-Kette, wovon die eine 10,628 Fuß hoch war, also noch immer an 2000 Fuß unterhalb der Baumgrenze für Coniferen, fand ich „todte Wälder," wie meine Leute sie mir nannten; ich sah dort hunderte von Stämmen der schönen Abies Webbiana, welche einen großen zusammenhängenden Wald gebildet hatten, die aber jetzt ganz ohne Rinde, zum größten Theil selbst ohne Aeste waren. Solche Stellen waren offenbar in einem kalten Winter erfroren, ausnahmsweise allerdings, in so ferne sie noch unter der Höhengrenze der Coniferen sich befanden, aber doch ein ungewöhnlich lebhaftes Beispiel bietend für die Art des Aussterbens von Pflanzenformen, wenn sie auch während einer Periode von vielen Jahren dem Witterungswechsel Widerstand zu leisten vermocht haben. Aehnliches kommt in unseren europäischen Alpen vor, aber bei uns sind es einzelne meist auch etwas alte Bäume, die wir so „erfroren" sehen, während hier hunderte in einem Jahre und überdies Stämme sehr ungleichen Alters in solcher Weise zerstört worden waren. In den Alpen hat unsere Zirbel (Pinus Cembra) nach den Beobachtungen in Tyrol zu Vent im Oetzthale eine Lufttemperatur von — 31° C. auszuhalten, während hier in Sikkim — 12 bis — 15° C. genügt haben mögen, diese „todten Wälder" hervorzubringen, überdies bei gleichzeitig entschieden geringerem Wärmeverlust durch Strahlung.

B. **Feuchtigkeit der Atmosphäre.** In gasförmiger Gestalt und in der Form der ersten Condensation als Nebel zeigte sie sich in Sikkim als Maximum, größer selbst als nach der Regenmenge sich erwarten ließe, weil hier nicht (so wie in vielen anderen tropischen Gegenden mit ungewöhnlich großer Regenmenge), bald nach dem Aufhören des Regens wieder eine Periode atmosphärischer Trockenheit beginnt. Die Feuchtigkeit in Nebelbildung ist am häufigsten nahe dem Südrande, aber bleibt auch noch bis zum zweiten Drittel der Breite des Landes sehr groß.

Mit Ausnahme weniger Monate sind überall die ersten Morgenstunden die einzige Zeit des Tages, während welcher es möglich ist, die großartigen Formen der Gebirgsnatur ganz zu genießen. Wenige Stunden nach Sonnenaufgang, zu oft noch vor dem Eintritt der Tageshelle, bilden sich Nebel, welche meist in ziemlich gleicher Dichte bis nach Sonnenuntergang fortwähren. Erst in Höhen über 10,000 Fuß konnte ich, auch in der Regenzeit, so ziemlich jeden Tag auf einige klare Morgenstunden hoffen, ungeachtet ihrer Kürze die wichtigste Tagesperiode für meine Arbeiten in diesen Gebieten.

Dem Raude näher sind in der Regenzeit klare Stunden sehr selten. In den Umgebungen von Darjiling noch sieht man bei Unterbrechung des Regens rasch an vielen Stellen der Bergabhänge, wo tiefe Thaleinschnitte dies begünstigen, dicht condensirten, wenn auch nicht bedeutend seitlich ausgebreiteten Nebel gleich Dampf aus Schloten emporsteigen. In Indien und selbst in der Tarāi noch bis an den Fuß des Himálaya heran sind die Verhältnisse relativer Feuchtigkeit sehr verschieden. Nebel in der Regenzeit kommen nicht vor; die bedeutend größere Wärme erhält den Wasserdampf in gasförmiger Gestalt. In den indischen Niederungen ist es nur die kühle Jahreszeit, in welcher Nebel vorkommen; am regelmäßigsten treten sie ein in Assām und im östlichen Theile des Ganges-Brahmaputra-Delta; auch in Unter-Sindh zeigten sie sich sehr häufig, dort trug viel dazu bei, daß man die Seebrise nahe 60 Meilen landeinwärts noch fühlte. Längs den Küsten, selbst in den Gebirgen des Dekhan und Centralindiens, ist auch in der kühlen Jahreszeit die Temperatur verhältnißmäßig so warm, daß sich nur sehr selten eigentliche Nebel bilden. Trübungen der Luft durch feinen Wasserdunst, die Haze Englands und der mittleren Breiten, kömmt auch in Indien nicht selten vor, aber ohne in verticaler Richtung den Wärmeverlust des Bodens, die Strahlung, sehr zu beschränken, so daß wir gewöhnlich einen Thauniederschlag damit verbunden fanden, viel stärker, als er aus irgend einem Theile Europas bekannt ist; bisweilen, so in den Umgebungen von Mabris, hatten wir einen sehr niederen Bodennebel, nämlich Nebel von der gewöhnlichen Dichtigkeit, aber nur sehr wenig über den Boden sich erhebend.

In Sikkim sind im Winter die Feuchtigkeitsverhältnisse der Klarheit der Luft am wenigsten ungünstig. Es kommen dann in mittelhohen Stufen halbe Wochen mit ununterbrochener reiner Aussicht gegen das Gebirge während des Tages vor, und die Nächte sind fast immer klar und von wundervoller Sternenpracht. Aber gegen die äußere Grenze der Vorberge hin ist auch in dieser Jahreszeit eine Anhäufung feuchter, dunstiger Atmosphäre das Gewöhnliche. An sonst wolkenlosen Tagen des Winters zeigte sich nicht selten ein röthlicher Höhenrauch in der Atmosphäre, dessen Farbe sich im Tone der schneebedeckten Berge im Darjilingpanorama am deutlichsten bemerkbar macht; gegen die Ebene wird er dichter und grauer. Es müssen dies die Effecte von Suspension erdigen Staubes sein, gehoben durch aufsteigenden Luftstrom über den Ebenen. Diese Ansicht bestätigt nicht nur die Farbe der Suspension, sondern auch der Umstand, daß diese Art von Trübung dann sich vermindert, wenn die Luft wieder feuchter, also auch die Hitze über den Ebenen Bengals wieder geringer wird. Selbst wenn Nebel folgt, tritt eine Zwischenperiode ein, in welcher mit Verschwinden der rothen Trübung eine vorübergehende Steigerung der Durchsichtigkeit sich beobachten läßt.

C. Die Regenmenge. Die Regenmenge auch der äußeren Regionen des Sikkim-Himálaya wird von jener an anderen Orten in der Nähe der asiatischen Tropen und innerhalb derselben noch übertroffen. Die Regenmenge beträgt z. B. in Darjiling und Umgebungen, durch vieljährige Beobachtung bestimmt, 100 bis 130 Zoll im Jahr. In Cherrapúnji im Khássia-Gebirge ist die Regenmenge fünf mal größer, 600 bis 620 Zoll, in Mahabaleshwar im Dekhan ist sie 254 Zoll im Mittel. (Bd. I S. 628). In der regenreichsten Gegend Europas, zu Coimbra in Portugal, das eben falls durch ein dem regenbringenden Winde entgegenstehendes Gebirge bei sehr geringer Entfernung vom Meere den großen Niederschlag erhält, ist die Regenmenge nahe gleich jener von Darjiling, 118·9" für das Jahr; bedeutend noch, aber doch geringer sehen wir sie zu Tolmezzo am Südfuße der Alpen mit 96 engl. Zoll und zu Bergen in Norwegen mit 88·7 Zoll.

Hat einmal in Sikkim die eigentliche Regenzeit begonnen, so folgen sich oft mehrere ganze Tage ohne Unterbrechung des Regens; setzt darauf der Regen wieder etwas aus, so sieht man, wie oben erwähnt, aus jeder Vertiefung Nebel in riesigen Säulen sich erheben. Die größte Menge von Niederschlag in sehr kurzer Zeit folgt gewöhnlich auf solche Unterbrechungen, wenn sie nicht lange gewährt hatten.

Sehr heftige Winde sind in Sikkim selten, auch in Höhen noch von 10,000 bis 14,000 F. Wenn der Regen ganz allgemein über eine große Strecke sich verbreitet hat, läßt sich häufig während mehrerer Tage kaum die Windesrichtung bestimmen. Vor der Regenzeit sind Gewitterstürme, selbst mit lebhaftem Winde aber von kurzer Dauer, nicht selten. Einen solchen sah ich am 21. April 1855, wenige Tage nach meiner Ankunft zu Darjiling. Auch eines herrlichen Magnolia-Baumes (Magnolia excelsa) sei dabei erwähnt, den dieser Sturm in Dr. Campbell's Garten niedergeworfen hatte. Der Baum war 112 Fuß hoch gewesen, hatte einen verhältnißmäßig schlanken Stamm, und, was das Ungünstigste war, sein Wurzelstock war wegen der dünnen Humusschicht auf dem Felsenboden ein sehr flacher. Der Umfang, unmittelbar am Wurzelstocke gemessen, betrug 10·4 Fuß, ein Holzdurchschnitt bei 18 Fuß über dem Boden, den ich für die Sammlungen mitnahm, hat 2·4 Fuß als größten, 1·8 Fuß als kleinsten Durchmesser. Das Holz zeigte, später unter dem Microscop untersucht, viele Aehnlichkeit in Zellenbildung mit den tertiären Kohlen der Tarái, wo noch jetzt die Magnolia ebenfalls neben der Kohle fortbesteht.

Die Möglichkeit des Vorkommens von Magnolienholz in tertiärer Kohle ist jüngst auch in anderer Weise bestätigt worden, indem die neuesten Untersuchungen Heer's über die tertiäre Flora Grönlands ergeben haben, daß dort bei 70° N. B. in der tertiären Kohle reife Magnolienfrüchte sich finden.

Gewitter hatte ich noch im Mai und Juni an verschiedenen Stellen des Singhalilakammes. Jenes am Tónglogipfel bot manche unerwartete Effecte, zu deren Beobachtung mir sehr günstig war, daß Lieut. Adams und damals noch der Draftsman Abdul (vor seinem Aufbruche nach dem östlichen Sikkim) zugegen waren. Unsere Zelte standen in so ferne gesichert, als sie nicht unter Bäumen aufgeschlagen waren. Zelte, wenn Bäume in richtiger Entfernung sie überragen, werden hier im Gebirge nirgends als vom Blitze gefährdet betrachtet. Der Blitz schlug ein in einen an 500 F. entfernten Baum, und warf ihn nieder ohne ihn zu entzünden. So naher Blitzschlag war mir noch nie vorgekommen. Desto lebhafter fiel mir sogleich auf, daß der Blitzstrahl, obwohl die Wolke höchst unwahrscheinlich gerade eben so weit von uns entfernt sein konnte, als der Baum, der ganzen Länge nach die gleiche Breite, also die gleiche scheinbare Größe behalten hatte. Der Zwischenraum zwischen Blitz und Donner, die rasch und häufig genug sich wiederholten, ließ sogar mit Bestimmtheit erkennen, daß die Wolke über 1500 Fuß, wenigstens 3 mal so weit entfernt sein mußte, als der zerschmetterte Baum.

Es ließ sich dies nur in der Art erklären, daß der Blitz überhaupt, ähnlich den Fixsternen, so kleine Winkelgröße hat, daß wir ihn nur wegen seiner so ungewöhnlichen Leuchtkraft sehen können. Wenn so, so konnte ich hoffen, durch ein kleines Fernrohr mit weitem Gesichtsfelde — das vor das eine Auge gehalten wurde, während das andere frei gegen die Stelle sah, wo das Gewitter am meisten sich concentrirte — dies unmittelbar zu entscheiden. Nach wenigen Blitzschlägen, auf die ich das Fernrohr nicht richten konnte, gelang es mir, das Instrument so rasch zu wenden, daß ich einen Strahl gleichzeitig mit den Gläsern und dem freien Auge sah; wie zu erwarten, waren die Bilder nicht coincidirend, und das Entscheidende war, daß beide von gleicher Breite waren; die Vergrößerung, die wenigstens das Vierfache hätte betragen müssen, war absolut nicht zu erkennen. Da das Gewitter noch längere Zeit fortwährte, hatten auch Adams und Abdul das Experiment mehrmals wiederholen können; der Effect war auch für sie ganz derselbe. Der Umstand, daß man auf Bildern den Blitzstrahl immer der ganzen Länge nach gleich breit gehalten sieht, auch wenn die beiden äußersten Punkte sehr verschiedenen Abstand vom Vordergrund haben, war allerdings allgemein bekannt, aber man hatte keinen Werth darauf gelegt, vielmehr eine gewisse conventionelle Willkühr darin gesehen. Die directe Beobachtung durch das Glas bestätigt und erklärt zugleich die Auffassung im Landschaftsbilde.

Einen eigenthümlichen Beleuchtungseffect machte nach Eintreten der Dämmerung das noch fortdauernde Aufleuchten der Blitze am Tönglogipfel auf die zahlreichen Bäume mit sehr glatten und großen Blättern; diese erschienen dann plötzlich wie von einem metallisch glänzenden silberähnlichen Lichte erhellt, und da die Blätter gegenseitig Reflexe sich zuwarfen, so schien eine solche Baumgruppe von den Umgebungen so lebhaft sich abzuheben, als wenn sie allein beleuchtet geworden wäre. An den unter sich weniger verschiedenen europäischen Bäumen dürfte ähnliches wohl nie mit gleicher Deutlichkeit zu beobachten sein.

Nicht ungewöhnlich ist es, daß die Regenmenge, je nach der Localität, bei geringer Entfernung zwischen 2 Orten an einzelnen Tagen sowohl als in der Jahresmenge eine sehr verschiedene ist. So hatte ich am 12. August in Darjiling einen sehr heftigen Regen und zwar ohne Gewitter, 4 Stunden anhaltend, während auf dem

2 engl. Meilen entfernten Militär Sanitarium auf Allapahár gar kein Regen gefallen war. Permanenten Character erhalten solche Verhältnisse, wenn bedingt durch die Einwirkung der Bodengestaltung, je nachdem steil ansteigende Bergwände, vereinzelte Gipfel oder weit geöffnete Thäler dem regenbringenden Winde zuerst entgegenstehen. Die Unterschiede nach Localität treten zugleich da am deutlichsten hervor, wo die Regenmenge eine sehr große ist.

Um den Einfluß und die Wirkung ungewöhnlich großer Regenmenge lebhaft sich vorzustellen, ist es am einfachsten, die mittleren Verhältnisse des Regens in Deutschland, so wie das Begießen in den Gärten damit zu vergleichen. In Franken z. B., wo ich auf Jägersburg während der letzten Jahre darüber Beobachtungen machte, ist die Regenmenge im Jahre 58·7 Centimeter, oder in englischen Zollen, die ich hier zum Vergleiche mit indischen Daten wählen muß, 23·2 Z., davon 9·2 Zoll oder nahe 40% im Sommer. Die Wassermenge, die dem Boden während trockener Tage durch Begießen gegeben wird, ist, verglichen mit atmosphärischen Niederschlägen, meist gering; begünstigt wird ihr Einfluß dadurch, daß nur dann gegossen wird, wenn die Sonne unter dem Horizonte oder wenn der Himmel wenigstens bewölkt ist. Im entgegengesetzten Falle tritt nicht nur zu rasche Verdunstung ein, sondern es kann direct krankhafte Affection der Pflanzen die Folge sein. Wenn eine Gießkanne mittlerer Größe, z. B. von 12 Liter Inhalt über eine Stelle von 4 Quadratmeter (etwas über 3′ breit und 12′ lang) entleert wird, ist bei mittlerer Bodenbeschaffenheit ganz gut begossen, wie jeder zugeben wird, der mit Gartencultur von einiger Größe zu thun hat. Und doch entspricht dieses Wasserquantum nur einer Regenmenge von 12 Cubicdecimetern auf 40,000 Quadratcentimeter vertheilt, also einer Höhe von 0·3 Centimetern oder wenig über $^1/_8$ Zoll (0·118″). Wenn nicht mit der aufgesetzten Brause, sondern direct an einzelnen Pflänzchen gegossen wird, genügt unter gleichen Umständen $^3/_{10}$ der obigen Menge.

Ohne hier auf die verschiedenen isolirten Fälle sehr starken Regens, die in Europa ausnahmsweise beobachtet wurden, eingehen zu können, sei nur zum Vergleich noch angeführt, daß in Sikkim, noch mehr im Dekhan und im Khássiagebirge, Regen mit 2½ Zoll Wasserhöhe in der Stunde jedes Jahr wiederholt vorkommen, und zwar so, daß dieses starke Niederströmen mehrere Stunden anhält, während bei uns schon 1 Zoll in der Stunde nur sehr ausnahmsweise vorkommt, jedenfalls nur bei intensiven Gewittern und dann allerdings meist das ganze Quantum in Güssen von kurzer Dauer. Mehr als 1½ Zoll in 24 Stunden sind eben so seltene Ausnahmen.

Was die Wirkung des großen Regens im östlichen Himálaya auf Pflanzen- und Thierwelt erhöht, ist der Umstand, daß das Austrocknen durch dazwischen fallende Besonnung nach Beginn der Regenzeit fast vollständig ausgeschlossen ist, und daß also die Bodenfeuchtigkeit beinahe bis an die Oberfläche steigt. Ist in Gartenculturen der Boden einmal stärker als gewöhnlich getränkt, z. B. durch 2½ mal so viel als das oben angegebene Quantum von ¹⁄₁₀ Zoll Höhe, so schützt dies auch bei fortgesetzter warmer Witterung hinlänglich, um wenigstens in dem mitteldichten fränkischen Keuperboden ein Paar Wochen lang mit einem Begießen von nur ¹⁄₄₀ Zoll Höhe auszureichen.

Bei künstlichem Begießen wird die Wirkung der an sich nicht sehr großen Menge dadurch noch geschwächt, verglichen mit der Wirkung des Regens bei gleicher Quantität, daß während des Regens die Luft sehr feucht, oft ganz gesättigt ist, und daß eine bedeutende relative Feuchtigkeit der Luft gewöhnlich noch ziemlich lange nach dem Regen anhält. Es wird so im Mittel der Wasserverlust der oberen Bodenschichten durch Verdunstung ein ungleich geringerer, wenn sie durch Regen als wenn sie durch künstliches Begießen befeuchtet wurden.

In den oberen Bodenschichten des Sikkim-Himálaya ist die eine der Folgen ihrer übermäßigen Feuchtigkeit, daß man mit Ausnahme der wenigen Wochen in der etwas trocknern kühlen Jahreszeit kein dürres Blatt auf dem Boden eines Waldes sieht, weniger wegen der Zahl immergrüner Gewächse, als deshalb, weil so rasch jede Spur von pflanzlichem Organismus am Boden in Humusbildung übergeht.

In jenem Theile Sikkims, wo die Regenmenge stark ist, reichen Quellen bis nahe an die Kämme und Gipfel hinan auf jener Seite der Abhänge, wo zugleich die Schichtenstellung ihr Zutagetreten begünstigt. Auf dem Nángi-Berge, dem ersten Gipfel des Singhalīlasammes nördlich von Tónglo, fand ich die obersten Quellen des Jammánustusses, der in südwestlicher Richtung nach Nepál fließt, in einer Höhe von 10,317 Fuß, 120 Fuß nur unter dem Gipfel. Am Falútberge lag die höchste Quelle bei 11,056 Fuß, nur 86 Fuß unter dem Gipfel; auch diese war dessenungeachtet sehr wasserreich.

In Gegenden so großen Niederschlages tritt deutlich hervor, daß die Feuchtigkeit durch die üppige Entwicklung der Vegetation theils in der weiteren Verbreitung gegen das Innere beschränkt, theils innerhalb des regenreichen Gebietes selbst an einzelnen Localitäten angehäuft wird. In den großen kühlen Wäldern wird nämlich beim Durchstreichen feuchter Winde ein nicht unbeträchtlicher Theil des atmosphärischen Wassers condensirt und es verdunstet erst allmählig in solchen Stunden, die sonst trockner wären und in welchen die Luft noch nicht mit Feuchtigkeit ihrer Temperatur entsprechend gesättigt ist. Jenes Lichten der Wälder in der Umgebung neuer Niederlassungen, wie es während der letzten Jahre in mehreren Lagen stattgefunden hat, um Boden zur Theecultur zu gewinnen, zeigte einen deutlichen Einfluß auf Verminderung der Häufigkeit von localen Nebeln.

Schneefall ist, ungeachtet des noch ziemlich starken Niederschlages im Winter, im äußeren und mittleren Sikkim bei gleicher

Höhe weniger häufig, als in den übrigen Theilen des Himálaya; er ist beschränkt durch das geringe Sinken der Temperatur auch im Winter. Selbst bei 6000 Fuß Höhe ist es noch ziemlich selten, daß eine weiße Bedeckung der Bodenoberfläche von einiger Ausdehnung und Dauer sich bildet. In Sikkim ist mir während meines ganzen Aufenthaltes von April an keine mit frischem Schneefall bedeckte Fläche unter 14,200 Fuß sichtbar geworden. Auch Schneeflocken mit Regen gemischt, wie sie in den nördlichen Vorebenen der Alpen bis zum 2ten Drittel des Mai bei 1500 bis 2000 Fuß Höhe nicht ungewöhnlich sind, waren hier bei 12,000 Fuß nicht vorgekommen.

Die Reste winterlichen Schnees zeigen sich in Gebirgen theils als Firne in der Höhenregion permanenter Schneebedeckung, theils als Tieffirne bedeutend unterhalb derselben. Die untere Grenze der Schneeregion, in welcher eine Firn-Bedeckung großer Flächen in zusammenhängender Weise das Vorherrschende ist, fanden wir für die Südseite des Himálaya im Mittel bei 16,200 Fuß; in Sikkim ist sie etwas niederer, weil in solchen Höhen hier mehr Schnee fällt, der im Sommer wegzuschmelzen hätte, als westlich davon; in den Singhalila-Panoramen zeigte sich mir als die niederste Stelle der Schneeregion die Umgebung des Kambochenpasses. Hooker hat dort im September noch, 3 Monate später und zur Zeit des höchsten Standes, die Schneegrenze bis zu 15,000 F. herabreichend gefunden.

Die Tieffirne entfernen sich hier nicht so weit von der Schneegrenze wie in den Alpen, weder die permanenten noch die temporären. Die Tieffirne sind sehr isolirte, durch die Bodengestaltung geschützte Lager; es läßt sich unterscheiden zwischen jenen, welche das ganze Jahr hindurch sich erhalten, und den bei weitem häufigeren, welche nur temporär, nur einen Theil des Sommers hindurch, Widerstand leisten.

Am 25. Mai, am 3ten Tage meines Aufenthaltes am Jalut, meldete des Morgens der Bihishti oder „Wasserträger," da er auch bei

Beobachtungen über Quellen, Flüsse u. s. w. oft ein wenig mithalf, daß er mich selbst sprechen müsse, da er mir etwas Merkwürdiges zu berichten habe.

„Ich habe einen Hagelstein gefunden," sagte er mir kaum, zugleich mit dem Ausdrucke des lebhaftesten Erstaunens, „der wenigstens so groß ist, wie ein kleines Zelt, und an den Boden ist er „wie angewachsen. Er liegt gar nicht weit unter der Quelle, ich „kam dazu, als ich eben sehen wollte, ob das Quellwasser nicht „irgendwo einen natürlichen Tal (oder „Teich") bildet, aus dem „man es noch bequemer schöpfen könnte, als aus dem kleinen Bache „selbst."

War auch die Beschreibung des Bihlshti, eines Hindú aus Bengalen, der eben noch nie mit Schnee zu thun hatte, keine ganz klare, so dachte ich sogleich an Schneereste vom Winter, an Tieffirn. Wenn er auch hier noch nicht das ganze Jahr hindurch liegen bleibt, konnte er doch sehr wohl in geschützter Lage der Sonne und dem nicht weniger lösenden warmen Regen bis jetzt Widerstand geleistet haben. Bald hatte ich auch die beschriebene Stelle erreicht, wo ein Rest des Winterschnees sich fand, allerdings nahezu so klein, als er mir beschrieben wurde. Nicht sehr weit davon, in einer anderen Lichtung des Waldes, fand ich dann noch eine etwas größere Lage von 20 F. Länge und 4 F. Breite; sie war an der Oberfläche bis zur Unkenntlichkeit des Firnes mit dunklen, humusähnlichen Staubtheilen bedeckt. Acht Tage später, als ich die Stelle wieder besuchte, war auch dieses kleine Firnlager verschwunden. Die Höhe des letzteren war 11,490 Fuß, 552 Fuß unter dem Gipfel. Für Sikkim berechnet sich aus meinen Beobachtungen an den Stationen von verschiedener Höhe 6·3° C. als die mittlere Jahrestemperatur für die Lage dieses Tieffirnes.

Ich erkundigte mich sogleich auch bei meinen anderen Begleitern, bei den Bhilárís (oder „Schützen"), die mit dem Sammeln von zoologischen Gegenständen beschäftigt waren, und bei den Lepcha-

Nulls aus der Gegend, ob sie etwa sonst noch ähnliche Stellen
wüßten; die hier erwähnten Tiefsirne hatte nämlich, wie ich jetzt erfuhr, auch einer der Shilàris aus Sikkim gesehen, hatte aber nichts
darüber berichtet, in so ferne ihm überhaupt das Vorkommen der
Firne nichts neues war. Während unserer weiteren Excursionen
aber war in Höhen unterhalb 14,500 Fuß kein Tiefsirn mehr
gesehen worden.

Tiefsirne, die das ganze Jahr hindurch sich erhalten, kommen
in den Alpen in Höhen vor, denen noch eine größere mittlere Wärme
entspricht, als jene hier im Himálaya. Was in den Alpen den
Widerstand des Firnes begünstigt, ist die geringere Kraft der Insolation und, ebenso wichtig, die geringere Menge warmen Regens im
Frühjahr und Sommer; auch das ist von Einfluß, daß die letzten
Schneefälle des Frühjahres in den Alpen weit später noch eintreten,
als im Himálaya.

Chemische Zusammensetzung der Atmosphäre. Hier
machte sich der bedeutende Ozongehalt sehr deutlich bemerkbar. Daß
Ozon in Gebirgen auf Kämmen und Gipfeln gewöhnlich in etwas
größerer Menge sich zeigt, als in den benachbarten Thälern und
Niederungen, hatten wir auch in den Alpen gefunden; die Beobachtungen in Indien ebenso wie jene im Himálaya und nördlich davon
zeigten, daß dies mit den Feuchtigkeitsverhältnissen der Atmosphäre
zusammenhängt. Die Ozonmenge wird größer, wenn die Luft der
Sättigung mit Feuchtigkeit sich nähert; dabei ist die absolute Feuchtigkeitsmenge, als Function von Temperatur und Luftdruck, ebenfalls
von Einfluß. Die Maxima an Ozongehalt während der ganzen
Reise zeigten sich hier, im Sikkim-Himálaya. In Höhen von 9000
bis 12,000 Fuß trat mehrmals der Fall ein, daß die Färbung der
Papiere nach einer Aussetzung von 2 bis 3 Stunden jenes Maximum der Dunkelheit erreichte, welches in Europa selbst nach 24-stün-
diger Aussetzung sehr selten ist. Wir konnten während der ganzen
Reise Beobachtungen anstellen, auch an mehreren Orten Papiere zu

correspondirenden Beobachtungen zurücklassen, da wir von Schönbein selbst reichlich mit Material versehen worden waren.

In Betreff der übrigen chemischen Verhältnisse der Atmosphäre, die wir Gelegenheit hatten bei sehr großen Unterschieden in Höhe, Temperatur, Entfernung vom Meere ꝛc. durch directe Messungen mit Anwendung seiner Wagen an Ort und Stelle zu bestimmen, ist als das wichtigste, aber keineswegs unerwartete Resultat zu erwähnen, daß die relative Menge von Sauerstoff und Stickstoff mit sehr geringen vorübergehenden Schwankungen stets dieselbe blieb, nämlich in Volumtheilen, 20·8 Procent Sauerstoff und 79·2 Procent Stickstoff. Gleiches hatten Beobachtungen in großen Höhen in den Andes und, in Europa, die Analyse von Luft in den Alpen, sowie von solcher, die man bei Ballonfahrten herabbrachte, ergeben.

Verschieden dagegen verhält es sich mit dem Gehalte an Kohlensäure. Die Kohlensäuremenge ist an sich sehr gering; sie beträgt in mittleren Breiten der Ebenen Europas gewöhnlich in 10,000 Volumtheilen Luft 4·2 bis 4·8 Theile im Mittel; in Höhen von 10,500 bis 13,300 engl. Fuß, auf dem Rachernberge in Kärnthen, auf der Vincenthütte und Vincentpyramide am Monte Rosa, sahen wir sie 9 bis 0·5 Volumtheile übersteigen, ganz damit übereinstimmend, daß sich überhaupt, ungeachtet ihres größeren specifischen Gewichtes eine Zunahme der Kohlensäure mit der Höhe ergab. Auch die Beobachtungen in Hochasien zeigten eine Zunahme mit der Höhe, aber eine viel weniger rasche. Die Höhe, bis zu der die Vegetation hinaufreicht, auch die Absorption der Kohlensäure in den Condensationen und Niederschlägen atmosphärischer Feuchtigkeit scheint dabei von großem Einfluß zu sein.

Die vergleichende Analyse der meteorologischen Verhältnisse nebst ausführlicher Angabe der numerischen Daten bildet in dem englischen Reisewerke den Gegenstand des IV. und V. Bandes.

II. Nepál.

Nepál zeigt sich in seinem Klima sehr verschieden von den bisher besprochenen Regionen des Himálaya, von Bhután sowohl als von Sikkim. Die wesentlichste Ursache ist, daß hier die Regenmenge so wie die Feuchtigkeit im Allgemeinen in Folge der mehr centralen und durch die östlichen Vorberge Bahárs geschützten Lage eine bedeutend geringere ist. Die mittlere Regenmenge zu Rathmándu erreicht 50 bis 60 engl. Zoll im Jahre. Sie ist überdies sehr veränderlich; der Unterschied zwischen einzelnen Jahren, die mir vorliegen, beträgt etwas über 25 Zoll. Daß die Tarái von Nepál, wie bei Bericht über die Marschroute erwähnt, dessenungeachtet wegen ihrer Malaria viel gefährlicher zu durchziehen ist als jene von Sikkim, wäre unter sonst gleichen Umständen bei verminderter Regenmenge nicht zu erwarten. Aber hier ist dies dadurch bedingt, daß die Breite der Tarái eine ungleich größere ist; es wird der Einfluß durchstreichender Winde auf Luftwechsel sehr vermindert. Niederschlag im Winter tritt bei Höhen von etwas über 4000 Fuß auch als Schneefall auf, aber doch sehr ausnahmsweise und gewöhnlich von kurzer Dauer. In Rathmándu, 4354 Fuß, „schneit es, aber man sieht es nicht," wie die Eingebornen mir sagten; die vereinzelten Schneefälle sind fast immer nur nächtliche und verschwinden sofort beim Aufgange der Sonne.

Die ganze Breite des Gebirgslandes von der Kammlinie des Himálaya bis zur indischen Ebene ist etwas größer als in Sikkim; es hat dies für das Klima zur Folge, daß hier deutlicher noch als in Sikkim jene zwei Theile sich unterscheiden lassen, die ich in den ausführlichen meteorologischen Zusammenstellungen der „Results" als die „Region der Vorberge" und als „Region gegen das Innere" bezeichnete. Rathmándu ist als „nahe an der Grenze der beiden Regionen liegend" zu definiren; im Winter wird es noch von jenen absteigenden Luftströmen erreicht, welche von den Schneeketten ausgehen, und die am meisten sich fühlbar machen, wo Formen wie die früher beschriebenen Seebecken die Anhäufung kalter Luft begünstigen. Im Frühling und im Sommer dagegen macht sich die geringere Beschränkung der Besonnung in der Erhöhung der resultirenden Lufttemperatur sehr bemerkbar; die Wärme wird auch durch das Vorherrschen indischer Winde vermehrt. Im Jahresmittel unterscheidet sich die für Kathmándu erhaltene Temperatur nur wenig von dem mittleren Zahlenwerthe, der sich, nach allgemeiner Zusammenstellung der östlichen und westlichen, der am Rande und der mehr central gelegenen Himálaya-Stationen, für diese Höhe von 4350 Fuß ergeben hat. Es ist nämlich (nach „Results" Vol. IV S. 548) für die „Region der Vorberge" die Jahrestemperatur, die dieser Höhe entspricht — 18·1° C., für die „Region des Innern" = 15·9° C., was als Mittel 17·0° C. ergibt; die aus den directen Beobachtungen erhaltenene Jahrestemperatur zu Kathmándu ist 16·5° C. Ein Unterschied von 0·5° C. liegt ganz in der Sphäre der Veränderungen, wie sie schon durch eine sehr unbedeutende Differenz in der Bodengestaltung hervorgebracht werden können. Die ganze Beobachtungsreihe, deren Manuscript ich mir verschaffen konnte, umfaßt für Kathmándu etwas über 10 Jahre, eine für eine außerindische Station sehr lange Dauer. Hodgson, den ich so oft schon zu nennen hatte, war es, der auch als Beobachter Bahn gebrochen hat. Die Mittel der Jahreszeiten zu Kathmándu sind folgende:

(Nördl. Breite 27° 42'·1. Oestl. Länge von Greenwich 85° 12'·2. Höhe 4354 engl. Fuß.

Dezember bis Februar	9·1° C.	Juni bis August	22·7° C.
März bis Mai	16·6° C.	Septbr. bis Novbr.	17·6° C.

Jahr 16·5° C.

Es entspricht dies, mit europäischen Verhältnissen verglichen, einem Klima wie jenes von Neapel. Dort sind Jahr und Jahreszeiten:

(Nördl. Breite 40° 51', Östl. Länge von Greenwich 14° 16'.
Höhe 180 engl. Fuß.)

Dezember bis Februar 9·8° C.   Juni bis August   23·8° C.
März bis Mai   15·2° C. ; Septbr. bis Novbr.   15·8° C.
Jahr 10·4° C.

Das kälteste Monatsmittel der ganzen Reihe ist zu Kathmándu Januar 1853 mit 4·4° C., das wärmste August 1839 mit 23·8° C. Für Juli und August sind die Mittelwerthe aus der ganzen Reihe gleich.

V.

Der nordwestliche Himálaya: Kámáon bis Kaschmir und Márri.

Mittel- und Hochgebirge Kámáons bis Milnm. — Das obere Johár und die Kámáon-Pässe nach Tibet. — Gárhvál, britisches und selbstständiges Gebiet. — Simla, Kotgárh, Bisáhir und Kánáur. — Kúlu bis Rajáuri. — Die Himálayaprovinzen von Kaschmir. — Die Kämme und Gipfel der Panoramen. — Die Bewohner der nordwestlichen Gebiete. — Die klimatischen Verhältnisse.

Mittel- und Hochgebirge Kumaons bis Milum.

Nainitál, „der See der Göttin Náini"; Lage als Gesundheitsstation; Umgebungen. — Marsch bis Bágeser. Almóra, die Hauptstadt der Provinz. — Hawalbágh. — Beschaffenheit des Weges; Pferde. — Tshula-Tempel. Bágeser. — Adolph's Seitenroute über die Traill's-Pässe. — Religiöse Befangenheit der Hindús. — Pindari-Gletscher. — Höhenrauch. — Nánda-Déví, die Göttin dieses Gebirges. — Aufsteigen in der Firnregion (Taf. XI. Der Kamm des Nánda-Khót-Gebirges mit den Traill's-Pässen). — Epileptische Krämpfe bei 3 Begleitern. Ziegenopfer. Lodníthal. — Robert's Hauptroute von Bágeser nach Milum. Wasserfälle. — Chlmpti. Patodri Náni. — Erstes Bhótiadorf Lalptia. Haridspass. — Tiefstrae. — Die Sommerdörfer (Taf. XII. Milum, das Hauptdorf von Johár).

Die Untersuchungen im westlichen Himálaya waren von meinen Brüdern begonnen. Sie hatten 1855 für den ersten Sommer Kumáon und Gárhvál sich gewählt und konnten von diesen Provinzen aus unter manchen Schwierigkeiten auch jenseits des Himálayakammes auf seine nördliche tibetische Seite vordringen. Ich benütze bei der Beschreibung dieser Routen die officiellen Briefe meiner Brüder an S. M. König Friedrich Wilhelm IV. zu Berlin und an den Generalgouverneur zu Calcutta, die mündlichen Erläuterungen Roberts und die seit der Rückkehr durch Berechnung der Beobachtungen und Untersuchung der Sammlungen erhaltenen Resultate.

Nainitál, die erste europäische Station in Kámáon, erreichten sie am 16. April. Obwohl die Höhe für Himálaya-Regionen noch keine sehr bedeutende ist, 6565 Fuß, so war doch in der Mitte des Frühlings, der glühenden heißen Jahreszeit für die Ebenen, der Gegensatz der klimatischen Verhältnisse ein ungemein greller. Die Tarái, die hier sehr schmal und weniger gefährlich zu werden beginnt, als in den östlicheren Theilen, ist weil mehr als längs Siffim und Nepál in ihren Temperaturverhältnissen dem indischen Tieflande ähnlich. Zu Kalakúngi, wo ein Bángalo in der Tarái sich findet, der 1381 Fuß, also 688 Fuß höher liegt als die Ebene bei Ba réli, war selbst am frühen Morgen im leichten indischen Anzuge unter dem Pánkha die Hitze sehr belästigend; des Abends fühlte man sie bei vermehrter Feuchtigkeit noch drückender. In Nainitál aber war es an solchen Tagen nach einem leichten Regenschauer am angenehmsten, des Abends an einem warmen Kaminfeuer seine Arbeit zu vollenden und dort die physikalischen Betrachtungen über den Einfluß der Höhe auf die Abnahme der Temperatur anzustellen.

Was meinen Brüdern bei dem ersten Eindrucke der Mittelstufen des Himálaya im Gegensatze zu den Alpen am lebhaftesten entgegentrat, war die Ueppigkeit und Mannigfaltigkeit der Vegetation. Schöne reichbelaubte Eichen, baumartige Rhodobendren mit großen rothen Blüthen bedeckt, gedeihen auch hier überall wie in Siffim und Nepál bis zu 9000 und 10,000 Fuß Höhe. Von Nainitál machten sie während ihres Aufenthaltes bis Mitte Mai viele Messungen und Aufnahmen in verschiedenen Richtungen. Von zwei hohen Punkten aus, vom Chíner und Píria Kánta bei 8737 und 8342 engl. Fuß, auf welchen sie mehrere Tage verweilten, bot sich ein herrlicher Ueberblick über einen großen Theil des Himálaya in Kámáon und Gárhvál.

Die schneebedeckten Gipfel des Himálaya vom Api in Nepál über Nánta-Khát, Nánda-Dévi, Trissul, bis über die Bádrínath-Jámnótri-Gipfel hinaus bilden einen wundervollen Theil der Rundsicht, den an Größe und Mannigfaltigkeit nichts in den Alpen erreicht.

Auch die Lage von Nainitál als Station verdient ihrer Schönheit wegen Erwähnung. Vor der Eroberung Kúmáons durch die Engländer im Kampf mit den Nepalesen im Jahre 1815 standen hier nur ein Paar Hindútempel mit weniger Hütten in ihrer Umgebung. Die Europäer hatten sogleich ein „Settlement," eine Ansiedelung und Culturstation, angelegt. Bald wurde Nainitál von Blaten als Gesundheitsstation während der heißen Monate benützt und hat in den letzten Jahren ungemein an Ausdehnung, auch an Bedeutung für den Handelsverkehr der Provinz gewonnen. Eine für Himálaya-Landschaft seltene Zierde ist der See, von dem der Ort als Tal oder „See" der (Göttin Náini (Mahárkvas Frau) den Namen hat. Von den meisten anderen Seen des Himálaya findet man in der Jetztzeit nur die entleerten Beden, wie schon längs der Route in Bhután erläutert (Bd. II. S. 118).

In den Umgebungen Nainitáls liegen, durch die Bodenverhältnisse begünstigt, ganz ausnahmsweise noch ein Paar andere Seen, jene bei Bimtál, Slóthi und Naukúchi. Schon der Nainitál ist sehr klein, $\frac{1}{8}$ ☐ Meile (1 engl. M. lang und $\frac{1}{8}$ breit); die übrigen sind noch kleiner und liegen auch tiefer, zwischen 4500 und 4000 Fuß. Bei Khéra findet sich noch am Fuße der Vorberge eine Stelle im Bette des Gólaflusses, die von den Eingebornen auch als Tal oder See bezeichnet wird, aber nur als eine ungewöhnlich große Erweiterung des Flusses zu betrachten ist.

Nach Vollendung der magnetischen Beobachtungen und der für die Reise über den Himálaya nöthigen Vorbereitungen verließen Adolph und Robert Nainitál, um, auf verschiedenen Wegen, nach Milum zu gehen.

Robert ging am 17ten mit dem größeren Theile des Gepäckes über Almóra, Bágefer und Girgáun nach Shimpti, dem Hauptorte von Munshári, wo die nöthigen Vorbereitungen zur Lieferung von

Proviant u. s. w. nach den höheren Theilen des Gebirges gemacht werden mußten.

Dieser Weg ist die vorherrschend von den Eingebornen gewählte Verkehrslinie; als solche ließ sie am besten die Terrainverhältnisse längs jener Strecke beurtheilen, wo sie am günstigsten sind und wo vor allem bei späterer Erweiterung des Handels Verbesserungen vorzunehmen wären. Zugleich bot sich hier auch die größte Mannigfaltigkeit ethnographischer Elemente.

Zwei Tagemärsche nordnordwestlich von Mainitál erreichte Robert Almóra, die Hauptstadt der Provinz Kámáon, in der das Palais des früheren Rája von Kámáon sich befindet, das aber gegenwärtig zu einem Staatsgefängnisse gemacht ist; gut erhalten ist die Rachahri oder das Amtsgebäude. Der allgemeine Eindruck Almóras, mit einer hübschen centralen Straße, in der ein Fort und die Bazars sich befinden, ist ein ungewöhnlich freundlicher, gehoben durch den Hintergrund einer üppigen Vegetation sowohl als durch eine in vielen Gebieten ziemlich seltene Reinlichkeit; der Umstand, daß hier Hindús, auch viele von hoher Kaste, die Hauptbevölkerung bilden, mag dabei zumeist von Einfluß sein. Tempel sind sehr zahlreich, aber klein und ohne architektonischen Werth. Europäer als Geschäftsleute oder Ansiedler wohnen nicht in Almóra; nur ein Paar Civilbeamte halten sich hier beständig auf; diese haben ihre Bángalos ziemlich weit außerhalb.

Seit der Einführung der Theecultur in den Himálaya hat sich die Umgebung Almóras lebhaft daran betheiligt. Die ausgedehntesten Theepflanzungen sind jene bei Haralbágh, 8 Meilen nördlich von Almóra; die Lage des Superintendentenhauses bei 4114 Fuß entspricht zugleich der mittleren Höhe der Plantagen.

Schon bei Almóra waren mehrere kleine Kämme zu überschreiten, und, was an manchen Stellen die Route weit mehr erschwert, auch zahlreiche, oft ziemlich tief eingeschnittene Flüsse sind zu passiren. Obwohl solche Flüsse bis Almóra und selbst noch etwas weiter gegen das Innere meist nur einen kurzen Lauf bis in die Ebene oder bis zum Eintritte in eines der größeren, aus dem Norden sich herabziehenden Flußbette haben, ist doch auch hier die Erosion sehr tief. Die große Regenmenge in den äußeren Theilen des Himalaya trägt viel hierzu bei. Für Brücken ist an den meisten Stellen gesorgt; häufig Kettenbrücken, gut im Princip ihrer Construction aber sehr schwankend. Das Auf- und Niedersteigen an solchen Uebergangsstellen verzögert sehr den Verkehr. So steht zu Plúra, 9 Meilen südlich von Almóra, der Dak-Bángalo bei 5739 Fuß, die Kettenbrücke über die Sal (die 48 Fuß über dem Wasser schwebt) liegt in geringer Entfernung vom Bángalo bei 3780 Fuß.

Die Richtung in den Verzweigungen der Kämme in diesem Theile des Mittelgebirges ist eine sehr wechselnde; deshalb führt der Weg, um nicht zu große Krümmungen zu machen, über ziemlich viele Pässe, bis Bágrser allerdings nur von Höhen zwischen 5000 und 6000 Fuß.

Der Weg war, ungeachtet des vielen Verkehrs mit Lastthieren und Trägern, für keine Art selbst der einfachsten Karren zu benützen, da viele Stellen mit grober scharfkantiger Schuttmasse bedeckt waren, was den Reiter abzusteigen nöthigte und den beladenen Pferden höchst gefährlich war. Andere Theile des Weges waren sehr steil; wenn auch Lastpferde mit Mühe sich fortschleppen konnten, zog es doch der Reiter vor, auf solchen Strecken, die oft mehrere Meilen lang waren, sein Pferd führen zu lassen. An den flacheren Stellen dagegen waren die Wege auch gut unterhalten, und erlaubten, dem Reiter wenigstens, verlorne Zeit wieder zu gewinnen; ziemlich flache Wege fanden sich ferner, jenen analog, deren ich in Sikkim zu erwähnen hatte, an der obersten Linie eines Kammes hinführend, so lange derselbe nicht zu große Abweichungen von der allgemeinen Richtung oder zu häufiges wellenförmiges Auf- und Niedersteigen nöthig machte. Was hierzu zunächst veranlaßt und zugleich im ganzen Himalaya so häufig ist, sind die tiefen Einschnitte auch der kleineren Seitenbäche, die man zu durchziehen hat, wenn der Weg der Thalsohle zu nahe liegt. Wo die Wege durch Wälder führten, kam es nicht selten vor, daß von den mächtigen Bäumen, die hier eine große Zierde der Himálaya-Landschaft bilden, hohe Stämme vom Winde entwurzelt quer über dem Wege lagen, so daß die Kulis Mühe hatten, theils kriechend, theils kletternd über solche Stellen hinwegzukommen; die Lastthiere mußten oft auf bedeutendem Umwege seitlich vorübergeführt werden. Bei Thigar Páni fand Robert einen Pinusstamm von 110 Fuß Länge vom Sturm auf den Weg geschleudert. Gut ist längs dieser Wege, daß es wenigstens Brücken giebt, auch Kettenbrücken jener Art, wie ich deren bei Plúra zu erwähnen hatte.

Die Pferde sind von derselben Race wie in Nepál und Sillim, klein aber kräftig, mit sehr guten Hufen. Im östlichen Himálaya und auch hier noch werden sie meist gar nicht beschlagen, während weiter gegen Westen durch den Verkehr mit Centralasien Beschläge eingeführt sind, aber sehr leichte, die dann schützen, ohne das Pferd in der feinen sicheren Führung des Fußes zu beschränken. —

In dem Dorfe Tákula, 4853 Fuß hoch, 9 Meilen von Almóra, fand sich ein sehr schöner Hindútempel mit zahlreichen Sculpturen, die auch durch ihr hohes Alter von Interesse sind. Der höchste Paß zwischen Tákula und dem Súrjuthale ist der Kalóri Sina, 5594 Fuß.

Bágeser erreichte Robert am ersten Tage des Aufbruches von Almóra. Es war dies aber mit einer zahlreichen, meist schwer beladenen Begleitung ein starker Tagemarsch von nahe 20 engl. Meilen mit häufig wechselnder, oft steiler Neigung des Weges.

Die Höhe von Bágeser, am Einflusse der Gómati in die Sárju ist erst 2730 F., obwohl die Entfernung vom Gebirgsrande über 50 Meilen beträgt. Allerdings liegt Bágeser auch sehr nahe dem Niveau des Flusses, der Dak-Bángalo steht nur 16 Fuß über demselben.

Das Thal hat nämlich hier, was im Himálaya selten ist, ein sehr geringes Gefälle bei ziemlich großer Breite, und die Bodenschichten lassen deutlich die frühere Existenz eines Thalstufen-Sees erkennen, ähnlich jenen von Bhután (Bd. II. S. 119). Der landschaftliche Eindruck ist ein sehr freundlicher, gehoben durch die schöne Matte; auch reiche terrassenförmige Getreidecultur, mit kräftigen Laub- und Nadelholzgruppen wechselnd, trägt viel dazu bei. Des Abends zeigten sich auf den Bergen in verschiedener Richtung und Höhe große lebhafte Feuer. Sie waren wohl von Shikáris oder „Ajgern" veranlaßt, da Hirtenaufenthalt auf bewaldeten Bergabhängen nicht vorkommt; solche Feuer sind so häufig und zeigen sich doch so unregelmäßig vertheilt und unerwartet, daß die Eingebornen die Entstehung der gegenseitigen Reibung der Bäume bei heftigem Winde zuschreiben!

Zweimal des Jahres sind in Bágeser bedeutende Märkte, die meist von Bhútias und von Almóra-Handelsleuten bezogen werden; die letzteren haben hier einen großen Bazár für sich, den sie aber nur während der Monate des lebhaften Verkehrs mit Tibet bewohnen.

Adolph konnte erst am 20. Mai aufbrechen. Er ging ebenfalls über Almóra und Bágeser, wandte sich aber dann das Sárju-Thal aufwärts nach Ráthi, dem letzten kleinen Dorfe im Pindari-Thale, dessen Höhe von 7410 F. hier mit der Grenze des Weizens zusammenfällt. Er hatte in Nalnitál gehört, daß einmal vor 25 Jahren Traill, damals der Commissioner oder oberste Civilbeamte von Kumáon, direct über die Gletscher aus dem Pindarithale in das Górithal gelangt sei. Traill hatte auf diesem Wege viel vom grellen Schneelichte zu leiden und war einige Tage schneeblind; die Eingebornen behaupten, er sei erst wieder gesund geworden, nachdem er dem Tempel der Nánda-Deví in Almóra ein ansehnliches Geschenk gemacht. Das Factum ist, daß Traill kurz nach seiner Rückkehr einen Streit zwischen den Bráhmans dieses Tempels und zwischen dem Fiskus über den Besitz einiger Grundstücke zu entscheiden hatte, und daß er zu Gunsten der Bråhmans und des Tempels das Urtheil fälle, eine Gerechtigkeit, welche nach den Begriffen der Eingebornen ohne das Mitwirken wenigstens noch anderer Gründe als jener des Rechts sich nicht wohl verstehen läßt.

Als Adolph in der Nähe der Theilung des Weges sich befand, sprach er mit den Leuten über den Weg, welchen Traill genommen habe, und zu seinem großen Vergnügen sah er bald, daß die Leute unter dem Versprechen guter Bezahlung und eines reichen Opfers für die Nånda-Devi nicht abgeneigt waren, mit ihm den Weg zu versuchen. Ein alter Mann, der einzige von den „100 Leuten, die Traill begleitet hatten," welcher noch am Leben war, wurde als Hauptwegweiser mitgenommen.

Den Weg zu wissen war hier um so nöthiger, da man nicht dem Hauptthale direct folgen konnte; die Route war in Folge davon hier überhaupt eine etwas ungewöhnlich gestaltete, sehr belehrend über die topographischen Verhältnisse aber nie anwendbar für praktischen Verkehr. Um den Leuten ihre Furcht vor dem Erblinden durch den Schnee zu nehmen, gab Adolph Jedem ein Stück grüner Gaze, wovon er sich einen Vorrath in Almóra verschafft hatte. Am 28. Mai verließ er Adthi, von 30 der kräftigsten Leute aus dem Thalapur-Districte begleitet. Am 29. Abends kam Adolph nach der Martoli-Kátil, einer schönen grünen Alpenflur unmittelbar am unteren Ende des von prachtvollen hohen Felsenwänden und firnbedeckten Gipfeln umgebenen Pindari-Gletschers, am linken Ufer des Thales; Höhe 11,492 Fuß.

Obwohl in Kamáon wie überhaupt im ganzen Hochasien Sommerwirthschaft mit Rindvieh fehlt, so findet man doch bisweilen, viel seltener noch immer als die Terrainverhältnisse es erwarten ließen, daß Schaf- und Ziegenheerden im Sommer zur Weite in größeren Höhen gehalten werden. Meist werden auch die Lager der Hirten mit dem Wechseln der Weidestellen geändert, und die Leute ziehen es vor Zelte mit sich zu führen, statt wie in den Alpen aus Holz oder Steinblöcken feste Hütten sich zu construiren. In geringer Entfernung von der Mártoli-Káril wurden Adolph zu beiden Seiten des Pindariflusses 9 verschiedene solcher Kárils gezeigt, deren jede ihren eigenen Beinamen hatte..

Káril findet sich als topographische Bezeichnung auch für flache feuchte Terrassen in Hindostán längs dem Jámna-Flusse; dort hört man vorherrschend Kárila oder Kário. Uebrigens ist die Verbreitung des Namens, eben wegen der geringen Weidebenützung in Indien sowohl als im Himálaya, auf verhältnißmäßig wenige Thalgebiete beschränkt.

Auf der Mártoli-Káril wurden 3 Ziegen für die Náuda-Déví gekauft; überdies war von Ráthi Reis, kleines süßes Backwerk u. s. w. für das Opfer auf der Paßhöhe mitgenommen worden. Der Aberglaube der Leute und ihre große Furcht vor der Náuda-Déví waren jetzt fast das Einzige, was für das Gelingen des Unternehmens besorgt machte. Am 30. ging die Route über den Pindari-Gletscher aufwärts. Anfangs führte sie 1¹⁄₂ Meile weit an der linken Seitenmoräne dem Gletscherrande entlang; aber etwas oberhalb des Eintrittes des ersten Seitenzuflusses auf der rechten Seite, wurde der Gletscher, 2,200 Fuß breit, überschritten, und der Weg verließ jetzt das Thal des Hauptgletschers, zog sich auf Felsen, später im Firnmeere des ersten Zuflusses nach aufwärts, da im Thale des Hauptgletschers fortzugehen, sowohl die 45° steile, sehr zerklüftete Stufe des Gletscherstromes, welche bald oberhalb der Uebergangsstelle folgt, als auch die starken Zerklüftungen des Firnmeeres unmöglich machen.

Als Lagerstelle für die Nacht wurden, bei 14,180 J. Höhe, Felsen des Shárdgi-Abhanges benutzt, auf dem Kamme, der den Firn des ersten Zuflusses von jenem des Hauptgletschers trennt. Diese Stelle war schneefrei, obwohl zur Zeit, Ende Mai, der Winterschnee noch nicht bis zur eigentlichen Schneegrenze hinauf verschwunden war. Die Strauchgrenze befand sich bedeutend unter dem Lagerplatze.

Es bot sich hier ein wunderschöner Ueberblick über den Pindari-Gletscher und über einen Theil des malerischen Pindari-Thales. Er begann aber erst eine Stunde ungefähr vor Sonnenuntergang; vorher waren alle fernen Gegenstände etwas trübe. Von Mittags an war alles in trüben grauen Dunst gehüllt; dieser dicke Höhenrauch herrscht Nachmittags immer im westlichen Himálaya während der heißen Jahreszeit, weil dann die mit Staub beladenen Dünste aus der erhitzten Ganges-Ebene durch den Südwind in das Gebirge getrieben werden. Abends lagen schwere Gewitterwolken im tiefen Pindari-Thale, einige Blitze wurden sichtbar; aber der hohe Lagerplatz blieb außer dem Bereiche der Wolken. Als Adolph die Karte des Gletschers und der umgebenden Berge entwarf, erzählten ihm die Leute bei jedem neuen Berge, nach dessen Namen er frug, seine Beziehungen zur großen Legende der Nánda-Déví. Die Nánda-Déví bildet den Mittelpunkt des Gebirges vom Pindarithale bis über Milum hinaus; die Benennungen vieler der höchsten Gipfel knüpfen sich an die Thaten der „Göttin Nánda". Die Bhútias in Milum verehren diese Gottheit vor allen, und wissen eine sehr reichhaltige Gebirgslegende von ihr zu erzählen. Man ist überrascht durch die Treuherzigkeit und den festen Glauben, womit darüber berichtet wird, während man von Europa her gewohnt ist, den Erzähler selbst in ähnlichen Fällen über die Leichtgläubigkeit seiner Voreltern lächeln zu sehen.

Die Nacht war etwas unangenehm, da Adolph und seine Leute gezwungen waren, in der feuchten Atmosphäre ohne Zelt oder irgend anderen Schutz im Freien zu schlafen. Es wäre in der That ohne große Lebensgefahr für die armen Leute nicht möglich gewesen, schweres Gepäck, wie Zelte u. s. w., über die steilen felsigen Abhänge hinaufzutragen; fast all' sein Gepäck hatte er daher mit den Dienern auf einem großen Umwege über Rámlí und Shimpti nach Milum gesandt.

Am 31. Mai brach Adolph um halb 2 Uhr Morgens auf;

leider mußte er 4 Leute zurücklassen, welche während der Nacht sehr unwohl geworden waren und zurückzukehren verlangten. Die kalte Nacht hatte den Schnee hart und fest gemacht, und man konnte stetig, wenn auch langsam emporsteigen. Die Höhe des Passes war um 8 Uhr Morgens erreicht. Nur das letzte Ansteigen über steile eisige Schneerinnen, wo Hunderte von Stufen mit der Axt gehauen werden mußten, war etwas erschöpfend für Leute, welche ohnehin durch einen langen Weg und eine schlechte Nacht ermüdet waren.

Dieser Kamm mit seinen Umgebungen gehört zu den schönsten Firnregionen, welche unsere Reisen uns boten. Adolph wählte zu seiner Farben-Skizze (Gen. Nr. 607), welche hier auf Tafel XI wiedergegeben ist, einen Standpunkt, der zugleich die tiefblauen Klüfte des Firnes und den an vielen Stellen, der Steilheit wegen schneefreien Felsenkamm mit der Uebergangsstelle recht deutlich hervortreten läßt. Die Uebergangsstelle ist die kleine Senkung nahe der Mitte des weißen Kammes, rechts von jenen etwas näher liegenden Felsen, die nur zum Theil mit Schnee bedeckt sind. Man hätte erwarten können den Uebergang an der noch viel weiter nach rechts liegenden Senkung dieses Kammes zu finden; aber dort war das Eis so zerklüftet wie hier im Vordergrunde, und es wäre nicht möglich gewesen vorzudringen. Gegen Nord-Nordwesten zeigen sich die beiden Nanda-Dhat-Peaks, wovon der höhere (am weitesten links vom Beschauer) 22,491 Fuß hoch ist und den Paß um nahe 5000 Fuß noch überragt. Da die Entfernung des letztern von da noch 12½ englische Meilen beträgt, zugleich zur Erinnerung an Traill als den Ersten, der diesen schwierigen Weg aufzusuchen unternahm, hatte Adolph diesem und dem folgenden 2ten Passe Traill's Namen auf Zeichnung und Karte gegeben.

Die Höhe des ersten Uebergangspunktes (vom linken Firnmeere des Pindarigletschers in das rechte, mehr westlich gelegene) fand Adolph 17,770 F.; eine frühere Bestimmung der Höhe ist uns nicht bekannt.

Der Luftdruck war 15·776 Zoll, zeigte also nahe die Hälfte der Dichtigkeit der Luft am Meeresufer. Den Einfluß der Verdünnung der Atmosphäre, dessen Einzelnheiten später folgen werden, hatte Adolph hier noch nicht bedeutend zu fühlen, obwohl solches auch für sonst gesunde Constitution meist bei 16,000 Fuß beginnt. Diesmal war sehr günstig, daß der Tag windstill war; nur die Lufttemperatur fühlte sich unangenehm, denn sie war im Schatten nicht über 0° C. gestiegen.

Kurze Zeit nach der Ankunft auf der Höhe wurde Adolph plötzlich dadurch in seiner Arbeit von Winkelaufnahmen unterbrochen, daß drei seiner kräftigsten Leute in rascher Folge von epileptischen Zufällen befallen wurden; sie warfen sich in den Schnee nieder, verdrehten die Augen, schlugen mit Händen und Füßen um sich und waren offenbar ganz von Sinnen. All' die Begleiter begannen zu rufen: „Nánda-Dévi áya, Nánda-Dévi áya!" „Die Nánda-Dévi ist gekommen, (ist in sie gefahren)." Es war dies in der That nicht ohne Bedeutung, in so ferne zu fürchten war, daß ähnliches weiter um sich greifen könnte; Adolph nahm daher zwei Brâhmans, die er bei sich hatte, bei Seite, sagte ihnen, daß dies reiner Unsinn sei, daß er der Nánda-Dévi Alles gegeben hätte, was die Brâhmans irgend gefordert, und daß dieser unangenehme Auftritt nur die Folge ihrer dummen Redensarten während des Weges sei, wo sie an jeder etwas schwierigen Stelle die Nánda-Dévi anriefen und Verbeugungen und Salâms ohne Ende machten. Er befahl ihnen unter Androhung strenger Strafe in Almóra, die Leute sogleich zu beruhigen, was sie durch lange Gebete und durch Auflegen von Schnee auf den Kopf bewerkstelligten, wobei das letztere sicher das wirksamste war.

Adolph verweilte eine Stunde auf dem Passe, um seine Beobachtungen mit dem Barometer und einem kleinen Theodoliten anzustellen. Die Karte, die er entwarf, im Maaßstabe von 1 Zoll = ⅛ engl. Meilen (oder 1 : 42,240), hat hier eine der gletscherreichsten Regionen des westlichen Himálaya zum Gegenstande. Die genaue Untersuchung der topographischen Verhältnisse war dadurch complicirt, daß man nach dem Ueberschreiten dieses Passes noch nicht auf den Abfall gegen Norden gelangte, sondern daß man hierzu noch einen Theil des obersten Firnmeeres des Hauptgletschers zu durchschreiten hatte, ähnlich als ob man einem größeren Flußthale folgend, dieses eine Zeitlang, weil durch Terrainverhältnisse schwer zugänglich, verläßt, in einem Seitenflusse hinangeht, aber dann durch Ueberschreiten des trennenden Zwischenkammes wieder in den obersten Theil des Hauptflußthales kömmt, ehe man ein nach entgegengesetzter Richtung fallendes Flußgebiet erreicht. Hier sind die erwähnten Umstände dadurch noch ungewöhnlicher, daß der Uebergang über den Zwischenkamm (den man hier im weißen Kamme sieht) etwas höher ist, als jener Uebergang über den Hauptkamm, der dann in das neue Flußgebiet führt. Der letztere liegt von hier in ziemlich gerader Linie hinter dem weißen Kamme und kann nicht gesehen werden.

Diese zweite Uebergangsstelle, der „secundäre Trallepaß" (in so ferne er niederer und ohne neue Schwierigkeiten zu überschreiten ist) hat eine Höhe von 17,678 Fuß; es währte fast 2 Stunden ehe er von dem ersten Passe aus erreicht wurde. Auf dem Wege dahin begann nun bald nach 10 Uhr die Wirkung der Sonne und des Schneeglanzes sich recht fühlbar zu machen, erhöht durch den noch immer sehr geringen Luftdruck. Adolph's Leute lagen fortwährend im Schnee umher und er hatte große Mühe sie vorwärts zu treiben. Das Thermometer stieg in dieser Firnmulde in der Sonne auf 17 und 19° Celf., was hier oben eine drückende Hitze schien. Von dem zweiten Passe aus waren endlich auch die steilen, felsigen Abhänge des Nánda-Devi-Peaks und jene der Milum- und Dharma-Berge zu erblicken. Nánda ist ebenfalls (wie Gáuri) ein Epithelon der Göttin Parvâti, und heißt „Glückseligkeit." Die Eingebornen nennen den Berg als solchen „Göttin Nánda", wie in

Gaurishankar ohne irgend ein weiteres Component im Namen, das Berg oder Gipfel bedeutete.

Am „Sitze dieser Göttin" wurde hier geopfert, indem man die 3 Ziegen, in 4 Theile getheilt, nach den verschiedenen Himmelsgegenden schleuderte und die übrigen Opfergegenstände auf Steinen altarförmig aufschichtete. Adolph selbst war hinter einen Felsen versteckt, da er heilig versprechen mußte, nicht hinzublicken.

Der Aufenthalt auf dem zweiten Passe währte 1½ Stunde; dann folgte ein steiles Hinabsteigen über die Firnwände des Loán-Gletschers.

Das untere Ende des Loán-Gletschers, 14,208 Fuß, war um 3 Uhr 30 Min. Nachm. erreicht; nach Naſſapanpátti, 13,404 Fuß, was als Halteſtelle und Lager für den Abend gewählt wurde, kam er um 5 Uhr, ungeachtet wiederholten Aufenthaltes zu Beobachtungen über die geologischen Verhältnisse und die Terraingestaltung. Auch hier im Loánthale, wie im Pindarithale, zeigten sich viele Weidestellen, zu beiden Seiten des Flusses, die aber zur Zeit unbenützt waren. Statt der Zelte diente hier während des Nachtlagers ein großer überhängender Felsen, der vortrefflichen Schutz gewährte.

Loán, den ersten permanent bewohnten Ort, Höhe 11,540 Fuß, erreichte Adolph am nächsten Tage gegen 5 Uhr; er setzte aber seinen Marsch noch bis Mártoli, einem größeren Dorfe, 10,955 Fuß hoch, fort. Dieses liegt am rechten Ufer des Góríthales, nahe dem Zusammenflusse des Loánbaches mit dem von Milum sich herabziehenden Góríflusse.

Am 2. Juni traf er in Milum mit Robert zusammen, der zwei Tage früher dort angekommen war.

Roberts Route von Bágeser nach Milum war jene in directer nordöstlicher Richtung. Sein Tagebuch enthält darüber, unter anderem, folgende Einzelheiten.

Der Billeipaß, sogleich nördlich von Bágeser folgend, ist 6610 Fuß hoch. Ein schöner Wasserfall, vom Aharbache am Tüzglaberge gebildet, drei Tagemärsche später, ist als etwas Unerwartetes hervorzuheben, weil Wasserfälle in Folge der starken Erosion fast aller Flußbette im Himálaya sehr selten sind. In Kámdon zeigten sich kleinere Wasserfälle auch bald darauf im Górithale, jene des Sllumbaches und des Mitzúmbabaches, beide auf der rechten Thalseite.

Shimpti, der Hauptort des Districtes Munshári, 6953 Fuß, wurde am 25. Mai erreicht. Der Kalamúnipaß, der von Girgáun im Ramgángathale nach Shimpti im Górithale führt, war der höchste der Route, 9183 Fuß. Häufig hört man für Shimpti als den Hauptort auch den Districtnamen „Munshári" gebrauchen; ähnliches wiederholt sich in vielen Theilen des Himálaya.

In Shimpti mußte Robert zwei Tage bleiben, um neue Kulis herbeizubringen und um für den Anlauf und den Transport der nöthigen Lebensmittel zu sorgen, da weiter aufwärts im Górithale bald nur Sommerdörfer folgten, die zum Theile jetzt noch nicht bezogen, jedenfalls mit Lebensmitteln sehr schlecht versehen waren. Auch Mánl, der Patodri Milums, der später der Führer nach Tibet werden sollte, traf mit Robert schon hier zusammen.

Shimpti liegt in einer flachen Thalstufe; aber zwei Meilen nur oberhalb, bei Dharlöt, endet eine tiefe Erosionsschlucht, wie sie bald unterhalb Shimpti wieder beginnt. Hier zeigten sich das erste Mal hohe Berge, steil am linken Ufer der Góri emporsteigend; Haine großer Laub- und Nadelholzbäume, auch hohe Bambusgebüsche noch, verschönerten das Thalbecken; doch war selbst hier noch, wegen der nicht sehr bedeutenden Höhe der Thalsohle, zu dieser Jahreszeit den größeren Theil des Tages hindurch eine starke trockene Trübung der Luft vorherrschend.

Ganz nahe an Shimpli liegt Ralpóta, das erste Bhútiadorf, sehr verschieden von den Wohnorten der Hindús und Mussálmáns. Es bestand zum Theile aus weißen Zelten, zum Theile aus kleinen Holzhütten mit spitzem, steil abfallendem Dache. Hier waren auch viele Weiber überall in den Gassen zu sehen, die zwar bei Ankunft der Fremden scheu sich zurückzogen, aber doch verstohlen hinter den

Eden hervorlugten, wobei sie kaum nicht selten zum allgemeinen Gelächter erlappt wurden. Weiter im Innern, schon lange ehe man Tibet erreicht, verlehren überhaupt die Bhútia-Frauen wie die Männer, und werden sogar, wenn Mangel an Männern, leicht als Kúlis zum Tragen verwendet.

Vor Bágrodr, auf der zweiten Tagreise von Chimpti aufwärts, führt der Weg der tiefen Erosion wegen über einen Seitenkamm am rechten Ufer der Góri; der Paß heißt Hariól oder Kipáti Than; er ist 8996 Fuß hoch. Dort zeigte sich das erste Mal eine Uebergangsstelle, wo von Bhútias und Tibetern, wie später in Tibet sehr häufig, Chórtens aus Steinen aufgerichtet waren; neben diesen sah man zahlreiche Stöcke, an denen Bändchen flatterten, als Zierde der heiligen Stätte. Robert fand dort auch sehr schöne Versteinerungen, Ammonien aus dem ziemlich fernen Laptél in Tibet, die als heilige Gegenstände im Púrbbaculius von den fremden Wanderern zur Zeit des Schafhandels im Sommer hier, sowie ziemlich allgemein an schwierigen Pässen, niedergelegt werden. Seine Begleiter, unter denen jetzt schon viele Bhútias waren, ließen indeß gutmüthig Robert, was davon geologisch bestimmbar war, für die Sammlung mitnehmen.

Gegenüber von Bágrodr, einer Weidestelle bei 7518 Fuß, am linken Ufer der Góri, zugleich nahe dem unteren Ende des wilden Seitenthales des Kálumflusses, erhebt sich der Thánsipeal, 19,225 Fuß. Seine Abhänge waren zur Zeit noch unerwartet weil unterhalb der Schneegrenze mit Winterschnee bedeckt. Tiefstirne fanden sich von hier ab bald an mehreren Stellen selbst im Thale, die Góri überbrückend. Hinter Bágrodr lag eine solche Firnbrücke bei 8130 Fuß, eine zweite bei 8642 Fuß über der Góri; auch auf dem Wege lag noch Winterschnee, wo irgend Vertiefung dies begünstigte. Solche Stellen, sowie eine steile Wand, Sangtári genannt, boten den Pferden große Schwierigkeit. Die Firnbrücken waren schon in manchen Lagen nicht mehr recht dick und fest, fast an allen Stellen standen sie von den Ufern etwas ab, was das Betreten und das Verlassen derselben für die beladenen Thiere sehr erschwert. Dieses Absteigen, das sich bis zum Beginne neuer Schneefälle im Spätherbste stetig vergrößert, wird am meisten gefürchtet; in den ersten Monaten des Frühlings ist deshalb, wenn sonst die Umstände es gestatten, den Gebirgsbewohnern die Wanderung mit ihren Handelsgegenständen am liebsten.

Die Schwierigkeit an der Sangiárlwand war ganz anderer Art. Dort war der Weg sehr steil und dabei so schmal, in den Felsen eingehauen, daß die Pferde von den Bhátias nur mit großer Vorsicht hinübergebracht werden konnten. Es wurde den Pferden in eigenthümlicher Weise auch an den Schweif ein Strick gebunden, durch den sie, wenn gespannt, bei momentanem Stolpern ebenso wie durch den Strick an der Halfter einen Augenblick gestützt werden konnten. (Von Adolph's Pferden, die einige Tage später, mit seiner Baggage diesen Weg geschickt, hier durchkamen, hat sich dessenungeachtet eines hier erstürzt.) Da nahe dieser Stelle, um einen breiteren Weg zu gewinnen, auch das Ufer gewechselt wurde, mußten die armen Thiere, sobald sie die Sangiárl-Wand herab waren, über die reißende Góri schwimmen, unmittelbar an einer Eisbrücke (zu schwach für den Uebergang von Pferden) bei einer Temperatur des Wassers von 1° C.; etwas später mußten sie noch eine halbe Stunde lang auf Eisfeldern fortgehen, ehe wieder ordentlicher Weg am rechten Ufer erreicht wurde. Das Hinüberschaffen der beladenen Pferde über diese Stellen nahm fast drei Stunden in Anspruch und spät des Abends erst war Rillót erreicht.

Bei Rillót ändert sich vollkommen der Character des Thales. Es gestaltet sich zur weiten flachen Mulde, die bis Milum verhältnißmäßig nur wenig ansteigt. Die Höhe des Góri-Flusses ist bei Rillót 10,072 Fuß, bei Milum, 10 Meilen nördlich davon, 10,925 Fuß.

Riltót, Mártoli, das zunächst folgt, und Milum, sind ungeachtet ihrer ziemlichen Häusermenge, sowie ihres lebhaften Verkehrs im Sommer, von Ende October bis gegen Anfangs Juni ganz unbewohnt, ebenso wie die kleineren Häusergruppen, die man noch in diesem obersten Theile von Johár zahlreicher als man erwarten sollte, zerstreut findet. Die sehr ausführliche Karte von Adolph enthält noch als größere vereinzelte Häusergruppen zwischen Riltót und Milum am rechten Ufer Tólla Máppa, Málla Máppa, Ganagúrh und Páju; auf dem linken Ufer Sómdo, Tóla, Bhúrpu, Zángpa und Bilsu.

Die Bewohner dieser Orte sind Bhútias, gemischter Raçe, die in Gárhvál ihren ständigen Aufenthalt haben; die Mehrzahl dieser Familien ist schon viele Generationen hindurch dort ansässig. Getreide wird von Bhútias gebaut, auch Viehzucht wird getrieben, aber beides nur als Nebenarbeit. Bedeutender ist für den temporären Aufenthalt im oberen Johár, daß hier während des ganzen Sommers der Handel aus dem centralen Tibet durchzieht, und daß die Bhútias selbst lebhaft an demselben sich betheiligen.

Milum ist das Hauptdorf; obwohl am höchsten gelegen, ist es doch bei weitem das größte und bedeutendste der Bhútias, hat auch die Haupttempel; zwei kleinere finden sich längs des Weges zum Uta-Dhúra-Paß im Gúnkathale, nicht sehr fern von jenen im Dorfe Milum. Das Hauptgebäude, das Patedri-Haus, Mául's Familie gehörend, liegt 340 Fuß über dem Niveau der Góri. Auch eine gute Brücke gibt es hier noch, 55 Fuß über dem Wasser.

Die beiliegende Tafel XII. gibt ein Bild von Milum nach einem Aquarell von Adolph (Gen. Nr. 430). Die Ansicht ist aufgenommen eine kleine Strecke oberhalb Milum, auf dem Hauptverkehrswege, jenem, der in das Uta-Dhúrathal führt; der Vordergrund sieht allerdings, hier gerade, einer ordentlichen Straße ziemlich ähnlich. Aber sobald der Weg wieder anzusteigen beginnt, treten auch zahlreich genug die bisher erwähnten Schwierigkeiten auf.

Das zunächst sichtbare Häuschen mit den vier Flaggen ist ein kleiner Tempel. Die Häuser von Milum sind eng zusammengerückt, aber sie heben sich hell und freundlich von der Thalsohle ab; beim Hindurchgehen durch die Straßen findet man die Häuser zahlreicher und größer als ihre Stellung hier es erwarten ließe; die bedeutenden Höhen der Umgebung tragen viel dazu bei, die Häusergruppe im allgemeinen Bilde zu drücken. Die dunkle Furche, die sich unmittelbar unterhalb des Dorfes im Boden zeigt, ist die obere Kante im Bette des Günla-Baches, der vom Una-Thûra-Passe herabkömmt; von der Göri, dem Hauptfluß des Thales, liegt der obere Theil hinter dem Milumberge; die Linie des Flusses, aber ohne in das Bett selbst hinabzubliden, sieht man links bis an den Rand sich fortziehen.

Der Milumberg ist jener, der unmittelbar über dem Dorfe als dunkle Wand beginnt und zur Rechten des Beschauers seine Schneegipfel zeigt. Dieser Profillinie parallel gerichtet fällt sein Abfluß in die Göri, aus einem muldenförmigen Becken mit drei secundären Gletschern, aber von der dem Beschauer entgegengesetzten Seite. Der spitze hohe Schneegipfel etwas links von der Mitte ist der Bâdsha-Peal, auf der rechten Thalseite des großen Milumgletschers. Die vielzackige Schneewand, welche folgt, ist ein Seitenkamm des Riju-Massivs.

Was die Landschaft sehr ziert, auch in meines Bruders Aquarell vor allem entgegentritt, ist die Pracht der Farben; die Thalsohle zeigt das lebhafteste Grün alpiner Matten; die Gesteine, silurische Schiefer, sind dunkel und machen so die Firne der großen Gipfel um so lebhafter hervortreten; die Verdünnung der Atmosphäre (Luftdruck an 20 Zoll) erhöht die Lebhaftigkeit des Effectes. Im Holzschnitte allerdings konnten nur die Unterschiede der Helligkeit wiedergegeben werden; auch diese lassen sogleich den ungewöhnlich günstigen Eindruck solcher Landschaft erkennen.

--- ---

Das obere Johár und die Kámáon-Pässe nach Tibet.

Umgebungen von Milum. Ráuba Dfoi vom Pánzhorne. — Der Militairgletscher. Firnmulde und oberster Frisenkamm. Resultate der Höhenmessungen. Der Fernschrund. Vergleich mit den Alpen. — Aufbruch von Milum gegen Norden. Verkehrsweg nach Tibet. Úta-Dhúra-Paß. Jánti-Paß. Kiúngar-Paß. — Grenze südlich von der Wasserscheide.

In Milum wurde einige Tage verweilt, um die Karten und Zeichnungen auszuarbeiten, die meteorologischen und magnetischen Instrumente aufzustellen, und den Pflanzensammlern u. s. w. die nöthigen Instructionen zu geben. Der photographische Apparat konnte sogleich nach Ankunft mit gutem Erfolge zu ethnographischen Abbildungen benützt werden; hier war das Letztere der neuen Racen wegen sehr lohnend, und auf die Leute selbst machte der photographische Apparat einen so unmittelbar an Wundereffecte grenzenden Eindruck, daß dies den Reiz der Benützung sehr erhöhte.

Während der Messungen und Untersuchungen in den Umgebungen ließen meine Brüder ihren Assistenten Daniel, einen jungen Indo-Europäer von guter Schulbildung, den sie aus Calcutta mitgenommen hatten, in Milum zurück; er bewährte sich als sehr geschickt und zuverlässig in der Ausführung der correspondirenden Beobachtungen.

Die erste größere Excursion machten Adolph und Robert an

den Fuß eines Gletschers oberhalb Páju, um die Gruppe der Ránba-Dkol, welche gerade über jenem Gletscher emporsteigt, näher zu untersuchen. Zwei Tage vorher waren sieben Leute vorausgesandt worden, um die Berge zu beiden Seiten des kleinen Gletschers näher zu besehen. Am 10. Juni gelang es Adolph und Robert, einen Gipfel auf dem östlich von der Ránba-Dkol auslaufenden Kamme zu erreichen, das Páju-Horn, wie er in Ermangelung eines speciellen Namens von den Eingebornen, bezeichnet sei. Im Allgemeinen waren sie überrascht von der Fülle der Namen für topographische Objecte, welche gerade hier die Eingebornen hatten; in ihren Aufnahmen finden sich meist alle Thalstufen, Melkeplätze, auch Bäche mit Namen der Eingebornen bezeichnet, die häufig auch in ihrer Bedeutung als „spitz," „groß," „Milchwasser" (Dubpáni) für Gletscherbäche, ꝛc. sinnig und den Verhältnissen entsprechend gewählt sind.

Das Pájuhorn, 17,601 Fuß, bot einen sehr ausgedehnten Ueberblick über einen großen Theil der Himálaya-Ketten von Thárma und Johár. Die Höhe an sich ist für Umgebungen wie jene der Ránba-Dkol noch nicht sehr bedeutend zu nennen. Da aber der Standpunkt nicht Paß oder Kammlinie, sondern ein ganz freier von steilen Abhängen umgebener Gipfel war, zeigte er sich dennoch trefflich gewählt für die Winkelmessungen.

Das Lager am Fuße desselben war um 4 Uhr Morgens verlassen worden; ungeachtet beständigen Ansteigens über Felsen und über Schneeabhänge erreichten sie den Gipfel erst um halb 11 Uhr; ein anstrengender, lange andauernder und Vorsicht erfordernder Marsch, aber ohne ungewöhnliche Schwierigkeiten.

Die Begleitung bestand aus 13 Bhútias, welche die Instrumente und einige Lebensmittel trugen. Der Gipfel selbst bot sehr wenig Fläche, doch fand sich etwas unterhalb desselben ein kleiner geschützter Platz, wo sich die Bhútias hinsetzten, um sich zu wärmen, während Adolph und Robert auf dem Gipfel mit den Beobachtungen beschäftigt waren. Die Messungen währten von halb 11 Uhr Morgens bis 3 Uhr Nachmittags, die Temperatur auf dem Gipfel war 2 bis 5° C.; der Luftdruck 15·831 engl. Zoll. Einige der Leute klagten über heftiges Kopfweh, Adolph und Robert selbst fühlten es nur ganz wenig und es verlor sich sogleich im Hinabgehen. Der Hinabweg war rasch und angenehm; nachdem die gefährlichen und zerklüfteten Stellen des Schnees passirt waren, glitten sie mit großer Schnelligkeit über die Schneehalden hinab; um halb 6 Uhr wurde der Fuß des Berges erreicht und nun langsam zum Lager zurückgewandert. Dies war in der Shem-Kärik, einem Weideplatze am unteren Ende des Shem-Gletschers bei 12,798 Fuß aufgeschlagen. Dort verweilten sie noch zwei Tage, um die trigonometrische Messung in den Umgebungen der Nánda-Dévi zu vervollständigen.

Nun folgte eine zweite Pause von einigen Tagen zu Milum, die aber mehr für die Kúlis als für die Reisenden als Zeit der Ruhe gemeint war. Am 16. Juni brachen sie abermals auf, jetzt um den großen Milumgletscher zu untersuchen, welcher nicht sehr weit von den Häusern von Milum endet. Er ist zu den mehr als mittelgroßen primären Gletschern Hochasiens zu zählen; er ist nahe 11 englische Meilen lang mit einem Eisstrome von ⅝ Meilen Breite. In den Schweizer Alpen ist der Aletschgletscher etwas länger, 12½ englische Meile, aber die von Firn und Eis bedeckte Fläche ist weniger groß.

Ungeachtet der Größe des Milumgletschers war auf der neuesten Karte von Kumáon und Britisch Gárhwál, welche das Surveyor Generals Office 1850 im Maaßstabe von 8 Meilen = 1 Zoll publicirt hatte, und die sonst viel des trefflichsten Details enthält, noch nichts davon zu sehen; der Maaßstab hätte erlaubt, den Milumgletscher beinahe 1⅜ Zoll lang zu machen, und es hatten bestimmte Angaben über die Existenz der Gletscher im Himálaya durch die Reisen der Gérards und Stracheys vorgelegen. Allerdings ist es auch in Europa noch nicht sehr alten Datums, daß Gletscher mit der naturgemäßen scharfen Begrenzung des Eisstromes im Thale und, wo der Maaßstab es gestattet, mit deutlicher Angabe der Moränen eingetragen sind. Solches haben erst Arbeiten wie jene von Agassiz und Forbes gelehrt. Es war uns für die Reisen in den Hochgebirgen Asiens sehr nützlich, daß unsere vorangehenden Untersuchungen in den Alpen mit den Gletschern uns vielfach beschäftigt hatten.

Auf der oben erwähnten Karte von Kumaon und Britisch Gárhvâl (Nr. 856 unseres Kartencataloges) sind von meinen Brüdern 63 Gletscher erster Ordnung eingetragen, wovon die meisten mit dem Firnmeere über 5 Meilen Länge haben.

Am zweiten Tage, nachdem sie Milam verlassen hatten, complirten Adolph und Robert auf dem Râla Tal oder „Rothberge", einem isolirten Felsenkamme, welcher inmitten der Firn- und Eismassen des Milum-Gletschers emporragt; Höhe 16,744 Fuß. Von hier bot sich ein ausgezeichneter Ueberblick über den ganzen oberen Theil des Milum-Gletschers und über die Bergzüge, welche die Firnmeere umgeben.

Die Südseite des Gipfels, auf welchem das kleine schwarze Bhûtia-Zelt der Reisenden aufgeschlagen wurde, war eben von Schnee frei geworden; auf der Nordseite waren noch dicke Lagen von Winterschnee aufgehäuft. Diese befanden sich hier an 1500 Fuß über der Strauchgrenze; die letzten Juniperus standen auch auf den Felsen in südlicher Exposition bei 15,290 Fuß. Da durch die steile enge Felsschlucht, über welche der einzig mögliche Weg heraufführte, nur ganz leichte Ladungen heraufgetragen werden konnten, so war den ersten Tag ein fühlbarer Mangel an Brennmaterial. Der heitere Abend machte es möglich, mehrere Stunden hindurch mit dem Fernrohre den sehr zerklüfteten Gletscher zu untersuchen, um einen Weg durch das Labyrinth der Spalten nach den höheren Theilen des Gebirges aufzufinden. Die 16 Bhûtias zwar erklärten es für unmöglich, irgend weiter vorzudringen; sie gehen gut auf Felsen, aber sie fürchten Schnee und Eis wegen der Firnschründe und Gletscherspalten.

Am 19. wurde aber dennoch vor Tagesgrauen aufgebrochen; mit festen Seilen verbunden, welche den Muth der Bhûtias wesentlich erhöhten, ging es über die zerspaltenen Gletscher aufwärts.

Nach einigen Stunden kam die schwierigste Stelle, eine über tausend Fuß hohe, sehr steil abstürzende Firnwand; einer der Sâhibs mußte abwechselnd, am Seile gehalten, vorangehen, um den Weg zu bahnen und die Festigkeit des frischen Winterschnees zu beiden Seiten der großen Firnspalten zu prüfen. Die 13 Bhûtias (3 hatten am Lagerplatze zurückbleiben müssen) folgten mit stummer Resignation, genau die Tritte im Schnee einhaltend; sie hatten sich längst jedes Urtheils über den einzuschlagenden Weg begeben. Nach vielen vergeblichen Versuchen gelang es, den oberen Theil dieser Firnwand zu erreichen. Nun zeigte sich das Ziel der Wanderung, ein schwarzer Felsenkamm, welcher das Firnmeer des Milum-Gletschers im Norden begrenzt, ziemlich nahe; aber das allmählich ansteigende Firnfeld schien sich, wie dies häufig der Fall ist, mit jedem Schritte zu vergrößern. Drei lange Stunden ging es langsam vorwärts.

Der Einfluß der Höhe und der Ermüdung machte sich jetzt in sehr verschiedener Weise bei den Leuten bemerkbar. Adolph und Robert selbst fühlten nicht das leiseste Kopfweh, indem sie sich allmählig ganz acclimatisirt hatten. Als Schutz gegen die Besonnung, die noch der geographischen Breite wegen sehr stark ist, und die man auch der großen Höhe wegen auf diesen Schneefeldern viel heftiger fühlt als in den Alpen, waren wieder die dicken indischen Hüte aus leichtem Baummark hervorgeholt worden, die sich vortrefflich bewährten. Einige der Leute, die sich durch geistige Getränke zu stärken suchten, klagten über heftige Kopfschmerzen.

Allen gemeinschaftlich war das Gefühl einer eigenthümlichen Ermattung, die theils den Anstrengungen des Weges, theils dem Einflusse der verdünnten Luft zuzuschreiben war. (Eine vergleichende Zusammenstellung des Einflusses großer Höhe auf den Organismus, die Einwirkung verminderten Luftdruckes, nebst dem Einflusse von Kälte und Wind, wird in dem hypsometrischen Kapitel am Schlusse des 3ten Bandes gegeben werden.)

Um 1 Uhr endlich war der oberste Theil des Firnmeeres erreicht, am Fuße eines noch ziemlich hohen steilen Felsenkammes, wo auf dem Schnee einige Zeit geruht und das Barometer aufgestellt wurde; der Luftdruck war 15,209 Zoll; die Lufttemperatur um 2 Uhr 4·6° C. Auffallend trocken war schon hier die Luft, noch mehr später bei größerer Entfernung vom indischen Tieflande; die relative Feuchtigkeit war hier oben 33, allerdings in Milum gleichzeitig noch geringer, nur 30. In den Alpen bei Höhen über 10,000 Fuß und im mittleren Himalaya in Höhen über 16,000 Fuß sind Tage mit 75 Procent relativer Feuchtigkeit, d. h. ³/₄ jenes Wassergehaltes, den die Luft bei voller Sättigung ohne Nebelbildung enthalten könnte, schon ungewöhnlich trockne.

Der letzte Felsenkamm, jene Wand, welche gegen Norden die Firnmulde begrenzte, wurde noch in Begleitung von ein Paar Leuten erstiegen. Das Barometer mitzunehmen, zeigte sich bei der allgemeinen Ermüdung und der Steilheit der Felsen ganz unmöglich. Die Höhe war 500 bis 600 Fuß über dem Aufstellungspunkte des Barometers. Oben bot sich eine schöne Aussicht auf die tibetischen Bergzüge mit den Hütten von Girthi in dem tief unter dem Kamme liegenden Mittelgrunde des Bildes.

Während von Süden her, wie gewöhnlich des Nachmittags, schwere Wolken heraufzogen bis zu nächsten südlichen Umgebungen des Gletschers, war in Tibet klarer blauer Himmel. Die Bhútias mahnten dringend zur Rückkehr, die nach halb 4 Uhr begann. Rasch wurde über jene Stellen hinweggeeilt, wo jetzt, nachdem die Sonne den Schnee erweicht hatte, Lawinengefahr zu befürchten war; um halb 6 Uhr gelangten sie schon an den Fuß des steilen zerklüfteten Absturzes und sehr ermüdet legten sie nun den Rest des Weges langsam zurück. Lange nach Einbruch der Nacht, um halb 9 Uhr, kamen sie nach dem Káta Dal zurück, wo die drei Wächter des Lagers ängstlich der Rückkehr der so lange Abwesenden geharrt hatten.

Am nächsten Morgen war Zelt und Boden mit frischem Schnee bedeckt, den jedoch die Sonne bald wieder entfernte. Die Beobachtungen und Messungen auf dem Káta-Dal-Gipfel wurden noch während des ganzen folgenden Tages fortgesetzt, aber gegen Abend nöthigte der Mangel an Brennholz und das Bedürfniß nach Wasser, da das Schneewasser (wegen seiner Kälte und wegen absoluten Mangels an absorbirter Luft) allmählig ganz ungenießbar wurde, zur Rückkehr. Spät erst wurden bei Fackelschein die Zelte erreicht, welche sie nebst den indischen Dienern auf Bitargudr, einem kleinen Rasenplatze am linken Ufer des Milum-Gletschers bei 14,594 Fuß zurückgelassen hatten.

Die Bhútias zeigten sich über das Gelingen des Unternehmens höchst erfreut; abergläubisch in hohem Grade, waren sie jetzt zu der Ueberzeugung gelangt, daß die Brüder einen ganz speciellen Glücksstern besitzen müßten, und diese wurden des Morgens von Leuten wahrhaft belagert, die glückbringender Vermittelung in irgend einer Angelegenheit, vor allem in ihren Speculationen im tibetischen Getreide- und Borax-Handel, bedurften. Da das Gelingen der tibetischen Reise ganz von den guten Diensten und der Zutraulichkeit dieser Bhútias abhing, so mußten sie sich natürlich liebenswürdig machen und den sämmtlichen Anliegen Gehör schenkend Alles so glücklich als möglich schlichten.

Gegenwärtig, nachdem auch die Messungen berechnet sind und deren Resultate zugleich mit den Karten und landschaftlichen Ansichten vorliegen, lassen sich Zahlenangaben für die hier besprochenen Punkte beifügen.

Die Höhen sind:

1) Unterer Gletscherrand bei Dêra Changselbár, gegen 150 Fuß über dem Gletscherthore (welches des starken Moränenschuttes wegen nicht genau gesehen werden konnte) . . . . 12,038 Fuß
2) Unterer Rand der „Firnwand"⎫ (S. 338) . . 16,640 „
3) Oberer Rand der „Firnwand"⎭ 17,812 „
4) Oberes Ende des Firnmeeres am Fuß des Milum-Táródja . . . . 18,625 „

Die jähe Firnwand in ihrer ganz ungewöhnlichen Höhe war am Firnmeere des linken Armes des Hauptgletschers am deutlichsten gestaltet, einen weiten, amphitheatralischen Mittelgrund bildend. Dessenungeachtet mußte diese Seite zum Hinansteigen gewählt werden, weil im rechten Arme des Hauptgletschers eine viel stärkere und unregelmäßiger vertheilte Zerklüftung des Firnes mit dem Fernrohre ganz bestimmt sich erkennen ließ.

Am Fuß der Milum-Táródja-Felsen lief ein großer Firnschrund, nahezu mit der Regelmäßigkeit einer auf der Karte gezogenen Horizontalen die Höhe beibehaltend, rings um die Firnmulde hin. Bei den meisten Gletschern läßt sich eine solche Trennung zwischen dem oberen Ende des Firnes und dem nun beginnenden Hocheise bemerken. Nicht selten, wie auch hier, bietet dann das Ueberschreiten der Spalte große Schwierigkeiten, da sie ihrer Breite nur wenig Juvert und nicht wie andere kleinere Spalten umgangen werden kann.

Die malerische Schönheit des Himálaya all den Wegen in Kamáon entlang war sehr befriedigend. Im Gletschergebiete des Himálaya ist die Gebirgsgestaltung ganz so wie in den Alpen, aber alle Verhältnisse sind weit großartiger. Das obere Pindarithal, die prachtvolle Thalschlucht oberhalb Shimpti in Munshári, und das Gebirge zwischen Pindari und Milum lassen sich auch in Formen und Farbeneffect mit den schönsten Theilen der berner und savoyischen Alpen vergleichen; das große Milumthal selbst ist etwas monoton, wie alle ähnlichen Hochthäler, die völlig über der Grenze der Baumvegetation liegen. Das Thal bei Milum hat Aehnlichkeit mit dem Engadin in Graubünden von dem Maloja-passe bis zur Finstermünz; aber die Höhe der Thalsohle und der Bergzüge, also auch der Unterschied zwischen beiden, ist hier ungefähr doppelt so groß, als im Engadin.

Die geologischen Verhältnisse waren ebenfalls sehr interessant; sie zeigten sich am deutlichsten in den Umgebungen des Milumgletschers. Hier folgen nämlich auf die crystallinischen Schiefer der Centralzone des Himálaya sehr versteinerungsreiche sedimentäre Schichten der silurischen Formation, und es konnten im Lager auf Ráta Tal, sowie auf dem viel höheren Milum-Tárvdja, zahlreiche, gut erhaltene silurische Versteinerungen gesammelt werden. Da das Gebirge hier fast ganz von Vegetation entblößt ist, so ließen sich sehr gut die geologischen Profile aufnehmen, welche den Uebergang von den crystallinischen Schiefern in die sedimentären Schichten beurtheilen lassen. Es zeigte sich ganz deutlich, daß das, was in den crystallinischen Schiefern als Schichtung erscheint, nur Schieferung ist, welche sich in gleicher Weise in die sedimentären Schichten fortsetzt, wo man also 1) die Schieferung, 2) die davon ganz verschiedene wahre Schichtung oft in sehr complicirten Verhältnissen vor sich hat.

In den Felsen des Tárvdja am oberen Ende des Milumgletschers, obwohl sie von der ersten Berührung mit dem crystallinischen Gestein schon etwas entfernt sind, ist die Klüftung doch ebenfalls noch sehr deutlich und ganz dieselbe in ihrer Richtung geblieben. Sie hat dort theils sehr steile und glatte Wände, theils, wo Verwitterung noch weiter ging, isolirte spitze Felsennadeln analog den „Aiguilles" der Alpen hervorgebracht.

Nach der Rückkehr vom Milumgletscher wollten Adolph und Robert baldigst von Milum aufbrechen, um ihre Route nach Norden und wo möglich nach Tibet fortzusetzen. Nachdem alles zur Abreise vorbereitet war, auch für die unerwartet reichlich gewordene Bagage von Sammlungsgegenständen Leute und Lastthiere gefunden waren, trat noch ein ungewöhnlicher Regen ein, der mehrere Tage fast ununterbrochen anhielt und das Aufbrechen verzögerte. Milum konnten die Brüder erst am 6. Juli verlassen, jetzt allerdings bei schönem klarem Wetter, und die Bergwiesen, die nach diesen Sommer-Regen ihre lebhafteste grüne Farbe angenommen hatten, waren an Futter für die Lastthiere reicher als je, ein Umstand, der bei solcher Art des Reisens stets von großer Wichtigkeit ist.

Beim Aufbruche hatten sie 45 Chubus (Bastarde zwischen dem langhaarigen tibetischen Yak und der indischen Zebu-Kuh) als Lastthiere bei sich, von denen aber der größte Theil bald sie zu verlassen hatte und direct nach Bärinath geführt wurde. Adolph und Robert versuchten es, dem Verkehrswege mit Gartol zu folgen.

Ueber die Grenze vorzudringen ist dem ganzen chinesischen Tibet entlang stets für Europäer sehr schwierig gewesen und konnte nur selten glücklich ausgeführt werden. Diesmal war durch jenen Krieg zwischen Nepal und Lasa, dessen ich bei meinen gleichzeitigen Routen in Sikkim zu erwähnen hatte, die Antipathie der chinesischen Behörden gegen alle Fremden, in denen sie zum mindesten Spione sahen, um so größer und ihre Sorgfalt, sie ferne zu halten, desto energischer geworden. Schon die Bewohner Johárs als Handelsleute hatten durch diese feindselige Stimmung sehr gelitten; europäischen Reisenden mußte sie ungeachtet aller Vorsicht von ernstlicher Gefahr sein.

Der Weg von Milum nach Norden beginnt längs des Günla-flusses emporzusteigen. Bei 13,589 Fuß Höhe vereinen sich ein östlicher und ein westlicher Arm des Günlathales, beide mit primären Gletschern ausgefüllt, auch beide als Pässe zu benützen. Oestlich, auf der linken Thalseite, liegt der Lessór-Paß, westlich der Ulla-Thúra-Paß; Lessór und Ulla Thúra sind auch die Namen der beiden Gletscherausflüsse, Gúnla heißt der Thalfluß erst von ihrer Vereinigung an, wo er zugleich eine neue nahezu mittlere Richtung annimmt.

Obwohl der Lessör-Paß an einer Stelle nach Tibet führt, wo die Grenze sich sehr nach Süden krümmt, ist er doch seiner Steilheit wegen nur wenig benützt; über den Ùta-Dhúra-Paß dagegen geht fast der ganze Handel zwischen Johár (somit der größte Theil auch des Handels zwischen dem östlichen Kumáon) und dem centralen Tibet. Das untere Ende des Ùta-Dhúra-Gletschers ist 16,250 Fuß, die Paßhöhe 17,027 Fuß. Das untere Ende des Gletschers auf der Nordseite lag bei 15,970 Fuß.

Von hier aus führt gegen Osten, sehr nahe dem Lessör Passe gelegen, noch eine Uebergangsstelle nach Tibet, der Jánti-Paß; er wird wegen Höhe und Terrainschwierigkeiten nur wenig benützt. Adolph und Robert aber, die unterdessen noch etwas Erkundigungen einziehen lassen wollten, bestiegen diese Paßhöhe, nicht um von hier nach Tibet zu gehen, sondern um sich 3 Tage, vom 9. bis 12. Juli, auf der Paßhöhe aufzuhalten. Ungeachtet der sehr rauhen und winterlichen Witterung bot dies eine günstige Gelegenheit zu mehreren physikalischen und chemischen Versuchen bei 18,520 Fuß Höhe.

Nordnordwestlich vom Ùta-Dhúra liegt der Kiungar-Paß. Dieser Paß ist die Uebergangsstelle über einen großen gegen Westen gerichteten Seitenkamm der Hauptkette, der für den Handel umgangen werden könnte, wenn nicht dann die bedeutende Krümmung des Weges, auch die Erosion und die Erdstürze noch größere Schwierigkeiten bieten würden, als das directe Uebersteigen des Seitenkammes; längs einem Theile des Weges zeigten sich aber auch bei diesem Paßübergange sehr ungünstige Bodenverhältnisse: steiler Abfall mit kahlen Felsenmassen. Die Route beginnt mit einer engen stark geneigten Schlucht, die bald sich erweitert; mit jedem Schritte des Aufsteigens scheint dann die Landschaft sich zu ändern. Nur selten dürfte man irgend wildere kühnere Felsenformen sehen, die hier dadurch, daß sie gänzlich von Vegetation sowie von Schnee entblößt sind, noch großartiger hervortreten. Man ist gewohnt, in solchen öden wilden Landschaften eines Hochgebirges eine ernste feierliche Stille zu finden; aber hier erschien durch die zahlreichen Herden von beladenen Schafen, von Pferden und Chúbus, sowie durch das Lärmen und Schreien von Menschen, welche dadurch die Thiere zum rascheren Fortgehen zu bewegen suchten, Alles belebt, Alles der kühnen rauhen Natur Trotz zu bieten. In solchem Grade gefährliche und eigenthümliche Handelsstraßen, wie im Himálaya, mag es wohl nur noch wenige in anderen Gebirgen geben; sie liefern den Beweis, wie gewinnbringend im Allgemeinen der Handel sein muß, den die Bhútias mit ihren nördlichen stammverwandten Nachbarn, den eigentlichen Tibetern, betreiben. — Die Höhe des Passes ist 17,331 Fuß.

Der Kiúngar-Paß bietet einen jener eigenthümlichen Fälle, in welchen nach dem Wasserabflusse das Terrain noch nicht nach Tibet gehört, während die Bodengestaltung und das Klima ganz tibetisch sind. Solche Stellen wiederholen sich längs der Südseite des Himálayakammes mehrmals, meist da, wo die geologische Formation der Trias auftritt und wo zugleich die allgemeine Erhebung, auch jene der Thalsohlen, eine sehr große ist. Die Abfälle gegen Norden waren sanft, die Bergformen gerundet. Auch das Klima war zwischen den beiden Seiten, die man von der Paßhöhe überblickte, ganz verschieden. Gegen Süden sah man in der Ferne die Berge in dichte Nebelmassen und in dunkle Regenwolken gehüllt, in der nördlichen Hälfte des Gesichtskreises zeigten sich nur wenige, ganz vereinzelte Federwolken.

Meist folgt selbst an solchen Stellen die politische Grenzlinie Tibets dem die Wasserscheide bildenden Hauptkamme; hier also hätte der vom Kiúngar-Paß gegen Norden liegende Bálch-Thúra-Paß über die Grenze führen sollen. So war es auch auf der oben erwähnten Karte des Surveyor General Office, die meine Brüder bei sich hatten, angegeben. Die Bhutia-Handelsleute aber wußten zur Genüge aus ihrer Erfahrung, daß sie hier schon mit chinesischen Behörden zu thun erhielten, und machten auch meine Brüder darauf aufmerksam.

Wie die Berichte über Tibet zeigen werden, waren sie am ersten Abend sogleich von einer Húnia-Grenzwache angehalten, die ihr weiteres Vordringen zu verhindern suchte.

Gârhvâl, britisches und selbstständiges Gebiet.

Die Jbi-Gâmin-Gletschergruppe. Lage der Gipfel und der Gletscher. — Größte bis jetzt erreichte Höhe; Beschwerden durch Wind vermehrt. — Der Jbi-Gâmin-Paß. — Landschaftlicher Character. — Venus bei Tage gesehen. — Deutung des Namens. — Bádrinath und Mâna. — Die südöstlichen Kämme und Thäler. Ueber Jhóßmath nach Aldarwath. — Ueber Chdia-Paß nach Jamnôtri; nach Mârri. — Das nördliche und westliche Gârhvâl. — Rîleng-Paß. — Dambár-Paß. — Aiварlânta-Berg. — Politische Verhältnisse. Lage des Raj. — Stellung zur indischen Regierung. — Landbau und Mässäri. — Erleichterungen durch europäische Beamte.

Die Rückkehr meiner Brüder aus Tibet in das indische Gebiet des Himálaya führte sie den östlichen der beiden Jbi-Gâmin Gipfel hinan; der Weg bot unerwartete Schwierigkeiten, aber zugleich war diese Route für viele physicalische und geologische Beobachtungen sehr lohnend; auch war es ihnen möglich hier die größte bis jetzt auf einem Berge erreichte Höhe zu ersteigen.

Das untere Ende des nördlichen Jbi-Gâminglеtschers das schon ziemlich hoch liegt, bei 16,642 Fuß, erreichten sie am 13. August. Ehe sie die Besteigung der Abhänge versuchen konnten, mußten sie über den gewöhnlichen Paßübergang in der Nähe, den Mâna-Chal oder Chirbitta-Thûra-Paß, die für ein längeres Verweilen in großen unbewohnten Höhen nöthigen Lebensmittel kommen lassen. Die

Höhe des Mânapasses ist 18,406 Fuß; dies hatte die Ankunft der Vorräthe etwas verzögert.

Am 16. August begannen sie, von 14 Leuten begleitet, entlang dem Gletscher auf der nördlichen Seite, der von den Tibetern Gántug Súmgya Tánchu genannt wurde, hinanzusteigen. Die Beschreibung ihrer Routen ist hier aus dem Briefe an S. M. Friedrich Wilhelm IV. König von Preußen entnommen, den sie von Gárhwál am 8. Nov. abgesandt hatten: „Der Gletscher auf der tibetischen Seite war sehr regelmäßig, in vieler Beziehung mit dem Unteraargletscher in der Schweiz vergleichbar, aber bedeutend größer noch.

Nach drei kurzen Tagemärschen hatten wir den Anfang des Firnmeeres erreicht, an dessen oberem Ende die beiden Ibi-Gámin-Gipfel sich erheben. Hier schlugen wir in einer Höhe von 19,326 Fuß unser Lager auf der Moräne des Gletschers auf.

Die Nacht war sehr kalt und außerordentlich stürmisch, doch da es am nächsten Morgen (19. August) ziemlich klar und heiter war, so versuchten wir, wie hoch wir etwa am östlichen der beiden Gipfel, der zwar der höhere aber zugleich der günstiger gestaltete war, hinauf kommen könnten. Nur 8 Leute begleiteten uns, die andern waren in Folge der Kälte und des Winters in völlige Apathie versunken.

Von unserem Lagerplatze begannen wir sogleich sehr steil über festgefrornen Schnee anzusteigen, der sehr oft von mächtigen Spalten durchzogen war, die vorsichtig auf großen Umwegen umgangen werden mußten. Doch sichtbar brachte uns jeder Schritt immer höher und höher, bis es uns um 2 Uhr Nachmittags ganz unmöglich geworden war, weiter hinanzusteigen. Einer unserer Leute hatte plötzlich einen heftigen Blutsturz bekommen und war schon tiefer zurückgeblieben; wir selbst fühlten uns Alle auf eine so eigenthümliche Weise ermattet und erschöpft, wie wir es früher niemals empfunden hatten. Die Aussicht war, da Wolken und Nebel auf den umgebenden Bergen lagen, nicht sehr umfassend, doch erhielten wir einen sehr belehrenden Ueberblick über die Gletscher und die Haupt-Bergzüge der Ibi-Gamingruppe und ihrer Umgebungen. Wir hatten kaum das Barometer aufgestellt, als uns ein wüthender Nordwind zur schleunigen augenblicklichen Umkehr nöthigte." (Die Berechnung der Höhe des erreichten Punktes nach correspondirenden Beobachtungen ergab 22,259 Fuß. Die Höhe des östlichen Gipfels ist 25,550 Fuß; es ist der zehnte in der Reihe der höchsten Gipfel des Himálaya, nur 400 Fuß niedrer als der Nánda Dévi Peak.)

„Der Wind nahm beim Herabsteigen an Heftigkeit zu, doch erreichten wir Alle glücklich gegen Abend unser kleines Lager. Bei Sonnenuntergang traten die hohen Gipfel noch einmal in wundervoller Beleuchtung und Schönheit aus den Nebel- und Wolkenmassen hervor, und wir sahen Alle mit großem Vergnügen zurück auf unseren Weg, der sich bis hinauf zu dem höchsten erreichten Punkte als seine Linie, aber bei der so großen Durchsichtigkeit der Atmosphäre ganz deutlich, wahrnehmen ließ.

Wir hatten uns zwar, besonders während der Reise in Tibet, sehr an den Einfluß der Höhe gewöhnt; bei der Besteigung des Ibi-Gámin aber empfanden sowohl wir, als alle unsere Leute, Kopfweh, und mehr oder minder Augenschmerzen, ungeachtet der dichten Schleier, mit denen wir uns gegen die blendende Schneefläche zu schützen suchten. Der Wind hatte uns den feinen Schneestaub fortwährend in die Augen getrieben. In der Nacht vom 19. auf den 20. August wüthete der Sturm fort, und ungeheure Lawinen übertönten noch sein furchtbares Heulen. Die Kälte war sehr empfindlich, denn nach 9 Uhr des nächsten Morgens noch stand das Thermometer 4° C. unter Null.

Wir bereiten uns, zu unserem früheren Lagerplatze zurückzukehren, welcher, obwohl nur wenig tiefer, 18,308 Fuß, in einer weit geschützteren Lage sich befand. Wir gaben dem Manne, der Tages vorher den Blutsturz bekommen und sich sehr krank und schwach fühlte, zwei zuverlässige Leute als Begleiter mit, um ihn den Gletscher herunter zu bringen; diese beiden kamen ebenfalls bald nach uns zum neuen Lager, aber ohne den Kranken, und berichteten, sie hätten ihn während des heftigen Schneesturmes, der uns plötzlich in der Mitte des Gletschers überfiel, aus dem Gesicht verloren und hätten ihn nicht wiederfinden können. Es gingen daher alle unsere Leute fort, um ihn zu suchen; es war spät Abends, als sie ohne ihn gefunden zu haben zurückkehrten. Da nun diese Nacht den beiden vorhergehenden Nächten an Rauheit und Kälte nicht nachstand, so war es sehr wahrscheinlich, daß der Unglückliche zu Grunde gegangen sei, um so mehr, da auch Nachsuchungen am folgenden Tage erfolglos waren. Es überraschte uns daher freudig, als endlich in Bâdrinath, zwei Tage nach uns, der todt Geglaubte in unserm Lager ankam. Er war langsam, den gewöhnlichen Weg nach Mâna suchend, den Gletscher heruntergegangen, und war schon 3 Tage lang ohne Nahrung, als ihn einige Bhûtias fanden und mit herab nach Bâdrinath brachten.

Nachdem wir von unserem Lagerplatze am 20. Aug. die Karte des nördlichen Ibi-Gâmin-Gletschers vervollständigt hatten, versuchten wir von hier über einen Gletscherpaß, der nach Aussage eines alten Mannes aus Mâna einmal vor vielen Jahren mit Schafen bezogen worden war, direct nach Mâna und Bâdrinath zu gehen, während wir schon vor mehreren Tagen den größten Theil des Gepäcks mit den Pferden und Yaks den gewöhnlichen Weg, über den Mâna-Paß, geschickt hatten.

Am 21. August bei heiterer Witterung gingen wir einen großen linken Zufluß des nördlichen Gletschers hinauf und schliefen auf der linken Seitenmoräne in einer Höhe von 19,094 engl. Fuß. Am frühen Morgen des folgenden ganz klaren und wolkenlosen Tages (22. August) brachen wir auf, und nachdem wir häufig durch falsche Richtungen zu großen Umwegen genöthigt waren, erreichten wir endlich um 2 Uhr Nachmittags den Paß. Seine Höhe ergab sich aus unseren barometrischen Bestimmungen zu 20,459 Fuß." (Es ist dies bei weitem die größte Paßhöhe im Himálaya; der nächste Paß an Höhe, aber 1930 Fuß niedrer, ist der in Kamáon erwähnte Jántipaß. Auch im Karakorúm-Gebiete, wie die allgemeine Zusammenstellung im 3ten Bande zeigen wird, hatte sich keiner von dieser Höhe gefunden, ob wohl dort wenigstens Paßhöhen über 19,000 Fuß vorgekommen sind.)

„Vom Passe aus hatten wir eine sehr gute Aussicht auf die Berglette, welche das Mána-Thal von dem Nélong-Thale trennt, und auf den Sársútti-Gletscher, welcher sich in westlicher Richtung vom Passe ausdehnt. Das Herabsteigen vom Ibi-Gámin-Passe ging ziemlich rasch; wir schlugen auf der rechten Seitenmoräne des Sársútti-Gletschers bei 17,757 Fuß unser Lager auf.

Erst am folgenden Tage erreichten wir das untere Ende des Gletschers und das Mána-Thal; am 24. August Abends kamen wir nach dem freundlichen, berühmten Tempelorte Bádrináth."

Adolph's Bild der Ibi-Gámin-Gipfel (Gen. Nr. 614) ist vom Lager bei 19,326 Fuß auf dem nach Norden gerichteten Gletscher aufgenommen. Eine Mittelmoräne mit großen Felsenblöcken bildet den Vordergrund, die beiden Gipfel zeigen sich in ihrer vollen Breite, bei der geringen horizontalen Entfernung vom Standpunkte treten die verschiedenen Etagen des Firnes sowie die Vertheilung der Spalten sehr deutlich hervor. Felsen zeigen sich an wenigen Stellen; am größeren der beiden Gipfel, am östlichen, zieht sich eine jähe Felsenwand, nur leicht mit Schnee bedeckt, gegen das Mánathal hinab; am westlichen Gipfel treten Felsenwände im oberen Theile der Firnmulde hervor, welche diese Stelle schwer zugänglich machen würden; dagegen zeigt sich gerade am westlichen Gipfel der oberste Theil sehr flach.

Die Felsenwände ausgenommen, ist die größte Neigung der verschiedenen Abhänge 38 bis 40 Grad, und selbst dies nicht auf sehr lange Strecken, sondern mit geringerer Neigung wechselnd. Das

Gestein der beiden Ibi-Gamin-Gipfel ist Gneiß; auf der linken Seite des Gletscherthales tritt auch etwas crystallinischer Glimmerschiefer auf. Der Ibi-Gamin mit seinen beiden Spitzen, sowie seitlich davon die Depression des Ibi-Gaminpasses hatte sich schon in der Rundsicht vom Chiner-Berge gezeigt, und es konnten bei dem späteren Vergleichen des Chiner-Panoramas mit dem Ibi-Gamin-Bilde die Einzelnheiten um so deutlicher erkannt werden. Es mag unerwartet erscheinen, und doch wiederholt es sich sehr oft, wenn Form und Farbe richtig eingehalten ist, daß in einer Zeichnung manches sich findet, was eben als Theil des Ganzen wiedergegeben ist, ohne vom Standpunkte der Aufnahme specielle Bedeutung zu haben, aber später hohe Bedeutung erhält. Letzteres kann sich in topographischer, öfter noch in geologischer Beziehung sehr leicht finden, wenn man entweder die Stelle selbst erreicht, wie diesmal, oder auch wenn man wenigstens von einem neuen Standpunkte einen Ueberblick sich verschaffen kann.

Am 10. August gegen Mittag zeigte sich, das erstemal auf diesen Reisen, außer Sonne und Mond auch ein Stern, als sie auf einem kleinen Rasenplatze links von der alten Seitenmoräne bei 17,813 Fuß ihre Lager aufgeschlagen hatten. Im Fernrohre ließ sich der Stern vergrößern (war also kein Fixstern) und bei genauerer Untersuchung ließ er sich mit Bestimmtheit als Venus erkennen.

Das Sichtbarwerden eines Sternes nahe zur Zeit des höchsten Sonnenstandes hatte die Begleiter der Brüder (alle Bhutias von Johár) höchlich überrascht; diese sowohl als die Tibeter, bei denen wir uns später wiederholt erkundigten, behaupteten alle, nie einen Stern bei Tage gesehen zu haben, was übrigens keineswegs beweisend ist; auf Wegen, die ohnehin ihre ganze Aufmerksamkeit erheischen, fühlen sich solche Leute nicht veranlaßt, viel am Himmel sich umzusehen.

Bekanntlich ist es auch in Europa unter ähnlichen Verhältnissen vorgekommen, daß man die Venus bei Tage gesehen hat; dessenungeachtet bleiben solche Fälle, als sehr seltene, aller Aufmerksamkeit werth. In Europa, wenn man die Venus sah, zeigte sie sich weder so vollkommen scharf und hell, noch während so langer Zeit wie in dem vorliegenden Falle, in welchem sie während 3 sich folgender Tage deutlich zu sehen war.

Die Phase des Venus war die westliche Quadratur; die Zeit ihrer größten Helligkeit fiel auf August 25, 2 Uhr Nachmittags nach Greenwich-Zeit.

Während der ganzen Dauer unserer Reisen blieb dies der einzige Fall, daß wir Venus oder irgend einen anderen Stern zur Tageszeit sahen. Die Höhe der Venus über dem Horizonte war am 16. August um 33 Min. 34 Sec. nach Mittag (locale Zeit) 45° 53′ 55″.

Der Name Ibi-Gāmin ist der tibetische; dieser ist viel gebräuchlicher als Nānda Pārbāt, „Berg der Göttin Nānda", wie die Brāhmans von Bādrināth diesen Gipfel nennen. Auf der oben erwähnten Karte aus Calcutta fand sich nach Strachey's erster Karte der Name Kamet, aber in dieser Form schien der Name weder in Gārhwāl noch in Guāri Khōrsum bekannt zu sein. Die Bedeutung des tibetischen Namens, den Emil später untersuchte, ist „Großmutter der vollkommnen Schneekette". Ibi ist dialectisch für Abi (eigentlich a-phi); meist hört man, was ebenfalls locale Modification, das a in Gāmin nasal aussprechen.

Bādrināth, 10,124 Fuß am Eingang des großen Tempels, ist seit langer Zeit von den Hindūs als Wallfahrtsort besucht; am zahlreichsten sind die Züge der Pilger jedes 12. Jahr, wenn der Planet Jupiter in das Zeichen des Aquarius tritt und wenn in Hardwār der Kalp- (oder Kumbh-)la Mela, „der Jahrmarkt des Aquarius" gefeiert wird (Br. I, S. 311). Man schätzt in solchen Jahren die Zahl der nach Bādrināth ziehenden Hindūs auf 40,000 bis 60,000, von denen die meisten im April von Hardwār aufbrechen. Der nächste große Mēlā hatte $^2_4$ Jahr nach meiner

Brüder Durchreise, 1856, statt zu finden. Was nebst den Heiligthümern des Tempels die Pilger anzieht, sind die Badebassins, gefüllt mit dem „alles reinigenden und sühnenden Wasser" der heißen Quellen. Alle an den Ufern des Ganges im Tieflande baden auch hier Männer und Frauen zusammen, leicht bekleidet und die nassen Stücke abnehmend, so weit dies ausführbar ist, nachdem zuerst die neuen trocknen darüber geworfen waren.

Nördlich von Bádrinath, etwas über eine Meile entfernt und in 10,670 Fuß Höhe liegt Mána; ungeachtet seiner sonst ziemlich bescheidenen Form hat dieses Dorf noch ein Pflaster! Bádrinath und Mána sind nur während des Sommers bewohnt; spätestens bis Mitte November zieht alles nach Jhósimath herab. Im Winter tritt gewöhnlich ziemlich starker Schneefall ein, der allem Verkehr in diesen Theilen des Himálaya unmöglich macht.

Zu einem mehrere Tage währenden Aufenthalte hatte sich, größerer Ruhe wegen, Mána besser geeignet als Bádrinath. Hier wurde am 1. Sept. eine complete Reihe der magnetischen Beobachtungen ausgeführt.

Von Mána ging Arolph, am 6. September, über den Mána-Paß nochmals nach Tibet; die Reise im Himálaya setzte zunächst Robert fort, am 7. September, nachdem er sich während der letzten Tage seines Aufenthaltes hauptsächlich mit Photographie beschäftigt hatte. Er folgte dem Thale bis Jhósimath, wo, 1300 Fuß unter dem Dât-Bángalo, der hochgefeierte Tempel Vishnuprâg, umgeben von zahlreichen anderen Cultusbauten der Brâhmans, sich befindet; Höhe 4724 Fuß. Manche der Gebäude haben durch hohes Alter Interesse; die meisten gerade von diesen sind aber sehr durch Erdstöße beschädigt, die hier nicht selten sind.

Von Jhósimath, östlich zunächst und dann nördlich, dem Dhâuli-Thale entlang, führt ein sehr besuchter Verkehrsweg über Niti, 11,464 Fuß, und den Niti- oder Chindu-Paß, 16,814 Fuß, nach Guari Khórsum. Dieser Paß ist einer der günstigsten nur zugänglichsten die von Gârhvál nach Tibet benützt werden; aber ungeachtet seiner für den Himálaya nicht sehr bedeutenden Höhe ist er des starken Schneefalles wegen von Mitte October bis Mitte, oft Ende Juni unpassirbar. Niti, das Dorf, wird nur im Sommer bewohnt, sowohl wegen der Unterbrechung des Verkehres als auch deshalb, weil die große Menge des Winterschnees den Aufenthalt sehr erschweren würde. In Kamáon und Gârhvál haben wir überhaupt keine permanent, auch den Winter hindurch bewohnten Dörfer in Höhen von mehr als 9000 Fuß gefunden, während solche in Tibet, wie wir sehen werden, noch 6000 Fuß höher vorkommen. Gegen Nordwesten steigt auch auf dem Südabhange des Himálaya die Höhe der bewohnten Orte sehr bedeutend.

Göbesir, der nächste große Ort auf Robert's Route, liegt auf einer Terrasse am linken Ufer der Balsútti, (Seitenzufluß der Alaknanda); die Höhe, bei dem Tempel daselbst, ist 4791 Fuß. Ókimath in dem westlich gelegenen Mandágni-Thale hat einen der größeren Hindú-Tempel, bei 4285 Fuß, der als Vorstufe zu dem noch mehr geheiligten Kidarnath zahlreich besucht wird. Die Pilgerfahrt zum Tempel von Kidarnath gilt wieder als eine günstige und verdienstvolle Vorbereitung, nämlich zum Besuche von Bádrinath. Der Gegenstand der Verehrung zu Kidarnath ist ein heiliger Stein, ein Theil von Kidaras Körper, den er hier zurückließ, als er vor seinen Verfolgern in einer Erdspalte verschwand. Kidara ist ein Beiname Shiva's; nath heißt „Herr", auch „Gatte", und kommt im Sinne des „Meisters" häufig in Hindú-Ascetennamen vor.

Die Höhe ist am Tempel 11,794 Fuß; während der kalten Jahreszeit werden auch hier Tempel und die umgebenden Wohngebäude mehrere Monate lang verlassen.

Bei Kidarnath zieht sich ein großer primärer Gletscher weit in das Thal herab; er endet bei 12,372 Fuß Höhe; dem Gletscherthore entströmt die Mandágni. Robert hatte sich mehrere Tage hier aufgehalten sowohl um den Gletscher zu untersuchen (der aus

3 Hauptarmen besteht, die bei 15,449 Fuß zusammenfließen) als auch um eine Uebergangsstelle zu finden, die direct nach Gangótri geführt hätte. Vor 30 Jahren, sagte man ihm, wäre ein solcher Uebergang ausgeführt worden. Aber in jenem Jahre, 1855, waren alle Theile des steilen Gletschers so zerspalten, daß ein Vordringen über die Firnmeere desselben nicht möglich war. Die zahlreichen, mächtigen Schneegipfel zwischen Kivarnath und Gangótri, unter denen der zunächst liegende Kivarnath- oder Mahapanth-Peak 22,840 Fuß hoch ist, boten während der Untersuchungen in den Umgebungen des Gletschers viel des Schönen und Interessanten.

Von Kivarnath sandte Robert den größeren Theil seines Gefolges mit dem Gepäck und den Sammlungen über Barahát nach Khárfáli im Jámuna-Thale, während er selbst über eine Reihe der südlicheren Pässe, 11,000 bis 12,000 engl. Fuß hoch, in ganz westlicher Richtung in das Bhagiráttí-Thal bei Sálung kam, 6455 Fuß, und von da thalaufwärts nach Súthi ging; Höhe des Dorfes 8401, Höhe der Bhagiráttí 7608 Fuß. Ueber den Chála-Paß, 14,961 Fuß, und dann über den Bámsura-Paß (15,460 engl. Fuß), die beide an einem Tage, am 11. October, überschritten werden konnten, obwohl sie schon sehr stark beschneit waren, erreichte er am 14. Oktober das Jámna-Thal bei Khárfáli, 8374 Fuß, wo er mit seinen Leuten zusammentraf. Von hier aus besuchte er am nächsten Tage die heißen Quellen von Bássu Tára bei Jámnótri. Es sind dies die heißesten und merkwürdigsten unter den Thermen des Himálaya von Gárhvál. Die Temperatur der wärmsten Quelle ist 89° Cels., was bei ihrer Lage von 9703 Fuß Höhe nahezu dem Siedepunkte des destillirten Wassers, 90°- 44 Cels. daselbst, gleich war. Die Jámnaquelle liegt noch etwas höher, bei 10,849 Fuß nach Herbert und Hodgson.

Robert hatte Gelegenheit sowohl hier als an den heißen Quellen zu Bádrinath, zu Gaurikúnd, zu Uri im Bhagiráttí-Thale und tiefer abwärts im Jámna-Thale zu Baudssa eine ziemliche Anzahl von gut schließenden großen Glasflaschen mit Waſſer dieſer heißen Quellen für ſpätere chemiſche Analyſe zu füllen.

Im Jámna-Thale von Khárſáli abwärts gehend, erreichte Robert am 20. October Máſſúri, wo Adolph ebenfalls kurz vorher eingetroffen war.

Adolph war aus Gnárí Khórſum am 19. September über den Nélong- oder Sangkiól-Paß, 18,312 Fuß, nach Gárhvál zurückgekehrt. Sein Weg führte ihn durch Múlba, 8000 Fuß, etwas unterhalb Gangótri.

Vom 1. bis zum 6. October durchzog er die hohe Gletſchergruppe, welche das Bhagirátlithal vom Tonsthale trennt. Weiter abwärts liegt zwiſchen dieſen beiden Thälern noch das Jámnathal; aber hier oben hat das letztere noch nicht begonnen. Der Paß, den Adolph am 4. October überſchritt, iſt der Damkár- oder Hat la-Jáura-Paß, 17,479 Fuß. Im Tonsthale war ihm der Beſuch des Rikarkántaberges wichtig, eines ſchönen iſolirten Gipfels von 12,518 Fuß Höhe im Kamme zwiſchen dem Tons- und Jámna-Thale. Er bietet eine ſehr belehrende Ueberſicht über die Schneeregionen. Adolph verweilte auf dem Gipfel 2 Tage zu phyſicaliſchen Verſuchen und zur Ausarbeitung eines Panoramas; auf das letztere werde ich bei der vergleichenden Beſprechung der Gebirgsformen im weſtlichen Himálaya zurückkommen.

Vom Rikarkánta wandte ſich Adolph in das Jámnathal und ging dieſem entlang nach Máſſúri, wo er am 10. October eintraf.

Adolphs ganze Route von Nélong aus und Roberts Route vom öſtlichen Kamme bei Chinath an, führten durch das „Raj", das nicht engliſche Gebiet von Gárhvál, das unter einem eingebornen Fürſten ſteht. Seine Voreltern waren einſt die Herrſcher auch über das jetzt britiſche Gárhvál und über das durch ſeine Fruchtbarkeit ſo wichtige Déhra-Dun, ein Tiefland, das ſich zwiſchen dem Südrande des Himálaya und der Sewáliketle hinzieht. Eine Zeit lang war dann ganz Gárhvál in den Händen der Ghórkas, welche die

Herrscherfamilie vertrieben und das Land als erobertes Gebiet in jeder Weise ausbeuteten. Worüber noch jetzt am meisten geklagt wird, ist der rohe Sklavenhandel, durch den sie das Land entvölkerten. 1815 machten die großen Erfolge der Engländer gegen die Gorkhas diesem Unwesen ein Ende. Als Eroberer behielten die Engländer nur den östlichen Theil Gárhvâls und das Dehra-Dun als neue Provinzen des indischen Reiches; der westliche Theil Gárhvâls wurde der alten Herrscherfamilie unter Bedingung feudaler Unterordnung, jedoch mit Vollgenuß der inneren Administration und der Rente zurückgegeben. Zugleich blieb (etwas östlich von dem Austritt der Jamna in die Taräi) noch ein kleiner Theil des Himálaya Terrains im westlichen Gárhvâl dem englischen Gebiete reservirt, wo die beiden Sanitarien Landáur und Mássúri angelegt wurden.

Die Entfernung zwischen den Centren dieser beiden Stationen beträgt nur 3 Meilen. Da hier, wie in allen Himálayastationen, die Häuser und Villas sehr weit unter sich abstehen und so über große Flächen sich ausbreiten, sind sich bei ihrer raschen Ausdehnung die Stationen lange schon so nahe gerückt, daß sie ein Ganzes zu bilden scheinen.

Landáur ist die Militärstation mit Kasernen und Invalidenhaus; die Höhe bei der Kirche ist 7369 Fuß. Mássúri, die Civilstation, liegt etwas tiefer; die Kirche findet sich bei 6777 Fuß, das Himálaya Club House, eine nach langen Gebirgsmärschen um so angenehmere europäische Einrichtung, liegt bei 6849 Fuß. In Landáur sowohl als in Mássúri bieten viele Punkte sehr schöne Ansichten der Himálaya-Schneeketten.

Sehr förderlich für die Reisen und Untersuchungen in diesen Theilen des Himálaya war meinen Brüdern das freundliche Eingehen auf all ihre Wünsche von Seiten Mr. Batten's, des Commissioner's (oder obersten Civilbeamten) für Kamâon, und seines Assistenten,

Captain Ramsay. In Nainithâl, wo sie mit Sir James Colvile, damals Lieut.-Gouverneur der Nordwestprovinzen, zusammentrafen, machte sie dieser darauf aufmerksam einen ihm als zuverlässig und unterrichtet bekannten Native Doctor aus Almôra mitzunehmen, der stets als Beobachter für correspondirende Beobachtungen und, bei so großer Anzahl von Reisegefährten, wohl manchmal auch als Arzt von Nutzen sein könnte.

Es bedurfte nur eines Wortes von Sir James um betreffenden Mann, einen Brahman Namens Hárlihen, von der Station Almôra abgetreten zu erhalten. Er war uns immer sehr nützlich, und war, bald mit der einen bald mit der andern Gruppe ziehend, unser steter Gefährte geblieben. Schon im ersten Sommer hatte er in Kumâon auch manche ärztliche Praxis, meist an den Dienern aus Indien, auszuüben. Diese konnten sich nur unvollkommen an das für sie kalte Klima der Mittelgebirge und Hochgebirge gewöhnen.

Küllis und Führer aus den höheren kühlen Theilen des Gebirges schadeten sich häufig durch zu reichlichen Genuß von Früchten, wenn wir in mittelhohe und niedere Regionen kamen. Manches mal war dies selbst nicht ungefährlich und veranlaßte acute Magenübel, auch mit starken Fiebern. Es wurde deshalb von Hárlihen sehr zur Vorsicht aufgefordert; seine Vorschriften gewannen noch dadurch an Kraft, daß die Küllis (verschieden nämlich von den eigentlichen Dienern aus Indien, für welche dieses nicht gebräuchlich ist,) ohnehin ihre Kost in ungekochtem Zustande direct vom Butler geliefert erhielten. Jedem, den man von den verbotenen Früchten hatte genießen sehen, wurde am Abend dieses Tages, zur Zeit der Hauptmahlzeit, seine Ration in entsprechendem Grade verringert.

In Mussúri ist noch General Sir Andrew Waugh's wegen seiner wichtigen correspondirenden Barometerbeobachtungen und wegen der vielfachen interessanten topographischen Mittheilungen aus seinen eigenen Arbeiten mit bestem Danke zu erwähnen. Er war damals Oberst und Chef der indischen Landesvermessung und hatte sein Observatorium zu Bandg-Hill bei Massúri; Höhe des Barometer-Platzes 7549 Fuß.

Simla, Kotgârh, Bisáhir und Kunáur.

Aufenthalt in Simla. Bedeutung als Gesundheits-Station. — Politische Stellung; Lord William Hay. — Die „Crasen". — Character der Landschaft. Jáko-Berg. Monbessicle — Instrumente und Beobachtungen. Nabba-lilhen als Assistent. — Die Stationen Daglhái und Kâssáuli. — Simla bis Sánglu-Brücke Jágu. — Routentrennung in Ragtáuba. — Missionär Prochnow in Kotgârh. — Râmpur; Stadt; Seilbrücke. — Verletzung durch Pferdestoss. Lager am Sâttej. (Taf. XIII. Die Sánglu-Brücke). — Grösse des Flusses. Grossoneffect. Wassermenge, numerische Daten. — Eindruck der Landschaft. — Sángar-Thal und Tári-Pass. Enträthselung der Thalrichtung nach Ablösung und Schichtung. — Gesteinsverwitterung. — Passhöhe. Neigung gegen Nord und Süd. — Pflanzengrenzen. Schneegrenze. Unterirdischer Firn. — Verkehrswege dem Sâttej-Thal entlang. Rechte Thalseite: Chini und Umgebung. Leobaren. Rebencultur. Hohe Seitenkämme. — Linke Thalseite.

In Simla war ich nach mehr als jahrelanger Trennung wieder mit meinen Brüdern zusammengetroffen; von hier aus hatten wir vor, ebenfalls auf mehr oder weniger unter sich getrennten Routen, die Expedition nach den nördlichsten und westlichen Theilen der Gebirge Hochasiens zu versuchen.

Robert, von Central-Indien kommend, war am 25. März 1856 hier eingetroffen. Adolph war in den Nilgiris gewesen, während ich den Winter im Brahmaputragebiete und im Bhután zugebracht hatte; ungeachtet der großen gegenseitigen Entfernung dieser Gebiete traf es sich, daß wir nahe gleichzeitig ankamen, Adolph am 26, ich am 25. April. Beschäftigt mit dem Berechnen der Beobachtungen und dem Ausarbeiten der Reporte, sowie mit Vorbereitungen für die neuen Untersuchungen, blieben wir bis zum 29. Mai.

Robert hatte sogleich nach seiner Ankunft durch die gefällige Vermittlung von Lord William Hay, dem Chef der Station, sehr passend die meteorologischen Instrumente aufstellen können, und wir hatten ein recht hübsches Haus mit Outhouses und Compound (d. h. im Angloindischen mit Nebenhäusern und etwas Areal dazu) zu miethen erhalten, wo auch unsere zahlreichen Begleiter gut untergebracht werden konnten.

Simla ist die älteste der Gesundheitsstationen. Daß gerade hier die erste angelegt wurde, hing mit seiner centralen Lage zusammen. Von den Nordwestprovinzen Indiens die Meeresküste und ein die Kranken nach der Heimat förderndes Schiff zu erreichen war nach der östlichen und nach der westlichen Seite hin nahezu gleich schwierig und zeitraubend; solche Routen lohnten sich nur, wenn damit ein sehr langer Urlaub sich verband. Simla dagegen war verhältnißmäßig nahe liegend, und wurde auch sehr bald der zahlreich besuchte Erholungsort der Europäer.

Die erste Erwerbung von Terrain zum Anlegen einer Gesundheitsstation war ein friedliches Uebereinkommen über Gebietsaustausch zwischen der indischen Regierung und den Rajas von Pattiala und von Rionthal. Ungeachtet des kleinen Grundbesitzes in diesem Theile des Himálaya war die Stellung der Engländer den Eingebornen gegenüber keine schwierige. Es hatten in diesem Theile des Himálaya, wie so häufig in Gebirgsländern, wo die Bodengestalt es gestattet, seit alter Zeit viele kleine unabhängige und unter sich meist feindliche Rajagebiete bestanden. Erst die Nepalesen begannen im Anfange des Jahrhunderts diese Verhältnisse zu ändern, indem sie gegen Nordwesten bis Kángra vordrangen und viele der kleinen Rájas zu Vasallen machten, manche auch ganz vertrieben. Stetig suchten die Nepalesen nicht nur als Beherrscher sondern auch rücksichtslos als Besitzer alles Ertragsfähigen sich auszubreiten. Der Krieg, den die Nepalesen gegen die Engländer begannen, als sie allmählig bis an die Grenzen englischer Besitzes vorgerückt waren, hatte hier wie in Kámáon und Gárhvál zu Gunsten der Engländer entschieden. Zwar ist ihre Lage in Simla etwas dadurch erschwert gewesen, daß ein großer Theil ihrer Truppen unter Ochterlony viel östlicher stand und daß die kleinen Rájas des westlichen Himálaya es nicht wagten gegen einen Staat wie Nepál, dessen Druck sie so schwer gefühlt hatten, offen als Bundesgenossen seines Feindes aufzutreten. Doch nach den Siegen der Engländer mußten sie sich denselben anschließen.

Um die politische Unterwerfung der kleinen Staaten diesen weniger drückend erscheinen zu lassen, wurde von der englischen Regierung das auch in Indien mehrmals angewandte System eines Schutzbündnisses versucht; mit bestem Erfolge. „Protected Hillstates" heißen nun diese Gebiete. Die Sanád, die „Staatsurkunde", welche die Areals der verschiedenen Protected Hillstates feststellt, ist vom 6. November, 1815. Obwohl über ein halbes Jahrhundert bestehend, sind diese Verhältnisse, mit Ausnahme weniger Veränderungen innerhalb der Herrscherfamilien, ganz dieselben geblieben.

Das erste europäische Haus war jenes von Lieut. Roß, allerdings noch sehr einfach aus Balken, Brettern und Lehm construirt und mit Binsen gedeckt; 1822 errichtete Capitän Kennedy ein Gebäude mit Anwendung von Kalk und Steinen und mit festem Schindeldache. Es folgten sich nun rasch zahlreiche Häuser und Villen, etwas unregelmäßig vertheilt in ihrer gegenseitigen Lage, aber günstig mit den Formen des Bergkammes sich verbindend. Zur Zeit unseres Besuches, in der heißen Jahreszeit 1856, waren selbst aus Calcutta viele höhere Beamte und Officiere in Simla, obwohl die Entfernung nach den officiellen Angaben der Postverkehrsanstalten längs der Straße 1097 engl. Meilen beträgt. Damals mußte der Weg per Dâk zurückgelegt werden; gegenwärtig kann fast der ganzen Strecke entlang in der Ebene die Eisenbahn benützt werden.

Der politische Vertreter der englischen Regierung, zugleich Chef der Station Simla, war zur Zeit unseres Besuches Lord William Hay, der auf jede Weise unsere Arbeiten förderte; für die geographisch wichtigen Fragen, welche mit der bevorstehenden Reise gegen Norden sich verbanden, zeigte er das lebhafteste Interesse. „Am liebsten," wie er oft uns sagte, „wäre er, ohnehin im Alter uns nahezu gleich, selbst mit uns gegangen, um wenigstens als solider Shikári mitzuarbeiten."

Auch uns wäre er ein sehr willkommener Reisegeführte gewesen, da er unter anderem mehr als gewöhnliche Schärfe des Blickes für die ethnographischen Verhältnisse dieser Gebirgsländer hatte. Allein im Ernste war leider seiner officiellen Stellung wegen daran nicht zu denken. Es war uns später sehr wichtig geworden, daß Lord Hay noch mehrere Jahre in dieser Stellung geblieben war, da er alle Mühe sich gab, über unseren armen Bruder Adolph bestimmte Nachrichten und schließlich auch einen großen Theil seiner Zeichnungen und wissenschaftlichen Papiere uns zu verschaffen.

Im Winter ist die Station, mit Ausnahme der nöthigsten Wächter für die Häuser und ein wenig Besatzung, verlassen zu nennen; von März bis September ist dagegen ein in Geselligkeit sehr lebhafter Kreis von Europäern hier vereint. Während in Lagen noch wie Calcutta, wo die kühle Jahreszeit erfrischender ist, als in Bombay und Madras, selbst im Winter nur wenig Geselligkeit sich entwickelt, zeigt sich in Simla eine „Season" im englischen Sinne; sie ist auch dadurch gefördert, daß sie nach der in London gewohnten Weise in die Sommermonate fällt. Bälle und Concerte, Picknicke und Liebhaber-Theater sieht man rasch sich folgen; jeden Abend ist der Corso vor dem Dinner zahlreich besucht; allerdings nicht auch des Morgens in gleicher Weise, wie der Maidán zu

Calcutta, weil es hier nicht mehr nöthig ist, ungewöhnlich früh aufzustehen, um einmal wenigstens einige Kühle in der 24-stündigen Tagesperiode zu genießen. Da uns solch lebhafter, gesellliger Verkehr seit unserer Abwesenheit von Europa hier das erstemal wieder entgegentrat, waren wir in der Lage, unbefangener als bei fortgesetztem Genusse desselben darüber zu urtheilen. Ich gestehe, daß ich es wieder ganz willkommen fand. Gerade nach langer Entbehrung europäischer Geselligkeit schätzt man ihre anregenden Reize; die kleinen Fesseln der Mode und der Etiquette drücken doch sehr wenig. — Die Ausgaben für das Leben in Simla sind auch für indische Verhältnisse bedeutend; der Preis der Wohnungen ist stets sehr hoch und alle europäischen Artikel für Haushalt und Garderobe sind sehr theuer, hier wie überall bei großer Entfernung von den Hafenstädten.

Im vergangenen Sommer, August 1869, war der dem indischen Leben so sehr widersprechende Fall eingetreten, daß ein eingeborner Fürst, der gleichzeitig mit Lord Mayo, dem Vicekönig von Indien, dort sich aufhielt, der Maharâjah von Udipur, in Simla einen großen Ball gab und sogar selbst im Tanze mit Lady Mayo den Ball eröffnete. Nach indischen Blättern soll dies so sehr gefallen haben, daß Nachahmung nicht fehlen wird. Doch zur ernsten Theilnahme an europäischer Geselligkeit bedürfen selbst die Fürsten in Indien noch weit mehr, als man erwarten möchte, des Standpunktes höherer Bildung.

Außer dem geselligen Verkehr in der Station bieten sich für die nächsten Umgebungen nach vielen Seiten angenehme Excursionen mit schönen Reitwegen und meist auch mit gut vertheilten Bángalos, die wenigstens Schutz gegen Sonne oder Regen bieten. Für Proviant jeder Art muß von Simla aus gesorgt werden, häufig geschieht es auch, daß die Gesellschaft zu zahlreich wäre, um Ansprüche zu machen. Excursionen in die noch ziemlich warmen üppigen Tiefregionen sind für solche, die ohnehin als Reconvalescenten in Simla weilen, stets etwas gefährlich.

Von unseren Gesundheits- oder Badeorten in Europa ist Simla ungeachtet seines zahlreichen Besuches dadurch noch verschieden, daß man hier, selbst mehr so als in englischen Seebädern, fast nur Engländer findet. Zur Zeit unseres Aufenthaltes sahen wir in Simla noch den Herzog von Valambrosa aus Italien, der bei einer Reise durch die indische Halbinsel hier eine kleine Pause machte.

Die Häuser der Station liegen auf den beiden Abhängen eines Kammes, der sich hier ziemlich von Norden nach Süden zieht, so daß von beiden Seiten Ueberblick sich bietet, sowohl nach der Ebene, die geradlinig gegen den zunächst gelegenen Rand nur 30 bis 35 Meilen entfernt ist, als nach den Schneebergen des Gebirgskammes, dessen nächste Gipfel 50 Meilen gegen Norden liegen. Die Höhe des Kirchenplatzes ist 7156 Fuß über dem Meere, was ziemlich der mittleren Höhe der ganzen Station entspricht. Die Höhe des von uns bewohnten Hauses, Ain cottage oder „Erlenhütte," fanden wir 7026 Fuß. Der Sátlej nördlich von Simla, hat, wo Robert die heißen Sánt-Quellen an seinem Ufer besuchte, eine Höhe von 2127 Fuß; Entfernung von Simla 12 Meilen. Den besten Punkt zum Ueberblicken der Schneeketten bietet der Gipfel des Jáloberges, an 1000 Fuß höher als die Station, zwei Meilen östlich davon gelegen.

Die Zeichnung derselben bildet den Gegenstand des fünften Panoramas; ich werde die Details der Gipfel bei der allgemeinen vergleichenden Erläuterung der Kammlinie des westlichen Himálaya besprechen.

Die Ansichten der Schneegipfel und des Firnkammes in den östlichen Theilen des Himálaya, in Sikkim, sind entschieden gewaltiger; sie werden wohl auf der ganzen Erde nicht übertroffen, kaum erreicht werden. Was jene am meisten hebt, ist der Gegensatz zwischen der Höhe der Firn- und Eismassen des Hauptkammes und der Tiefe der Thäler; zur Frühlingszeit war der Effect der Thäler um so lebhafter weil mit dem Grün rasch die Blüthenfülle in mannigfaltiger Farbenpracht hervortrat. In den Simla-Umgebungen, überhaupt in dem ganzen westlichen Theile des Himálaya, giebt es dagegen ein anderes Element der Schönheit, welches specifisch zur Hebung des Gesammteindruckes mitwirkt: es sind dies die größeren Massen hoher Mittelgebietes. Contouren und Lichteffecte werden dadurch ruhiger und zugleich kräftiger in ihrer Wirkung. Günstig ist noch der Umstand, daß uns hier das Klima gestattet, wochenlang jene Reize in unmittelbarer Anschauung zu genießen, die man im nebligen Ostgebiete des Himálaya in ungleich kürzeren Momenten fassen und vergleichen muß.

Sehr effectvoll ist vom Jálo aus der Ueberblick über die Ebene, gehoben durch das mächtige Strombett des Sátlej mit seinen zahlreichen Nebenflüssen. Zur Zeit unseres Aufenthaltes, im Mai, war wegen der großen Hitze in Hindostán sowohl als im Pánjáb die Aussicht nach den Ebenen meist durch massenhafte Suspension von festen Körpern getrübt, die durch heftige trockne Luftströme in der Form von Staubstürmen aufgewirbelt werden. Während der Regenzeit sind neblige Trübungen das vorherrschende und zwar reichen die Nebel nicht selten, ungeachtet der mit der Tiefe rasch zunehmenden Temperatur, sehr weit in die Thäler, bisweilen selbst bis in die Taráī herab; doch giebt es bei Unterbrechungen des Regens ausnahmsweise in dieser Periode sehr ausgedehnten und klaren Ueberblick. Es haben sich dann in der Ebene breite Flußstellen und andere grelle Gegenstände noch in Entfernung von 40 engl. Meilen vom Gebirgsrande oder 70 Meilen vom Standpunkte erkennen lassen. Eines sehr lieblichen Effectes der Ebenen erinnere ich mich, den ich in Simla bei einer schönen Mondbeleuchtung gesehen habe. Er war dadurch hervorgebracht, daß aus der metallisch schimmernden aber in ihren Undulationen noch immer abwechselnd genug sich zeigenden Bodenfläche die breiten Ströme glänzender und gewaltiger noch als ich es je bei Tagesbeleuchtung gesehen, sich hervorhoben. Die fernen Schneegipfel des Hauptkammes waren diese Nacht nicht zu sehen, weil gegen

Norden wollen standen. Bei klarem Himmel ist die Schneekette in Mondbeleuchtung als zusammenhängendes Ganze sichtbar; daß in solchen Nächten mit Bestimmtheit einzelne der Gipfel erkannt werden, ist selten. In der Mittelregion sind es die dunkle Farbe der Bewaldung und die Tiefe enger Thäler, welche die leuchtende Wirkung des Mondes beschränken; was man aber in den Mittelregionen recht deutlich hervortreten sieht, ist das Profil der Abhänge, unter anderem auch die Veränderung der Neigung von dort nach abwärts, wo die Einwirkung der Erosion beginnt. Dies erregt dann um so mehr die Aufmerksamkeit, weil das Gesammtbild nun in seinem Effecte ein einfacheres geworden ist als bei Tage; wenn der Standpunkt es begünstigt, läßt sich bei solcher Beleuchtung auch die Vertheilung der stets mit weißen Wänden versehenen Bángalos und Villas rascher als bei Tage überblicken.

Die Terrainverhältnisse von Simla gegen die Ebene sind für die Zugänglichkeit der Station sehr günstig; Adolph und ich machten den gewöhnlichen Weg von Ambála über Pindúr und Sabáthu per Dâl; Robert war über Rabán auf einer mehr östlichen Route, in Märschen, gekommen. Die Tarái ist überall schmal und zu jeder Jahreszeit leicht zu passiren. Wälder hochstämmiger Bäume (wie sie an anderen Stellen der Tarái vorkommen, wenn auch selten) fehlen längs dem Simla-Rande des Himálaya; es scheint, daß die bedeutende Tiefe des Grundwassers sie beschränkt. Die geologische Periode ist hier wie in der Tarái von Nepál und Sikkim die Tertiärzeit; etwas Braunkohle hat sich auch hier an mehreren Stellen gefunden. Gegen das Innere folgen crystallinische Schiefer.

Um nicht zu sehr von der Linie der geringsten Entfernung zwischen Simla und der indischen Ebene abzuweichen, führt hier die als gewöhnlicher Verkehrsweg angelegte Straße über einige nicht unbedeutende Kämme in den Vorbergen, und so geschieht es, daß der Weg, sehr verschieden von jenem nach Darjiling, mehrmals bedeutend steigt und fällt. Sabáthu, ein Fort mit ziemlich zahlreicher

Besatzung, die mehr wegen des günstigeren Klimas als wegen Gefahr in der Nachbarschaft hier zusammengezogen ist, ist der erste größere Ort, durch welchen der Weg von Ambála führt; Höhe 4205 Fuß. Alles ist hier sehr sorgfältig bebaut, die Abhänge durch Anlage von Terrassen. Die Umgebungen von Sabáthu sind dicht bevölkert; nach jeder Richtung hin zeigen sich Dörfer und vereinzelte Gehöfte. Von Blumen sind Obstbäume zahlreich und mannigfaltig, so weit die Cultur reicht; aber Laubwald fehlt hier in den Vorbergen ganz, auch in den oberen Theilen derselben, die schon hier 7000 bis 8000 Fuß erreichen; auf den Nordabhängen der Berge sieht man einige Nadelholzbestände. Von Sabáthu gegen Simla steigt man noch einmal zu 2700 Fuß herab, wo eine hübsche Hängebrücke über den Gámbarfluß führt.

Unsere magnetischen Instrumente stellten wir auf einem kleinen Seitenkamme auf, 3 englische Meilen südwestlich vom Native Bazar bei 7091 Fuß, 65 Fuß niederer, als die Station bei der Kirche. Dieser Platz war uns deshalb wichtig, weil, mit dem 19. Januar 1841 beginnend, eine mehrere Jahre fortlaufende Reihe von magnetischen und meteorologischen Beobachtungen hier gemacht wurde, von General Boileau. Vor unseren Beobachtungen in Simla hatten wir Gelegenheit gehabt, mit ihm über die Lage seines Observatoriums und über verschiedene der wichtigsten Resultate zu sprechen. Es ist sehr zu bedauern, daß 1857 seine Papiere, die in nächster Zeit veröffentlicht werden sollten, während des Aufstandes vernichtet wurden.

Sehr günstig war es für uns, daß wir hier durch unser Zusammentreffen vor dem weiteren Marsche nach Norden in der Lage waren, mit allen unseren magnetischen Instrumenten und Chronometern eine genau eingehende Vergleichung vornehmen zu können. Auch jene physikalischen Instrumente, deren Correctionen Veränderungen unterworfen sind, (wie Barometer, Thermometer &c.) wurden hier auf's neue untersucht; das letzte Mal war dies zu Calcutta im März 1855 geschehen. Während unserer Wanderungen in den Gebirgen nördlich und nordwestlich von Simla verschaffte uns Lord Hay sehr gute correspondirende meteorologische Beobachtungen, die Rádhá-Kishen, der Lehrer an der Gouvernement-Schule, auszuführen beauftragt wurde. Die Instrumente, welche wir zurückließen, hatten wir selbst aufgestellt und verglichen; die Ablesungen wurden um 6^h, 10^h, 2^h, 4^h und 10^h gemacht und von Mai bis December fortgesetzt.

Außer Simla sind noch zwei andere Stationen in den Umgebungen als Gesundheitsstationen organisirt, und zwar beide als Militär-Stationen. Die eine ist Dagshái, 16 Meilen südsüdwestlich von Simla, dem Rande bedeutend näher, auch etwas niederer als Simla, 6025 Fuß. Die andere, Kassáuli, liegt südlich von Sabáthu, bei 6650 Fuß. Ungünstig ist es zu Kassáuli, daß die Station nur während der Regenzeit und der zunächst folgenden Periode des Jahres hinlänglich mit Wasser versehen ist; außerhalb dieser Zeit muß sehr häufig das Wasser heraufgetragen werden; während 4 Monate vor dem Beginn der Regenzeit sind dazu ganz regelmäßige Transporte auf Zebu-Ochsen eingerichtet; die Quellen liegen 848 Fuß unterhalb der Station. Das Gestein ist crystallinischer Schiefer, dessen Schichten wegen sehr starker Klüftung dem tiefen Sinken des Grundwassers nicht genug Widerstand bieten.

Vor dem Aufbruche von Simla war noch die Wahl der Marschrouten ein Gegenstand, den wir eingehend zu besprechen hatten. Im westlichen Himálaya sind nämlich auf der indischen und auf der tibetischen Seite die Richtungen des Hauptkammes und seiner Verzweigungen nicht mehr so einfach als in den etwas östlicher gelegenen Theilen. Es treten jetzt, dem Alpengebiete in Europa ähnlich, verschiedene Massivs, Centren ähnlich, hervor, von denen sich sowohl in der allgemeinen nordwestlichen Richtung, als auch rechtwinklig darauf die Gebirgsstämme fortsetzen. Für die Durchwanderung des Landes war deshalb eine größere Anzahl von Paßüberschreitungen nothwendig; die Versorgung mit Begleitern so wie mit Lebensmitteln war bei Wahl verschiedener Routen um so schwieriger, je weiter und je länger wir uns trennten. Wir bestimmten unsere Routen in der Art, daß mich die östlicheren trafen, womit der Besuch der tibetischen Salzseen sich verband; Adolph und Robert gingen zusammen bis Kárdong in Lahól, dann Adolph auf der westlichsten Linie nach Báltí, Robert nach der Hauptstadt von Ladák, wo Robert und ich zusammenzutreffen hatten. Der etwaige Erfolg eines weiteren Vordringens gegen Norden ließ sich natürlich zur Zeit noch nicht mit Bestimmtheit beurtheilen; jedenfalls sollte auch dies längs zwei verschiedenen Routen versucht werden. Am 29. Mai brachen wir von Simla auf; Nachtlager hatten wir noch gemeinschaftlich in Jágu und in Naglánka. Bei Jágu fanden wir sehr schöne Deodara-Cedern, das erste Mal in genügender Menge sich zeigend, um als Theil des landschaftlichen Bildes hervorzutreten. In Simla kommen sie in Anlagen und Gärten vor und, vereinzelt, auf den Bergen der Umgebung. Auch in Kümáon und Gárhvál finden sie sich, aber dort noch seltener. Zahlreicher sah sie Hooker im Kósi-Gebiet von Nepál. Bemerkenswerth ist, worauf Hooker aus dem Vergleiche der Varietäten an den verschiedenen Standorten und in den europäischen Gartenculturen hingewiesen hat, daß die Ceder des Libanon als eine abnorme Varietät der Himálaya-Deodara zu betrachten ist. Cedern, die mit der Himálaya-Deodara identisch sind, finden sich gegen Westen noch bis Afghanistán.

Für Europäer, welche an das Vorherrschen gesellger Baumformen gewöhnt sind, hat der Anblick von Wäldern, wie sie hier sich bieten, nicht nur, ungeachtet der etwas verschiedenen Pflanzenformen, heimathlichen Reiz: wenn man solchen Anblick lange entbehrt hat, tritt auch die Seite seines absoluten ästhetischen Werthes desto deutlicher hervor. In der Ueppigkeit tropischer Vegetation bringt der zu bunte Wechsel in Farbe und Formen Unruhe in das Bild, es erschwert die Einzelheiten ihrem Werthe entsprechend richtig zu beurtheilen. In Wäldern wie diese zeigt die eine mächtige Pflanze, die in allen Graden der Entwicklung, auch der Position und Beleuchtung, uns umgibt, die Schönheit ihrer Formen um so bestimmter.

Naglánda, einem sehr hübsch an einem Passe gelegenen Dak-Bangalo, 675 Fuß über Simla, erreichten wir am 30. Mai des Abends. Von hier ging am 31. der Weg meiner Brüder nördlich, der meine nordöstlich dem Sutlejthale entlang bis Sángtu. Ich gestehe, daß wir ungeachtet der besten Wünsche des Erfolges an jenem Morgen die Schwierigkeiten uns nicht verhehlen konnten, die vorlagen, um bis in die noch gar nicht besuchten Gebiete gegen Norden von Tibet vorzubringen.

In Kotgárh, meiner nächsten Station, hatte ich das Vergnügen, deutsche Landsleute zu treffen, den Missionär Prochnow mit Familie, die mich schon in Simla brieflich auf ihre „Existenz in diesen fernen, sonst leicht zu übersehenden Plätzchen" aufmerksam machten. Ich fand bei ihnen nicht nur die herzlichste Aufnahme, sondern erhielt auch verschiedene mir sehr interessante Mittheilungen über die Einzelheiten der verschiedenen Racen, welche diesen Theil des Himálaya bewohnen. Längere Zeit noch nach meiner Abreise sorgten sie für eine recht vollständige Reihe der verschiedenen hier vorkommenden Holzarten, indem ich ihnen durch Dorr Hay's Vermittelung während meiner Abwesenheit Arbeiter zum Baumfällen zur Verfügung stellen konnte. Diese machten, wie ich es analog den früheren Arbeiten bestimmte, cylindrische Baumdurchschnitte, die auf die Structur des Holzes untersucht und verglichen werden konnten. Herr Prochnow sandte mir außer Blüthen und Blättern zur Speciesbestimmung eine sehr vollständige Angabe der Baumnamen bei den Eingebornen.

Das Gebiet von Kotgárh ist wohl das kleinste unter jenen, die als selbstständige Hillstates anerkannt wurden. Seine Oberfläche gab mir Missionär Prochnow zu 30 engl. Quadratmeilen oder nicht ganz 1½ deutschen ☐Meilen an. Früher war es noch etwas größer, aber nur sehr wenig, nämlich um die Purgánnah Sindroch, welche für ein Cantonnement indischer Besatzung zum Schutze Simlas von dieser Seite her zurückbehalten wurde. Die nächste größere Station, die ich bald nach Kotgárh erreichte, war Rámpur, der Sitz des Rája von Bisáhir. Das Städtchen liegt 120 bis 180 Fuß über dem Niveau des Flusses, die Höhe des Sátlej über dem Meere fand ich 2912 Fuß. Die Bauart der Häuser war jene mit hohen Giebeln, wie ich sie in Nepál zu erwähnen hatte. Einen Dak-Bángalo gab es nicht mehr, aber wenigstens einen Dharamsála, „eine öffentliche Halle" für Reisende. Solche Dharamsálas sind geräumig aber düster und unreinlich im Innern, wie meist die Gebäude der Eingebornen; so war es auch hier. Der Verkehr längs dieser Route ist gerade im Mai und in der ersten Hälfte des Juni am lebhaftesten. Zu dieser Zeit sind die Pässe schon schneefrei, und die Wege im Himálaya-Gebiete mittlerer Höhe sind noch nicht durch Regen so unwegsam, wie sie es wenige Wochen später an so vielen Stellen werden. Diesmal, am 2. Juni, fand mein Butler, der wie gewöhnlich mit Dienerschaft und den zum Kochen und Quartieraufschlagen nöthigen Gegenständen des Gepäckes einige Stunden Vorsprung hatte, den Dharamsála „besetzt"; doch wurde mit der in diesem Gebiete gewöhnlichen Rücksicht für Europäer sogleich durch des Rája Púns Platz gemacht. Es hatte dies allerdings seinen Werth für mich, da ich nun bei meiner Ankunft alles in Ordnung fand, während die Zelte erst einige Stunden später folgten; man hatte vorausgesetzt, an diesem Tage ihrer nicht zu bedürfen. Monate lang folgten nun keine solchen Quartierhäuser mehr, was weniger mir als meiner aus Indien kommenden Begleitung unerwartet war.

Der Ueberblick des Sátlej-Thales von einer Felsenstufe kurz vor dem Eingange in die Stadt war sehr günstig gewesen; sobald ich im Dharamsála meine Sachen in Ordnung sah, eilte ich wieder nach dieser Stelle zurück, um eine Aquarellskizze aufzunehmen (Gen.

Nr. 448), die im ersten Theile des Atlas der „Resulte" erschienen ist, Tafel III. Die Schneegipfel, die man hier sah, waren 19,000 bis 20,000 Fuß hoch und noch ziemlich entfernt, also von mittlerer Größe für Himálaya-Landschaft; die Abhänge des Thales waren sehr einladend, parkähnlich, mit prächtigen Magnolia-Bäumen, zur Zeit in Blüthe, und mit einer glänzenden Grasdecke geziert. Beleuchtung und Luft trugen dazu bei, diesen Nachmittag das Bild zu heben; es war die schöne Stimmung eines mehrere Stunden anhaltenden Aufklärens an einem milden Regentage. Im Mittelgrunde zeigte sich als einzige Häusergruppe in der Landschaft das Fort von Rámpur.

Sehr deutlich ließ sich hier an der veränderten Neigung des Bergabhanges überall erkennen, wo die Erosion des Sátlejstromes einst begonnen hatte.

Bei der Statt war eine sehr einfach construirte Seilbrücke, zu meiner Zeit aus 12 starken Seilen bestehend, über den Fluß gelegt. Construction und Art des Ueberfahrens waren dieselben, wie jene im Amartajú-Thale in Bhután (Bd. II. S. 114). Hier ist die Benützung durch die bedeutend größere Breite des Sátlej wesentlich erschwert. Die Seile müssen ziemlich oft erneuert werden, und es ist stets Vorrath bereit gehalten. Dies machte mir auch möglich, hier nicht nur von dem Seilmateriale hinlänglich anlaufen zu können, um in unserer Sammlung im Kleinen eine solche Construction wieder herzustellen, ich fand auch ein Exemplar jenes gekrümmten Holzes vorräthig, das auf den Seilen nach der einen oder anderen Seite gezogen wird, während der Reisende, oder die über den Fluß zu bewegende Last in einer Seil-Curve ruhen, die von beiden Enden des Holzes nach abwärts hängt.

Mein Plan war, von Rámpur nur bis zur Abzweigung des Weges nach dem Táripasse dem Sátlejthale zu folgen, doch wäre ich fast in die Lage gekommen, meine Route gegen meinen Willen zu ändern.

Am 5. Juni sollte des Abends bei der Längtubrücke das letzte Lager im Sätlesthale aufgeschlagen werden. Etwa 2 Meilen von der Stelle des Lagerplatzes entfernt, wo der größte Theil meiner Begleiter und meines Gepäckes schon eingetroffen sein mochte, sah ich noch 2 Lastpferde mit einem der Leute vom Gepäcktrain mir folgen; ich selbst hatte des schlechten Weges wegen mein Reitpferd kurz vorher dem Süis, oder Pferdewärter, an die Hand gegeben und war, nur mit dem Steinhammer versehen, zurückgeblieben, da die Tageszeit mir erlaubte, ohne mich eilen zu müssen, Steine, Pflanzen und was etwa sonst sich bot, in Muße mir anzusehen. Als die Pferde an mir vorüber geführt wurden, war die Stelle des Weges mit sehr großen kantigen Steinen bedeckt, das letzte der beiden Pferde stolperte, fiel, und zwar nach der Seite zu, wo ich stand, und stieß mich dabei den Abhang einer Schutthalde hinab. Der Abhang war nicht steil, und alles sah so wenig schlimm aus, daß der Mann bei den Lastpferden sich weiter gar nicht nach mir umschaute; ich selbst fühlte etwas Schmerzen am Fuße, glaubte aber, dies würde bald vorüber sein. Doch als ich nun wieder aufstehen wollte, zu gehen, zeigte sich sogleich die vollkommene Unfähigkeit des Auftretens mit dem rechten Fuße, so daß es mir absolut unmöglich wurde, selbst über die Halde nur bis zum Wege herauf mir fortzuhelfen. Meine Lage wurde um so peinlicher, weil die Nacht einbrach, ohne daß auch nur irgend ein Geräusch das Nahen eines Menschen mich hätte hoffen lassen. Mit der den Eingeborenen eigenthümlichen Apathie hatte der Mann, der mich hatte fallen sehen, gar nicht erwähnt, daß mir etwa eine Verletzung zugestoßen sein könnte, bis dann die Dunkelheit allen meine Abwesenheit auffallen machte. Endlich brach doch mein Butler auf, mit einigen Kulis und einem Reitpferde für mich. Nichts konnte mir willkommener sein, als das Nahen einiger Lichter in der Ferne zu bemerken; bald hatte auch mein Rufen die

Leute auf mich aufmerksam gemacht. Mein Fuß war so empfindlich geworden, daß ich das Pferd nicht benützen konnte, sondern daß ich die ganze Strecke in einer aus Kleidern und Turbantüchern improvisirten Hängematte getragen werden mußte. Der Schuh, obwohl ein im Gebirge so wichtiger Gegenstand meiner Ausrüstung, mußte durch Zerschneiden losgelöst werden, und es zeigte sich nun, daß die Mittelfußknochen des rechten Fußes sehr stark gestoßen sein mußten. Ich versuchte sogleich nasse Umschläge, aber sie schienen die Schmerzen nur zu vermehren. Der „Native Doctor" Hartisheh, der früher mit meinen Brüdern, diesmal, zu meinem wesentlichen Vortheile, mit mir gezogen war, schlug mir nun vor, eben weil das kalte Wasser und der Druck der feuchten Tücher mir Schmerzen machte, etwas ganz Verschiedenes zu versuchen, nämlich die Einreibung einer Salbe von Terpentin und Kampfer, die er unter meinen Medicamenten vorräthig hatte. Ich gestehe, ich ließ mich ungern darauf ein, da ich eine größere Reizung befürchtete; aber diesmal hatte der Native Doctor Recht gehabt. Schon nach kurzer Zeit fühlte ich wesentliche Erleichterung, und konnte auch die Nacht hindurch leidlich schlafen. Drei Tage mußte ich hier Halt machen. Da die Schmerzen rasch nachließen, konnte ich wenigstens die beiden letzten Tage, wenn auch noch etwas hinkend, mit magnetischen Beobachtungen, mit der Bestimmung der Wassermenge und mit einer Farbenskizze des Sátlej Thales (Gen. Nr. 446) mich beschäftigen, welche hier als Tafel XIII. vorliegt.

Die Höhe des Sátlej ist 4932 Fuß; sie ist größer, als dies in manchen anderen Flußgebieten auf der südlichen Seite des Himálaya einer gleichen Entfernung vom Gebirgsrande gegen das Innere entspräche. Und doch war einst der Sátlej hier noch an 1200 Fuß höher, über 6000 Fuß, und zwar ohne alle Veränderung in der Stellung der Schichten der umgebenden Gesteine: denn als wenigstens so groß läßt sich hier die Tiefe der allmähligen Erosion erkennen; nirgend sah ich ein deutlicheres Bild derselben.

Das Thal ist so enge und die Höhendifferenz ist so bedeutend, daß man am Ufer des Flusses in einem riesigen Graben steht und nach jeder Richtung hin nur den erodirten Raum überblickt. Der Effect wird noch dadurch gehoben, daß der Bángar-Fluß aus dem Bángluthale auf der rechten Seite des Súllejthales einströmt, und daß er, wie dies in den unteren Theilen von Seitenflüssen so häufig der Fall ist, eben so tief wie der Hauptfluß in die Felsenmasse eingeschnitten ist. Zwischen beiden Flüssen zieht sich vor ihrer Vereinigung eine mit dem Erosionsrande nahezu gleich hohe Felsenmasse hin; sie ist der Rest einer früheren massiven Ausfüllung in diesem Theile des Thales. Die Felsenoberflächen sind kahler, ziemlich dunkler Gneiß; an vielen Stellen zeigen sich kleine Flächen mit mattenartigem Grase bedeckt; Bäume fehlen ganz, nur einige Gesträuche bemerkt man bei genauerer Analyse in der Nähe des Flusses selbst.

Ueber die Zeitdauer, welche eine Erosion erfordert, wie sie im Himálaya vorliegt, kann man auch nicht annähernd positive Begriffe sich machen, dagegen läßt mit Bestimmtheit sich erkennen, daß sie ganz unserer neuesten geologischen Periode angehört, die zugleich als jene definirt wird, in welcher noch keine allgemeinen meßbar großen Hebungen und Senkungen vor sich gegangen sind.

In verhältnißmäßig neuester Zeit hat sich die Lage des Flußbettes nicht nur vertieft, sondern auch etwas verschoben; es ist mehr nach der Nordseite gerückt.

Es zeigt sich nämlich jetzt mehr als die Hälfte der Thalsohle auf der linken Seite mit großen Geröllstücken bedeckt, und das Rinnsal hat sich in seiner gegenwärtigen Lage so sehr vertieft, daß diese Geröllpartie auch während der Zeit des Hochwasserstandes gegen Ende der Regenzeit trocken bleiben.

Strömung und Wassermenge lassen sich sogleich als jene eines mächtigen Gebirgsstromes erkennen. Das auch bei niederem Stande trübe Wasser hat sehr starkes Gefäll und rauscht donner-

Cap. V. Der nordwestliche Himálaya ic. ic.

ähnlich in seiner Fortbewegung. Die Gelegenheit, in Indien sowohl als in den Gebirgen Hochasiens so viele Ströme zu untersuchen, die so bedeutend mächtiger sind, als jene in Europa, war für die hydrographischen, auch für viele der geologischen Fragen sehr belehrend. Die Ergebnisse werden im VI. Bande der „Resulte" gegeben. Die numerischen Daten über die Dimensionen des Sátlej seien auch hier mitgetheilt, weil sie ein so charakteristisches Beispiel eines mächtigen Himálayaflusses sind. Zugleich bieten sie ein Material zu Vergleichung mit dem in seiner Art wieder so verschiedenen Brahmapútra im Tieflande, dessen ich in Assám (Bd. I. S. 458) zu erwähnen hatte. Daß ich nicht öfter bisher solche Zahlenangaben brachte, war dadurch veranlaßt, daß ich die Reiseberichte als solche nicht zu sehr ausdehnen wollte; nicht weniger schien mir nothwendig zu berücksichtigen, daß Zahlenangaben überhaupt mit einer beschreibenden Darstellung deshalb nicht in großer Menge sich verbinden lassen, weil sie ein ganz verschiedenes Princip der Anordnung des Materials erfordern. Solche müssen der Natur der wissenschaftlichen Gegenstände nach geordnet sein; es muß z. B. alles Geologische, und innerhalb dieser Gruppe als solches wieder das Hydrographische, zusammengestellt sein, u. s. w.

Die Messungen des Sátlej ergaben Folgendes:

Breite des Strombettes, so wie gegenwärtig zwischen
den Felsen eingeengt . . . . 98·7 F.
Höhe der Brücke über dem Wasser . . . . . . 66·4 F.
Höhe der Wassermarke des jährlichen Hochwasserstandes über dem Niveau vom 5. Juni . . . . . 17·6 F.
Tiefe des Sátlej (Mittel des Tages)
   a bei 24 F.   17·25 F.
   b „ 50 F.   20·9 F.
   c „ 75 F. Abstand vom rechten Ufer . . 18·3 F.
   d „ 86 F.   16·25 F.
Basis für die Schnelligkeit des Strömens = aa' . 274·7 F.

Zeit des Holzschwimmers
längs der Linie *aa'* . . .
{ abgelassen von a . 34·5 Secunden.
„   „   b . 32   „
„   „   c . 30   „ }

Oberflächen-Geschwindigkeit (wegen der verhältnißmäßigen Enge an dieser Stelle sehr gleichmäßig) in 1 Secunde Mittel . . . . 8·57 F.

Bestimmung der Wassermenge bezogen auf Fläche des Durchschnittes von 1497 ☐F. (graphisch abgeleitet) und mittlere Geschwindigkeit von 7·75 F. (vermindert wegen Unterschiedes zwischen Oberflächen- und Bodengeschwindigkeit) in 1 Secunde 11,600 Cub.-F.

Farbe des Wassers, mit Prisma bestimmt, das so gehalten wurde, daß es das Licht, das der Oberfläche parallel auf das Glas fällt, nach oben reflectirt, ... Grün, ziemlich dunkel.

Diaphanometer (weißer Cylinder von Marmor, der zur Bestimmung der Durchsichtigkeit angewandt wurde) verschwand in einer Tiefe von . . . . 0·43 F.

Da die höchste Wassermarke der in jedem Jahre ziemlich regelmäßigen Hochwasserzeit nahe um so viel höher steht, als die ganze mittlere Tiefe des Flusses anfangs Juni betrug, so ist für die Hochwasser-Periode die durchströmende Wassermenge auf reichlich das doppelte Quantum zu schätzen, da ja, eben weil die Uferränder nicht vertical sind, die Breite des Flusses sich dann vergrößert, auch die Geschwindigkeit des Stromes. (Die großen Ströme Indiens haben in ihrem tieferen Laufe noch bedeutend größere Wassermassen, ich erinnere daran, daß sich für den Brahmaputra zur Zeit seines niedersten Wasserstandes 318,200 Cubikfuß in 1 Secunde ergeben hatte.)

Periodische Schwankungen der Wassermenge lassen sich an Flüssen wie hier der Sutlej vom Frühling bis zum Spätherbst auch in der

Tagesperiode beobachten; diese hängen damit zusammen, daß das Schmelzen des Schnees, später des Firnes und Gletschereises während der Tagesperiode sich bemerkbar macht. In Lagen wie hier kann das Steigen, so weit es auf die tägliche Periode allein sich bezieht, 4 bis 5 Zoll erreichen. Die Zeit des Eintritts wird um so weiter in die Stunden der Nacht oder des frühen Morgens hinausgerückt, je größer die mittlere Entfernung der Firnmulden und Gletscher von der Beobachtungsstelle ist. Die zur Berechnung angewandten Tiefenangaben sind, weil auf den ganzen Tag zu beziehen, das Mittel aus dem höchsten und dem tiefsten Stande während 24 Stunden.

Der Eindruck der Landschaft fesselt hier vor allem durch riesige Größe. Die Abhänge sind stark geneigt und erscheinen ihrer Dimensionen wegen leicht steiler als sie sind, bis man sie zeichnet und mißt. Gewöhnlichen Beobachtern, wie zum Beispiel unseren eingeborenen Begleitern, erschien unter solchen Umständen alles „beinahe vertical"; die Täuschung wird in der That dadurch leicht erhöht, daß man eine Contour stets zu steil sieht, wenn man ihr nicht so gegenübersteht, daß sie richtig die Profillinie des Gegenstandes, vom Standpunkte des Beobachters aus, bildet.

Der zwischen dem Sátlej und dem Ránglu sich vorschiebende Felsendamm hat nach links (im Sinne der Thalseite), wo die Köpfe der Schichtung anstehen, eine Neigung von 60 bis 65°, nach rechts, den Schichten entlang, 45°. Die Abhänge des Sátlejthales oberhalb der Ránglueinmündung sind an den steilsten Stellen der linken Seite 40 bis 45°, rechts nicht ganz 40°.

Feste Brücken über den Sátlej oder Indus sind sehr selten, sobald diese Flüsse einmal den oberen flachen Theil ihres tibetischen Laufes verlassen haben; daß hier noch eine Brücke sich findet, ist für solche Lage eine große Ausnahme.

Günstig war es hier für die Construction einer Brücke, deren Basis auf losem wenn auch noch so großem Gerölle nicht hätte auf-

gestellt werden können, daß ziemlich nahe der Mitte der ganzen
Thalbreite noch ein starker anstehender Felsen sich erhalten hatte.
Der Brückenbau ist einfach und nicht unpractisch.

An den beiden Ufern sind nämlich massive thurmähnliche Häuschen angebracht, in deren unterem Theile eine dreifache Lage mäßig
ansteigender Tragebalken eingemauert sind; das eine Ende dieser
Balken ist in die Felsen des Ufers eingerammt, während das andere
noch ziemlich weit über die als Stütze dienenden Thürme gegen die
Flußseite hervorsteht. Auf die Enden dieser Ufer-Constructionen,
welche die Länge der noch herzustellenden Brücke nicht unwesentlich
verkürzen, sind nun Baumstämme von der nöthigen Länge befestigt
und mit querliegenden Planken bedeckt. Die Ausführung, und mehr
noch die Unterhaltung, lassen sehr zu wünschen übrig. Der Boden
der Brücke ist so ungleich, daß Pferde sehr leicht stolpern und stürzen; dabei ist das Geländer in sehr unvollkommenem Zustande, mehr
eine Ruine der ersten Anlage zu nennen.

Die Brücke soll früher, bis zu den Uebergriffen der Nepalesen
in diese Gegenden, weit besser auch in der practischen Ausführung
gewesen sein. Anfangs 1800 wurde sie zur Erschwerung des Vordringens der Nepalesen gegen Norden und Westen von den Bewohnern des Sátlejthales absichtlich zerstört. Nach dem Zustandekommen des Protectorates der Engländer über diese Gebiete ist sie
rasch wieder hergestellt worden, da diese Linie wegen des Handels
mit Wolle für die nordwestlichen Provinzen von Indien sehr wichtig ist.

Eine kurze Strecke oberhalb der großen Holzbrücke über den
Sátlej ist auf der rechten Thalseite noch eine ähnlich construirte
aber weit kleinere zu passiren, die über den Wángarbach führt. Dann
theilt sich der Weg; jener im Sátlejthale folgt, auch in seinen weitern Verzweigungen in Spiti und in Rúpchu, vorzüglich den Thälern; ein anderer zweigt sich hier zum Idri- oder Bhabéh-Passe

direct gegen Norden ab. Den letzteren hatte ich gewählt. Er bietet am meisten Ueberblick über das Thal des Sutlej und dessen Seitenthäler; überdies ist er der kürzere. Dagegen erfordert er, um überhaupt passirbar zu sein, günstige Periode. In der Regenzeit sind Erdstürze sehr häufig; sie machen dann große Strecken, für das Hinübergehen mit Lasten wenigstens, unpassirbar. Im Winter sind auf der Südseite Lawinen nicht selten.

Der Baugarbach, auf dessen linker Seite der Weg hinaufführt, zeigt ungeachtet starken Gefälles und tiefer Erosion, auch in seinem mittleren Theile noch, jene eigenthümliche Art des Laufes, die man häufig in Seitenthälern, auch in Hauptthälern, wenn die Gebirge klein sind, an solchen Stellen bemerkt, wo sowohl die **Schichtung** als auch die **Klüftung** des Gesteines recht deutlich ist. Es folgt dort der Bach eine Strecke weil der einen der beiden Richtungen wegen geringeren Widerstandes und geht fast ohne irgend allmähliche Veränderung nun in die andere Richtung über an Stellen, wo in diesen der Widerstand der geringere wird. Zugleich ist unter solchen Umständen das Ueberspringen von der einen in die andere Richtung ein häufigeres. Ganz so war es hier.

Je mehr man der höchsten Stelle des Tári-Passes sich nähert, desto steiler wird der Weg. Zugleich sind in den höheren Theilen die Abhänge mit ziemlich kleinem verwitterten Gestein bedeckt, dessen Beweglichkeit ebenfalls das Ansteigen erschwert.

Die Höhe des Passes ist 15,942 Fuß, also für Himálayaverhältnisse nicht groß, aber doch 160 Fuß höher als Montblanc.

Als topographisch wichtig ist schon hier, ehe ich auf die Einzelheiten tibetischer Verhältnisse einzugehen Gelegenheit habe, hervorzuheben, wie verschieden die Neigung der Abhänge nach der Nordseite von jener nach der Südseite sich zeigte. Einem Himálayabilde in Klima und Landschaft folgte hier ein tibetisches. Vom Táripasse nach der Bángtubrücke ist die geradlinige Entfernung nach

Südosten 10·6 engl. Meilen, der Höhenunterschied 11,010 Fuß; vom Táripasse nach Mud, dem nächsten bewohnten Orte Tibets, in nördlicher Richtung, ist die Entfernung 14·5 Meilen, der Höhenunterschied aber nur 3521 Fuß; die mittlere Neigung ist auf der indischen Seite 11° 8', auf der tibetischen 2° 34'!

Obwohl die Höhe des Táripasses der Region sehr nahe liegt, in welcher die Verminderung des Luftdruckes unangenehm fühlbar wird, so zeigten sich doch am 11. Juli bei 16·674 Zoll Luftdruck keinerlei Athmungsbeschwerden. Unangenehm war uns die Kälte, am meisten litten die Kulis, die stark zu schleppen hatten und nur ungenügend bekleidet waren. Die Temperatur war nicht über 0·7° C. gestiegen.

Die Pflanzengrenzen waren hier etwas niederer als im Himálaya im Mittel. Obwohl der Abhang nach Süden exponirt, also ganz günstig gelegen war, fand ich die letzten Bäume bei 11,200 Fuß; (die entsprechende allgemeine mittlere Höhe der Baumgrenze für den Himálaya ist 11,800 Fuß.)

Die Schneegrenze dagegen stimmte hier sehr gut mit der mittleren Höhe derselben auf der indischen Seite des Himálaya; sie ergab sich zu 16,200 Fuß. Ihre Höhe über dem Passe, an 300 Fuß, ließ sich ganz deutlich erkennen, da der Paß noch genügend von höheren Gipfeln und Kämmen umgeben ist. Die nächsten sind die 6 Tárigipfel, von denen der höchste zu 18,626, der niederste zu 17,244 Fuß sich erheben.

Secundäre Gletscher zeigen sich zwei auf der Südseite des Passes. Ueber den einen führte der Weg, der andere, der etwas größer ist, liegt östlich. Beide haben sehr steile Endmoränen und ruhen, wenigstens in ihrem unteren Theile, auf Schutt, wie häufig auch in den steilen Gebieten der Alpengletscher. Auf der Nordseite des Passes nimmt der Schneefall unmittelbar jenseits des Kammes bedeutend ab. Dort zeigten sich keine secundären Gletscher, sondern nur an sehr wenigen Stellen kleine freie Schneemassen, bei so geringem Volumen nicht als permanent zu betrachten, da es noch nicht Mitte Juni war. Dagegen sah ich hier unerwarteter Weise Schutt in der Form von Erdsturz einige Schneemassen überlagern. Wo solches zufällig eintritt, d. h. wo ein Bergsturz sich losläßt und in seinem Herabfallen eine noch hinlänglich große Schneemasse bedeckt, erhält sich dann solcher Schnee, ähnlich dem durch die Decke eines Gletschertisches oder einer Moräne geschützten Eise, bisweilen mehrere Jahre hindurch. Diese Eigenthümlichkeit einer Art „unterirdischen Firnes" (in den der Schnee allmählig übergeht) wäre gewiß noch häufiger, wenn nicht im Allgemeinen die herabfallenden Erdstürze wenig Wahrscheinlichkeit hätten, in nicht zu großer Entfernung auf Schneemassen von genügender Ausdehnung sich zu lagern. Ist der Höhenunterschied zwischen der Stelle, wo eine Schuttmasse sich loslöst, und jener, wo sie auf Schnee fällt, sehr groß, so kann auch gerade durch das Ausbreiten des Schuttes auf dem Schnee das Verschwinden des letzteren beschleunigt werden; es wird dann die Masse fester kleiner Körper so weit zerstreut, daß sie nicht mehr genug des schützenden Schattens bietet, sondern daß vielmehr die Erwärmung der einzelnen kleinen Steine in der Besonnung das Schmelzen fördert, wie man es auf den Gletschern da sieht, wo das abfließende Wasser kleine Sandmassen seitlich von den Moränen über das Eis ausbreitet.

Der gewöhnlichere Verkehrsweg mit Spiti führt durch Kânâur, dem Sätlejthale entlang; doch ist auch dieser nicht ohne Terrainschwierigkeiten. Ungünstig ist nämlich die starke Neigung der Wände (des Hauptthales sowie der zahlreichen Nebenthäler) in den Erosionseinschnitten. Da die bewohnten Orte wie Chegâun, Miru, Chini, Süngnam, die man auf einem Handelswege nicht unberührt lassen konnte, alle 12000 bis 14000 Fuß oberhalb des Sätlejniveaus liegen, oberhalb nämlich der Erosionseinschnitte, ist ein Auf- und Niedersteigen desto häufiger nöthig.

Brücke über den Tödi-chu, unterhalb Dorf Kütz, in Spiti, im westlichen Tibet.
* Westl. Br. 32° 15′. Oestl. L. von Gr. 78° 0. Höhe 11,025 engl. F.

Die Straße selbst ist als Saumweg gut, bis Chini sogar mit mehr als gewöhnlicher Sorgfalt angelegt und erhalten. An vielen Stellen sind Passagen längs steiler Abhänge durch Holzbauten gestützt.

Der Hauptort im Himálaya, den diese Route berührt, ist Chini in Kanáur. Es war dies ein Lieblingsaufenthalt von Lord Dalhousie; die Höhe am Flaggenstocke, der damals von der indischen Vermessung dort errichtet wurde, ergab sich zu 9096 engl. Fuß; die mittlere Höhe des Ortes ist 8770 Fuß. Außer den von den beiden Gerards bis zu Cunningham und Thomson gesammelten Daten für Chini und den nördlich davon gelegenen Handelsweg nach Tibet, erhielt ich viele Angaben von den mit den Vermessungen beschäftigten Officieren, sowie von Pársishen.

Terrassenanlagen mit Culturen ziehen sich bei Chini auch in die Erosionen tief herab. Landschaftlich sehr günstig ist die geringe Entfernung des schönen Báspathales, das 5 Meilen unterhalb Chini auf der gegenüberliegenden Seite in das Sátlejthal einmündet. Die südliche Kammlinie längs dem Báspathale ist jene der Báspa-Peaks, (Gipfel von 19,000 bis 20,600 Fuß Höhe. Chini gegenüber, rechts vom Báspathale, erheben sich die Kúlrang-Peaks, der südliche 21,250 Fuß, der nördliche 19,868 Fuß. Ihre Formen zeigen vorherrschend Wände dunklen Gesteines, die zugleich, wo die Neigung nicht etwas mehr als gewöhnlich steil ist, mit großen Firnmassen bedeckt sind. Von Chini gesehen, treten sie um so mächtiger hervor, weil die directe Entfernung von Chini zu den Kúlrang-Peaks nur 8 Meilen beträgt, während der Höhenunterschied mehr als 2 Meilen groß ist. Berge, wie diese hier bei Chini, in einer Winkelhöhe von mehr als 16 Grad zu sehen, ist selten, wenn man nicht selbst in solchen Regionen sich befindet, wo nicht mehr üppiges Grün und freundliche Cultur, sondern nur Firn und Felsen nach jeder Richtung damit sich verbindet.

Unter den Vegetationsformen treten die sehr zahlreichen Deodaren hervor; sie bilden nicht nur die Zierde der Häusergruppen zwischen den Culturen, man findet auch ausgedehnte Wälder sehr kräftiger und hochstämmiger Bäume. Ferner ist zu erwähnen, daß in den Umgebungen von Chini und zwar bis herab zu Höhen von 6000, selbst 5000 Fuß unter anderem auch Rebencultur eingeführt ist; geleiert wird hier die Traube nicht, sondern nur als Obst genossen. Die Sorten wurden uns in Simla sehr gelobt. Ich selbst kam in analoges Terrain zur Herbstzeit erst in Kashmir. Versuche der Rebencultur sind auch in Simla gemacht worden, wo sie sich wegen der vielen Europäer in der Station und wegen der geringeren Entfernung von Indien um so besser lohnen würde. Allein dort ist die atmosphärische Feuchtigkeit noch zu groß, während in Chini, und noch mehr etwas weiter thaleinwärts ein deutlicher aber sehr allmähliger Uebergang zum tibetischen Klima sich erkennen läßt.

Der Weg von Chini thalaufwärts bleibt bis zur tibetischen Grenze auf der rechten Thalseite. Er führt nun über mehrere Seitenkämme, die sehr weit gegen das Sätlej-Flußbett sich vorschieben; das Ueberschreiten dieser ziemlich steilen secundären Pässe verzögert sehr das Vordringen. Der erste dieser Pässe ist jener über den Pranglamm, nach Thomson an 13,200 Fuß; der nächste ist der Rünang Paß nördlich von Lipi; Höhe nach Gerard 14,508 Fuß. Der hierauf folgende Seitenkamm, der Hángrang, liegt zugleich an der Grenze zwischen Kanáur und Spiti; der Paß über denselben hat eine Höhe von 14,530 Fuß. Dieser Seitenkamm endet da wo der Piti-Fluß in den Sätlej einmündet.

An dieser Vereinigungsstelle des Piti-Flusses mit dem Sátlej zieht sich dem Hángrang gegenüber auf der linken Seite des Thales der Bergdámm herab; der letztere hat die höchsten Gipfel in diesem Theile des Himâlaya, den Norepeak mit 22,227 Fuß, den Sürpeal mit 22,183 Fuß. Hier war es, wo die beiden Gerards, 1818 schon, die Höhe von 19,411 Fuß erreichten.

Eigenthümlich ist es, daß im Hángranggebiete die Grenze nicht genau dem Kamme folgt. Der Ort Hángo, obwohl am Nordfuße des Hángrangpasses gelegen, bei 11,489 Fuß, gehört noch zu Ká náur, die Bewohner nach Race und Religion zu der gegen Norden folgenden Millergruppe.

Ueber die linke Seite des Sátlejgebietes in Ránáur liegen mir gute Daten vor von unserem Native Docter Hárlishen, nach Beobachtungen im Jahre 1857-58. Im Winter 1856 war Hárlishen wieder unserm Bruder Arolph zugetheilt worden, den er bis zum Frühling 1857 begleitete. Als aber Arolph nochmals gegen Norden vordrang, hatte er sich von Hárlishen in Lahól getrennt, und hatte ihn mit Routen durch Lahól, Spiti, Kánáur und Bisáhir beauftragt. Erst nachdem Hárlishen während längerer Zeit keine Nachrichten mehr von unserem armen Bruder erhalten hatte, setzte er seinen Marsch über Téra nach Almóra, seinem Wohnsitze, fort. Seine Reise hatte vom 31. Mai 1857 bis 17. März 1858 gewährt. Unter anderem hat Hárlishen gute Höhenmessungen ausgeführt; da er schon früher darin als sorgfältig sich bewährt hatte, war er mit einem unserer Pister'schen Barometer, Nr. 11, versehen worden. Er kreuzte den Sátlej etwas oberhalb der Einmündung des Piti Flusses. Von hier bis zur Höhenbestimmung bei Rámpur ergibt sich, auch mit Berücksichtigung aller merklichen Krümmungen im Flußlaufe, ein Gefäll von etwas über 72 Fuß auf 1 engl. Meile, oder von 330 Fuß auf 1 deutsche Meile!

Als einer der größeren Orte auf dem linken Sátlejufer ist Rifang in Ránáur zu nennen, bei 10,148 Fuß, nahe der Einmündung eines ziemlich starken Seitenzuflusses, des Tágla Gar; zwei Tagereisen weiter abwärts bei Rilpa, 8079 Fuß, verließ Hárlishen das Sátlejthal, ließ die Rálvang-Gruppe zur Rechten und ging, in

25*

ihren mittleren Theilen die Seitenthäler Tsrung Gar und Bdspa kreuzend, über den Gundspaß, 15,459 Fuß, nach Gárhwál. Unter anderem erwähnt er ziemlich zahlreicher Moschusthiere, die, soweit ich längs meiner Route nach den Berichten der Shikáris darüber urtheilen kann, auf der rechten Seite des Sutlejthales nur sehr spärlich sind.

Kulu bis Rajauri.

Sutlej-Thal; Aenderung der Gefälle; Räume auf rechter Thalseite. — Kulu. Die zwei Richtungen des Biasflusses. — Verschiedenheit der Thalbildung im westlichen und östlichen Himálaya. — Adolph's zweiter Besuch. — Maharáj Singh's meteorologische Beobachtungen. — Róger, der Kunstfl[?]. — Major Hay. — Geologische Verhältnisse. — Der Rôtang-Paß. — Lahól. Thalsystem des Chináb. Chandrabhága und Surpabhága. — Késsar, Kárdong, Kúrbling. — Baralácha-Paß. — Rupshu La-Paß — Gletscher Lahúl. — Kishtvár. Sûru-Paß. — Bárdván-Thal. — Umásí La-Paß. — Chámba, Jámu und Rajáuri. Adolph's Route 1857. — Marich Monteiro's und Cleator's 1856. — Rangen-Thermitur. — Die provinziellen Hauptorte.

Der Weg von Adolph und Robert, der sich in Naglánda von meinem getrennt hatte, führte sie zunächst nach Kombarsen, dem Hauptorte von einem der kleineren „Hillstates". Kombarsen liegt bei 6784 J. am linken Abhange des Sütlejthales, etwas über 20 Meilen nordöstlich von Simla. Ungeachtet des Rája Sitzes daselbst ist es doch ein Dorf, nur wenig größer und besser als jene der Umgebung. Unterhalb Kombarsen hatten sie den Sütlej zu passiren, über den eine 120 Fuß lange gute Holzbrücke mit Geländer, 45'$_2$ Fuß über dem Wasserspiegel, führte; die Schnelligkeit des Flusses war hier in der Mitte des Strombettes an der Oberfläche 4·82 Fuß in der Secunde (bei der Bängtu-Brücke hatte ich 8·57 Fuß erhalten). Das Niveau des Sátlej ergab sich zu 2345 F. Es hat demnach zwischen Rámpur und dieser Uebergangsstelle, bei einer Entfernung von 16 engl. Meilen mit Einschluß der Krümmungen, der Sátlej ein Gefäll von 66 Fuß die Meile, nur wenig verschieden von dem, was sich für den oberen Lauf im Himálaya ergab. Von Rompúrsen abwärts aber nimmt das Gefäll bedeutend ab, weil die Krümmungen viel größer werden. So hatte sich nach Eleazar's Beobachtung die Höhe bei Bildepur zu 1535 F. ergeben; die Länge des Sátlejlaufes beträgt 51 Meilen, das Gefälle 30 F. die Meile. Von hier ab liegen dem unteren Theile des Laufes die in einer ganz anderen Richtung streichenden Züge der Serdlit-Berge vor, die eine stark abweichende Richtung und Stromentwicklung des Sátlej veranlassen. So ist z. B. von Núlun, wo die Abweichung beginnt, bis Malowál die direkte Entfernung 8 Meilen; der Lauf des Sátlej, der eine sehr bedeutende Ausbeugung nach Nordwesten erfährt, beträgt 35 Meilen. Der Höhenzug, der das Sátlejthal von jenem des Biás nördlich von Simla trennt, hat Gipfel von 10,000 bis 12,000 Fuß mit vielen Uebergangsstellen, meist von 9000 F. Höhe. Meine Brüder wählten den Chelóripaß und kamen am 1. Juni nach der Provinz Kúlu. Die zunächst folgenden Zeichnungen Adolph's, die mir vorliegen, sind Aufnahmen von solchen Standpunkten aus, welche nahe dem oberen Ende des nach Westen gerichteten Theiles des Biáslaufes die Thalform in Verbindung mit der Erosion recht deutlich beurtheilen ließen; es seien hier nur zwei derselben in Kürze besprochen. (Gen. Nr. 452 und 455.) Die erstere zeigt den „Biás an der Einmündungsstelle des Sáin-Flusses"; der Sáinfluß hat, wie ebenfalls in den Formen des Thales an einer Unterbrechung der Lämme noch erkennbar, in geringer Entfernung davon einen anderen Seitenfluß, den Tirten, aufgenommen. Der Beschauer steht tief, ganz nahe dem Sátlej-Niveau; der Effect ist sehr ähnlich jenem der Ansicht der Erosion bei der Bángtu-Brücke, es läßt sich nämlich nach jeder Richtung hin nur der obere Rand des eigentlichen Erosionsbettes überblicken; aber hier ist die Tiefe des Einschnittes nicht so groß. Bedeutend geringer noch wird die Erosionstiefe in dem nun folgenden Theile des Bidslaufes, der von Norden nach Süden gerichtet ist, wo auch die Hebungsverhältnisse weniger steil sind. So konnte Adolph die Ansicht von Dalaßma (Gen. Nr. 455) wegen der nicht mehr so starken Erosion und sanfteren Thalgehänge von einem Standpunkte aufnehmen, der die Basis des Flußthales sowohl als die oberhalb des Erosionsrandes noch folgenden flacheren Thalwände bis zu den Kammlinien erkennen läßt. Der Standpunkt war ein für Himálayalandschaft sehr günstiger. Am rechten Ufer, an 300 Fuß über dem Flußbette, steht das kleine Kulu Dorf Dalaßma mit einem Hauptgebäude, welches Sitz des Zemindárs und zugleich das schützende Fort für die Umgebung ist; im Hintergrunde tritt die schneebedeckte Kette hervor, welche Kulu von Lahól trennt.

Der Bidsfluß hat unterhalb Dalaßma 310 Fuß Breite; das Gefäll ist gegen jenes des Sátlej gering, die größte Schnelligkeit ist 3¼ Fuß in der Secunde. Die Höhe des Bids bei Bidral, das gegen Abend erreicht wurde, ergab sich zu 3275 Fuß.

Am 5. Juni trafen Adolph und Robert in Sultánpur ein, wo zu magnetischen Beobachtungen einige Tage verweilt wurde. Das alte Rájahaus, das zur Zeit ihres Besuches ganz leer stand, befindet sich etwas isolirt vom Dorfe, zur rechten Seite des Bids, auf einer bis zum Flusse hinab noch 115 Fuß tief eingeschnittenen Stufe. Da ganz nahe unterhalb des Rájahauses ein fast eben so tief erodirtes Bett eines Seitenbaches mündet, zeigt sich das Gebäude in einer mehr als gewöhnlich frei hervortretenden Lage. Die Höhe des Bidsflusses ist hier 3810 Fuß. Das Dorf selbst, etwas nördlich vom Rájahause, beschränkt sich außer den wenigen höchst einfachen Häusern auf einen Bazár, der während der Sommermonate nicht ohne Einfluß auf die Erleichterung des Carovanen-

verleiht ihr. Längs des ganzen mittleren Theiles des Beasthales ist die Thalsohle breit, reich bebaut und gewährt, durch zahlreiche große Dörfer belebt, einen sehr freundlichen Anblick. Die Thalbildung scheint hier die für den westlichen Himálaya characteristische Form anzunehmen, verschieden von der Thalbildung im Himálaya von Gárhvál, Kámaon und östlich davon. Der Unterschied ist folgender:

In den östlichen Gebieten findet man nur [illegible] Querthäler, die sich von dem längs der tibetischen Grenze verlaufenden Hauptkamme ununterbrochen gegen die Ebene herab fortziehen. Hier und westlich davon kommen hingegen viele Thäler vor, rechtwinklig auf jene Richtung gestellt, mit breiter culturfähiger Thalsohle; selbst jene, die direct nach der Ebene führen, sind häufig weniger steil und eng als im östlichen Himálaya. Wo 2 Thalsysteme deutlich entwickelt sind, wie hier, treten dann auch die Kreuzungen der Hebungslinien als jene Punkte hervor, welche die bedeutendsten Erhebungen zeigen, und nicht selten liegt unmittelbar neben solchen eine sehr tiefe Depression, die als Paß benützt wird. Weitere Folge davon ist, daß es in den westlichen Theilen viel niedrigere Pässe giebt und zwar niederer auch als es dem Unterschiede in der mittleren Kamm- und Gipfelhöhe zwischen der östlichen und westlichen Region des Himálaya entsprechen würde.

Durch Sultánpur führte Adolph's Weg auch im folgenden Jahre, als er auf's Neue gegen den Norden von Tibet vorzudringen versuchte. Er kam 1857 von Lahór im Westen; erst von Sultánpur wendete er sich dann wieder gegen Norden. Bei dem zweiten Besuche ließ er zu Sultánpur Instrumente zu meteorologischen Beobachtungen zurück, welche ungeachtet seines unglücklichen Endes noch 7 Monate fortgeführt wurden; der Beobachter war ein Kránì oder „Schreiber", Namens Mahardj Singh. Als eine Eigenthümlichkeit dieses Beobachtungsjournales kann ich noch anführen, daß es das einzige meteorologische Material ist, welches ich in Hindostáni geschrieben erhielt, mit Ausnahme vereinzelter Beobach-

tungen und jener kleineren Reihen, mit welchen während des Marsches unsere Native-Gehülfen bisweilen sich zu beschäftigen hatten; solches wurde schon während der Reise, beim Einliefern, von uns selbst in Uebersetzung eingeschrieben.

Der nächste wichtige Punkt längs der Route von Sultánpur gegen Lahól war Nágar, „die Stadt"; selbst als Sultánpur noch der Sitz eines Rája von Kúlu war, hatte Nágar als die ältere und größere der Städte den Vorrang im Volke und im Verkehre. Seitdem die Engländer hier herrschen, welche Kúlu im Kampfe gegen die Sikhs erhielten, ist Nágar die Station des politischen Civilbeamten für diesen Theil des Himálaya, damals Major Hay. Adolph und Robert hatten das Glück ihn persönlich zu treffen, und, wie von selnen eigenen Bemühungen um die Erforschung von diesem Theile des Himálaya zu erwarten, fanden sie hier in jeder Beziehung die freundlichste officielle Förderung ihrer Reisen und Arbeiten. Die Höhe von Nágar ist 5777 Fuß. Die geologischen Verhältnisse in Kúlu sind von jenen in den Umgebungen von Simla und in den Protected Hillstates am rechten Sátlejufer sehr verschieden; ja, wie die vergleichende Zusammenstellung unserer längs der einzelnen Routen gesammelten Felsarten und Petrefacten es zeigt, fällt der Lauf des Sátlej in diesem ganzen Gebiete ziemlich genau mit einer wichtigen geologischen Grenze zusammen. Auf seiner linken östlichen Seite gegen Simla zeigen sich metamorphische, aber ursprünglich sedimentäre Gesteine, in denen es auch gelungen war, sehr veränderte Petrefacten, marinen Ursprungs, aufzufinden. Auf der rechten westlichen Seite des Sátlej-Thales hingegen, in Kúlu, treten ganz verschiedene, wirklich krystallinische Gesteine, Gneiß, wahrer Glimmerschiefer, Chloritschiefer auf, die eine ganz neue Gebirgsgruppe bilden.

Als Uebergangsstelle nach Lahól war der Rótang-Paß gewählt, am oberen Ende des Bíasthales. Dieser Paß ist eine von den oben erwähnten „tiefen Depressionen in hohem Kamme", denn die

Paßhöhe beträgt nur 13,061 F. Bei diesem Passe tritt der Fall ein, was im Himálaya wie in den Alpen bei Pässen von nicht extremer Höhe öfter sich wiederholt, daß sehr nahe der Uebergangsstelle eine kleine seeartige Wasseransammlung sich findet. Hier liegt sie auf der Südseite und hat die gut gewählte Bezeichnung Sirkund, „Pfuhl des Hauptes".

Der Rótangpaß führt unmittelbar vom Bidethale in das Thalsystem des Chinâb. Der letztere umströmt hier ein anderes Flußgebiet in weitem Bogen, nämlich die Provinz Chámba mit dem Quellengebiete der Ráwi, die als einer der Hauptflüsse des Panjáb zwischen dem Biâs und dem Chinâb liegt.

In diesem westlichen Theile des Hochlandes, wo so viele einzelne Centren als Hebungsstellen auftreten, ist solche Flußrichtung nicht alleinstehend; in kleinen Dimensionen sind Beispiele dieser Art in jedem Thale zahlreich; das wichtigste aber solcher Analoga ist, daß auch der Indus die Quellengebiete all seiner Zuflüsse auf der linken Seite, mit Ausnahme des Sutlej, dem aber seine Quelle am nächsten liegt, in ähnlicher Weise kreist.

Kúlu und Lahól sind, selbst unmittelbar längs der Kammlinie, in Klima, Vegetation und Bewohnern sehr verschieden. In Lahól bildet die Trockenheit der Luft und die bedeutende Abnahme der Regenmenge einen Uebergang in das Klima von Tibet; auch die Race der Bewohner Lahóls, obwohl sie zum großen Theile noch Mankis sich nennen, zeigt viel Tibetisches. Am meisten unterscheidet sich die Vegetation der Landschaft. Während die südlichen Gehänge des Rótangpasses fast bis hinauf zur Paßhöhe mit verschiedenen Speciés von Coniferen bewachsen sind, fehlen solche auf den nördlichen Abfällen gänzlich; nur längs der Thalsohle treten einzelne Gruppen von Pinus, auch von Weidenbäumen auf. Kahl jedoch erscheinen hier die Flächen der Bergabhänge noch nicht. Das Klima begünstigt noch immer eine üppige Entwicklung wenigstens der Grasvegetation, die bei den mächtigen Formen großer, meist die Schneegrenze überragender Stämme wesentlich dazu beiträgt das Bild des Landes zu verschönern. Längs der Thäler ist auch die Getreidecultur sehr lohnend.

Von Kòlsar, einem der größeren Dörfer im oberen Theile Rahòls, wo die beiden Thalgehänge mit zahlreichen, aber kleinen Gletschern erfüllt sind, führte der Weg hinab bis zum Sùmro oder zur Zusammenflußstelle, wo der Chinàb beginnt. Der Name Chinàb, contrahirt aus chinìten und ab, „Sammler des Wassers", wird nämlich erst nach der Vereinigung der beiden Hauptzweige gebraucht. Der östlichere derselben, zugleich der bedeutend größere heißt Chandrabhàga, Theil des Mondes, jener im Nordwesten Surpabhàga, Theil der Sonne. Beide Namen sind Sanskritwörter; die Bewohner sind meist Muselmänner. Wie so häufig, wenn an geographische Verhältnisse geknüpft, haben sich hier die mythischen Anschauungen der Vorzeit noch erhalten, lange nachdem der Cultus, der sie geschaffen, verschwunden ist. Uebrigens hört man hier von der Bevölkerung im Allgemeinen (im Gegensatze zu den wenigen Priestern) häufig auch für Surpabhàga nur Bhàga, für Chandrabhàga nur Chànra sprechen.

Der bedeutendste Ort in Rahòl ist Kàrdong; dort befindet sich auch eine Art von Gouvernements-Bàngalo für Reisende. Höhe 10,242 F. Zur Zeit ihres Besuches von Kàrdong, wo Adolph und Robert Mitte Juni 1856 zur Ausführung magnetischer Beobachtungen sich aufhielten, fanden sie dort auch die nördlichste Missionsstation, mit 3 deutschen Missionären, den Herren Jäschke, Heyde und Pagel. Der Volkssprache vollständig mächtig, boten sie viele auch ethnographisch wichtige Daten philologischen Materiales. Jäschke ist bekannt durch seine Arbeiten über das Tibetische — Phonetik, Grammatik und Lexicon. Leider hatten wir wenige Jahre später nochmals an sie uns zu wenden zur Forschung nach dem Schicksale unseres Bruders. Ihre Nachrichten aus Rahòl gehörten zu den ersten, die uns erreichten, und haben die weitere Ausdehnung unserer Nachforschung sehr gefördert.

Den Rang der Hauptstadt nimmt seiner centralen Lage wegen nicht Kárdong ein, sondern Kodrbing, jetzt unter der englischen Regierung ebenso wie früher unter den unabhängigen Herrschern. Der Größe nach ist Kodrbing nur Dorf zu nennen, auch die Höhe, 11,480 F., ist nicht günstig; einzelne der höchsten Getreidefelder fanden sich jedoch in den Umgebungen noch bei 11,720 F. Als hohe bewohnte Orte in geringer Entfernung sind noch Kóluug zu nennen, ein altes Fort bei 11,622 F., und Dárche, ein Dorf von wenigen Häusern oberhalb Kólung, bei 11,746 Fuß.

Unter Adolph's Zeichnungen, die mir aus Lahól vorliegen, ist eine der größten die Ansicht der linken Seite des Suryabhágathales in der Nähe von Dárche (Gen. Nr. 445). Es zeigen sich viele Firne, auch einige kleine secundäre Gletscher; die Häuser sind in sehr primitiver Form aus Steinen, mit Thonverbindung statt des Mörtels, construirt; doch ist die Größe derselben bedeutender als man bei solchem Materiale erwarten möchte. Die Dächer sind flach; statt der Fenster haben die Mauern einfach thürenartige Unterbrechungen mit Verandavorbauten. Hier trennten sie sich.

Robert ging über den Baralácapaß, der von Lahól nach Parál führt, Höhe 16,180 Fuß, am 19. Juni. Die Neigung des Passes ist nach beiden Seiten, nach der indischen und der tibetischen, eine sehr mäßige. Das Thal auf der tibetischen Seite, in welchem der Kilungfluß beginnt, ist breiter als das kleine Thal, das auf dem südwestlichen Abhange als Seitenthälchen des noch weiter aufwärts reichenden Suryabhágathales sich herabzieht. Auch hier ist ein kleiner See, Rámtso genannt. Er liegt auf der südwestlichen Seite, Höhe 15,570 Fuß.

Adolph's Route ging nach Pádum in Zánskar in nordwestlicher Richtung und führte ihn über den Shinku La-Paß, 16,684 Fuß. Obwohl nur 498 F. höher als der Baralácapaß, zeigte er sich doch ganz verschieden gestaltet. Die Umgebungen sind höher, die Abhänge steiler und der Paß selbst führt über Firnflächen. Aus der

großen Firnmulde auf der Südseite zieht sich unmittelbar vom Passe
ein sehr schöner Gletscher herab. Auch auf der Nordseite sieht man
aus den etwas höher gelegenen Firnmeeren zu beiden Seiten des
Passes zwei Gletscher austreten, deren Eismassen unterhalb des
Passes sich vereinen; jener Firn, der unmittelbar am Passe selbst
liegt, füllt auf dieser Seite nur eine sehr kleine Mulde und reicht
nicht bis zu den aus den umgebenden Firnmassen austretenden
Gletschern herab. Die Neigung nach der Nordseite ist eine bedeutend geringere, sowohl jene der Felsen, als jene der Firn- und
Gletschermassen; dessenungeachtet ist der Anblick gegen Norden der
großartigere; er gewinnt durch die breiten massenhaften Formen.
(Die Aufnahmen Adolph's sind Gen. Nr. 627 und 628.) Das Gestein des Shinku La-Passes ist grauer metamorphischer Schiefer.

Bei den Gletschern Pahóls zeigte sich im Jahre 1856 und bei
Adolph's zweitem Besuche 1857, daß sie im Allgemeinen in einer
Periode des Abnehmens sich befanden; fast nirgends waren die
Endmoränen und die äußersten Seitenmoränen selbst im Winter ganz
vom Eise berührt. Es mußte dieses Verhältniß seit mehrern Jahren
schon bestehen, da auch die Bewohner des Gebirges sehr wohl da-
von wußten; sie schrieben dieser Verkleinerung, die nach ihrer An-
sicht „die meisten Gletscher nächstens ganz verschwinden mache", den
Regenmangel zu, über den sie zu klagen hatten. In den Alpen dagegen ist bekanntlich die extreme Ansicht der Bewohner über
Gletscherverhältnisse diese, daß die Gletscher nothwendig mit jedem
Jahre größer und zerstörender werden.

Rishtvár ist das zunächst nach Pahól gegen Nordwesten folgende Gebiet der indischen Seite des Himálaya; dasselbe bildet
eine Provinz Kashmirs. Den nördlichsten Theil Rishtvárs hatte
ich Gelegenheit zu besuchen, als ich im October 1856 von Tibet
und Turkistán zurückkehrte; ich ging damals von Dras in das
Bárddán Thal und wandte mich später von dort westlich gegen
Kashmir. Der Paß, den ich wählte, war der Sürupaß, 15,481 F.

Ungeachtet der etwas späten Jahreszeit für solche Höhe in den nördlichen Theilen der Himálayakette war doch der Uebergang ein beschwerdeloser; er war begünstigt durch die Besonnung während eines ganz wolkenlosen Tages; der Wind war Nordost, schwach. Die Temperatur jedoch war auch in den Mittagsstunden von 14,000 Fuß an nicht mehr über — 3,8° C gestiegen, was übrigens nicht schlimmer ist als meist bei uns in gleicher Höhe in den Alpen, selbst wenn man glücklich genug war einen der günstigsten Tage der ganzen Saison zu wählen.

Die schneebedeckten Gipfel längs der Kammlinie erheben sich noch ziemlich hoch, aber die Uebergangsstelle ist breit und die oberen Theile der Firnmeere sind sehr wenig geneigt. Zu beiden Seiten zieht sich ein scharf begrenzter Gletscher herab; jener auf der Südseite endet bei 12,760 Fuß, der Gletscher auf der Nordseite bei 13,230 F. Der letztere ließ mit seltener Deutlichkeit und Vollständigkeit die Details einer Gletscherregion in Moränen, Tischen, Spaltenbildungen u. s. w. überblicken. Dem nördlichen Gletscher entströmt der Surubach, der nach kurzem Laufe und mit 50 Fuß Gefäll in der Meile bei 10,434 F. in den Kárise-Fluß sich ergießt. Der südliche Abfluß dagegen, der Múrū Tártván-Fluß, hat einen Lauf von mehr als 60 Meilen, ehe er, gegenüber Aštheár, in den Chindßfluß einmündet, von dem er der bedeutendste Nebenfluß während des ganzen Gebirgslaufes ist. Sein Gefäll von dem Gletscherthore bis zur Einmündungsstelle beträgt nahe 125 Fuß in der engl. Meile. Mein Weg hatte mich von Norden nach Süden über den Kamm geführt.

Der Marsch am folgenden Tage sollte nur klein sein; ich hatte dies, wie meist bei etwas anstrengenden Paßübergängen, schon mehrere Tage vorher gesagt. Diesmal sank ich mein Lager bei Súthe, einem freundlichen Dorfe, Höhe 9122 Fuß (502 Fuß über dem Bache), in einem Haine schöner hochstämmiger Laubbäume aufgeschlagen, ein Anblick, der mich um so mehr erfreute, als ich denselben monatelang in

Tibet und Turkistán hatte entbehren müssen. Und doch durfte ich gerade heute an solcher Stelle nicht lagern bleiben. Diese Nacht nämlich vom 13. auf 14. October war die Nacht einer Mondfinsterniß, deren Beobachtung mir in einer Höhe, wo der Luftdruck nur 22 Zoll betrug, wegen der Schärfe der am Monde zu beobachtenden Formen, sowie wegen der physikalischen Erscheinungen, welche die Verminderung der Atmosphäre auf 0·7 ihres Gewichtes hervorbrachte, sehr wichtig war. Auch die Chronometer konnten hier einer neuen Controle unterworfen werden, unabhängig von der Vergleichung unter sich. Ich rückte deshalb noch ein paar Meilen weiter vor, bis ich in Pashmin eine günstige Stellung der Bergkämme fand. Dort war der ganze Halbkreis von Osten nach Westen nieder genug, um die Beobachtungen nicht zu stören, und die wichtigste Linie, jene gegen Süden, war ganz frei, da diese Richtung mit der Hauptrichtung des Thales zusammenfiel. Die Nacht war eine sehr günstige, vollkommen rein und ruhig. Die Einzelnheiten, auf die ich hier nicht eingehen kann, sind mit einer Tafel im ersten Bande der „Results" (S. 113—119) gegeben.

Im Värdwanthale wie in Kishtwár im Allgemeinen, auch in Kaschmir, war Bewaldung, in den höheren Theilen mit Nadelholz, bis über 11,000 Fuß sehr häufig. Am regelmäßigsten sah man auf den Nord- und Südabhängen große Baumgruppen da, wo die Muldenform der Bergwände oder eine Erosionsschlucht Schutz gegen die vorherrschenden südlichen Winde bietet, deren Heftigkeit im Herbste oft sehr groß wird; das Reisen mit Kulis und beladenen Thieren wird dann selbst in den Thälern noch sehr erschwert.

Die Abies Webbiana, die ich früher in Sikkim in den obersten Waldregionen so häufig auftreten sah, zeigte sich auch hier sehr zahlreich.

Ein anderer Paß, der zwischen Kishtwár und Tibet als Verkehrsweg dient, ist der Umasi La; er liegt bedeutend südlich und östlich und führt nach der Provinz Zánkhar. Diesen hatte Thomtson 1848 benützt und in seinem „Western Tibet" beschrieben. Auch hier treten Firne und Gletscher auf. Sehr groß sind die Eismassen bei diesem Passe auf der tibetischen Seite, wo zur Linken des Thales sogleich nach dem Austritte des Baches aus dem Umásigletscher ein neues Gletscherthal sichtbar wurde, in welchem Eismassen von noch weit größerer Ausdehnung sich zeigten. Die mittlere Neigung ist zu beiden Seiten ziemlich steil und der Uebergang wird durch zahlreiche Firn- und Gletscherspalten erschwert. Die Uebergangsstelle selbst ist von jener des Súru-Passes so verschieden als möglich. Auf diesem ist sie breit und offen und bietet eine der am wenigsten schwierigen Stellen; beim Umási Ya bildet den obersten Theil des Kammes eine schroff hervorstehende Felsenrippe, ähnlich jener im Milum-Firnmeere. Sie ist klein, aber doch meist so steil, daß sie schneefrei ist, und nur an einer Stelle zeigte sich eine Oeffnung zugänglich genug, um über dieselbe ohne Klettern vordringen zu können.

Ueber die unteren Theile Lishtwárs erhielten wir einige Daten durch 2 Pflanzensammler, Daiádher und Johár Singh, welche meine Brüder am 16. Juni von Kárdong abschickten; sie waren mit ganz bestimmten Fragen (wie dies bei eingebornen Assistenten stets nöthig ist) auch in Betreff topographischer Verhältnisse beauftragt worden — sie hatten genau die Orts- und Bergnamen zu notiren, einen Schrittzähler zu benützen, alle Bäche, auch Quellen, längs dem Verkehrswege einzutragen u. s. w. Ihre Aufschreibungen meldeten häufig bedeutende, das rasche Vorwärtskommen sehr erschwerende Einschnitte auch ganz kleiner Seitenflüsse, wo solche dem tiefen Hauptthale des Chináb sich näherten. Ihr Weg, rechtwinklig auf meinem von Tras, führte sie durch Challárgárh, den Thanadársitz dieser Provinz, über Bharrár und Lishtwár nach Islamabád in Kashmir, wo sie am 7. August eingetroffen waren.

Von Lahól längs dem Südrande des Himálaya folgen noch drei andere kleine Provinzen bis Kashmir: Chámba, Jámu und

Rajáuri. — Die Provinz Chámba, auf dem Marsche von Lahór über den Hauptort Chámba und von dort über Kángra nach Sultánpur in Kúlu, besuchte Arolph vom 5. April bis 5. Mai 1857. Chámba ist seit 1846 als Provinz von Kaschmír auch vom indischen Gouvernement anerkannt.

Einen Weg von Simla nach Kaschmír über Kángra, Jámu und Rajáuri hatten Monteiro und Eleazar zu nehmen, welche 1856 während unseres Aufenthaltes in Tíbet und Turkistán mit dem schwereren Gepäcke nach Srinágar vorausgeschickt wurden. Ihre Reise war dadurch sehr verzögert, daß sie in die hier noch immer sehr heftige Regenzeit fiel. Es ist dies die ungesundeste Periode des Jahres, und für Leute auf Märschen hat sie noch den Nachtheil, daß der Transport von nur mäßig großer Bagage selbst längs der Hauptverkehrswege ungemein erschwert ist. Da ohnehin frühe Ankunft in Srinágar nicht nothwendig war, brachte unser Etablissement auf dieser Route fast vier Monate zu, vom 2. Juni bis 23. September. Es bot sich dabei Gelegenheit das Sammeln zoologischer und ethnographischer Gegenstände, womit Monteiro speciell beauftragt war, sehr erfolgreich auszuführen; zugleich konnte der Gulde Eleazar, der Höhenbestimmungen und Beobachtungen über die hydrographischen Verhältnisse vorzunehmen hatte, manches auch seitlich von dem Wege messen, dem sie folgten.

Die Vegetation der Gegend bezeichnen sie als eine „gartenähnliche, aber mit viel Unkraut".

Von den verschiedenen größeren Ortschaften, die dabei berührt wurden, sei Folgendes in Kürze noch erwähnt.

Kángra, eine englische Civil- und Militär-Station, hat seit 1851 durch die Theecultur, die nach den Erfolgen in Assám hier im Himalayagebiete begann, sehr an Bedeutung gewonnen. Der Ertrag war günstiger als man erwartet hatte; schon zur Zeit unserer Reisen war Kángra-Thee in den nordwestlichen Provinzen Indiens sehr verbreitet. In Indien aber sind die Europäer fast die einzigen Abnehmer von Thee; für diese wird schwarzer Thee gebaut. Nach den neuesten Nachrichten aus Turkistán, die man diesen Sommer durch Herrn Shaw erhielt, einem Theepflanzer aus Kángra, der bis Káshgar (s. „Turkistán") glücklich vorgedrungen war, fand sich dort ebenfalls Kángra-Thee, und zwar grüner Thee; schwarzer findet keinen Absatz. Der Preis des Thee in Turkistán war sehr hoch, 4 Rupis das Pfund, und zwar ganz ordinäre Sorten.

Die Station Kángra liegt noch ziemlich niedrig, verglichen mit anderen Himálaya-Stationen. Die Höhe bei der Kachérri ist 2696 F., beim Travellersbúngalo, für europäische Reisende und ihre Diener bestimmt, 2533 F.; das Fort liegt etwas tiefer, 2419 F. Temperaturbeobachtungen, von denen 3 Jahre mir vorliegen, haben ergeben, wie schon hier der Theecultur wegen erwähnt sei, daß das Jahresmittel 19·5° C. ist, das Mittel des kühlsten Monates, Januar, 9·8° C., jenes des wärmsten Monates, Juni, 29·8° C. 1855 war von Barnes zu Lahór ein sehr guter Bericht über das „Kángra-Settlement" erschienen, der viele Mittheilungen über die ethnographischen und politischen Verhältnisse, aber keine positiven Daten über das Klima enthielt.

Núrpur, 29 Meilen nordwestlich von Kángra, in der Richtung gegen die Rávi, ist bedeutend niederer, 1887 F. Chámba, etwas nördlich von Núrpur, liegt in nahezu gleicher Höhe am Ráviflusse.

Unter den Orten in den südlichen Ausläufern des Himálaya ist noch Jámu zu erwähnen, eine der größeren Städte, zugleich Hauptstadt einer Provinz gleichen Namens, die jetzt zu Kashmir gehört; die Höhe fand Eleazar 1324 F.; Rajáuri, das er 10 Tage vor der Ankunft in Kashmir durchzog, fand Eleazar 3035 Fuß hoch.

Die Himálaya-Provinzen von Kashmir.

Pässe nach Kashmir. Dorikún-Paß zwischen Hajóra und Gurés. — Zóji-Paß zwischen Dras und dem Sindh-Thale. — Uebergang aus dem Karwán-Thale. — Die Panjál-Kette und ihre Pässe im Süden. — Das forestière Orden. Größe. — Landschaftlicher Character. — Locale Erwärmung. — Die Seen. Der Srinágersee. Sumpfflächen. — Erdbeben. — Die Karewa-Terrassen. — Richtung des Jhílum. — Geologische Verhältnisse. — Srinágar, die Hauptstadt Shiḥ Bagh, das officielle Absteigequartier. — Lage der Stadt. — Canäle. Brückenconstruction. — Baustyl. Monumentale Ruinen. — Straßen der Stadt. Verkehr — Industrie und Cultur. Shawls. Bajárs. Früchte — Reich und Lája. Provinzen. Frühere Dynastien. — Gulab Singh. Darbár. Persönlicher Character. — Reisen nach Indien. Uri und Kaiḍái (Taf. XIV. Das Jhílumthal bei Kaiḍái.) — Búnch-Paß. — Mozafferabád.

Nach Kashmir kamen wir von Norden her. Die beiden Hauptpässe für den Handelsverkehr mit Ladák und Báltí sind der Dorikún-Paß und der Zóji-Paß. Der erstere lag auf Adolph's Route von Skardo herab, den letzteren wählte Robert, als ich mich von ihm in Kárgil trennte, um auf einem seitlichen Wege zuerst noch das obere Suruthal zu besuchen.

Der Dorikúnpaß, den Adolph am 1. October überschritt, Höhe 13,480) Fuß, liegt in einem topographisch und geologisch etwas ungewöhnlich gestalteten Gebiete. Topographisch eigenthümlich ist, daß auf der Westseite des Erhebungsknotens, den hier der Weg durch-

24*

zieht, der nach Norden abfließende Haloraflusz seine Quelle beinahe 14 Meilen südlicher hat als der nach Süden gerichtete Zuflusz der Rishenganga. Wegen dieser Thalbildung tritt der seltene Fall ein, daß die Landesgrenze, zwischen Kashmir und Ladâk, hier nicht der Kammlinie folgt, weil diese so vielfach gebogen ist; es gehört das ganze bedeutend gehobene Massif nördlich von Gurès noch zu Tibet. Die geologischen Verhältnisse sind folgende: Von Dorikôn bis Nöen sind Horublendegesteine vorherrschend; das Nöenthal bildet die Grenze zwischen diesen und den azoischen Schiefern. Bei Bónza Bal werden diese Schiefer kalkig, noch südlicher, in den Umgebungen von Dáver (auf der linken Seite der Rishenganga, bei 7718 Fuß) und von hier über den secundären Paß Ulli, 12,000 Fuß, (der unterhalb Gurès wieder in das Rishenganga-Thal führt) kommen auch Petrefacte vor. Gesteine und Thalbildung haben hier einige Aehnlichkeit mit unseren Alpen. Doch fehlt im ganzen Himalaya jener „obere Alpenkalk," durch seine Versteinerungen zunächst definirt, der sich aber überall, wo er auftritt, auch durch helle Gesteinsfarbe und das Vorherrschen steiler Wände im landschaftlichen Bilde so deutlich hervorhebt.

Unterhalb Ulli beginnt Grünstein bald hier bald dort durchzubrechen, meist auch mit bedeutender Erhebung. Als eine solche ist der ziemlich frei stehende und dadurch als landschaftlicher Gegenstand um so mehr hervortretende Haramúl-Peak zu nennen, der sich bis zu 16,903 Fuß erhebt. Man sieht den Haramúl-Peak fast von allen Theilen des Kashmirthales aus. —

Robert kam von Ladâk über den Tsóji-Paß am 14. October. Nahe dem Passe zieht sich am nördlichen Abhange der Matjin-Gletscher bis zu 10,967 Fuß herab. Sein Firnmeer liegt auf der rechten östlichen Thalseite, der Paß ist im Sommer schneefrei. Der Uebergang ist auch hier im obersten Theile sehr flach und es findet sich wieder, nur wenige Fuß unter der Wasserscheide gegen Süden, ein kleiner See, bei 11,376 Fuß. Sehr bald werden nun auf der

Kaschmirseite die Wände des Thales so steil, daß der Weg eine etwas seitliche Richtung einschlägt und dabei an einem Nebenkamme, der zur Rechten sich abzweigt und keine Wasserscheide bildet, noch einmal ansteigt und zwar etwas höher als am Passe selbst. Der Höhenunterschied beträgt 122 Fuß. Das Ansteigen wieder vorkommt nachdem die wasserscheidende Paßhöhe selbst überschritten ist, ist in Gebirgen, in denen durch Schichtenstellung oder Klüftung der Gesteine steile Abhänge bedingt werden, nicht selten; aber fast in allen Fällen bleiben dann wenigstens solche secundäre Uebergangsstellen niedrer als die Paßhöhe selbst. Ein vollkommen analoger Fall ist der Tralll's-Paß. (Br. II, S. 325.)

Ein kleiner Dharamsála, hier eine Waldhütte unmittelbar aus unbehauenen Baumstämmen zusammengefügt, findet sich zu Báltal; sie liegt am Zusammenflusse des Baches vom Tsöji-Passe mit dem Sindh-bache, mehr als 2000 F. unter dem Passe, bei 9321 F. Das Sindh-Thal senkt sich von hier in südwestlicher Richtung und öffnet sich in der Nähe von Rúner (nördlich von Srinágar), bei 5147 Fuß, in das Jhílumbecken. Bewaldung und, von den mittleren Theilen an, auch schöne Cultur machten einen sehr freundlichen Eindruck. —

Für mich führte der nächste Weg aus dem Pûrvôán-Thale über den Márgan-Paß, eine sehr leicht zugängliche Depression im westlichen Seitenkamme. Desto mehr überraschte mich die schöne Ansicht der Panjál-Ketten, welche die südliche Grenze des Jhílumbeckens bilden. Obwohl sie noch über 50 Meilen entfernt waren, traten selbst vereinzelte Firnmassen mit großer Bestimmtheit hervor, und der Umstand, daß der Mittelgrund durch nahe liegende groteske Felsen gebildet war, welche von dem Boden des weiten Jhílum-Thales nichts hervortreten ließen, machte diese großen Panjál-Ketten zu einem etwas ferne erscheinenden aber desto lebhafter sich abhebenden Hintergrunde. (Gen. Nr. der Zeichnungen 460.)

In der Panjálkette sind folgende Pässe zu nennen, die von

Bedeutung sind, obwohl der Hauptverkehr mit dem Süden durch das Jhilumthal führt: im östlichen Theile liegen der Kischtwärpaß und der Banihálpaß; beide verbinden Kaschmir mit dem Chenáb-Thale. Die Höhe des Banihálpasses ist nach Thomson „nicht über 10,000 Fuß". Ein directer Paß führt in das Chenábthal über den Játi-Panjál bei 11,800 Fuß. Von Kaschmir nach Kaschtwäri benützt man den Allabád-Paß und den Punch-Paß. Ueber den ersteren waren Eleazar und Monteiro Mitte September gekommen; sie fanden die Höhe 10,928 Fuß; 8½ Meilen südöstlich davon erhebt sich der Tithátr-Peak, 15,205 Fuß, einer der höchsten Gipfel dieses Kammes, der sehr frei die Umgebungen überragt. Der Punchpaß, der bedeutend nordwestlich liegt, ist weit niedrer, 8000 Fuß. Außer diesen gibt es noch zahlreiche andere, aber nicht eben so häufig benützte Uebergangsstellen, unter denen mir wiederholt der Rábogpaß, der Tadpaß, der Jerózpurpaß (westlich von einem Orte Jerózpur im Kaschmirthale) genannt wurden. Im Ganzen sollen 10 dieser Pässe für Saumpferde passirbar sein. Von Fußgängern, selbst wenn etwas mit Gepäck beladen, werden noch viele andere Einsenkungen des Panjállammes zu directen Verbindungslinien zwischen dem nördlichen und südlichen Abhange benützt, wenn die horizontale Entfernung der beiden Orte so gering ist, daß die Wahl eines der gewöhnlichen Pässe bedeutenden Umweg bedingen würde. Sonderbarer Weise hört man von den Eingebornen, und bisweilen auch von europäischen Reisenden, die Kaschmir besucht haben, die Ausgangsstelle längs des Jhilum bei Baramúla ebenfalls unter den „Pässen" aufführen.

Zu Baramúla ist aber nicht ein Paß im Sinne „einer Einsenkung in einem Gebirgskamme", sondern dort bietet sich eine Erosionsschlucht, wie man sie im Himálaya an jedem Flusse so großartig entwickelt sieht; dies hat nur deshalb zu Baramúla mehr als sonst die Aufmerksamkeit erregt, weil ausnahmsweise der Weg eine Strecke weit in der Schlucht selbst fortführt. Ich hatte schon bei der Besprechung des Khaiberpasses Gelegenheit auf den Unterschied zwischen „Paß" und „Schlucht" (oder „Engpaß", wenn man will) hinzuweisen. Seiner sprachlichen Verwandtschaft nach ist allerdings Paß zuerst als Thalschlucht gemeint gewesen. Doch liegt hier zugleich das Beispiel einer allmähligen Begriffsveränderung vor, welche die Grenzen vieler ähnlicher Fälle keineswegs überschreitet.

Das Gebiet, in welches die hier aufgezählten Wege führen, ist das vielgepriesene Kaschmir. Man betritt hier eine eigenthümlich gestaltete Thalebene, nämlich den Boden eines früheren, jetzt entleerten Süßwassersees von sehr großer Ausdehnung. Scharf begrenzt von den Abhängen der umgebenden Gebirgszüge, hat das lacustrine Becken von Kaschmir eine Länge von etwas über 70 englischen Meilen; die größte Breite erreicht 40 Meilen und der Flächenraum hat mehr als 2000 engl. Quadratmeilen. Zur Beurtheilung solcher Dimensionen sei erwähnt, daß die Fläche des Bodensees kaum 200 engl. Quadratmeilen erreicht, und daß auch der Tsomognalari, der größte der tibetischen Salzseen, die ich später zu besprechen haben werde, den Bodensee nicht viel übertrifft.

Schon der erste Anblick, der sich auf dem Wege gegen Islamabad über diese weite, schön bewachsene Ebene, rings von hohen Gebirgskämmen umsäumt, geboten hatte, war ein angenehm überraschender; ich glaubte damals dessenungeachtet noch nicht, daß während der ganzen Dauer des Aufenthaltes und an den sehr verschiedenen sich folgenden Standpunkten, der Eindruck ein in gleichem Grade lieblicher bleiben würde. Denn es geschieht zu leicht, daß eine neue oder eine lange nicht mehr gesehene Art von Gegend besticht. Man urtheilt strenger und wählt sich sorgfältiger die Standpunkte zu landschaftlichen Bildern an Meeresküsten und in Gebirgen, in Urwäldern und in Wüsten, wenn man viele kennt und in nicht zu weit aus einander liegenden Perioden sie gesehen hat. Auch dies könnte überschätzen machen, daß Kaschmir in Bergformen und in Vegetation etwas mehr als die meisten der indischen oder der tibetischen Abhänge des Himalaya an die Alpen der

Heimath erinnert. Hier aber könnte die spätere Vergleichung der während der Reise skizzirten landschaftlichen Bilder den Reiz der ersten Eindrücke nur befestigen.

Da bei einer nördlichen Breite von 34° und einer Höhe von nur wenig mehr als 5000 Fuß über der Meeresfläche auch die Vegetation sehr üppig ist, wird sie durch die Umgebung mit Gebirgsketten, die über die Schneeregion des Himálaya sich erheben, um so mehr hervortretend. Hier sieht man häufig in Waldlichtungen so wie über die Reisfelder und Obstculturen einzelne Schneeberge sich emporheben, die aus solchem Mittelgrunde nur so glänzender hervorleuchten, auch an relativer Höhe bedeutend gewinnen. Ausgedehnte, zusammenhängende Reihen von Schneebergen zeigen sich dagegen seltener, weil im Norden, wo die Hauptkette zu erwarten wäre, von den meisten Standpunkten Bergzüge von 12,000 bis 13,000 Fuß vorliegen, wie Haramúl, Amerdrapeal u. s. w. Die Gruppen des Panjálgebirges im Süden sind von den centralen Theilen des Kashmirthales etwas entfernt. Diese zeigen sich meist als eine schön in Duft und Farbe und gewaltig in ihrer Winkelgröße sich abhebende Gebirgskette; aber von Details läßt sich gewöhnlich nicht viel sehen. Von den meisten Stellen im Thale oder in geringer Höhe über der Thalsohle sieht man in der Richtung gegen Baramúla eine bedeutende Unterbrechung in den Gebirgsketten, welche Kashmir umgeben. Der Seeboden zieht sich dort ziemlich breit gegen Westen fort und die darauf folgenden Erhebungen verschwinden häufig so vollständig bei etwas dunstiger Luft, daß man nach einer Ebene hin zu blicken glaubt.

Die Farbeneffecte der Kashmirgegend sind im Allgemeinen ähnlich dem Tone Mitteleuropas, aber gehoben durch intensivere Beleuchtung und ein dunkles Blau der Luft. In der Thalebene, 5100 bis 5300 Fuß hoch, ist der Ton der Luft jenem des italienischen Himmels gleich. Daß die Berge das eigenthümliche tiefe Azurblau der italienischen Landschaft annehmen kömmt vor, aber selten; die Bergketten erheben sich noch zu hoch über den Horizont des Bildes.

Glänzend wirken die Wasserflächen, die hier in ziemlicher Größe auftreten; ihre Reflexe sind es, in denen sich das starke subtropische Licht am meisten bemerkbar macht.

Wie die Stellung der Schichten und, deutlicher noch, die Richtung der Felsenklüftung rings um dieses Seebecken es erkennen läßt, muß hier einst eine locale Senkung stattgefunden haben, in welcher dann Süßwasser sich ansammelte; die Existenz eines Sees zeigt sich in der Ablagerung von Schlamm mit Süßwassermuscheln, welche über die ganze Fläche verbreitet ist. Zugleich ist die Höhe über dem Meere im Seebecken von Kaschmir um 2500 bis 3000 Fuß niedrer als, in gleicher Entfernung vom indischen Rande des Himálaya, nordwestlich und südöstlich von Kaschmir. Ungeachtet ihrer Ausdehnung hat die Senkung von Kaschmir nur eine Ausflußstelle, jene bei Baramûla, wo allmählig die Erosion so weit vorgeschritten ist, daß sie das ganze Becken bis auf wenige ziemlich isolirte Stellen entleerte. Unter diesen sind die größten der Pûlorsee und der See bei Srinàger. Der letztern wird von den Kaschmiris Dal (meist Tal gesprochen) genannt, nämlich „der See". Was noch als mit Wasser bedeckt sich erhalten hat, ist nicht mehr tief; im Verhältnisse zur großen Ausdehnung war auch früher die Tiefe nicht sehr bedeutend, wie die Erosion des Jhilum bei Baramûla es erkennen läßt. In Verbindung damit, daß die Süßwasserablagerungen im ganzen Seebecken ihre ursprüngliche fast horizontale Lage behalten haben, also nicht durch späteres Wiederemporheben in ihre gegenwärtige Stellung gekommen sind. Senkungen scheinen dagegen in verhältnißmäßig neuerer Zeit noch vorgekommen zu sein, allerdings auf kleine Flächen beschränkt. Säulen in der Nähe der früheren Hauptstadt Avantipûra, an der mein Weg von Islamabâd nach Srinàger vorüberführte, lassen die Senkung ganz deutlich erkennen. Diese Stelle wurde von General Cunningham, 1847, und von Dr. Thomson, 1848, untersucht. Die Säulen sind zum größeren Theile in Schlamm eingehüllt, der auch Fragmente von Töpferwaaren aus

Avantipúra enthält. Offenbar war hier einst auf trocknem Grunde gebaut worden, der später sich senkte und daselbst einen kleinen localen See bei Avantipúra entstehen ließ. Jetzt ist dieser wieder durch das Fortschreiten der Erosion entleert; gerade in solchen weichen Süßwasserablagerungen geht ja die Erosion sehr leicht und rasch vor sich.

An jenen beiden Stellen des Kashmirbeckens, welche so sehr sich senkten, daß sie noch jetzt stetig mit Wasser erfüllt bleiben, liegen der Búlar-See und der Srinágar-See. Der letztere hat eine Länge von 7 Meilen, der Búlarsee 11 bis 12, verhältnißmäßig kleine Dimensionen in dem großen Becken, von Islamabád bis zum Beginne der Stromschnelle bei Baramúla.

Malerischer noch als der Búlarsee zeigen sich die Ufer des Srinágersees; dieser, zugleich so nahe der Hauptstadt, hat viel dazu beigetragen, den Ruhm der Lieblichkeit der Kashmir-Landschaft zu begründen und zu verbreiten.

Ich hatte Gelegenheit, hier mit meinem Bruder Adolph das Aufnehmen des landschaftlichen Bildes zu theilen (Gen. Nr. 462 und 463); ein lithographischer Farbendruck nach demselben ist im Atlas mit dem dritten Bande der „Results" erschienen. Im nördlichen Theile des Anblickes zeigt sich die breite Mündung von 2 Seitenthälern gegen den See; die Thäler sind durch einen Kamm von mittlerer Höhe getrennt. Fast längs des ganzen Uferrandes dieser Seite folgen sich die schönen Gärten von Shalimár, einige auch mit guten Gebäuden; ihr Entstehen fällt in die Zeit Shah Jahán's, in das 17. Jahrhundert. Die Gärten sind in ihrer Anlage mit jenen des Taj zu Agra oder mit den Gärten mancher Paläste zu Lakhnau und Lahór zu vergleichen; sie sind geradlinig in der Eintheilung, aber zugleich reich an massigen Formen, sowohl längs der Hauptlinien, als auch in den etwas freier gehaltenen seitlichen Partien.

Der südliche Theil des Panoramas zeigt die Veste Takt-i Sulatmân, „den Thron Salomon's," durch eine alte Allee von schönen schlank aufsteigenden Pappeln mit dem in der Ferne erkennbaren Beginne der Hauptstadt verbunden. Weit im Hintergrunde erhebt sich die Panjálkette, die hier nicht nur gegen Baramúla rasch sich senkt, sondern auch in der Richtung gegen Süden, da wo der Jhilumfluß in den See eintritt, so weit sich entfernt, daß nur an sehr klaren Tagen eine Fortsetzung der Kette nach dieser Richtung hin sich erkennen läßt.

Der See ist, so wie er sich bis zur Gegenwart erhalten hat, sehr seicht, oder was dasselbe ist, eine noch um 10 bis 12 Fuß tiefer eingeschnittene Erosion an der Ausflußstelle hätte auch diesen See verschwinden gemacht. Eine dichte Decke von üppigen Wasserpflanzen sieht man überall über den Boden sich ausbreiten, meist ohne die Oberfläche zu erreichen. Dieses tiefe dunkle Grün bildet einen schönen Gegensatz zur Klarheit des Wassers, das in schräger Linie gesehen (am besten wenn man ein großes Prisma in das Wasser hält) ein lebhaftes Blau von seltner Reinheit zeigt. Eine Eigenthümlichkeit des Sees von Srinâgar sind die Rahds oder „schwimmenden Gärten." Zwar sind dies weniger poetische Gegenstände, als man etwa erwarten möchte, es sind nämlich einfach große Flöße, mit Erde bedeckt und durch vertical in den Boden eingetriebene Stämme befestigt; die Tragfähigkeit des Holzes wird durch ausgeblasene Lederschläuche, die, Schwimmblasen ähnlich, seitlich und unter dem Niveau des Wassers daran befestigt sind, erhöht. Auch werden diese Rahds nicht als Beete für Blumen und Zierpflanzen, sondern einfach zur Cultur verschiedener Gemüse benützt, aber auf einem so klaren ruhigen Wasser als Inselchen vertheilt ist ihr Effect im allgemeinen Bilde dennoch ein sehr günstiger.

Eine feste Insel findet sich ebenfalls im Srinâgar-See, die Insel Char Chunâr, oder die „Vier Platanen-Insel", mit alten aber jetzt ganz verwilderten Gartenanlagen. Nach dem seit lange als

Hauptzierde der Inselgeltenden „vier Platanen" (Platanus orientalis) hört man bisweilen den nordwestlichen oberen Theil des Sees Char Chunár-See nennen. Es wäre dies nicht wohl möglich, wenn nicht zugleich in seltener Weise der See künstlich in zwei Theile getrennt wäre. Es führt nämlich ein Damm in nahezu diagonaler Richtung durch den See. Der Damm ist nur an einer Stelle mit einer Brücke versehen, unter welcher man mit Booten durchfahren kann. Da der Verkehr der Boote meist parallel diesem Damm und nicht rechtwinklig darauf läuft, ist der Damm für das Befahren des Sees weniger störend, als man glauben sollte.

Drei andere Seen ähnlichen Charakters, aber bedeutend kleiner, liegen am Fuße des Apathúngberges, rechts vom Wege nach dem Búlarsee zu; zuerst kommen in nordwestlicher Richtung der Chununt der Basilárd-See, dann der etwas größere Manása-See.

Außer diesen beständig mit Wasser bedeckten Flächen gibt es aber noch ziemliche Strecken, die periodisch stark überfluthet werden, beim Steigen des Jhilum nach dem Schmelzen des Winterschnees; solche Lagen sind in Folge davon während des größten Theiles des Jahres moderige Sumpfflächen, die einzige aber nicht ganz unwichtige schlimme Eigenschaft des sonst so schönen Kashmirbeckens. Durch diese Anhäufung stagnirender Feuchtigkeit werden nicht nur große Flächen der Cultur entzogen, auch die Luft wird in Folge davon durch schädliche Gase verschlechtert. Zur Zeit der großen Bauten in Kashmir scheint für diese Terrainverhältnisse manche wichtige Arbeit unternommen worden zu sein; noch jetzt findet man an einigen Stellen Spuren von Schleusen, welche das seitliche Verbreiten des Hochwassers hindern sollten, aber in gut erhaltenem Zustande sahen wir nur jene im Ausflusse des Erináger-Sees gegen den Jhilum, die überdies ganz gut in der Art gestellt ist, so, daß, sobald das Wasser des Jhilum über das Niveau des Wassers im Seeausflusse steigt, die Thore durch die entgegengesetzte Richtung des Stromes von selbst geschlossen werden.

Erdbeben, die sich in Verbindung mit Senkungen wie jene des Kaschmirbeckens erwarten lassen, sind noch jetzt in diesem Theile des Himálaya weit häufiger, als in den seitlich gelegenen Gebieten; sehr heftige sind uns aus den letzten Jahren jedoch nicht genannt worden. Das stärkste, über welches wir Angaben erhielten, ist jenes von 1828. Unter den Ruinen Kaschmirs aus älterer Zeit läßt manche Zerstörung als mit Erdbeben verbunden sich erkennen, so die Zerstörung Avantipúras; ein anderes deutliches Bild von Erdbebenwirkung bot mir die Tempelruine auf der Lanka Insel im Búlarsee, die ich am 5. November besuchte. Dort war außer den gestürzten Mauern die in wunderbarer Weise veränderte Form der stehen gebliebenen ein unmittelbarer Beweis der Wirkung von Erdstößen im Gegensatze zu etwaiger Zerstörung durch Menschenhand oder durch allmähliges Zerfallen. Es sind nämlich die Quadern des Gebäudes in der Art verschoben, daß sich selbst die Richtung dabei erkennen läßt. Ueberall, wo größere Theile der Mauern noch stehen, sieht man, daß Veränderungen in der Lage der Steine von 2 bis 4 Zoll stattgefunden haben, und es zeigt sich ein Verschieben nach 2 Richtungen, nach Süden 65° Westen und nach Süden 15° Osten, was von 2 verschiedenen Stößen, oder von einer Zerlegung der Stoßkraft durch die Stellung des Gebäudes veranlaßt sein kann. An den Stellen, wo die Verschiebungen am deutlichsten und größten sind, sind die Steine auch in ihrer verticalen Aufeinanderfolge sehr ungleich afficirt. Während die untersten Steine sich vorgeschoben zeigen, sind die zweiten und dritten, auch mehrere noch, der vertical zunächstfolgenden nicht verschoben, dann folgt wieder ein Stein, der vorsteht, und dies wiederholt sich der ganzen Höhe nach als eine Wirkung oscillirender Erschütterung. Solche mag hier um so leichter eingetreten sein, weil die ganze Insel sehr klein ist, ein längliches Oval von 347 Fuß in seiner größten Länge. Die Höhe über dem Wasser beträgt 5 bis 6 Fuß. (Das Niveau des Búlarsees soll nur sehr wenig in der Jahresperiode sich ändern.)

Der Boden zeigt überall zahlreiche Durchfurchungen, im Beginne tiefen engen Spalten ähnlich, wo ein steiles Seitenthal in das Seebecken mündet. Diese Einschnitte jedoch haben mit Erdbebeneffecten nichts zu thun; sie sind einfach Erosionsrinnen, die auch stets auf eine nach aufwärts folgende Thalmodification hinführen, aus welcher der Abfluß des sich ansammelnden Wassers begann. Ebenso wie ich es in den lacustrinen Bodengebieten Nepáls zu erwähnen hatte (Bd. II. S. 246), haben sich auch hier zahlreiche Gruppen von getrennten, an ihrer Oberfläche gleichhoben Terrainlagen gebildet, nicht selten so weit unter sich absitzend, daß hiedurch Cultur und Communication nicht unwesentlich erschwert wird. Aber wo die Nähe einer auch im Sommer nicht wasserleeren Einschnittsrinne es erlaubt, ein Rad zum Emporheben der nöthigen Wassermenge anzubringen, zeigen sich diese sonst etwas trockenen Flächen als die allerfruchtbarsten, während viele andere Theile des Kashmirbeckens wegen ihrer tiefen Lage permanent zu viel Bodenfeuchtigkeit haben. Die unter sich durch Einschnitte getrennten Terrassen heißen hier Karkvas; in Nepál ist ihr Name Taro.

Auch dem Rande des Seebeckens entlang findet man in Lagen, denen noch Bewässerung genügend zugeführt werden kann, daß der Boden besser ist, als in den an Humus reichen, aber feuchten Niederungen des Seebeckens. Einer der fruchtbarsten dieser Gauen Kashmirs ist jener oberhalb Islamabád, auf dem Wege zum Lishtvárpasse. Wenn man das Kashmirbecken seitlich vom Jhilum und seinen Zuflüssen auf diagonalen Linien durchwandert, findet man manche Stellen, die entschieden erkennen lassen, daß früher ihre Cultur eine bessere war; aber im allgemeinen Bilde verschwinden diese.

Das Gefäll des Jhilum im eigentlichen Seebecken, von Islamabád bis zum Austritte bei Baramúla ist gering; der Verkehr der beladenen Boote findet der ganzen Strecke entlang stromaufwärts und stromabwärts statt. Die Richtung des Jhilum vom Lishtvárpaß, wo seine Hauptquellen liegen, bis zum Púlarsee ist eine

Die Himalaya-Provinzen von Kaschmir. 415

nordwestliche. Auch ein Thal auf der andern Seite des Sees hat, wie dies in Gebirgsformationen häufig vorkommt, eine fast parallele Lage, aber in entgegengesetzter Richtung des Falles. Der Fluß des Thales, der etwas unterhalb des Bularsees, in den Jhilum einmündet, ist der Párusfluß. Diese Richtung fällt zugleich mit jener des westlichen Tibet, als Längenthal zwischen Himalaya und Karakorúm, zusammen.

Der Jhilumfluß, unterhalb seines Austrittes aus dem Bularsee, verläßt diese Richtung; anfangs fließt er fast rechtwinklig auf dieselbe, dann aber, im Mittel, nach Westen bis Mozafferabád; etwas unterhalb dieser Stadt tritt er in ein neues System von Erhebungslinien ein, in welchem er bis zum Pánjáb herab in südlicher Richtung geführt wird.

Die Gesteine vom Kaschmirseebecken gegen Indien sind zum Theile crystallinische, aber bei weitem vorherrschend sind versteinerungsführende sedimentäre Felsen; am häufigsten kommen oolithische Petrefacte vor, in Kalksteinschichten sowohl als in Thonschieferlagen. Nach den Beobachtungen, die bis jetzt vorliegen, zeigt sich, daß der oolithische Ocean über Kulu, Chamba und Kaschmir gegen Norden bis weit nach Tibet sich ausgedehnt hat. Der Ocean der nummulitischen Zeit dagegen, welche einen Theil der letzten unmittelbar unserer Jetztzeit vorausgegangenen Periode bildet, zeigt sich im Gebiete Hochasiens sehr schmal. Die nummulitischen Gesteine und Petrefacte finden sich weit ausgebreitet über die Flächen des westlichen Asien, in Indien über Theile von Sindh und dem Pánjáb, aber dem Himálaya entlang hat sie eine bedeutend gehobene Gebirgsmasse enge begrenzt.

In Kaschmir sind nummulitische Mergel und Sandsteine verhältnißmäßig noch am breitesten; sie bilden gegen Indien einen Saum von 39 bis 50 engl. Meilen Breite. Von hier gegen Süd-Osten und Osten nehmen sie rasch an Ausdehnung ab und bleiben auf den nördlichen Rand der Tardi beschränkt.

In Srinâgar, der Hauptstadt Kaschmirs, hatten sich im October unsere Routen vereint. Adolph war am 9. October angekommen und hatte auf das Trefflichste für Quartier gesorgt; Robert traf am 17., ich am 19. October ein. Wir bewohnten ein früheres Palais Shekh-Bagh, das in einem „Garten" (was bagh bedeutet) unmittelbar am Ufer des Jhilum gelegen ist; die Höhe fanden wir 5140 Fuß. Dieses Gebäude war zur Aufnahme von europäischen Besuchen officieller Art vom Râja bestimmt worden. Kurze Zeit vor uns hatten Officiere der indischen Landesvermessung, die damals ihre Arbeiten in die nördlichen Theile des Kaschmirreiches ausdehnen begannen, das Hauptquartier hier aufgeschlagen. Sie waren schon wieder fort; europäischer Besuch aus Indien, der nicht bestimmte Aufgabe hatte, war damals noch sehr selten. In den letzten Jahren hat sich aber die Zahl von Europäern, die nach Srinâgar kommen um zur Sommerfrische dort sich aufzuhalten, so vermehrt, daß auch bedeutend allgemeinere Einrichtungen für dieselben getroffen wurden; sogar eine Kirche für Gottesdienst der Engländer ist jetzt erbaut.

Sehr angenehm war es, daß die großen Räumlichkeiten uns erlaubten, unsere Zeichnungen und Karten sowie die Sammlungsgegenstände auszubreiten und in voller Ausführlichkeit vergleichen und besprechen zu können. Dem Beobachter selbst tritt das am meisten Charakteristische oft unerwartet recht deutlich erst entgegen, wenn er darüber zu sprechen veranlaßt ist, und manches würde vergessen werden, das man im Augenblicke, weil nicht so wichtig scheinend, nicht notirt hatte, wenn Reisende nicht auch in die Lage kämen, in nicht zu ferner Zeit anderen davon erzählen zu müssen.

Die Stadt liegt zu beiden Seiten des Jhilumflusses, oder, wie er hier heißt, des Behût; Jhilum ist als Name in Kaschmir nur solchen bekannt, die ihn in ihrem Verkehre mit Indien gehört haben; in Indien selbst ist Jhilum und Behût im Gebrauche. Beides sind alte Sanskritwörter; Jhilum wird bezogen auf jala, „Wasser",

Behát auf Litásta, „der Eilende". Das letztere Wort läßt sich auch, wie es scheint, in dem griechischen Namen „Hydaspes" wieder erkennen.

Der größere Theil der Stadt ist jener auf der rechten, östlichen Seite des Jhilum; sie reicht dort bis in die Nähe des Erinágersees. In dem kleineren Theile, am linken Jhilumufer, befindet sich der Wohnsitz des Rája, Shẹrgárh, „die Stadtveste", genannt; es ist dies eine befestigte Häusergruppe unmittelbar am Flusse, mit einem breiten Ghat, dessen Stufen zum Anlerplatze der Fahrzeuge des Rája herabführen. Die Vorstadt, welche den Shẹrgárh umgibt, ist noch ansgedehnt, aber meist sind hier die Gebäude niederer als im älteren Theile am rechten Ufer.

Beide Theile der Stadt sind von Seitenarmen des Jhilum und von zahlreichen Canälen durchzogen. Der Verkehr auf Booten in der Stadt erinnert etwas an Venedig; doch ist hier das Canalsystem innerhalb der Stadt keineswegs so consequent durchgeführt; dagegen werden für die Umgebungen noch auf ziemlich große Strecken Boote am häufigsten zum Verkehre benützt.

Brücken sind zahlreich, über den Hauptstrom sowohl, als über die Canäle, alles Holzbrücken, die sogleich durch ihre Construction auffallen. Die Pfeiler sind nämlich weder gemauert, noch, wie gewöhnlich bei Holzbrücken, durch Baumstämme gebildet, die so in das Flußbett eingetrieben sind, daß ihre Gruppen schmale, mit dem Flusse und unter sich parallele Reihen bilden. Hier sind vielmehr die stützenden Brückenpfeiler mit Haufen horizontal geschichteten Holzes zu vergleichen. Die Balken liegen auf einem großen rechtwinkligen Vierecke als Basis und zwar so, daß je eine Lage die andere kreuzt. Unter sich sind die Stämme gut befestigt, die untersten werden an kurzen Pfählen im Flußbette fixirt; die Hauptsache ist für die Festigkeit dieser Brücken, daß die Stämme nicht unmittelbar neben einander liegen und daß der Raum zwischen den Stämmen in diesen stützenden Pfeilern möglichst sorgfältig mit großen Felsenblöcken angefüllt wird. Außer der Last der Passanten haben diese Brücken noch zahlreiche Verkaufshäuser zu tragen, die längs der Geländer aufgestellt sind, ähnlich wie zu Shakespeare's Zeit auf London-bridge Häuser gestanden haben, darunter selbst mehrstöckige. Hier sind es nur leichte Holzbuden; ihre Lage wird des lebhaften Verkehres wegen sehr geschätzt; sie sind meist von zahlreichen Leuten umstanden. Seiner Haltbarkeit wegen wird vorzüglich Deodaraholz angewandt.

Ungeachtet ihrer voluminösen Stützpfeiler machen diese Brücken durch ihre Höhe über dem Wasser und durch den bedeutenden Abstand der Pfeiler unter sich einen angenehmen Eindruck, aber ihre Anwendung muß immer eine beschränkte bleiben. Ich gebe zu, daß solche Construction, wie bei ihrer Erläuterung in Kahſmir mir gesagt wurde, die einfachste und leichteſte ist, um große Tragkraft bei einer verhältnißmäßig geringen Zahl solcher Pfeiler zu erhalten. Wo aber nur etwas größere Stromgeschwindigkeit ist als hier, würde die Festigkeit sehr gefährdet sein.

Die besseren Theile der Stadt zeigen manche unerwartet schöne Architectur, Paläste und Moscheen aus der Periode der Möghullaiser und aus jener der Afghanenherrschaft. Von den Palästen sind viele unbewohnt; sie sind, wenn alt, dem Zerfallen überlassen; nur am See außerhalb der Stadt findet man noch unter den älteren Gebäuden dieser Art gut erhaltene. In der Stadt ist etwas Styl vorherrschend, der aber außerhalb derselben nur vereinzelt bei den Wohnungen reicher Grundbesitzer sich wieder deutlich erkennen läßt. Das unterste Stockwerk der Häuser ist meist aus festem, dabei gut behauenem Gesteine aufgeführt; dann folgt ein Aufbau von Ziegeln. Bei hohen Häusern in der Stadt wird für das letzte Stockwerk Holz angewandt. Das Characteristische ist das Dach. Dasselbe ist sehr nieder, und seine Flächen steigen in Winkeln von 20 bis 30 Grad an. Zugleich ragt es über die Mauern des Hauses mehrere Fuß horizontal hervor, und dieser Vorsprung ist, als Fortsetzung des Speicherraumes, gegen abwärts mit Bretterboden verschloßen. Es hat dieses Vorstehen einige Aehnlichkeit mit jenem an den Häusern in Nepál, doch ist verschieden, daß dort nur das Dach, nicht der Speicherraum vorsteht, und daß die freistehenden Stützen des Daches schräg gestellt sind. Bei der im Allgemeinen geringen Breite der Straßen in Srinâger trägt das Vorspringen der Dächer in vielen derselben sehr zur Beschränkung ihrer Helligkeit bei.

Das Holzmaterial, das auch in den unteren Stockwerken an Thüren, Fenstern und Veräudahs in Masse vorkömmt, ist in den Häusern besserer Durchführung stets sehr reich an Schnitzwerk, gut angebracht und von schöner Form. Wie bei den Brücken wird auch in den Gebäuden am liebsten das Holz der Deodaraceder verwandt. Selbst die Moscheen haben hier zum großen Theile die niederen Dächer des Kaschmir-Styles und zwar mit häufiger Anwendung von reicher Holzsculptur, was sie sowohl von den Moscheen in Indien als auch von jenen im westlichen Tibet in eigenthümlicher Weise unterscheidet. Die Haupt-Ursache ist, daß viele derselben, die dann auch den anderen zum Muster wurden, frühere Buddhatempel waren, und nur so weit als ganz nöthig geäudert wurden. Auch die Moschee auf der Veste Tati-i-Sulaimán zeigt recht deutlich eine solche Metamorphose.

In der Bauart der Häuser in den Dörfern wiederholen sich bei den größeren Häusern dieselben Formen, sehr constant ein bedeutendes Vorspringen der Dachränder. In den Landhäusern folgt auf die Quadersteine der unteren Hälfte unmittelbar Holzbau, sein Aufbau von Ziegeln. An vielen Stellen bilden Gruppen solcher Häuser einen ganz schönen Mittelgrund der Landschaft; meist wird derselbe noch dadurch gehoben, daß ein hainartiger Gemeindeplatz, mit Bäumen bepflanzt, oft auch mit Blumen geziert, fast bei jedem Dorfe sich findet. Da der Hain schattenreicher Ruheplatz sein soll, sind nicht Obstbäume, sondern viel größere Bäume, am häufigsten Platanen und Pappeln, dort angewandt. Diese schöne Sitte

soll in der Mitte des 17. Jahrhunderts unter den Moghuls eingeführt worden sein.

Gegen die tibetische Grenze, auch in der Nähe der Panjdsfette
auf solchen Bergabhängen, die wegen ihrer Schichtenstellung etwas
wasserarm sind, findet man dagegen statt der Häuser mit festen
Mauern und ihren vorspringenden Dächern häufig nur ärmliche
Hütten der einfachsten Construction, rohe Baumstammhäuser, wie
jene zu Báltal, oder Hütten aus Stein und Moos mit Schilfdach,
auch ganz aus Schilf in conischer Form, ähnlich großen Fasanhütten
unserer Parks. Von diesen sah ich eine Gruppe bei Pashlián am
15. October, nur 2 Tagemärsche noch von dem großen Verkehrs-
platze Islamabád entfernt. (Gen. Kr. 337 der Zeichn.)

Monumentale Ruinen sind selbst in Kashmir selten, wo
doch am meisten des historisch Wichtigen im Hochgebirge zu suchen
wäre. In allen weiter östlich gelegenen Theilen des Himálaya ist
theils, wie von Bhután bis Nepál, die Civilisation ohnehin sehr
später Zeit angehörend, oder es beschränken sich wenigstens, wie in
Kámáon und Gárhvál, ähnliche alte Werke auf wenige durch ihre
Wichtigkeit hervortretende Stellen, nämlich auf die Quellen heiliger
Flüsse und die Gipfel einzelner günstig gelegener Mittelgebirge. Bauten
oder Ruinen im Sinne unserer Schlösser und Burgen gibt es fast
nirgends in diesen asiatischen Gebirgen.

Bei dem hohen Alter der Cultur in Kashmir, welche schon in
der ersten Periode der Sanskritliteratur vertreten ist, könnte man
auch Erinnerungen an jene Zeit erwarten; doch die vielen Kämpfe
um das schöne Land, die hier sich folgten, haben die ältesten der
Ruinen längst gänzlich verschwinden gemacht.

Was jetzt noch aus früher Vorzeit vorliegt, gehört, mit Ausnahme
sehr weniger noch älterer Spuren, der Periode des Búrdhaculus an,
welchem erst im 14. Jahrhundert die Einführung des Islám feindlich entgegentrat. Unter den Ruinen solch religiöser Gebäude

ist als eine der grössten der Vihâra, in der Stadt, ein früheres
Buddhisten-Kloster, zu nennen. Einen anderen Vihâra, auch Krime,
konnte ich etwas später während des Marsches nach Märri messen
und zeichnen. (Gen. Nr. 270.) Ich fand denselben, 6. Nov., bei
Chalôtri am linken Ufer des Jhilum. Das einzige, was dort sich
erhalten hat, ist ein grosser ummauerter Raum ohne Bedachung
mit einem Sanctuarium auf hohen Stufen in der Mitte. Die
Formen gehören der zweiten Periode der Hindú-Architectur in
Indien an, in welcher nicht nur Architraven, sondern auch Bogen
und Spitzbogen in Anwendung kommen, während die Sculpturor-
namentik der Wände und Säulen, die man in den Felsentempeln
am deutlichsten entwickelt sieht, hier bedeutend abgenommen hat und
nur auf einzelne centrale Stellen sich beschränkt. Die locale Anhäufung der Trümmer und das Beschädigtsein gerade gut bearbeiteter
Theile liess deutlich die Zerstörung durch Menschenhand erkennen.

Die wichtigsten Palastruinen sind jene der alten Stadt
Avantipûra, deren ich schon, der gefunkelten Säulen wegen, bei den
geologischen Verhältnissen zu erwähnen hatte. Auch in der Stadt hier
ist Erdbeben mehr als Menschenhand zerstörend aufgetreten. Die Ruinen bedecken weite Flächen, in Formen, welche annehmen lassen, dass
die Gebäude sehr grosse waren. Jedoch ist alles so zerfallen, dass
an den Gebäuden ihre einstige Gestalt und ihr früherer Styl
nicht beurtheilt werden kann; nur einzelne Ornamente lassen sich
als der ersten Periode des Buddhismus in Kashmir angehörend erkennen. Der Name ist identisch mit dem Bráhmannamen von
Ujáin in Málva, wobei Avánti „die Beschützende" heisst, und die
Stadt als Wohnsitz Vikramaditya's gemeint ist. Eine andere Ruin-
gruppe, neueren Datums, ist jene zu Nágernágar, der „Stadt der
Stärke," die Akbar 3 Meilen von Ehergárh erbaute. Hügel, der
darüber berichtet, fand die Stelle ganz unbewohnt, und erwähnt,
dass unter den Blöcken und Säulen vieles als einer früheren Periode
angehörend sich erkennen lässt. Unser Besuch auch dieser Stelle ver-

schob sich von einem Tage zum andern und mußte schließlich unausgeführt bleiben.

Die Straßen in der Stadt Srinåger sind meist sehr enge, alle, auch die größeren, sehr unreinlich; in den Vorstädten trägt dazu viel das Hereinziehen der Landbau-Verhältnisse bei, oft in unerwarteter Form. So sieht man dort, unter anderem, große Heumassen, die, ähnlich wie bei uns die Tabaksblätter im Kleinen, von den Vorsprüngen der Dachbalken herabhängen; in den Dörfern sind auch die Bäume mit Heu behangen. Da Regen im Herbste, selbst bis Mitte des Winters ziemlich selten ist, kann ein großer Theil des Viehfutters so ohne Scheune verwerthet werden; es soll sich sogar frischer und nahrhafter erhalten, weil es gegen allen etwa in Scheunen eintretenden Moder gesichert ist. Dagegen ist solches Verfahren sehr feuergefährlich, weit schlimmer noch für die Stadt, als die ziemlich allgemeine Bedachung mit Holz. Es brennt oft und das Feuer gewinnt stets große Ausdehnung; ähnliches wiederholt sich auch in den westlichen Städten orientalischer Bauart, wie am bekanntesten von Constantinopel. In den indischen Städten wird über Feuersgefahr weniger geklagt.

Die Menge, die in Srinåger durch die Straßen sich drängt, besteht fast nur aus Fußgängern, wovon viele schwer beladen sind. Reiter des Vergnügens wegen sind selten; höchstens begegnete man einem Mann der damals 2000 Mann starken Cavallerie Guláb Singhs, von welcher aber auch nur ein kleiner Theil in Srinåger lag. Lastwagen könnten in sehr vielen der Straßen gar nicht benützt werden. Elephanten hatten zuerst die Mòghullaiser hier eingeführt; Thomson sah 1847 noch ein Exemplar derselben bei Guláb Singh. Sie waren, wie die Bewohner noch jetzt mit Bestimmtheit zu wissen glauben, über einen Paß des Pir Panjál geführt worden; was man in Sikkim von dem nach Tibet geführten Elephanten mir mitgetheilt hatte, machte mir auch diese Angabe ganz wahrscheinlich. Kameele scheinen in Srinåger ganz unbekannt gewesen zu sein. Die indischen

Dromedare oder einhöckerigen Kameele hätten allerdings nicht wohl über die Gebirgswege nach Kaschmir gebracht werden können. Aber das zweihöckerige baktrische Kameel macht, beladen, in Turkistán und nördlich davon fast alle Wege, denen ein Packpferd folgen kann. Wir hatten aus Khótan 2 Kameele nach Indien und später nach Europa gebracht, weil diese von einer seltenen, sehr guten Race sind; in Kaschmir erregten sie stets allgemeine Aufmerksamkeit.

Die Bevölkerung von Srinâgar ist sehr gewerbthätig; unsere Sammlung hat hier Bereicherung sehr verschiedener Art erhalten. Am bekanntesten in Europa ist die Anfertigung der Shawls, die auch in dem Thal eine sehr große Anzahl der Bewohner als Arbeiter und als Handelsleute beschäftigt. Für die Güte der Shawls ist es sehr wichtig, daß hier als Basis stets die Fließwolle der tibetischen Hausziege dient; je nach Muster und Grad der Feinheit des Gewebes, werden andere Wollen nur in verhältnißmäßig geringer Menge beigefügt. Die letzteren sind aber unter sich sehr verschieden von Schaafen und Ziegen, zahmen und wilden. Zum größten Theile kommt die Wolle als Handelsartikel aus Tibet. Die Arbeit des Wolle-Präparirens, des Färbens, der Anlage der Dessins und des Webens sind möglichst getheilt. Bei weitem die Mehrzahl der Shawls sind mittlere Sorten, deren Verbreitung auf Indien und die Gebiete nördlich von Hochasien sich beschränkt; es hat jedoch diese Qualität auch in Indien bedeutende Concurrenz erhalten, wie ich im Panjáb zu erwähnen hatte. (Bd. I. S. 391). In den feineren Shawls machten die europäischen Fabriken in neuerer Zeit große, für Kaschmir gefährliche Fortschritte; doch bleibt noch immer die Herstellung der vollkommensten Gewebe in Kaschmir zu suchen.

Sonderbar und den Verkehr etwas erschwerend ist es, daß, wohl um die Arbeit der ersten Anlage möglichst zu verwerthen, immer 2 Shawls nach einem Muster, auch an den Fransen längs einer

Linie zusammenhängend, angefertigt werden, wenn einmal Wolle und Fadennetz für den gegebenen Gegenstand hergestellt ist.

Die Dessins sieht man hier viel verschiedener, als man nach den in Europa bekannten Shawlmustern erwarten möchte. So ist jene „Palme," welche bei uns den nur wenig in seiner Gestalt variirenden Typus bildet, hier sehr veränderlich. Als „Palme" kennt man sie gar nicht; dieser Gestalt liegt ein Cypressenbaum zu Grunde, der oben vom Winde sanft übergebeugt ist, seine Fortsetzung in Stamm und Boden verloren hat, und nun nach und nach jene etwas willkührliche ornamentale Krümmung erhalten hat, die allerdings jetzt nicht mehr sogleich an seine allmälige Entstehung denken läßt. Es wurden uns hier alle Zwischenformen gezeigt, die vollkommen die Erklärung der Arbeiter bestätigen; auf den für Kaschmir selbst und für Indien bestimmten Shawls werden gerne die deutlicheren Formen des Cypressenbaumes gesehen.

Der Handel mit Indien und von dort mit Europa geht durch viele Hände. Zur Zeit unseres Besuches war nur ein Europäer hier, der des Shawlhandels wegen sich aufhielt, M. Petit, Agent der „Compagnie Lyonnaise des Indes".

Die Anfertigung der Shawls oder wenigstens die wesentliche Verbesserung in der Weberei soll erst unter dem zweiten Mussalmán-Raja im 14ten Jahrhundert eingeführt worden sein.

Außer Srinagar sind in dem Kashmir-Thalbecken noch 7 ziemlich dicht bevölkerte Städte, welche an der Industrie, mehr noch am Verkehre Kashmirs lebhaft Antheil haben.

Die Bazárs sind in Srinagar so wie in den anderen Städten Kashmirs sehr zahlreich und enthalten, wie so oft in ihrer specifisch orientalischen Form, für die europäischen Reisenden mehr als sich zunächst ihrer Unordnung und Unsauberkeit wegen annehmen ließe. Unter anderem ist guter Waffen, schöner Teppicharbeiten, geschmackvoller lakirter Papiermaché-Waaren zu erwähnen.

Die Victualien Kaschmirs enthielten unerwartet auch manches Europäische; Aufmerksamkeit verdienten ri: Trauben und die Nüsse. Reben werden in ziemlicher Anzahl cultivirt, vorzüglich an Bäumen hinaufgerankt und nur wenig beschnitten. Die Frucht als Tafelobst wird hoch geschätzt; die Sorten sind süß und aromatisch, den Trauben in Persien und Kabul am ähnlichsten; unter den europäischen lassen sie sich am besten mit jenen in Griechenland und Sicilien vergleichen. Sehr zart sind die Stiele und ihre Verästelungen. Um versandt zu werden, werden die Beeren einzeln abgeschnitten und, Confituren ähnlich, in Schachteln, mit Franzenpapier ausgelegt, verpackt.

In Kaschmir wurde auch Wein bisweilen gemacht; da aber der Bevölkerung durch den Koran der Genuß desselben verboten ist, hat in dieser Beziehung die Rebe keineswegs die Benützung gefunden, welche Klima und Boden erwarten ließe, hier weit günstiger noch, als z. B. die in Kandur besprochenen Lagen. (Bd. II. S. 386.)

Die Wallnuß ist ebenfalls unsere europäische Species; die Frucht aber zeigt hier eine Aenderung, die mir, auch aus dem Süden von Europa, nicht bekannt war. Es ist nämlich auch bei der eben zur vollen Reife gelangten Frucht die Haut des Kernes, die bei uns von frischen Nüssen abgezogen wird, nicht bitter, eine entschieden nur günstige neue Eigenschaft. Da die Entwickelung des Baumes eine ebenso kräftige ist, wie bei unserer Sorte, und da in europäischen Lagen keine störende Einwirkung des Klimas zu fürchten wäre, in so ferne die Nußbäume in Kaschmir bis nahe an 8000 Fuß noch wohl entwickelt vorkommen (7950 Fuß bei Dover), so war es ganz des Versuches werth, keimfähige Früchte nach Europa zu bringen. Wir hatten Früchte mit der äußeren grünen Schaale sowohl als abgeschälte getrennt verpackt; auch in einen mit Erde gefüllten Sack wurden solche gesteckt. Aber obwohl bei möglichst verschiedener Verpackung im Nachhausesenden in der Regel die eine oder die andere Art als genügend sich zeigte, war es uns doch mit diesen Küssen nicht gelungen; die Keimfähigkeit ging auf der Reise verloren.

Das Reich Kashmir besteht aus 2 klimatisch und ethnographisch ganz verschiedenen Theilen. Diesseits des Himâlayakammes, mit reichlichen Sommerregen und vorherrschend arischer Bevölkerung, liegen noch, a) südlich von der Provinz Kashmir selbst, nach Westen und Norden sich folgend: Chdulba, Jámu, Rajáuri, Rishtwár und Bhimber; b) westlich davon, nach Norden sich folgend: Púnch Kashtli, Kâhdura, Taráut, Suti und ein Theil von Dárdu. Die Grenze im Westen bildet in den unteren Theilen der Jhilumfluß, bis nahe an Mozâfferabád; dann folgt längs Norden nur etwas gegen Osten die Kammlinie zwischen dem Rainfúl- und dem Nishengángathale. Alle die hier genannten Provinzen waren einst, ebenso wie die Protected Hillstates in den Umgebungen von Simla, unabhängige kleine Fürstenthümer. Nördlich vom Himâlaya beherrscht der Rája von Kashmir Ladák und Bálti, deren provinzielle Details bei unseren Routen durch Tibet folgen werden. Ladák hatte Guláb Singh schon als Vasalle des Sikhherrschers 1835 erobert, Bálti nach mehrjährigen Angriffen gegen Ende 1845.

Den Besitz des Königreiches hatte Guláb Singh erst durch die Engländer erhalten; früher war er nur Gouverneur von Kashmir. Im Kriege der Sikhs mit den Engländern hatte er, obwohl des Sikhherrschers „Freund und Vasalle", die Vortheile und Erfolge der letzteren so wesentlich zu fördern gewußt, daß ihm 1846 das Kashmirreich als unabhängiges Gebiet für sich und seine Nachfolger überlassen wurde. Gegenwärtig herrscht dort sein Sohn Rámblr Singh. Guláb Singh ist im August 1857 gestorben.

Seit lange hatte in Kashmir nur Fremdherrschaft die Oberhand gehabt. 1586 wurde unter Akbar das Land von den Moghuls erobert, diesen folgten, unter Ahmed Shah 1762 die Afgháns. 1819 trat ein neuer Herrscherwechsel ein durch die Ausdehnung des Sikhwelches in die nordwestlichen Theile Hochasiens. Die Zahl der älteren, der einheimischen Herrscher-Geschlechter muß bei dem langen Bestehen des Reiches ebenfalls eine sehr große sein.

Den Islám hatte eingeführt Shams-ud-Dín, der 1315 den Thron bestieg. Jetzt besteht seit lange schon fast die ganze Bevölkerung nur aus Mussálmáns. Der Buddhismus ist ganz verschwunden; Hindús trifft man noch, darunter solche, die nicht ohne Grund sich rühmen, daß ihr Geschlecht niemals seine Lehre verlassen habe. Auch aus Indien ist neuerdings, mehr als sonst bei Mussálmánbevölkerung es wahrscheinlich wäre, ein gewisses Einströmen von Hindús, meist aus der Bráhmanenkaste, bemerkbar geworden; es ist dies dadurch veranlaßt, daß die Mitglieder von Guláb Singh's Familie strenge Hindús sind und der allgemeinen Bevölkerung gegenüber in dieser Beziehung sehr fremd sich fühlen müssen. Uebertritt zum Hinduismus ist nie zu erwarten, auch keine Wiederbelehrung. Denn die Kaste bliebe stets verloren und jeder Mussálmán würde als wiederbelehrter Hindú eine Stellung einnehmen, die ihn nun unter die Stufe eines jeden seiner mussálmánischen Mitbürger erniedrigen müßte.

Vom Rája Guláb Singh wurden wir wenige Tage, nachdem wir als vollständig in Srinágar eingezogen uns gemeldet hatten, zu einer officiellen Uebergabe unserer Papiere nach Shergárh geladen. Diesmal holte uns das Staatsschiff des Rája ab, das wir von unserem Garten aus besteigen konnten. Das Boot war schmal, aber sehr lang, die Zahl der Ruderer mag mehr als 20 an jeder Seite betragen haben. Die Ruder sind klein und von eigenthümlicher Form, indem die Fläche des Ruderblattes zunächst dem Stiele halbkreisförmig beginnt und nach vorne spitz ausläuft, einem Blatte ähnlich. Für uns waren Stühle in das Boot gestellt worden, aber wenn der Rája fährt, sitzt er nicht auf Bank oder Stuhl, sondern auf einem sehr flachen Kissen mit Teppich darüber.

Diesmal war uns der Besuch ungeachtet dessen, daß wir bisher nicht im Geringsten zu klagen hatten, nicht ganz indifferent. Noch ehe einer von uns selbst in Srinâger eingetroffen war, hatte sich nämlich Monteiro, der 16 Tage vor Adolph ankam, in ungezwungener Weise einen Cadaver für unsere Sammlung verschafft; er ließ des Nachts einen vor längerer Zeit Erhängten abschneiden, der den Menschen zur Warnung und den Thieren zur Beute dort schweben sollte. Es wurde damals, da Verdacht auf Monteiro sehr nahe lag, sogleich bei ihm nachgesucht, und er wußte sich nur zu helfen, indem er den an der Luft ohnehin ganz Ausgetrockneten in seinem eigenen Bette versteckte, wo man ihn allerdings am wenigsten suchte. Unmittelbar darauf wußte er den Cadaver so gut in einer der Kisten zu verbergen, welche zunächst die während des Marsches von Simla her gesammelten Gegenstände zu enthalten hatten und als solche bezeichnet waren, daß er die etwa erneuerte Nachsuchung nicht mehr zu fürchten hatte; wir kamen jedoch nicht mehr dazu, das Skelett vor der Rückkehr nach Europa gereinigt zu erhalten.

Der Râja erwähnte dieses Vorfalles mit keiner Silbe, er zeigte sich ganz befriedigt mit allem, was wir, durch einen Brief des Generalgouverneurs eingeführt, ihm vorlegen konnten. Auch eine Photographie von Shergârh, die Robert sogleich nach seiner Ankunft aufgenommen hatte, war ihm ein in seiner Art neues und sehr willkommenes Geschenk.

Wir kamen später noch öfter mit Guláb Singh zusammen, da er nicht nur unseren Besuch erwiderte, sondern auch einige male zu Excursionen mit ihm in seinem Staatsschiffe uns einlud. Bei diesen Fahrten hatten wir Gelegenheit, manches Interessante über Land und Leute von Kashmír zu erfahren, dagegen wurden auch wir um manches uns ganz Unerwartete gefragt. Guláb Singh nämlich war sehr bejahrt und zur Zeit auch etwas leidend — es war ja ohnehin ein Jahr nur vor seinem Tode; er brachte am liebsten das Gespräch auf moralisch-administrative Themata. Er wünschte zum Beispiel zugestanden zu haben, daß der Râja einem Kaufmanne, der eine neue Quelle des Gewinnes für sich gefunden habe, mit demselben Rechte möglichst viel davon entziehen dürfe, wie einem anderen, der etwa das Glück gehabt habe, Metallminen oder Salzlager zu entdecken, und was dergleichen mehr. Er schien dabei mehr, um sich zu rechtfertigen, zu sprechen, als um sich belehren zu lassen, denn es störte ihn nicht, daß unsere Ansichten so wenig des Tröstlichen für ihn enthielten. Kurz vor unserer Abreise kamen wir selbst noch in die Lage, unter seiner willkürlichen Habsucht zu leiden. Wir hatten nämlich vom englischen Gouvernement Papiere erhalten, die uns ermächtigten, bei Guláb Singh ebenso wie in Indien bei den Gouvernements-Cassen Geld zu erheben. Diesmal erhielten wir aber die Summe nicht in vollgültigen Company's Rupis oder im Werthe derselben, sondern um 33½ Procent weniger, indem der Rupi als der in Kashmir angenommene bestimmt wurde. Es überraschte uns dies nicht, da es in Ye an der Casse des Kashmiri-Thanadár ebenso gewesen war. Unerwartet war uns dagegen, daß von uns hier nun verlangt wurde, die vollen Company's Rupis zu quittiren, und zwar in einer Generalquittung auch jene Summen einschließend, die wir in Ye erhalten hatten. Dem englischen Gouvernement, hieß es, könne es auf „solche Kleinigkeit" nicht ankommen, und ob der Schaden uns träfe, wäre unsere eigene Sache. Das letztere, wie ich dankend anerkennen muß, war im Erfolge richtig, wenn auch nicht in dem Sinne, wie es zu Kashmir gemeint war. Als ich nämlich im folgenden Jahre persönlich wieder nach Calcutta kam und diese Differenz dann besprach, erhielt ich dieselbe sogleich zurückerstattet; man kannte dort den Character des Nachbarkönigs genügend, und gab auch zu, daß an Ort und Stelle darüber zu streiten unsere Lage nur hätte verschlimmern können.

Da wir auf verschiedenen hohen Pässen die Umgebungen des Kashmirbeckens bei unserer Ankunft überschritten hatten, wählten wir die tiefer gelegenen westlichen und südlichen Routen zum Abmarsche nach Indien; zugleich war dadurch ein etwa störender Einfluß der späten Jahreszeit ganz ausgeschlossen. Schwierig aber blieb es, unsere Sammlungen glücklich zu expediren; es hatte sich viel angehäuft, da wir wiederholt noch vor unserer Ankunft Sendungen nach Srinâger hatten abgehen lassen. Da wir nicht genug Packpferde und Träger auf einmal erhalten konnten, wurden 3 Karawanen gebildet, die mit mehreren Tagen Abstand unter sich nach dem Panjâb vorausgesandt wurden.

Wir selbst brachen auf am 2. November, 2 getrennten Routen folgend, und zwar in der Art vertheilt, daß diesmal Adolph und ich zusammen marschirten, während wir beide bisher längs des Weges nur dann zusammen gewesen waren, wenn nothwendige Beschleunigung oder sonst erschwerende Umstände uns zwangen, für uns alle nur e i n e Route zu wählen. Obwohl wir 12 Tage in Srinâger zusammen gewesen waren, so war doch so vieles unbesprochen geblieben. Am vorletzten Abende noch vor unserer Ankunft in Môrri waren wir des Nachts im Zelte so lange beim Lichte mit Feder und Papier vor uns im Gespräche vertieft geblieben, daß Thâmji der Butler nicht unterlassen konnte, unerwartet noch einmal zu erscheinen und uns an die frühe Stunde des Morgenanbruches zu erinnern. Wenigstens hatten wir gerade diese Stunden nicht ohne Erfolg im Besprechen zugebracht, indem wir schon damals in unseren Beobachtungsmanuscripten den Titel des herauszugebenden englischen Reisewerkes, die Zahl der Bände und das Object eines jeden der 9 Bände eingetragen haben, in jener Form, die auch bei der Publication bisher beibehalten wurde. Nur in der Zeit der Vollendung hätten wir uns getäuscht, selbst wenn Adolph noch Mitarbeiter geblieben wäre. Und wer konnte damals daran denken, wie bald wir ihn überhaupt verlieren sollten!

Baramûla, am rechten Ufer des Jhîlum, ist die letzte Station im Seebecken von Kaschmir. Hier endet jene geringe Neigung des Jhîlum, die ihn für Boote benützen läßt, auch die letzte der Kaschmiri-Holzbrücken führt über den Fluß; die Brücke hier hat 8 der aus Baumstämmen aufgeschichteten Pfeiler. Sogleich unterhalb Baramúla beginnt das Flußthal sich zu verengen und steil zu werden. Bis zum Eintritte der Kisbengánga, wo der Jhílum eine andere Richtung erhält, ist das Gefäll (mit Einschluß der wesentlichsten Krümmungen in der Längenentwicklung) 36½ Fuß die englische Meile; von dort bis zum Austritte in die Ebene bei 750 F. Höhe, 2 Meilen unterhalb der Stadt Jhílum, ist das Gefäll im Mittel 12 Fuß die Meile.

Ungeachtet des starken mittleren Gefälles von Baramúla bis gegen Mozáfferabád ist die Neigung zwischen verschiedenen Stellen sehr ungleich, indem flache Thalbecken stufenartig sich folgen, die unter sich wieder durch steile Stellen des Thales verbunden sind, eine Aehnlichkeit mit der Thalbildung in den centralen Alpen, deren ich auch im östlichen Bhután (Bd. II. S. 113) zu erwähnen hatte. Dadurch verändert sich das Bild der Landschaft an vielen Stellen sehr auffallend. Der Character der engen Thalform zeigte sich am deutlichsten etwas vor Uri. Durch das gleichzeitige Eintreten des Abflusses vom Púnch-Passe erinnert diese Stelle an das Sátlejthal bei der Lángtu-Brücke.

Von den Sikhs war hier sogleich ein Fort erbaut worden, um von dieser so vortheilhaften Position das Thal dominiren zu können. Die Hauptgebäude des Forts stehen auf dem Rücken des in das Thal sich vorschiebenden Felsenriffs zwischen den beiden Flüssen; ein zweites Nebenfort am Ausgange der Thalschlucht befindet sich an der Straße längs der rechten Thalseite, und dient zugleich als Zollhaus. Der Thalengе folgt nun bei Uri eine beträchtliche Erweiterung, mit so geringem Gefälle der Thalsohle so lange die breite Form anhält, daß auch der Einschnitt des Jhilumbettes nur wenig tief ist. (Ich machte hier eine landschaftliche Skizze; Gen. Nr. 464.) Diese wie alle ähnlichen Stellen des Thales sind gut cultivirt, auch stufenförmige Bebauung der nächsten Berggehänge, ähnlich jener in Nepál, ist hier sehr allgemein und sehr lohnend.

Nain Singh und Máni gingen von hier über den Pünch-Paß nach Raulpindi. Die Abhänge des Passes sind ziemlich steil ungeachtet seiner nicht bedeutenden Höhe von 8600 Fuß. Pünch, die Hauptstation am Südabhange, liegt bei 3395 Fuß.

Etwas verschieden von der Uri-Thalstufe ist jene bei Ratbál, an 15 Meilen thalabwärts. Dort ist nämlich ungeachtet der bedeutenden Erweiterung des Thales der Lauf des Jhllum ganz an die linke Seite gedrängt, und zwar durch Erdstürze, die nach und nach diese Stelle so ausgefüllt haben, daß gegenwärtig die Fläche des Gerölles und Felsenschuttes dem ganzen Becken entlang eine deutliche Neigung gegen den linken Thalrand erkennen läßt. Die Stellung der Schichten und der Klüftung bedingt hier längs des rechten Ufers Seitenzuflüsse, die aus ziemlich großer Entfernung wasserreich einströmen, während auf dem linken Ufer nur steile Wände vorherrschen. In Folge davon ist auch die Schuttablagerung gerade hier längs des rechten Ufers eine so viel größere. Da eine unmittelbare Verbindung der Gestalt der Thalsohle mit der Schichtenstellung der umgebenden Kämme zwar meist bei näherer Untersuchung auf der Karte sich nachweisen läßt, aber selten in der Natur selbst so deutlich wie hier entgegentritt (nämlich ohne durch dichte Bewaldung, ungleiche Verwilderung einzelner Stellen, Firnlager u. s. w. unklar geworden zu sein), habe ich Adolphs Aquarell (Gen. Nr. 466) zum Gegenstande der Tafel XIV. gewählt. Der Blick ist thalabwärts gerichtet. Zur rechten Seite liegt das kleine Fort Ratbál und noch 2 Dörfer. Die Gesteine sind tertiär, Nummuliten führend, theils rother Mergel, theils Kalk- und Sandstein.

Die Witterung konnte dem Genusse der schönen landschaftlichen Eindrücke nicht günstiger sein, milde noch in der ersten Hälfte Novembers. Selbst am Pünch-Passe war kein neuer Schnee zu sehen; er fehlte deswegen zunächst, weil es überhaupt diesen Herbst keinen Nieder-

schlag bisher gegeben hatte. Uebrigens war ungeachtet des lange
anhaltenden schönen Wetters bei Tage die Bewölkung mitunter ziemlich stark, sehr verschieden in dieser Beziehung von der Luft über
einem tibetischen Gebiete. Nur des Abends und während der Nacht
verschwanden auch hier alle Wolken; sie senkten sich und lösten sich
in den Thälern. Der Mondschein, der bis gegen Mitte des Monates an Helligkeit und Dauer zunahm, ließ auch dies sehr deutlich
erkennen.

Am 9. November verließen Adolph und ich das Jhilumthal,
etwas unterhalb Hálhi. Wir gingen über den Kŕrri Panjál-Paß
zwischen Chilár und Méra, 6019 Fuß, setzten über den Jhilum,
den wir nach der Wendung seines Laufes gegen Süden nochmals
zu berühren hatten, bei Bárlot, wo die Höhe nur 1858 Fuß betrug, und erreichten Múrri am 12. November. Dort hielten wir
uns 4 Tage auf.

In Múrri besteht seit 1851 ein Sanitarium für das Panjáb.
Die Höhe der neuesten Theile der Station, die sich in den letzten
Jahren sehr ausgedehnt hat, ist nahe 7000 Fuß. Für den Observatory Hill in der Station ergab sich die Höhe von 7199 Fuß,
nur 61 Fuß niederer, als der höchste Punkt, der in den Umgebungen
von Múrri sich findet. Sehr wichtig ist die geringe Entfernung dieser
Station vom Panjáb, wo die Sommerhitze einen so ungewöhnlich
hohen Grad erreicht. —

Am 17. November trafen wir mit Robert in Raulpindi im
Panjáb zusammen.

Robert hatte schon von Srináger bis Baramúla im Seebecken
eine von uns getrennte Route, südlich vom Búlarsee, eingeschlagen
und setzte seinen Weg von Baramúla aus auf dem rechten Jhilumufer fort bis Mozáfferabád; von dort ging er gegen Südwesten
nach Raulpindi.

Mozáfferabád, die „Stadt des Eroberers", ist eine Veste, jetzt
in den Händen der Engländer, welche früher bei den wiederholten

Kämpfen um den Besitz Kaschmirs von großer Bedeutung war, da hier der Eingang längs des Jhilumthales sich öffnet. Ist auch wegen der Grollen des Hauptflusses und wegen der zahlreichen steil und tief eingeschnittenen seitlichen Zuflüsse die Passage für eine größere Truppenmasse stets sehr erschwert, so ist es anderntheils, mit den Pässen über die Panjáletté verglichen, hier als günstig zu betrachten, daß im Jhilumthale die Jahreszeiten nicht von so bedeutendem Einflusse sind, als auf den Pässen. Auch das hohe und lange fortgesetzte Ansteigen auf den Bergabhängen ist ungleich anstrengender, am meisten für den Train, als das Vordringen längs dem Thale. Die Eroberung Kaschmirs durch die Sihks 1819 hatte ausschließlich mit dem Durchmarsche der Truppen durch das Jhilumthal begonnen.

Das Fort hier ist von Kaiser Akbar erbaut, der 1587 selbst in Kaschmir einzog; es liegt am linken Ufer der Kishengánga, nahe ihrer Einmündung in den Jhilum; ein Theil der Stadt und die Sardi liegen am rechten Kishengánga-Ufer. Für die Engländer hat die Lage Mozásserabáds auch dadurch noch Wichtigkeit, daß sie einen sichern Beobachtungspunkt an der Grenze des Hazdraterrains bietet.

Was die Thalrichtung betrifft, hat eigentlich unterhalb Mozásserabád das Jhilumthal aufgehört, und die vereinigten Wasser fließen in der an dieser Stelle ganz unveränderten Richtung der Kishengánga weiter. Daß der Name des Jhilum, und nicht jener der Kishengánga hier beibehalten wurde, ist, wie so häufig in ähnlichen Fällen, durch die größere Wassermenge des Jhilum entschieden. Brücken gibt es hier nicht mehr, aber auf beiden Flüssen ist eine Ueberfahrt mit Fähren eingerichtet, die durch Seile an den Ufern befestigt bleiben und eine Art fliegender Brücken bilden. Das Niveau der Kishengánga fand Robert 2164 F.; sein Lager war 57 Fuß über demselben auf einem früheren Mussalmán-Begräbnißplatze aufgeschlagen, eine Stelle, wie wir sie auch bei unseren Routen durch muselmänische Gebiete Indiens bisweilen als Lagerplätze angewiesen erhielten.

Nahe bei Mozásserabád war noch ein anderer Zufluß des

Jhilum zu passiren, der Rainsüllfluß. Dieser ist ebenfalls ein Gebirgsstrom, von mehr als 120 Meilen Länge, also nur wenig kleiner als die Kishenganga, aber dessenungeachtet hat er ungleich weniger Wasser. Durch eine seltene Eigenthümlichkeit der Thalbildung zieht er sich nämlich in der Art zwischen 2 Kämmen fast ohne alle seitlichen Thäler irgend nennenswerther Größe hin, daß die Thalbreite längs dem ganzen Flußlaufe im Mittel nicht 10 engl. Meilen erreicht.

Vom Jhilumthale gegen Raulpindi waren noch einige secundäre Höhen, zwischen den Seitenzuflüssen links vom Industhale, zu überschreiten; der Dup-Paß, der erste westlich vom Rainsülthale, hatte eine Höhe von 4491 Fuß.

Raulpindi erreichte Robert am 16. December.

Die Kämme und Gipfel der Gebirgsprofile.

Ansicht vom Chinerberge aus. — Api. — Kunlún. — Bánch Chúli. — Nánda-Dévi. — Nánda Káth mit Traill's Paß. — Oestliches Profil des Kiварnath. — Kiвarkánta-Panorama. Westliches Profil des Kiвarnath. — Gritsánta. — Gargoróin. — Nila, Changláñya, Chitúl. — Déoliar, Lámbar, Káspa-Gruppe. — Jákh-Ansicht gegen die Himálayakette. Nága und Koting im Centrum. — Birbátti und Kárba gegen Nord-Osten. — Nága bis Tongáne im Nordwesten. — Der südliche Theil der Annevára-Rundsicht. Báltalkette und Paramál. — Panjállеtu mit dem Kishtwár-Gipfel. — Ismáêl ke Dérí.

Zur Aufnahme und Messung der Schneegipfel in Kámáon bot meinen Brüdern schon in geringer Entfernung von Naini Tál der Chinerberg, westlich vom See, einen sehr günstigen Punkt. Die Aussicht erstreckt sich über den Hauptkamm von der Báisslkette im Osten bis zum Kivarnath-Gipfel im Westen; die ununterbrochene Reihe der Schneegipfel nimmt einen Horizontalwinkel von über 80 Grad ein. Auch die Verticalwinkel sind längs dieser ganzen Linie sehr groß, da viele der nicht sehr entfernten Gipfel über 20,000 Fuß hoch sind, bei 8737 Fuß Höhe des Standpunktes. — Dieses Panorama (Gen. Nr. 417) ist gegeben auf Taf. II. der Gebirgsprofile.

Da der allgemeine Character — „steiles Abfallen vom Hauptkamme gegen Süden, tiefe Erosion längs der Flüsse, verhältnißmäßig seltenes Einblicken in die Thalsohlen" — ganz jene Formen zeigt, welche ich wiederholt als die vorherrschenden zu bezeichnen hatte, habe ich in den nun folgenden Erläuterungen vorzüglich die ohnehin so zahlreichen Schneegipfel zu besprechen.

Der erste große Gipfel von Osten her ist der Api-Peak, 22,700 Fuß; er liegt noch in Nepál, östlich vom Káli- und südwestlich vom Nári-Passe, Depressionen im Kamme, welche den Gipfel um so mehr hervortreten machen. Die obere Contour desselben hat einige Aehnlichkeit mit dem Gaurisánkar; sie zeigt nämlich eine Prominenz, die ziemlich breit ist, und neben dieser noch eine hohe, fast horizontale Kammlinie, die erst in einiger Entfernung jäh nach Westen abfällt. Die Kunlás Peaks, 21,669 Fuß der östliche, 22,513 Fuß der westliche Gipfel, gehören zu den entferntesten Punkten, die in diesem Panorama sich zeigen; die Distanz beträgt etwas über 100 englische Meilen. Sehr deutlich heben sich die Pánch Chúli (— die „5 Kämme") empor; der Central-Peak, zugleich der höchste, erreicht 22,707 Fuß.

Den Mittelpunkt der Ansicht nimmt die Nánda-Déri-Spitze ein; hier verbindet sich die absolute Höhe von 25,749 Fuß mit der im Verhältnisse zu den übrigen Theilen der Ansicht nicht sehr großen Entfernung, von 76 engl. Meilen, diesen Punkt am mächtigsten hervortreten zu lassen. Diese Spitze erhebt sich als das westliche Ende des großen Gebirgsstockes gleichen Namens. Die Ecke des östlichen Endes, wo das Profil ebenfalls steil abfällt, bildet die Nánda-Kath-Spitze, noch 22,491 Fuß. Zwischen beiden Gipfeln ist eine nicht sehr bedeutende aber eben ihrer Höhe und Lage wegen noch sehr deutlich hervortretende Einsenkung, der Traill's- oder Nánda-Kath-Paß, 17,770 F. Von den mächtigen Gletschern, welche sich nach Norden und nach Süden herabziehen, zeigen sich hier nur die nach Süden exponirten großen Firnmeere; es sind jene, die meine Brüder von Milum aus untersuchten. Zum Auffinden derselben und zur

Beurtheilung (Bd. II. S. 336) ihrer gegenseitigen topographischen Stellung war dieser allgemeine Ueberblick des Massivs von Chiner aus sehr günstig.

Die Trissulgipfel (wovon der höchste 23,531 Fuß ist), und den Nandáfua, 20,750 Fuß, sieht man in mittelbarem Aufschlusse gegen Westen. Diesen folgen weiter links vom Beschauer der Jbi-Gamin-Gipfel, 25,550 Fuß, und seine Umgebungen. Der bedeutenden Entfernung wegen ist ihre Winkelhöhe ziemlich gering; die ausgedehnten Schneeflächen lassen dessenungeachtet die allgemeine Erhebung sogleich erkennen.

Den Schluß der Schneegipfel gegen Westen bildet Kidarnath in Garhwál, 22,840 Fuß. Die benachbarten, ebenfalls über 22,000 Fuß hohen Gipfel in den Umgebungen von Bádrinath sind vom Chiner aus durch etwas näher liegende Kämme von 20,000 bis 21,000 Fuß verdeckt.

Das Kidarkánta-Panorama in Garhwál, (Taf. II. Nr. 4) das Adolph am 12. Oct. 1855 nach seiner Rückkehr aus Tibet aufnahm, umfaßt in den Schneegipfeln einen Horizontal-Winkel von etwas über 145 Grad; aber die Reihe der Schneeberge ist hier nicht wie in den bisher besprochenen Ansichten eine ganz ununterbrochene. Der Standpunkt selbst ist hoch, 12,430 Fuß; er liegt dem Kamme so nahe, daß auch einige Berge der nächsten Umgebungen, obwohl noch nicht in die Schneegrenze emporreichend, eine Winkelhöhe haben, welche jene der etwas ferneren Hauptketten überragt. Uebrigens sind diese Stellen von sehr geringer Breite und der Eindruck der Schneekämme ist der bei weitem vorherrschende im ganzen gegen das Hochgebirge gewandten Theile der Rundsicht, von Ost bei Süd bis Nordwest; zugleich zeigen die Formen der Schneeberge wegen der geringen Entfernung des Standpunktes hier mehr Details, als in den meisten der übrigen ausgedehnten Rundsichten. Daß ähnliche Standpunkte nicht häufiger sind, hat seinen Grund darin, daß Punkte, die der Hauptlinie der Erhebung sehr nahe liegen, gewöhnlich so dicht von massenhaften Seitenkämmen umgeben sind, daß ihre Aussicht dadurch in der Ausdehnung beschränkt ist und nur wenig die zunächst liegende Erhebungsgruppe überschreitet.

Das Kibarlánta-Panorama beginnt gegen Osten mit dem Kibarnathpeal als erstem Schneeberge, mit jenem also, der die Ansicht vom Chinerberge gegen Nordwesten geschlossen hatte. Solcher Anschluß ist bei Beobachtungen über die Gebirgsformationen stets sehr werthvoll, nicht nur deshalb, weil dies beweist, daß keine Lücke in der Beobachtungslinie sich zeigt, sondern auch, weil dies das Ausführen der Vermessung sehr erleichtert. Da die Visionslinie von jedem der beiden Standpunkte so gerichtet war, daß sie nahezu den gleichen Winkel mit dem Hauptkamme des Kibarnath bildete, also von links sowie von rechts gesehen die gleiche Profilcontour des Berges zeigte, ist in beiden Panoramen der Kibarnath sehr deutlich als solcher zu erkennen. Aber während in der Chineransicht Gipfel sich zeigen, deren Höhe noch 2000 bis 2500 Fuß größer ist, ist hier der Kibarnath der höchste Gipfel in Sicht. Nur dadurch wird sein Effect etwas geschwächt, daß seine Entfernung 55 Meilen beträgt, während sie für die übrigen Gipfel der Ansicht 30 bis 40 Meilen ist.

Als die nächsten gegen Westen folgen die Srilánia-Peaks eine lange Reihe bildend von 15 Gipfeln, von denen der höchste 21,011 Fuß erreicht. Nennenswerth ist ferner seiner schönen Form wegen der Sargoröin-Gipfel. Seine Höhe erreicht nur 18,937 Fuß, aber er überragt hiermit die Schneegrenze doch genügend, um große Firnmassen zu zeigen, zugleich liegt er hier dem Beobachter sehr nahe, nur 29 Meilen entfernt.

Gegen die Mitte des Bildes im Nordwesten liegen die Nilla-Peaks, der Changsálha- und die Chétlul-Gipfel. Der Changsálha, 20,434 Fuß, ist sehr spitz; er wurde schon im Verzeichnisse von Herbert und Hodgson, die ihn zuerst gemessen hatten, „der Kegel" genannt. Die Chétlulgruppe, die in etwas nördlicher Richtung sich anschließt, besteht aus einer sehr großen Anzahl von Gipfeln von 19,338 bis 21,517 Fuß Höhe, von welchen bis jetzt 5 gemessen sind. Auch in dieser Gruppe sind die Gipfel sehr steil, ähnlich den „Aiguilles" in den Umgebungen des Mont-Blanc; der landschaftliche Effect in dieser Beziehung wird dadurch erhöht, daß die nach der indischen Seite vorstehenden Seitenkämme sich perspectivisch sehr verkürzt präsentiren, deshalb nämlich, weil ihre Richtung zufällig nur sehr wenig von der Linie zum Kibarkántagipfel abweicht. So geschieht es, daß sie von hier gesehen, wie die Nase in einem Bilde en face, von der Neigung ihrer Contour in der Profilansicht nichts erkennen lassen.

In der Richtung zwischen den Néla- und den Chéttul-Gipfeln lägen noch die Porghál-Peaks, aber sie sind im Panorama wegen der vorliegenden Kämme nicht sichtbar, obwohl die Höhe des größten 22,227 Fuß ist.

Während der Dánkiar als einer der mittelhohen Berge hier die Schneereihe etwas unterbricht, zeigt sich zur Linken, eine neue Gruppe beginnend, der L'Imbar-Peak, in Kánáur liegend; Höhe 20,380 Fuß. Was nun in dieser Rundsicht folgt, erhebt sich erst nahe dem westlichen Schlusse, in der Gruppe der Báspa-Gipfel, wieder über 20,000 Fuß. Der höchste der Báspa-Gipfel erreicht 20,609 Fuß; obwohl dieser, wie sich aus anderen Messungen ergab, am südöstlichsten, also dem Kivarkánta-Gipfel am nächsten gelegen ist, scheint derselbe doch in der Rundsicht durch einen der ziemlich hohen Seitenkämme dieser Gruppe verdeckt zu sein.

Die Ansicht des Himálaya-Kammes vom Jáloberge bei Simla, 8120 Fuß, (Gebirgsprofile Taf. III.) ist wieder jener vom Chinergipfel in den allgemeinen Formen etwas ähnlicher: eine glänzende große Reihe von Schneeketten, in ihren centralen Theilen nicht unterbrochen durch hohe Mittelgebirge. Die Höhenwinkel aber sind wegen großer Entfernung etwas niederer; der horizontale Winkel-Abstand zwischen dem Kárrva-Peal nahe dem Anfange im

Die Kämme und Gipfel der Gebirgsprofile.   441

Nordosten und dem fernen im Nordnordwesten gelegenen Tougánr-
Peak beträgt etwas über 75 Grad, mehr als $^9/_{10}$ der halben Rundsicht. Was hier deutlicher als in den östlichen Theilen des Him-
dlaya hervortritt (obwohl es auch dort bei genauer Analyse sich erkennen läßt), ist die Bildung von einzelnen Massivs oder Erhebungs-
centren. An solchen Centren sieht man in geringer gegenseitiger
Entfernung eine Gruppe hoher Kämme und Gipfel sich zusammen-
drängen, die nach den Seiten durch breite aber doch nicht sehr tiefe
Paßeinsenkungen von anderen analogen Gruppen getrennt sind. Der
Rága-Peak nahe der Mitte der Ansicht ist der höchste, 21,772 Fuß,
und zeigt sich zugleich, bei einer Entfernung von 74 Meilen, als
einer der größten. Der Rátang-Gipfel, obwohl noch 21,663 Fuß,
also nur wenig niederer, liegt ihm so nahe, daß sich die Differenz
des Höhenwinkels sehr deutlich erkennen läßt. Oestlich folgen der
Párbátti, 20,515 Fuß, als breite Schneewand hervortretend, und
der Kárêva, der zwar nur 17,201 Fuß hoch ist, aber so nahe, nur
47 Meilen entfernt, daß er einen sehr kräftigen Abschluß der Schneekette nach dieser Seite hin bildet. Daß von hier weiter nach rechts
die Firn- und Gletscherregion als zusammenhängende Fläche aufhört
und nur an sehr vereinzelten Gipfeln der Ferne sich errathen läßt,
fällt mit dem Umstande zusammen, daß nach dieser Richtung hin die
tiefe und breite Depression des Sátlejthales liegt, in deren Umgebung hohe Gipfel erst weiter im Innern wieder auftreten. In den
östlichen Theilen erwarteten wir den Chdísrle-Berg, der im Rivar-
linta-Panorama den westlichsten Theil bildete, wieder aufzufinden;
die Entfernung betrüge nur 45 engl. Meilen, und Aussicht gegen
Osten erstreckt sich bedeutend weiter noch über Mittelgebirge von
11,000 bis 12,000 Fuß Höhe. Aber gegen diesen Berg schienen
etwas ihn überragende Kämme vorzuliegen; es war dies das erstemal in der Panoramenreihe von Bhután bis Kúlu, daß eine etwas
größere Lücke im unmittelbaren Anschlusse eingetreten war, während
sonst von den Schneebergen oder von den Mittelbergen stets mehrere

Punkte zweien der zunächst sich folgenden Panoramen gemeinschaftlich waren.

In der linken Hälfte des Himálayabildes, in seinem nordwestlichen Theile, ist die hohe Kammlinie, welche die Grenze zwischen Kúlu und Spiti bildet, der hervorragendste Gegenstand. Ein Gipfel in derselben, der nächste am Sága-Peal, trat uns seiner Gestalt wegen sogleich sehr lebhaft entgegen: seine obere Contour ist nämlich fast ganz dieselbe, wie jene der Wildspitze im Oetzthale von der Südseite gesehen. Jene ist ein ziemlich freistehender, im oberem Theile steil ansteigender Schneeberg, der in eine westliche und östliche Spitze endet; Höhe der westlichen 12,354 engl. Fuß, der östlichen 12,245 Fuß. Die Aehnlichkeit wird noch dadurch erhöht, daß der Abstand von der Höhe der Schneegrenze ziemlich derselbe ist, nahe an 3000 Fuß. (Für Adolph war mich kehrte die Erinnerung an die Berge des Oetzthales um so leichter wieder, als dies die Region war, wo wir zum ersten Male, an der Wildspitze nämlich, das Besteigen eines bis dahin noch nicht erreichten Gipfels unternahmen.) Just für diesen Schneeberg des Himálaya bedauerten wir recht sehr, daß wir keinen den Eingebornen bekannten Namen erfahren konnten. Auch konnten wir den Berg von anderen hohen Standpunkten, z. B. beim Uebergange von Kúlu und von Kanáur nach Tibet, wo wir ihm sehr nahe gewesen sein mögen, nicht wieder erkennen, was uns möglich gemacht hätte, seine genaue Position und Höhe zu bestimmen.

Deotiba, ein breiter Gebirgsstock mit einem pyramidal gestalteten Hauptgipfel von 20,417 Fuß Höhe, bildet die westliche Ecke der als ununterbrochen sich präsentirenden Schneeregion. Als alleinstehend ist (rechts von dem eingangs genannten Tongáur-Berge) noch der 19,462 Fuß hohe Rálha-Peal im Westen, nahe dem Rotangpaß, sehr deutlich hervortretend.

Die hier angeführten schneebedeckten Kämme und Gipfel sind auch längs des Abhanges des Jálo-Berges so wie in der Station Simla von vielen Stellen aus sichtbar; allerdings läßt sich dort nicht die ganze Reihe auf einmal überblicken, aber was sich zeigt, ist als Bild gehoben durch schöne Baumvegetation im Vordergrunde und durch die tiefen dunklen Töne der Mittelgebirge. Dies, verbunden mit dem Umstande, daß bei 8000 Fuß der Barometerstand 22¼ Zoll ist, also um ¼ weniger beträgt, als am Meere, macht die Schneeberge sehr hervortreten, sowohl durch den Gegensatz in Form und Farbe, als auch durch die große Helligkeit der Schneeflächen. Die Kämme des Hintergrundes erscheinen von bewaldeten Standpunkten gesehen, näher gerückt, als da, wo eine isolirte Stellung des Beschauers das Gesammtbild im weiten Umkreise überblicken läßt.

Das letzte der Himálayapanoramen, das Adolph am Kune-ráraberge als eine ganze Rundsicht aufnahm, zeigte sich in vielem von den bisher besprochenen verschieden. Die Kammlinie des Himálaya, die hier in geringer Entfernung vom Standpunkte am Indus endet, hatte sich so gesenkt, daß in jener Hälfte der Rundsicht, die gegen Norden und gegen den Kamm des Himálaya gerichtet ist, nur mittelgroße Erhebungen von 10,000 bis 12,000 Fuß im Himálaya sich zeigen, während die tibetischen Schneegipfel, wenn auch ferne doch den Himálaya bedeutend überragend, am zahlreichsten sind. Der nördliche Theil wird bei der Zusammenstellung der tibetischen Hochregionen besprochen werden.

Hier, in der südlichen Hälfte sind die Hauptgegenstände jene, welche die große Thaldepression von Kaschmir umgeben. Der Umfang dieses Theiles beträgt 145 Grade. Die Richtung der Mittellinie ist hier SSW., während in allen anderen bisher besprochenen Panoramen die Mittellinie nördlich gerichtet ist.

Der höchste Berg gegen Osten ist der dominirende Gipfel der Báltalsette, 17,839 Fuß; aber man sieht hier nur die westliche Fortsetzung der Kette; die Hauptspitze selbst ist durch den Haramukberg, 16,903 Fuß, verdeckt. Dieser zeigt sich zugleich als der hervorragendste Berg der Rundsicht, da seine Entfernung vom Standpunkte nur 14 Meilen beträgt.

Bald darauf beginnt, was hier den Hauptgegenstand der Ansicht bildet, die Panjàllette. Ihr östlichster Punkt ist der Rishtwàr-Peal, bei weitem der höchste der Reihe, da er 16,662 Fuß erreicht. Er ist auch am weitesten entfernt, über 120 Meilen; die Firne seiner Mulden nähren die obersten Quellen im östlichen Jhilum-gebiete. Die übrigen Gipfel, die ich nicht einzeln anführen will, da ich deren über 20 aufzählen könnte, haben 15,483 Fuß (Bàrma Siful) bis 14,039 Fuß (Satléla) Höhe. Der niederste Punkt, die Fläche des Púlar-Sees im Mittelgrunde, liegt bei 5126 Fuß. Dies sind also nahezu europäische Verhältnisse (15,000 engl. Fuß = 14,075 par. Fuß) in den Höhen der Gipfel über dem Meere sowohl, als in ihrer relativen Höhe über dem Púlarsee. In den Alpen allerdings sind es nur vereinzelte Stellen, welche solche Höhenunterschiede zeigen, hier folgen sie sich einer ganzen Kammlinie entlang. Da die Jahreszeit etwas vorgerückt war, 6. October, waren außer den zahlreichen Firnen und Gletschern noch manche andere Flächen mit Schnee bedeckt, aber mit frischem. Dies trug viel dazu bei, die Höhe der Panjàllette noch mehr hervortreten zu lassen. Adolph's Leute kannten hier ungewöhnlich gut die Namen der Gipfel, deshalb zunächst, weil auch so viele Einsenkungen zwischen denselben von den Bewohnern Kashmirs als Pässe benützt werden.

Der Jhilum, von dem auch, im Hintergrunde, das Quellengebiet in den Umgebungen des Rishtwàrberges sich überblicken läßt, zeigt zahlreiche Windungen, sobald er das Kashmirbecken erreicht; ungeachtet seines geringen Gefälles hat er an der Einmündung in den See ein großes Schlammdelta abgelagert. Die Insel Lànka liegt in geringer Entfernung östlich davon. Auch die ferne Ausflußstelle des Jhilum und seinen Lauf durch die Ebene bei Baramúla überblickt man. In dem letzteren Theile scheint der Fluß, wenn man sich nicht gleichzeitig die Richtung nach der Karte vergegenwärtigt,

Die Kämme und Gipfel der Gebirgsprofile.

stark aufwärts zu fließen, deswegen nämlich, weil der Bûlarsee näher liegt, also tiefer unter dem Horizont als Baramûla, dessen Höhe nur 24 Fuß geringer, dessen Entfernung aber um 21 Meilen größer ist, als das Centrum des Bûlarsees. Solcher Anblick war um so befremdender, weil er selten unter so großer Winkeldifferenz sich bietet. Im Innern der Gebirge fehlt es meist an großen Ebenen, welche, wie hier, eine weite Uebersicht auch der Windungen des Flußlaufes gewähren; was man von Ebenen am Fuß der Gebirge überblickt, ist gewöhnlich in der Ferne zu unklar, um den Eindruck recht lebhaft zu machen.

Die horizontale Linie, die oberhalb des Bûlarsees zu sehen ist, ist der mittlere Theil des oberen Randes des allgemeinen Kaschmir-Seebeckens (von dem der Bûlarsee nur ein kleiner Rest ist). Diese Linie, die nach links ziemlich weit sich fortsetzt und dabei perspectivisch etwas ansteigt, wäre auch nach rechts, bis an die Ausflußstelle des Jhilum ansteigend, sichtbar, wenn nicht zur Zeit der Panoramen-Aufnahme die Beleuchtung das Erkennen der Grenze zwischen der Ebene und dem Bergabhange nach dieser Richtung hin beschränkt hätte.

Rechts von der Austrittsstelle des Jhilum zeigt ein Pfeil die weitere Richtung seines Laufes.

Gegen Westen zieht sich eine ziemliche Erhebung in der Ismâel de Dórï-Kette zwischen dem Jhilum und der Kischengánga hin; sie tritt als einer der letzten größeren Querläufer des Himálaya gegen Westen hervor. Die höchste der beiden Spitzen, die südlicher gelegene, erreicht 14,498 Fuß.

Die Bewohner der nordwestlichen Gebiete.

Vergleich mit den östlichen Reichen. — Ethnographisches Material. — Sociale Verhältnisse. Hindús im allgemeinen. — Bhot-Rajpúts. Beschäftigung. Cultus. Beschränkte Verbreitung. — Lauéks. — Niedrigste Hindú-Kasten. — Musslimáns in Kashmir. — Spuren früherer tibetischer Bevölkerung. — Sprachen und Dialecte. — Kleidung und Ausrüstung. Bauart der Häuser. Dichtigkeit der Bevölkerung.

Die indische, südliche Seite des Himálaya von Nepál bis zu seinem Ende im Nordwesten ist von zahlreichen, unter sich verschiedenen Stämmen und Kasten bewohnt. Doch obgleich die Fläche des Gebietes nicht unwesentlich größer ist als der östliche Theil des Himálaya, und überdies dichter bevölkert, sind hier die zu unterscheidenden Gruppen nicht so zahlreich.

Nicht unwesentlich ist, daß die Entwicklung der Bewohner, so wie sie jetzt vorliegt, im westlichen Himálaya bedeutend älteren Datums ist, als im östlichen. Es muß dadurch um so bestimmter vieles verschwunden sein, was früher einzelne Stämme und Racen trennte.

Das Material, das wir für diese Gebiete zu sammeln Gelegenheit hatten, besteht unter anderem aus 103 plastischen Racentypen, (nach dem Bd. I. S. 236 erläuterten Verfahren), wobei von den meisten der abgeformten Individuen noch die Verhältnisse des Kopfes so wie des Körpers durch Messung untersucht wurden.

Photographieen wurden von einzelnen Figuren und einigemale von Gruppen derselben aufgenommen, und in dem anatomischen Theile unserer Sammlung haben wir mehrere Schädel und Skelette. Die Aufzählung der Kasten und Racen ist in der allgemeinen Zusammenstellung (Bd. II. S. 38, für dieses Gebiet) gegeben. Die socialen Verhältnisse, wie sie in diesem Theile des Himálaya sich entwickelt haben, sind folgende.

Aboriginer-Reste kommen vor, aber vereinzelt, in Race, nicht mehr in Cultur und socialer Stellung, von niederen Hindúkasten unterschieden. Unter den Hindúkasten sind die Bráhmans, selbst jene Bráhmans, deren Kaste nach ihrer Körpergestaltung deutlich Einführung neuen Elementes erkennen lässt, von den entsprechenden Kasten in Indien in Lebensberuf und socialer Stellung am wenigsten verschieden. Am grössten ist die Abweichung von indischen Verhältnissen bei den Bhútias oder Bhot-Rajpúts, jener Mischrace, die sich noch zu den Rajpúts rechnet. Die Bhútias sind am zahlreichsten in Kamáon; auch im centralen Gárhvál gibt es noch viele Bhot-Rajpúts; westlich davon hört ihr Gebiet bald auf. Schon in Gárhvál bilden sie nicht mehr so grosse gemeinschaftliche Niederlassungen wie in Kamáon und wollen nichts davon hören, dass sie tibetisches Element in ihrer Race haben, während in Kamáon die Bewohner von Bábrinath, Mána und Milum selbst sich „Bhútias" nennen. Körperform und Gesichtsbildung sowohl als Tracht und Sitte, lässt auf das Bestimmteste erkennen, dass sie alle einer gemeinschaftlichen Gruppe angehören. Nur der Grad der Mischung ist ungleich; er ist ein anderer an jedem der grösseren Orte, und lässt sich sowohl mit Familienverhältnissen als mit der allmäligen Entstehung der grösseren Stämme in Verbindung bringen. Bei den niedrigeren dieser Bhot-Rajpúts kommt es sogar häufig vor, dass sie nur tibetisch sprechen und dass sie doch als Hindús sich betrachten, veranlasst durch ihre Religionsanschauungen. Diese sind bei den Bhot-Rajpúts Reste von ursprünglichem Hindúcultus, aber mit bedeutender Hinneigung zum Buddhismus in den Lehren und verändert durch die Aufnahme vieler buddhistischen Gebräuche. Als Anhänger ihres Glaubens gilt schon, wer nur irgendwie zu ihrem Cultus sich hält. Selbst in Milum, also am östlichen Hauptsitze der Bhot-Rajputs lagen Fälle vor, daß eingewanderte Tibeter, die ihre Kleidung und ihre eigenthümliche Haartracht, mit langem Zopf den Rücken hinab, noch beibehalten, am Cultus theilnehmen und als Belehrte betrachtet werden.

Der Genuß des Weines und der Spirituosen ist ihnen verboten geblieben. Es ist dies deshalb erwähnenswerth, weil hier doch so vieles geändert wurde und weil die Hauptstationen bei der allmäligen Entstehung dieses Cultus in sehr großen Höhen gelegen haben, wo das Bedürfniß nach Spirituosen meist viel weniger Bedeuten findet.

Die Beschäftigung der Bhot-Rajputs ist vorzugsweise Handel; viele derselben sind wohlhabende Leute. Sie bringen Getreide, Zucker, Gewürze auf Schafen nach Tibet und führen Salz, Borax, Salpeter u. s. w. in ähnlicher Weise herüber. Die Bhot-Rajputs sind sehr schmuckliebend und zieren am meisten ihre Nuder; diese tragen gewöhnlich groß silberne Ringe um den Hals, die nicht kettenähnlich gegliedert, sondern gleich Bracelets zu öffnen sind. Häufig sind auch die Finger und die Handgelenke reich mit Ringen versehen.

Reiner Buddhismus ist auf der indischen Seite des Himálaya westlich von Nepál sehr selten. In Gárhwál und Kámáon jedoch kommen Einwanderer aus Tibet vor, die dort nicht nur als Geschäftsleute im Sommer, oder, was häufiger ist, als Flüchtlinge vor tibetischer Theuerung und Fälle im Winter, sich aufhalten, sondern bleibend sich niederlassen, ohne mit den Himálaya-Bewohnern sich zu mischen und ohne ihren nationalen Charakter irgend zu ändern. Bei solchen ist es, wo Lámas und der normale Cultus, wie jenseits in Tibet, zu finden sind. Weiter gegen Westen wohnen Buddhisten diesseits Tibet zu Hángrang in Kanaur. Am entschiedeinsten ausgeschlossen ist der Buddhismus gegenwärtig von Kaschmir durch die Herrschaft der Mussulmans. Nur Ruinen noch erinnern dort an dessen früheres Bestehen.

Die gemischten Racen der Bhutias sind unter den Bewohnern des westlichen Himálaya jene, welche am wenigsten bedeutenden Temperaturunterschieden Widerstand zu leisten vermögen; auch große Feuchtigkeit wird ihnen sehr leicht gefährlich. Es hat dies viel dazu beigetragen, daß sie nicht weiter sich ausgebreitet haben, und daß sie sich nicht mit dem Zunehmen ihres Wohlstandes in die tieferen und fruchtbareren Thäler vorgeschoben haben. Kälte macht sie leicht unterleibsleidend, wobei allerdings die nach europäischen Begriffen noch immer ungenügende Bekleidung viel Antheil hat. Die ungünstigen Wirkungen einer ungewohnten Wärme sind von ihnen noch weit mehr gefürchtet. Den größeren Theil der in Milum, 1855, gedungenen Bhutias hatten Adolph und Robert das folgende Jahr auch von Simla aus wieder bei sich; in Kálu schon hatten diese sehr über Hitze zu klagen, mit deutlich auch an der Gesichtsfarbe, ungeachtet des dunklen Teints, erkennbaren Congestionen gegen den Kopf. Krank wurden sie erst ein Paar Tagemärsche später, zu Kólsar in Lahól. Sie hatten etwas Fieber und fühlten sich schwach an allen Gliedern. Máni, der gebildet genug war, um auch eines Namens für sein Unwohlsein zu bedürfen, meinte sogar, es sei ein Sonnenstich, den sie bekommen hätten. Doch so schlimm war es nicht; alle erholten sich rasch, sobald sie in die kälteren Theile Lahóls kamen. Wenn sie selbst ihren Aufenthalt sich wählen könnten, so verweilen sie am liebsten im Sommer zwischen 9000 und 12,000 Fuß, im Winter zwischen 5000 und 7000 Fuß, wobei das Mittel der betreffenden Jahreszeit nicht über 16° C. steigt und nicht unter 4° C. fällt.

Die Raneis fanden wir als die vorherrschende Bevölkerung in Mándur, Chamba, Kúlu, Lahól; auch in Kishtwár kommen sie noch vor, dort aber mit Mussulmans gemischt, während in den anderen

Provinzen, am deutlichsten in Lahól, jene ihrer Mitbewohner, die nicht als reine Kanêts sich zeigen, in Race, Sprache und Lebensweise den Tibetern mehr verwandt sind.

Das Haar tragen die Kanêts zu beiden Seiten weit herabhängend, und am oberen Theile des Kopfes kurz geschoren; der Stirne entlang ist es ganz horizontal begrenzt. Hier ragt etwas Haar meist noch unter dem kleinen leichten Turban hervor. Bei den Kanêts sieht man, wie bei den Bhot-Rajpúts, daß sie hohen Werth auf Schmuckgegenstände legen; so tragen auch die Männer gerne Ohrringe, Armbänder oder Gehänge aller Art. Der einfachste Schmuck, den selbst die Kúlis selten vergessen, ist eine frische Blume über dem einen Ohre in das Haar gesteckt.

Eigenthümlich ist, daß dem Gesichte bei den Kanêts, mehr noch als bei den übrigen auf ähnlicher Stufe stehenden Racen unter den Gebirgsbewohnern, bis zum Alter von 20, selbst 25 Jahren ein deutlicher Ausdruck kräftiger mannbarer Entwicklung fehlt, während der Körperbau keineswegs schwächlich zu nennen ist; der sehr mangelhafte Bartwuchs ist dabei von Einfluß.

In den plastisch reproducirten Racentypen, die sich um so unbefangener vergleichen lassen, als bei diesen der allgemeine Character der Person und ihres Gewandes, selbst die Art des Haartragens, die Anwendung von Schmuck u. s. w. wegfällt, ist es häufig, daß bis zu diesem Alter das Geschlecht nicht bestimmt im Gesichtsausdrucke hervortritt. Dessenungeachtet folgt bei den Männern und Frauen sehr rasch in den nächsten Jahren der Ausdruck des Gealtertseins. Mangel an Pflege, in größeren Höhen auch jene Verdünnung der Luft, welche die Haut bei starkem Winde und großer Trockenheit heftig afficirt, beschleunigen dies; den Körperkräften im Allgemeinen scheinen die von den Kanêts bewohnten Höhen keineswegs gefährlich zu sein.

Niedere Hindústanen, welche in diesem Theile des Himálaya unter ihren richtigen Kastennamen sich finden, sind social sehr untergeordnet gestellt. Dagegen trifft man unter den höheren Kasten viele Familien, die sich deutlich als Váiſyas oder Súdras erkennen laſſen. Zur Zeit des ersten Eindringens waren niedere Kasten bei weitem die zahlreichsten, die aus Indien nach dem Himálaya vordrangen; nur nach Kaſhmir ſind nachweisbar viele Hindús der hohen Kasten gezogen. Einer großen Anzahl der eingedrungenen Hindús ist es gelungen, Besitz und Macht ſich zu verschaffen. Solche haben dann, wenn immer möglich, einen hohen Kastennamen willkürlich angenommen.

Jetzt findet man am meisten Hindús noch in den Nepál benachbarten Gebieten und längs der indischen Grenze. Aber die Fläche dieser Regionen ist nicht bedeutend, und selbst in Provinzen wie Jámu, wo die Hindúkasten von Bráhmans bis zu Súdras herab vorherrschend vertreten ſind, findet ſich ein nicht unbedeutender Theil muſſálmán'ſcher Bevölkerung.

Die Muſſálmáns ſind am zahlreichsten in Kaſhmir; dort hatten die mohamedaniſchen Eroberer raſch jeden anderen Cultus verschwinden gemacht. Die Race aber hat ihren Character von mehr als mittelgutem indischen Typus ſich wohl bewahrt, wie die Regelmäßigkeit und die meiſt wohlgefälligen Formen des Gesichts erkennen laſſen. Zugleich zeigt dies, daß eine ſo verschieden gestaltete Race, wie jene der Tibeter, hier nur wenig mit der Bevölkerung in Berührung gekommen sein kann. Bei vielen der ethnographischen Verhältniſſe, in Indien sowohl als in den Gebirgen, läßt es ſich erkennen, daß ſehr großer Unterschied zwischen ſich mischenden Elementen der Entwicklung neuer Formen nicht günstig war. Die gegenwärtige Bevölkerung Kaſhmirs iſt gesund und kräftig zu nennen.

Das Klima Kaſhmirs und mit seltenen Ausnahmen reichliche Nahrung waren in solchem Laube auch der Muskel- und Knochen-Entwicklung der Indo-ariſchen Race ſehr förderlich geweſen. Die Indier hatten mir bisweilen die Größe und die Kraft der Kaſhmiris ſo ungewöhnlich gelobt, daß ich noch mehr, als ſich bot, erwartet hatte; ihre Größe entsprach nicht den mir gemachten Schilderungen. Die Arbeitsfähigkeit und Ausdauer dagegen zeigte sich unter allen Umständen sehr anerkennenswerth. Der moralische Character ist dies weniger, deshalb, weil hier jenes offene, wenn auch derbe Entgegenkommen vermißt wird, welches man nicht nur in den Alpen, sondern auch in den östlicheren Theilen des Himálaya und in Tibet bei den Bewohnern findet.

Es ist nicht unwahrscheinlich, daß in einem Theile des westlichen Himálaya einst, in analoger Weise wie noch jetzt in den östlichen Reichen, tibetische Bevölkerung die vorherrschende war, und daß sie aus den westlichen Gebieten durch das Eindringen der indischen Arier vertrieben wurde. Die tibetischen Chroniken, von denen mein Bruder Emil 1866 eine herausgegeben hat, enthalten keine Andeutung davon; Cunningham hat aber in seinem „Ladak" (1854) darauf aufmerksam gemacht, daß die Namen der Flüsse in den Seitenthälern, eben weil klein und unbeachtet, ihre frühere tibetische Bezeichnung beibehalten haben, während in den Hauptthälern von den Bráhmans neue Namen in Verbindung mit den Anschauungen ihres Cultus eingeführt wurden.

Die Sprachen haben im westlichen Himálaya sehr zahlreiche Dialecte, mit vorherrschend indischen Elementen; Tibetisch ist verhältnißmäßig wenig eingedrungen. Es war von Interesse für spätere Vergleichung Glossarien anzulegen, in der Art, daß nach der von Hodgson in Nepál und Sikkim gegebenen Initiative eine bestimmte Gruppe von entscheidenden Wörtern und kurzen Sätzen bei den verschiedenen Stämmen niedergeschrieben wurde.

In Garhvál und Sirmór heißt der dort gesprochene Hindi-Dialect Gárhváli, in Chámba und Kángra ist es das Gári. Das letztere findet sich auch, dort Gári genannt und sehr local beschränkt, im Surhabhágathale in Lahól. Im übrigen Lahól bedienen sich die Bewohner zweier Sprachen, des Tibetischen und der Bótensprache; die letztere erstreckt sich von dem südöstlichen Theile der Provinz längs dem Chandrabhágathale, wo die Hauptorte Eilu, Kóffar und Gándla sind, über Tándi (an der Zusammenflußstelle mit der Suryabhága) dem neu entstandenen Chinábfluß entlang ziemlich weit nach abwärts. Unter den Männern finden sich manche, die des Hindostání als einer erlernten Sprache im Verkehre sich bedienen; bei den Frauen aber kömmt letzteres niemals vor. In Kárdong und von hier das Suryabhágathal aufwärts ist das Báten durch den MáriDialect vertreten. Die Schriftsprache ist die gleiche.

Die Bewohner von Lúlu sprechen sehr schlecht Hindostání; die ihnen eigenthümliche Sprache, ein Hindi-Dialect, heißt Mónlul. Ihre Schrift, ebenso wie jene der Bewohner Lahóls, ist eine Mittelform zwischen Sánskrit und Tibetisch. Es wird wie im Bengáli und in dem ebenfalls auf das Sánskrit (aber in sehr veränderter Form) basirten Tibetischen von links nach rechts, nicht wie im Hindostání von rechts nach links geschrieben. In Kándur beginnt eine deutliche Mischung mit dem Tibetischen; zugleich lassen sich hier, nach Cunningham, das Milchang im unteren Kándur (sowie noch etwas weiter aufwärts am linken Sátlejufer) und das Tibar-flad im oberen Kándur unterscheiden.

Als allgemeines Resultat für den auf das Hindostání zu beziehenden Theil der Sprachen und Dialecte im westlichen Himálaya hat sich ergeben, daß ähnlich wie im deutschen Elemente des Englischen, die Formen der Wörter in diesen Dialecten die älteren sind. Das Sánskrit ist in denselben weniger verändert als im jetzigen Hindostání. Das semitische Element des Arabischen im Hindostání ist auch hier vertreten, aber schwächer; persische Wörter dagegen, ganz in der gegenwärtigen Form des Persischen, sind bei den Gebirgsbewohnern in Kashmír und westlich davon etwas häufiger als im Hindostání der indischen Halbinsel.

In der Provinz Lahól finden sich, nach den sehr gründlichen und lange fortgesetzten Untersuchungen Jäschke's, in den mittleren Theilen des Bunan und des Tinan als älteste Sprachenreste, vor arischer Einwanderung, die auch deutlich als vom Tibetischen getrennt zu erkennen sind. Das Tibetische wird in den höher- und zugleich Tibet näher gelegenen Dörfern gesprochen; in den niedrigeren Theilen, im Chinábthal unterhalb des Zusammenflusses, ist ein Hindi-Dialect vorherrschend. Die Männer verstehen dieses Hindi gewöhnlich auch in den obern Theilen Lahóls.

Das Bu-nan, das früher weiter ausgedehnt gewesen sein muß, wie noch manches mit Bestimmtheit erkennen läßt, „findet sich „jetzt nur in einer isolirten Spracheninsel in Kánáur als das Cun„ningham zuerst bekannt gewordene Tibar-Stab wieder."

Kleidung und Ausrüstung sind ungeachtet der Trennung in Stämme und Racen wenig verschieden; es machen sich dabei der Einfluß der Höhe und die Entfernung vom Gebirgsrande durch die damit veränderten Temperatur- und Feuchtigkeitsverhältnisse vorzüglich bemerkbar. In den niedrigeren Theilen des Himálaya sind grobe Baumwollenstoffe am gewöhnlichsten gebraucht und die Kleider haben meist die indischen Formen. In den höheren Theilen sind Wollgewebe, auch während der warmen Jahreszeit, allgemein. Die Wolle wird von Männern, Frauen und Kindern gesponnen. Verschieden von indischer Kleiderform der Männer sind die Beinkleider und die leichten, etwas spitz zulaufenden Mützen. Die Erwachsenen tragen häufig eine starke weiße Leibbinde, die Kinder selten.

Die Bauart der Häuser läßt sich ebenso in zwei Gruppen bringen; in den Vorbergen und Mittelregionen zeigen die Häuser vorherrschenden Holzbau, mit schiefen Dächern; näher den Hochregionen findet man vorherrschende Anwendung von Stein, Thon (verhältnißmäßig wenig gebranntem Kalk) und flache Dächer, also tibetische Form.

Die Dichtigkeit der Bevölkerung ist im westlichen Himálaya etwas größer als in den östlichen Theilen, jedoch gering noch immer verglichen mit Ebenen und Mittelgebirgen. Sie ist beschränkt durch die nicht unbedeutende basische Fläche der ihrer Höhe wegen unbewohnbaren Gebiete sowie durch die Schwierigkeit des Verkehrs. In Gárhvál scheinen, nach Thornton, 22 Bewohner auf 1 engl. Quadratmeile zu treffen. Selbst in der Provinz Kaschmir (mit Ausschluß der tibetischen Gebiete des Reiches) dürfte die Zahl kaum 30 übersteigen.

Die klimatischen Verhältnisse.

I. Kamäon, Gârhrâl und Simla. Die kühle Jahreszeit. Extreme Schneefälle. — Der Frühling. Die kleine Regenzeit. Frühregen im Innern. — Die Regenzeit. Menge und Vertheilung des Niederschlages in den Vorbergen und Mittelregionen. Veränderung im Gange der Jahrestemperatur in Kumâon. — Der Herbst. — Lokale Abweichungen vom Mittel. Entfernung vom Kamm; Simla und Kûffôri. Einfluss der Bodengestaltung; Felswand und Wiesen. — Temperaturgang in der Tagesperiode. — Äusserste Extreme. — Hagelbildung. — Gewitter. — Landschaftlicher Effect der ersten Schneefälle. —

II. Von Kûlu bis Kashmir und Mûrri. Veränderung im Temperaturgange. — Geringer thermischer Einfluss der Breite. — Der Frühling. — Der Sommer. Intensive Besonnung. Einwirkung auf Raume. — Herbst und Winter Schärfer Charakter. Kohlenbecken. — Die Station Mûrri.

1. Kamâon, Gârhrâl und Simla.

Von Kamâon bis Simla ist der Character des Klimas in den Vorbergen und Mittelstufen, von 2000 bis 7000 Fuss Höhe, der folgende:

Die kühle Jahreszeit ist bis zu 3000 Fuss herab sehr erfrischend, selbst kalt in den höheren Stationen; dort findet auch Schneefall statt, aber nur in geringer Menge, weil in diesem Theil des Jahres der geographischen Lage wegen, ob Gebirge oder Tief-

Land, nur wenig Feuchtigkeit zugeführt wird. Vereinzelt sind verhältnißmäßig sehr strenge Winter vorgekommen, selbst mit ziemlich großer Schneemenge. Im Februar 1836 lag der Schnee in Simla mehrere Fuß hoch, und Spuren davon fanden sich noch gegen Ende Mai an solchen Stellen, wo der Wind denselben in Ravinen angehäuft hatte; dort hatten sich kleine locale Tiefsirne gebildet. Ebenso ist im südlichen Europa starker Schneefall nicht ganz ausgeschlossen, und kann selbst ziemlich heftig werden. Vor wenigen Jahren, 1864, war im südlichen Frankreich, in den Umgebungen von Cette, Narbonne und Carcassone Schnee gelegen vom 25. bis 27. December und hatte eine Höhe von 50 Centimeter, $1\frac{1}{2}$ Fuß erreicht.

Im Frühlinge, in der heißen Jahreszeit der Ebenen, nimmt die Temperatur im Gebirge rasch zu, aber sie wird nicht drückend, selbst in den tieferen Lagen nicht. Die „kleine Regenzeit", eine Periode von Niederschlägen, weniger heftig und weniger constant als jene der eigentlichen Regenzeit, aber an 4 bis 6 Wochen früher beginnend, ist hier in den mittleren Höhen sehr selten; näher dem Rande tritt sie noch mit ziemlicher Regelmäßigkeit ein. Ebenso, und in sehr unerwarteter Weise, zeigt sich eine Periode von entsprechendem Frühregen ganz in der Nähe der höchsten Kämme, dort nämlich, wo die warmen und noch lange nicht entleerten Luftschichten des Frühlingspassates zuerst jenen Erhebungen begegnen, welche ihre Richtung nun bedeutend nach aufwärts ablenken. Im März, April und noch Anfangs Mai ist dort der lebhafteste Niederschlag des ganzen Jahres, und zwar in der Form warmen Regens, der nicht weniger zum raschen Verschwinden der Reste des Winterschnees beiträgt, als die Zunahme der Lufttemperatur.

Die Regenzeit ist in den Vorbergen nur wenig verschieden von dieser Periode in der Ebene; bisweilen fängt sie etwas früher an. Allgemein ist es, daß die Regenmenge etwas größer ist, als in der Ebene, und daß im Gebirge sehr oft während der Regenzeit, am häufigsten an Tagen der Unterbrechung im Regnen, Nebel vorkommen.

Die Vermehrung der Regenmenge im Verhältniß zu jener der zunächstliegenden Tiefländer ist bei weitem nicht mehr so groß, als in den östlicheren Gebieten. Es hängt dies zum Theil damit zusammen, daß hier die Meeresoberfläche nach beiden Küsten der Halbinsel hin sehr entfernt ist; zum Theil wird der Niederschlag dadurch vermindert, daß den zuströmenden Regenwinden die Berge von Bahár und Bándelkhánd vorliegen, ehe sie den Himálaya erreichen. In Dtra und in Mássúri kann es vorkommen, daß der Regen, wenn auch nicht sehr heftig, sehr lange anhält. In Mássúri erhielten wir 81 Tage solch ununterbrochenen Regens verzeichnet. In Simla ist die mittlere Dauer der Regenzeit 2 Monate, vom letzten Drittel des Juni bis gegen Anfang September; Unterbrechungen von einigen Tagen sind nicht selten, aber daß einmal eine ganze Woche schön Wetter sei, erwartet die Simlaer Gesellschaft fast jedes Jahr vergebens. — Das wärmste Monatsmittel hat Juni, wie im Pánjáb.

In Kánáur und im ganzen Gebiete im Innern sind die Monate der Regenzeit dieselben, aber dort sind Juli und August wärmer als Juni, weil, bei geringer Regenmenge, die Regentage nicht zahlreich sind. Geht man die Veränderungen innerhalb der Monatsperioden durch, so zeigen sich nur kurze Unterbrechungen im regelmäßigen Temperaturgange, meist in der Form von heftigen Stürmen, denen ein Paar ungewöhnlich kühle Regentage folgen.

Im Herbste enden die Regen, auch für das Gebiet der Vorberge; schon der größte Theil des August ist häufig sonnig, wenn auch die Luftfeuchtigkeit im August noch sehr groß ist. Im September beginnt dagegen die Feuchtigkeit rasch sich zu mindern, und zugleich eine erfrischende Kühle einzutreten, die nur selten, wie im October 1855, durch Stürme aus den Ebenen, heißen Winden gleich ansteigend, unterbrochen wird.

Locale Abweichungen vom Mittel haben hier als wesentlichste Ursachen a) Entfernung vom Rande des Gebirges, so lange überhaupt der Abstand noch nicht sehr groß ist, b) die allgemeinen Verhältnisse der Bodengestaltung.

Der Einfluß der Lage gegen die Ebene tritt sehr deutlich hervor, wenn wir Simla und Kassauli vergleichen; das letztere ist in gerader Linie 15 engl. Meilen vom Gebirgsrande entfernt, Simla 30 Meilen. In Folge seines geringeren Abstandes vom Pandjab zeigt sich Kassauli von den Veränderungen des Klimas im Pandjab weit mehr beeinflußt. Am meisten macht sich dies im Winter bemerkbar, wo Kassauli an der allgemeinen Temperaturdepression im Pandjab Theil nimmt und um 3·2° C. kälter ist als Simla; auch im Frühling noch ist es kälter als Simla, während mit dem Steigen der Wärme im Pandjab Sommer und Herbst in Kassauli wärmer sind als in Simla; das Jahresmittel ist in Kassauli 13·3° C., in Simla 13·6° C., also ist selbst dies nicht dem Höhenunterschiede entsprechend, da Kassauli 407 Fuß niederer liegt als Simla.

Die locale Bodengestaltung wirkt in Breiten wie hier wegen der stärkeren Besonnung noch deutlicher ein als in den Alpen. Sonnige Exposition günstig gelegener Abhänge, andererseits die Anhäufung von kalter Luft in solchen Thälern, wo die Tiefe sowohl als die Krümmungen die Bewegung der Luft beschränken, Menge und Vertheilung der Wälder, in den höheren Regionen jene der Firne und der Gletschermassen — dies sind die wichtigsten Momente. Wälder giebt es hier noch sehr viele, aber sie sind nicht mehr so ausgedehnt und nicht mehr so dicht, als jene, die ich in den östlicheren Gebieten gesehen hatte. Die Gletscher haben häufig in der nächsten Umgebung ihres unteren Endes großen Einfluß auf locale Temperaturvertheilung; für das Gebirge im Allgemeinen aber macht sich derselbe nicht bemerkbar, da die Größe der mit Firn und Eis bedeckten Fläche im Verhältnisse zur Gesammtfläche eine sehr unbedeutende ist. Die relative Größe der bewaldeten Flächen dagegen ist, im Himálaya wenigstens, ein so integrirender Theil der Bodenoberfläche, daß sie auch im Einflusse auf das Klima überall, wo der Höhe wegen die Baumgrenze nicht überschritten ist, sich bemerkbar macht.

Als ein recht deutliches Beispiel localer Ungleichheiten, deren uns auf unseren Reisen viele, wenn auch meist kleinere, vorkamen, sei hier noch beigefügt, daß Robert zu Jhótímath, bei 4724 Fuß Höhe, Ende Juli bei schönstem Wetter für das Tagesmittel 21·0° C. erhielt, während nahezu 6 Wochen früher die mittlere Temperatur zu Milum, bei 11,262 Fuß, schon 17·5° C. gewesen war.

Der Temperaturgang in der Tagesperiode zeigt sich, ungeachtet der westlichern, trocknern Lage, in vielen Localitäten in ähnlicher Weise durch Regen und Nebel verändert, wie ich dies in Sikkim zu erwähnen hatte. In Almóra ist es gar nicht selten, daß es 10 Uhr Morgens wärmer ist als 4 Uhr Nachmittags, oder daß die späten Abendstunden kühler sind, als die darauf folgenden frühen Morgenstunden; das letztere fällt meist mit starker nächtlicher Nebelbildung zusammen.

Die absoluten Extreme, die kälteste nur die wärmste Temperatur, während eines ganzen Jahres, oder noch besser (wenn das Material solche zu vergleichen erlaubt) während einer möglichst großen Reihe von Jahren, lenken in Gebirgen bestimmter noch als die Monatsmittel allein die Aufmerksamkeit auf die localen Abweichungen. Die Stationen, die für diesen Theil des Himálaya vorliegen, zeigen, daß die Extreme mit der Höhe abnehmen, und zwar schon sehr deutlich in Höhen bis 7500 Fuß, während in den centralen Theilen Hochasiens, wie wir später sehen werden, in bedeutend größeren Höhen erst eine entsprechende Verminderung eintritt.

Das absolute Maximum der Hitze während der ganzen Jahresperiode zeigt sich in diesem Theile des Himálaya, dem Monatsmittel entsprechend, im Juni zu Simla und in ähnlichen Lagen, im Juli oder August weiter im Innern.

Das absolute Minimum in den Stationen dieser Gruppe tritt theils im Januar, theils im Februar ein; das letztere, obwohl von den Monatsmitteln abweichend, da der Februar wärmer ist als der Januar, kömmt doch häufiger vor, als man erwarten möchte. Da der Unterschied der Temperatur im Allgemeinen nicht sehr groß ist, genügt ein starker, verspäteter Schneefall, das absolute Minimum im Februar eintreten zu machen. In größeren Höhen scheint es nicht unwahrscheinlich, nach dem was ich von den Tibetern erfahren konnte, daß in manchem Jahre das Mittel des ganzen Februars kälter ist als jenes des Januars, wie wir dies auch in den höheren Theilen der Alpen gefunden hatten.

Bedeutende Temperaturdepressionen kommen in der oberen Hälfte der Mittelstufen des Himálaya, in Höhen nämlich von 10,000 bis 15,000 Fuß, auch im Sommer vor, durch Hagelstürme und durch Schneefälle veranlaßt.

Die Möglichkeit von Hagelbildung läßt sich in Hochasien bis zu 17,000 Fuß nachweisen; in den Anden sah Humboldt am Chimborazzo am 23. Juni 1802 noch bei 18,650 Fuß Hagel fallen. Die heftige, aufsteigende Bewegung der Luft aus tropischen oder wenigstens den Tropen nahe gelegenen Ebenen und Thälern überwindet den Widerstand, den die verdünnte Atmosphäre und ihr geringerer absoluter Wassergehalt der Hagelbildung bietet. Allerdings sind stets die Hagelkörner in solchen Höhen sehr klein; Durchmesser, die einen Centimeter erreichen, dürften wohl sehr selten sein. Aus den indischen Tiefländern hatte ich eines Hagelkornes von 220 Cubic-Centimeter, nahe ¼ Liter, zu erwähnen. (Br. I. S. 266.) Was die mit der Höhe abnehmende Temperatur betrifft, so scheint diese weniger als der Luftdruck directen Einfluß auf die Beschränkung der Hagelwetter zu haben. In den Alpen war mir ein Hagelwetter vorgekommen, bei welchem, in den Umgebungen der Zugspitze, (Unterf. Br. II. S. 467) vom Wetterstein über die Dreithorspitze hinweg bis zu 8600 engl. Fuß Höhe reichlicher Hagel gefallen war.

Die Wolken hatten, wie aus ihrer Berührung der Spitzen leicht zu erkennen, nahe 9000 Fuß (8400 p. F.) Höhe. Die Temperatur bei 9000 Fuß in den Alpen ist für das August-Mittel 4·5° C., was an den Abhängen des Himálaya gegen Indien einer Höhe von 18,350 bis 18,600 Fuß, in Tibet einer Höhe von 20,900 Fuß entspricht. („Results" Bd. IV. 552.)

Häufiger noch als Hagel sind Graupeln bis zu sehr großen Höhen. Es sind dies Körnchen von ziemlich fester schneeiger Masse, deren Gestalt am besten mit einem Kegel, dessen Basis auf der ebenen Fläche eines Kugelsegmentes steht, sich vergleichen läßt. Die Größe übertrifft nur wenig das Volumen mittelgroßer Regentropfen. In den Alpen hatte ich mit Adolph in der Nacht vom 13. auf 14. August 1851 (während des Lagers auf dem Rothsattel bei einem Versuch zur Besteigung des Finsteraarhornes, 14,024 engl. F.) bei 10,927 engl. F. Höhe einen solchen Graupelsturm auszuhalten, wobei wir, ohne Zelt oder Felsenobdach, nur mit Mühe gegen den naßkalten, heftigen Wind von 1·5° C. Temperatur, durch Bewegung auf engem Raume uns schützen konnten. Bei den mehrmaligen Graupelfällen im Himálaya war es zwar nie so kalt geworden, dagegen war auch noch Tage lang nachher das feuchtkalte Zelt mit keinem besseren Lager zu vertauschen.

Schneefall, wenn er ausnahmsweise früh im Herbst in Höhen unter der Baumgrenze eintritt, verändert in eigenthümlicher Weise das ganze Bild der Landschaft. Die ersten Schneefälle finden meist des Nachts statt, und es zeigt sich dann mehrere Stunden noch nach Sonnenaufgang eine ausgedehnte zusammenhängende Schneedecke an allen nicht bewaldeten Stellen, die glänzend von den dunklen Waldflächen sich abhebt, in welchen nur kleine Spuren von Schnee auf den Aesten hängend sichtbar bleiben. An den nicht bewaldeten Stellen entstehen nun gleichfalls während des Ansteigens der Sonne sehr bald schroffe Contraste zwischen den Resten der Schneedecke und anderen inselförmigen Flecken, deren Abschmelzen durch die Exposition und die Luftströmungen längs der Kämme und Abhängen begünstigt ist. In ihrem malerischen Effecte sind der Landschaft die grellen Gegensätze in Licht und in Farbe nicht günstig; doch für die Beurtheilung der Wärmevertheilung, selbst auf größere Zeitperioden anwendbar, zeigten sich solche natürliche thermische Bilder stets sehr wichtig und belehrend.

Je mehr man von dem tropischen Rande des Himálaya sich entfernt, desto mehr wird das Klima ein extremes. Obwohl wir für Orte wie Badrinath und Niti nur Beobachtungen während der Sommermonate vorliegen haben, und für die Verhältnisse im Winter nur vereinzelte Berichte der Eingebornen vergleichen können, so läßt sich doch auch aus den letzteren erkennen, daß dort in Höhen von 10,000 bis 11,000 Fuß die Kälte im Winter ebenso extrem ist, als die Wärme im Sommer, während näher dem Raude, wo solche Höhen nur durch isolirte Gipfel und Kämme vertreten sind, die Veränderungen der Temperatur in der Tages- und in der Jahres-Periode ungleich geringere sind.

II. Von Kúlu bis Kashmír und Márri.

In den noch weiter gegen Nordwesten folgenden Gebieten, in Kúlu, Chámba, Lahól, Kashmír und Márri zeigt das Klima Verschiedenheiten von jenem zwischen Kámáon und Simla, welche hier, in der Gebirgsregion, dem Unterschiede zwischen Hindostán und dem Panjáb, im Tieflande, entsprechen. Es wird nämlich die Temperaturveränderung in der Jahresperiode größer, und im Mittel nehmen die Regen an Heftigkeit und Dauer ab, obwohl in den Vorbergen die Menge des Niederschlages noch immer eine nicht unbedeutende ist.

Als das Land, das für die mittlere Region dieser Gebiete ein sehr charakteristisches und zu gleicher Zeit ein sehr schönes Bild bietet, sei hier Kashmír zuerst besprochen. Sein Klima, das milde ist und doch nicht zu heiß, ist das ganze Jahr hindurch ein angenehmes zu nennen.

Sehr günstig ist es diesem Theile des Himálaya, daß wegen der allgemein zwischen Bengalen und dem Pándjb nach Nordwesten gerichteten Isothermen, auch im Gebirge der Einfluß der Breite sehr gering ist.

Bei der Bestimmung der Temperaturverhältnisse für die Tiefländer hatte sich nämlich, wie auf meiner Isothermenkarte dargestellt, ergeben, daß die Linie gleicher Jahreswärme von 24° C. (dort in Jahrb. 75" — 23·9° C.) beinahe ihrer ganzen Länge nach dem Südfuße des Himálaya, in geringer Entfernung davon, parallel läuft. Ganz ähnliche Richtung erhält man, wenn man die Gebirgsstationen unter sich vergleicht, und dabei die in den verschiedenen Provinzen sich ergebende „Temperaturabnahme mit der Höhe" zur Reduction auf gleiches Niveau berücksichtigt. Es zeigt sich in beiden Fällen, daß der Einfluß der Breite hier bedeutend vermindert wird durch jenen, welchen die Gestalt und Lage der indischen Halbinsel als Landmasse ausübt.

Die Reize des Frühlings im nordwestlichen Himálaya sind schon in altindischer Poesie besungen und gefeiert worden. Etwas getrübt mögen sie bisweilen sein durch die Regen des April, die in einzelnen Jahren sehr häufig, wenn auch nicht sehr heftig werden. An manchen Stellen des Thales tritt im Frühjahre (zusammenhängend mit dem Schneeschmelzen in den mittleren Höhen) große Anhäufung von Bodenfeuchtigkeit ein, die nur allmählich sich verliert.

Der Sommer hat noch bis Mitte Juni kühle, erfrischende Nächte, wobei die Minima des Morgens 15°,₂ bis 17° C. sind, das Tagesmittel steigt nicht über 21 bis 24° C. Nur 6 bis 7 Wochen lang, während der Monate Juli und August, einer Periode lange genug zur Reife südlicher Früchte und reicher Ernte, ist das Mittel der Temperatur gleich jenem im südlichen Frankreich. Gewitter sind nicht selten im Sommer, auch können sie ziemlich lange dauern, aber ihre Heftigkeit ist durch die umgebenden Gebirgsketten und Gipfel gebrochen; verglichen mit den Gewittern der Tropen sind sie schwach zu nennen. Die Regen, mit häufigen Unterbrechungen von 5 bis 6 Tagen, sind sehr erfrischend, und zugleich ganz genügend für die Culturen.

Die Sonne wirkt sehr kräftig, wie sich dies bei einer Breite von 33 bis 35° erwarten läßt; an den klaren und doch ziemlich feuchten Tagen zwischen den Gewittern und Regen ist die Besonnung desto stärker. Solche Besonnung, nicht aber ungewöhnlich hohe Temperatur im Schatten, ist schon manchem Europäer, der sich nicht genügend schützte, lästig, selbst gefährlich geworden.

Häuser, am schnellsten die Zelte, auch Felsen und der Humus der Bodenoberfläche werden dann in der vollen Besonnung gründlich durchwärmt, ja von der Mitte des Tages ab fühlt man selbst von den Bäumen Wärme ausstrahlen, wenn man sich in ihren Schatten stellt. Wenn man im Schatten eines solchen Baumes unter dem Schutze eines dickübergezogenen Schirmes, ein Thermometer in kreisende Bewegung versetzte (wie ich es Bd. I S. 415 erläuterte), zeigte sich ein solches um 1 bis 1½° C. kühler, als ein Thermometer, das man nur in den Schatten des Baumes ruhig und ungeschützt aufhing; das letztere stieg eben dadurch etwas höher, daß der Baum, auf den die volle Sonne schien, etwas Wärme ausstrahlte. Aber Morgens bis gegen 10 Uhr fand ich es, bei gleicher Anwendung der Thermometer, unter den Bäumen etwas „zu kühl" verglichen mit der wahren Lufttemperatur, da in diesen Stunden der Wärmeverlust des Baumes während der Nacht (bis zur Zeit des Sonnenaufganges) auf die resultirende Temperatur des Baumes nachwirkt. In Indien unter den großen Ficus religiosa-Bäumen, von denen bisweilen ein einziger durch seine zahlreichen Luftwurzeln, die wieder zu Stämmen werden, einen Hain für sich bildet, fand ich ähnliche Differenzen in Folge der Temperatur des Baumes noch weit größer. In Europa ist die Wirkung der Sonne nicht kräftig genug, gewöhnlich auch nicht lange genug ganz ununterbrochen andauernd, um regelmäßig ähnliche Unterschiede zu veranlassen; im heißen Juli 1865 hatte ich jedoch mehrmals Gelegenheit, dies auch unter den großen Birn- und Nuß-Bäumen bei der Jägersburg in Franken zu beobachten. Gewöhnlich war es deutlicher hervortretend, daß die Bäume des Vormittags „zu kühl", als daß sie des Nachmittags „zu warm" sich erwiesen.

Mit Ausnahme des heißesten Monates kann ein Europäer in Kashmir meist den ganzen Tag auf dem Marsche zubringen. Wenn nur etwas Wind geht, ist die Luft erfrischend genug; nur den Kopf muß man dann durch einen soliden Sóla-tópi (Hut mit dickem, leichten Pflanzenmark als Futter) schützen. Störender ist es oft auf den Reisen in Kashmir, daß Anfangs Juli viele der Flüsse durch das Schmelzen der letzten Schneereste sehr rasch steigen; sie sind dann schwer zu überschreiten.

Westlich von Simla zeigte sich nur in Kángra, in Dalhousie und in Mûrri, welche dem Rande ziemlich nahe liegen, der Regen noch langandauernd genug, um Juli und August kühler zu machen, als Juni. Sonst ist in Kashmir und seinen Umgebungen, übereinstimmend mit den allgemeineren Verhältnissen in diesen Breiten, Juli der wärmste Monat des Jahres. (Zu Sultánpur in Kúlu, allerdings in einem Jahre nur, war es August.)

Im Herbst und auch den ganzen Winter hindurch haben Orte, wie Srináger gelegen — in weitem offenen Thalgrunde und gegen rauhe Winde durch die Umgebung mit mittelhohen Kämmen geschützt — ein Klima, das für Europäer zu den günstigsten gehört, die man auf der Erde finden kann. Wir hatten in der zweiten Hälfte des October als größte Tageswärme 19° bis 22° C., und als Minimum des Morgens 2° bis 3° C.; selbst diese kühlen Morgen waren keineswegs unangenehm, weil die Luft ruhig war und die Sonne, sobald sie nur etwas sich erhob, genügend erwärmte.

Daß kalte Luft in großen Thalbecken sich anhäuse, ist hier dadurch beschränkt, daß der Breite wegen die Sonne auch im Winter noch ziemlich hoch steht. Die durch die Besonnung erzeugte Wärme ist, bis Schneefall eintritt, auch durch eine sehr starke Trübung der Luft in Folge von Suspension fester Körperchen bemerkbar. Die ersten Schneefälle Anfangs December machen dies verschwinden, ohne die Temperatur mehr als auf wenige Grade unter Null auf kurze Zeit sinken zu machen. Als Mittel für den kältesten Monat, Januar, erhielt ich + 7·2° C.

In engen tiefeingeschnittenen Seiten-Thälern können, wenn sonst die Bodenverhältnisse dies begünstigen, die kalten, thalabwärts gerichteten Luftströme den ganzen Winter hindurch sehr lebhaft sein; ebenso ist es im Jhilumthale unterhalb Baramúla.

Die Eingebornen sind mit dem Winter in Kaschmir nicht so ganz zufrieden. Sie klagen etwas über Kälte in ihren schlecht schließenden Häusern und Hütten, in denen sie keine Oefen haben, sondern nur ihr transportables Kohlenbeden, aber sie fühlen es doch noch nicht schlimm genug, um besser zu bauen, ungeachtet der technischen Fertigkeit, die sie in so vielen anderen Dingen zeigen.

Wie nach den Wärmeverhältnissen und der Vertheilung der Feuchtigkeit (mit mäßig starken, milden Sommerregen) sich erwarten läßt, ist das Klima von Kaschmir ein sehr gesundes. Nur im Frühjahre kommt es in einzelnen Strecken des Thales, die etwas lange feucht bleiben, vor, daß selbst die Eingebornen in den Umgebungen solcher Strecken an Fieber, auch an Dysenterie leiden. Die letztere scheint sich oft weit zu verbreiten, und wenn sie lange anhält, einen gefährlichen Character anzunehmen. Ein Jahr nach unserem Besuche Kaschmirs, im Sommer 1857, trat eine heftige Cholera gerade in den am dichtesten bevölkerten Districten des Thales auf.

Márri, die Gesundheitsstation für das Pándjáb, hat nicht ganz so gute klimatische Verhältnisse, als dies in Srinágar der

Joll ist Obwohl 1800 Fuß höher gelegen, hat doch Múrri seine wärmste Jahreszeit, Juni, Juli und August, nur 1·2° C. kühler als Srinager und ist im Spätherbst und Winter, seiner exponirten Lage wegen, sehr rauh. Mit den östlicher gelegenen Gesundheitsstationen des Himálaya verglichen ist als Vorzug zu nennen, daß die Regenmenge nicht so groß ist, nur dauert hier die Regenzeit, allerdings mit häufiger Unterbrechung, ziemlich lange, von Mitte Juni bis Mitte, selbst bis Ende September. Anfangs October noch kommen Stürme mit Kälte bringenden Regen, auch mit Hagel vor.

Die Lage Múrri's ist für die Stationen des Panjáb eine sehr günstige. Múrri ist so leicht zugänglich, daß es sehr häufig auch auf kürzere Zeit, als es sonst für solche Stationen gewöhnlich ist, besucht und benützt wird.

Ende des zweiten Bandes.

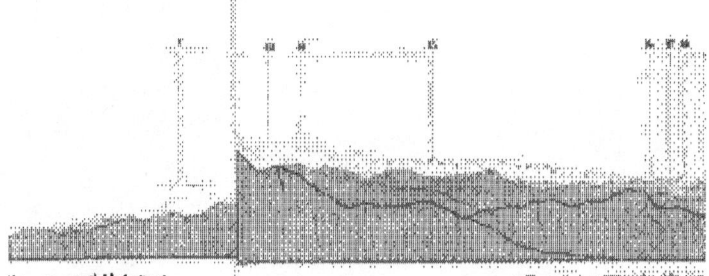

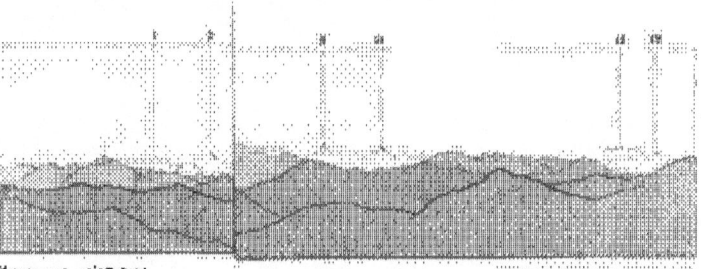

iens.

Gärhvál.

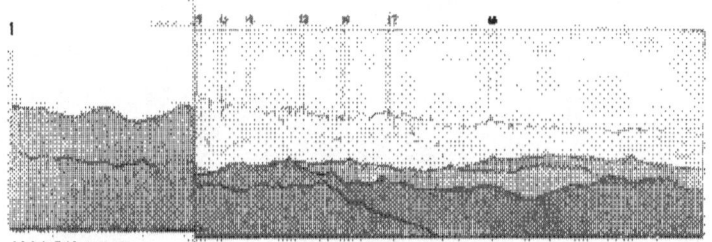

Adolph Schlagintweit.   Mai. 1855 (Gen N° 417)

1. *Nieder...*
2. *...*
3. *...*

13. *Pānch Chuli Mittel Spitze*
14. *Pānch Chuli Süd Spitze*
15. *Chaudāno Ost Spitze*

16. *Kamlass West Spitze*
17. *Api*
18. *Baissi ketto*
    im westlichen Nepal

MA.

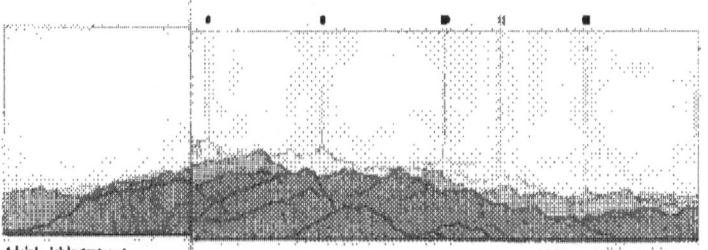

Adolph Schlagintweit.

1. *Chiringal oder Chaurla*
2. *Kaspa Kette*
   in der Provinz Gárhvál

9. *Bänderspitch*
10. *Srikanta Kette*

11. *Nidarnath*
12. *Chaléra*

bis Kashmír.

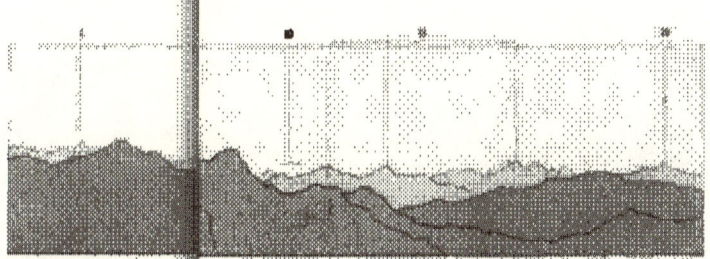

Hermann von Schlagintweit.

1. Tongtiter, wahrscheinlich am Gipfel in der Mountainkette
2. Katha
9. Kairara
10. Depression in Richtung nach Astgaleh
11. Gipfel der Koshnái Kette
12. Dargoti Kette, westlicher Kamm

A (A).

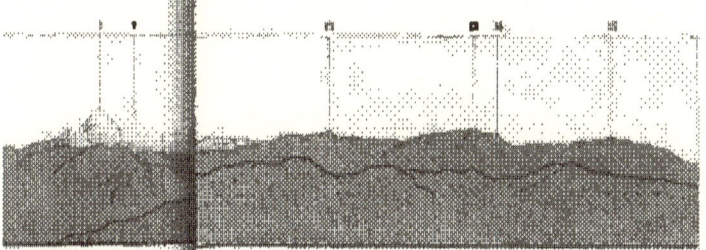

Adolph Schlagintweit.

1. Uvanmik
2. Haitul
3. Kishtwar Spitze
13. Isandel do dori Süd Spitze
14. Sál-kóla
15. Isandel do dori Nord Spitze
16. Vülar See mit Länke Insel . 5196 F
17. Jhilam-Einfluss in Vular
18. Ausfluss-Stelle des Jhilam

Vom Verfasser des vorliegenden Buches und von seinen Brüdern
sind bisher erschienen:

A. Bücher.

1. **Untersuchungen über die physische Geographie der Alpen** in ihren Beziehungen zu den Phänomenen der Gletscher, zur Geologie, Meteorologie und Pflanzengeographie, von Hermann und Adolph Schlagintweit. Mit im Texte befindlichen Holzschnitten, Tafeln und Karten. Leipzig 1850, J. A. Barth.
 . . . . Thlr. 12 = £ 1. 16 s.

2. **Neue Untersuchungen über die physische Geographie und die Geologie der Alpen** von Adolph und Hermann Schlagintweit. Mit einem Atlas von XXII Tafeln. Leipzig 1854, T. O. Weigel . . . . Thlr. 22 = £ 3. 6 s.

3. **Épreuves des Cartes géographiques produites par la photographie** d'après les reliefs du Monte Rosa et de la Zugspitze par Adolphe et Hermann Schlagintweit. Leipzig 1854, J. A. Barth. . . . . Thlr. 4 = £ —. 12 s.

---

4. **Results of a Scientific Mission to India and High Asia**, undertaken between the years 1854 and 1858, by order of the Court of Directors of the Honourable East India Company. With an Atlas of Panoramas, Views and Maps. — Leipzig, F. A. Brockhaus; London, Trübner & Co.

(Während der Reise wurde meist getrennten Routen gefolgt, sowohl um die Untersuchungen über grosse Flächen auszudehnen, als auch um in geographisch neue Gebiete zu gelangen. In Turkistan wurde Adolph am 26. August 1857 ermordet, nachdem er bis Káshgar vorgedrungen war.)

Die bis jetzt erschienenen Bände in 4° (nebst 43 Atlastafeln in Imp.-Fol.) sind folgende:

Vol. I. **Astronomical Determinations of Latitudes and Longitudes, and Magnetic Observations** during a Scientific Mission to India and High Asia, by Hermann, Adolphe, and Robert de Schlagintweit. 1861. . Thlr. $26^{1}{}_{2}$ = £ 4. 0 s.

Vol. II. **General Hypsometry of India, the Himálaya, and Western Tibet;** with sections across the chains of the Karakorūm and Kuenlūen. Edited by Robert de Schlagintweit. 1862.
Thlr. 26²/₃ = £ 4. 0 s.

Vol. III. **Route-Book of the western parts of the Himálaya, Tibet, and Central Asia,** edited by Robert de Schlagintweit; and **Geographical Glossary from the languages of India and Tibet,** including the phonetic transcription and interpretation, edited by Hermann de Schlagintweit. 1863.
Thlr. 26²/₃ = £ 4. 0 s.

Vol. IV. **Meteorology of India, an analysis of the physical conditions of India, the Himálaya, western Tibet, and Turkistán,** with numerous tables, diagrams and maps.

Based upon the observations made by Messrs. de Schlagintweit on route and collected from various stations erected during their magnetic survey, and increased by numerous additions chiefly obtained from the officers of the medical department.

By Hermann de Schlagintweit-Sakünlünski. — First Part: Distribution of the temperature of the air, and isothermal lines, with considerations on climate and sanitary conditions. 1866.
Thlr. 26²/₃ = £ 4. 0 s.

Im Drucke befindet sich Text und Atlas von

Vol. V. **Meteorology of India.** By Hermann de Schlagintweit-Sakünlünski. — Second Part: Atmospheric pressure, winds, moisture, optical and chimical observations. *(Nearly ready; delayed by plates of the Atlas.)* Thlr. 26²/₃ = £ 4. 0 s.

5. **Reisen in Indien und Hochasien.** Eine Darstellung der Landschaft, der Cultur und Sitten der Bewohner, in Verbindung mit klimatischen und geologischen Verhältnissen.

Basirt auf die Resultate der wissenschaftlichen Mission von Hermann, Adolph und Robert von Schlagintweit, ausgeführt in den Jahren 1854—1858.

Von Hermann von Schlagintweit-Sakünlünski. Erster Band. Indien. — Jena 1869, Hermann Costenoble.
Thlr. 4. 25 Sgr. = £ —. 14¹/₂ s.

6. **Der spanisch-marokkanische Krieg in den Jahren 1859 und 1860.** Mit Benützung der vorhandenen Quellen und nach eigener Beobachtung dargestellt von Eduard Schlagintweit, k. bayer. Chevauxlegers-Oberlieutenant und Divisionsadjutanten. Mit

einer lithographischen Terrainkarte. — Leipzig 1863, F. A. Brockhaus . . . . Thlr. 2 — £ —. 6 s.
(Der Verfasser, der diesen Krieg mitmachte, fiel später als Hauptmann im bayr. Generalstabe in der Schlacht bei Kissingen, am 10. Juli 1866.)

7. **Poetische Bilder aus allen Theilen der Erde.** Ausgewählte Schilderungen deutscher Dichter. Herausgegeben von Robert von Schlagintweit. — Soest 1869, Gustav Hülsemann.
Thlr. 2 — £ —. 6 s.
(Eine Zusammenstellung der über dieses Buch erschienenen „Urtheile der Presse in Europa und in Amerika" ist franco durch den Verleger zu beziehen.)

8. **Die Pacific-Eisenbahn in Nordamerika.** Von Robert von Schlagintweit. Mit Illustrationen, einer Karte und einer Meilentafel. — 1870. Cöln und Leipzig, E. H. Meyer; New-York, L. W. Schmidt. . . . . . . Thlr. 1½ — £ —. 4 s.
(Der Verfasser hatte Gelegenheit zu zweimaliger Bereisung der Bahn, als er Amerika besuchte. Bei den Vorträgen, die er dort über Asien hielt, waren von den Karten und Tafeln, die er zugleich vorlegte, ein grosser Theil dem Atlas zu den Resultaten entnommen, jene zur Erläuterung des Buddhismus dem hier folgenden Werke Emil's.)

9. **Buddhism in Tibet.** Illustrated by Literary Documents and Objects of Religious Worship. With an account of the Buddhist Systems preceding in India. By Emil Schlagintweit, LL. D. With a Folio Atlas of twenty Plates, and twenty Plates of Native Print in the text. — Leipzig 1863, F. A. Brockhaus; London, Trübner and Co. . . . . . Thlr. 14 = £ 2. 2 s.

10. **Die Gottesurtheile der Indier.** Rede gehalten in der öffentlichen Sitzung der k. Akademie der Wissenschaften am 28. März 1866 zur Feier ihres 107. Stiftungs-Tages von Emil Schlagintweit, Mitglied etc. München 1866, Verlag der k. Akademie, in Commission bei G. Franz. . . Thlr. ½ = £ —. 1½ s.

11. **Die Könige von Tibet, von der Entstehung königlicher Macht in Yárlung bis zum Erlöschen in Ladák** (Mitte des 1. Jahrh. vor Chr. Geb. bis 1834 nach Chr. Geb.) von Emil Schlagintweit. Mit zwei genealogischen Tabellen und 12 Seiten tibetischen Texten. München 1866, Verlag der k. Akademie, in Commission bei G. Franz. Thlr. 1½ = £ —. 4½ s.

B. Plastische Publicationen.

1. **Relief des Monte Rosa und seiner Umgebungen.** Nach den Karten, Profilen und landschaftlichen Ansichten von Adolph und Hermann Schlagintweit. Im Maasstabe von 1 : 50,000. Galvanisirter Zinkguss. Mit einem Erläuterungsblatte in Royal-Folio als Beilage. Leipzig 1855, J. A. Barth.
Thlr. 24 = £ 3. 12 s.

2. **Relief der Gruppe der Zugspitze und des Wettersteines in den bayerischen Alpen.** Nach aequidistanten Horizontalen aufgenommen und ausgeführt von Adolph und Hermann Schlagintweit. Im Maasstabe von 1 : 50,000. Galvanisirter Zinkguss. Mit einer geologischen Karte von Adolph Schlagintweit. Leipzig 1855, J. A. Barth. . . Thlr. 20 = £ 3. 0 s.

3. „Collection of 275 Ethnographical Heads from India and High Asia" oder „Sammlung 275 ethnographischer Köpfe (Raçentypen) aus Indien und Hochasien." Facsimiles (vordere Hälfte des Kopfes), nach hohlen Gypsmasken, die über Lebende genommen wurden. Von Hermann, Adolph und Robert von Schlagintweit. Leipzig 1859, J. A. Barth.
Preis (excl. Verpackung und Versendung):
a) in Metall: die ganze Sammlung von 275 Individuen, je nach Raçe verschieden getönt . . Thlr. 2000 = £ 300. — s.
Gruppen von wenigstens 25 Individuen,
das Stück . . . . Thlr. 6 = £ —. 24 s
b) in Gyps (gleichfalls wie die Metallausgabe getönt): die ganze Reihe . . . . Thlr. 348½ = £ 52. 5 s.
Gruppen von 100 Individuen Thlr. 133¼ = £ 20. — s.

4. **Sammlung von 4 männlichen und 5 weiblichen Indianerköpfen aus den Vereinigten Staaten von Amerika.** Facsimiles (vordere Hälfte des Kopfes) nach hohlen Gypsmasken, die über Lebende genommen wurden. Von Robert von Schlagintweit. Cöln und Leipzig 1870, Ed. Heinrich Mayer.
Preis (excl. Verpackung und Versendung):
a) in Metall: die 9 Köpfe . . . . Thlr. 72 = £ 10. 16 s.
ein einzelner Kopf . . . . . Thlr. 10 = £ 1. 10 s.
b) in Gyps (getönt): die 9 Köpfe . Thlr. 18 = £ 2. 14 s.
ein einzelner Kopf . . . . Thlr. 2½ = £ —. 7 s.

Cataloge und nähere Auskunft sind zu erhalten durch die Verlagsbuchhandlungen, sowie durch H. und R. von Schlagintweit (Schloss Jägersburg bei Forchheim, Bayern, und Giessen in Hessen).

C. Photographische Gegenstände.

Stereoskopische Bilder nach den Schlagintweit'schen Reliefen, daguerreotypirt im Maassstabe von 1 : 400,000 der Natur. a) Der Monte Rosa und seine Umgebungen. b) Gruppe der Zugspitze und des Wettersteins. Leipzig 1855, J. A. Barth.
Thlr. 3 — £ —. 9 s.

D. Aus dem Gebiete der Technik.

Das Scalenrädchen (Revolving Scale, Molette métrique). Von Hermann von Schlagintweit-Sakünlünski. a) In Centimeter, b) in engl. Zoll, und c) (gewünscht bei Einführung des Meter-Maasses in Bayern) in Centimeter, zugleich mit zweitem Rad für $1/12$ bayer. Fuss. „a" und „b" mit Micrometer für Reste. München, Theodor Ackermann; Leipzig, J. A. Barth.
Thlr. $1^{1}/_{2}$ — £ —. 5 s.

Bestellungen für Detailverkauf in Amerika sind zu richten an die Herren Reckuagel & Co., 46 Cedar Street, New York.

(Dieses kleine Instrument ist für Geometer, Kartographen, Feldmesser, Ingenieure, Militärs, Techniker aller Art — auch im gewöhnlichen Hausgebrauche und für Touristen — höchst praktisch; es hat eine sehr bequeme Form und ist auf das Genaueste adjustirt. Angewandt wird das Instrument durch Fortrollen längs der zu messenden Linie, und zwar werden so nicht nur gerade Linien gemessen, sondern das Instrument ist, im Principe seiner Construction, zugleich das Einzige, das zum directen genauen Messen krummer Linien sich anwenden lässt. Es ist vom Patent Office der Vereinigten Staaten zu Washington D. C. am 23. Nov. 1869 unter Nr. 97,139 patentirt worden. Der Erfinder ist geneigt, sofern ihm direct oder durch Vermittlung von Herrn Recknagel entsprechende Anerbietungen gemacht werden, sein Patent für die Vereinigten Staaten zu verkaufen. (Adresse H. oder R. von Schlagintweit, wie oben.)

Die von den Brüdern v. Schlagintweit während ihrer Reisen in Asien gemachten wissenschaftlichen Sammlungen sind auf Jägersburg, Station Forchheim, Bayern (zwischen Bamberg und Nürnberg) aufgestellt und vom Mai bis October der allgemeinen Besichtigung zugänglich.

Cataloge sowie Verzeichnisse der Duplicate nebst Werth- und Preisangabe werden auf Verlangen zugesandt.

Druckfehler.

Band II.

Seite 6, Zeile 2 von o. statt diesem Bande lies dem III. Bande.
„ 8 „ 5 „ o. statt Höhenverhältnisse lies Höhenverhältnisse.
„ 12 „ 16 „ o. statt Gármin lies Gármin.
„ 18 „ 7 „ u. statt 1: 14·46 lies 14·46:1.
„ 19 „ 4 „ o. statt tibetischen lies tibetischen.
„ 22 „ 7 „ u. statt Taschilhúmpo lies Taschilhúmpo.
„ 25 „ 6 „ u. statt Kirántis; Kukúndos; lies Kirántis;
„ 39 „ 8 „ u. statt Bálſpas lies Bálſpas.
„ 47 „ 10/11 „ o. statt die Kirántis und die Anſambras lies jene der Kirántis.
„ 88 „ 5 „ o. statt Spiti lies Spiti.
„ 97 Columnentitel statt Die Dogmen; Zahl der Bekenner lies Lehre und Cultus in Tibet.
„ 126, Zeile 15 von o. statt Chamalbári lies Chamalbári.
„ 134 „ 12 von u. statt Púnlos lies Peulós.
(Der Name bedeutet Lehrer (Gúru) und wird in Oſt-Tibet gesprochen Penlób (d Pon-slob).
„ 145, Zeile 4 von o. statt durch lies durch
„ 145 „ 15 „ o. statt Púnlo lies Peuló.
„ 151 „ 2 „ o. statt Pantabári lies Pántabári.
„ 183 „ 4 „ o. statt von lies von.
„ 214 „ 1 „ u. statt Siffin lies Siffim.
„ 223 „ 5 „ o. statt nach lies nach.
„ 231 „ 9 „ u. statt Chamalbári lies Chamalbári.
„ 242 „ 10 „ o. statt Chaubíſt lies Chaubíſt.
„ 277 „ 9 „ u. statt nach dem lies nach seinem.
„ 278 „ 4 „ u. statt Bhalgáaus lies Bhalgáuns.

Druckfehler.

Seite 333, Zeile 12 von u. statt Bŭvſba lies Bârſba.
„ 336 „ 7 „ u. statt Offikr lies Office.
„ 344 „ 3 „ o. statt nach lies nach.
„ 347 „ 7 „ o. statt Mŭrri lies Maſſúri.
„ 361 „ 11 „ u. statt Unterirdiſcher lies Unterirdlicher.
„ 384 „ 3 „ o. statt Dagegen lies Dagegen.
„ 403 „ 8 „ o. statt Barbrân lies Bŭrbeân.
„ 406 „ 11 „ o. statt Punchpoß lies Pŭnchpoß.
„ 415 „ 12 „ o. statt Moẕafferabâd lies Moẕlſſerabâd.
„ 421 „ 1 „ o. statt Bihâra, in lies Bihâra in.
„ 426 „ 9 „ o. statt Pûnch Kaſſâli lies Pûnch, Kaſſâli.
„ 434 „ 5 „ o. statt mittelbarem lies unmittelbarem.
„ 439 „ 5 „ u. statt Nordweſten lies Nordoſten.

Band I (Nachträge).

Seite 84, Zeile 7 v. u. statt auf der Karte lies auf der größeren Karte im engliſchen Werke.
„ 119 „ 8 „ o. statt Kalâbaßi lies Kalâbghi.
„ 331 „ 15 „ u. statt Shah Jahângire lies Shah Jahâns.
„ 387 „ 5 „ o. statt Dŭmji lies Dhŭmji.
(465) Karte „Skizze der Flußſyſteme" und mehrmals im „Band I" ſtatt Lhâſſa lies Lâſa.
(Der Name wird geſchrieben h'aſa; durch Umſtellung des h wurde L'ba; die harte Ausſprache des dentalen ſ wurde durch ſſ wiedergegeben. In Chtibet wird noch bläſa gehört. Erläutert Bd. III, S. 11.)
Seite 591, bei Wort „Pferderoçen" ſtatt 10° lies 80°.

www.ingramcontent.com/pod-product-compliance
Lightning Source LLC
Chambersburg PA
CBHW031948290426
44108CB00011B/722